AF535422

Beate Letschert-Grabbe
Das übersehene Kind

Beate Letschert-Grabbe

Das übersehene Kind

Wenn »Super!« zu wenig und Verwöhnen Vernachlässigen ist

Das Werk einschließlich aller seiner Teile ist urheberrechtlich geschützt. Jede Verwertung ist ohne Zustimmung des Verlags unzulässig. Das gilt insbesondere für Vervielfältigungen, Übersetzungen, Mikroverfilmungen und die Einspeicherung und Verarbeitung in elektronische Systeme.

Dieses Buch ist erhältlich als:
ISBN 978-3-7799-6018-8 Print
ISBN 978-3-7799-5294-7 E-Book (PDF)

1. Auflage 2021

© 2021 Beltz Juventa
in der Verlagsgruppe Beltz · Weinheim Basel
Werderstraße 10, 69469 Weinheim
Alle Rechte vorbehalten

Herstellung: Ulrike Poppel
Satz: text plus form, Dresden
Druck und Bindung: Beltz Grafische Betriebe, Bad Langensalza
Printed in Germany

Weitere Informationen zu unseren Autor_innen und Titeln finden Sie unter: www.beltz.de

Dieses Buch ist gewidmet

Iris Hansmann und Gesine Hille
sowie den Kindern der Klasse 4 c
und dem Kollegium der Weerth-Schule Detmold

mit Hochachtung und Dank

Es gibt nicht so sehr ein Falsch oder Richtig.
Es gibt eher einzelne Situationen, die uns so sehr berühren,
dass wir an uns selbst arbeiten.

Iris Hansmann

Inhalt

Vorwort
Ein Buch mit Kindern über Kinder: Die Entstehungsgeschichte

„Dennis“ und „Das übersehene Kind“: Eine Begegnung zwischen Ende und Anfang

Die Entstehungsgeschichte des vorliegenden Buches ist so ungewöhnlich, dass ich im Vorwort darüber berichten möchte. Der Zufall führte dazu, dass es geschrieben wurde. Ein Jahr lang war ich mit der Neuauflage des Buches „Dennis: *Ich bin hier der Schulschreck!*“ beschäftigt gewesen. Gerade hatte ich die Überarbeitung abgeschlossen und den umfangreichen Text digital an den VTA-Verlag geschickt, als mich keine zwei Sekunden später, gleichsam im Gegenzug, eine Mail aus dem Verlag Beltz Juventa erreichte mit der Frage von einem seiner Lektoren, Konrad Bronberger, ob ich mir vorstellen könnte, für den Verlag zu schreiben. So war mit dem Abschluss des einen Buches der Beginn des anderen, neuen Buches unmittelbar verbunden, denn: Ja, ich *konnte* mir das vorstellen.

Die Idee: Sichtbar machen, was oft übersehen wird

Zu dem Titel des Buches, „Das übersehene Kind“, äußere ich mich in der Einführung genauer. Hier nur so viel: Er resultiert aus meinen persönlichen Beobachtungen und Eindrücken im Alltag. Zu oft erlebe ich, dass Kinder verwöhnt oder vernachlässigt werden, dass sie wenig Beachtung erhalten oder ein Handy wichtiger zu sein scheint, dass der Dialog mit ihnen zu kurz kommt oder Erziehungsfloskeln ausreichen sollen, sie in die gewünschte Richtung zu bewegen. Zu oft denke ich: Das Kind mit seinen Bedürfnissen und Interessen, auch mit seinen Anlagen und Fähigkeiten, wird zu wenig gesehen. Vor einigen Tagen erst fühlte ich mich in der Wahl des Buchtitels bestätigt. Ich beobachtete, wie drei Erwachsene, wahrscheinlich Mutter, Vater und ein Verwandter oder Freund, nebeneinander hergingen und wie alle drei auf ihr Handy schauten, während ein etwa dreijähriger Junge mit seinem Teddy in der Hand hinter ihnen herlief und viele Fragen stellte – wir befanden uns direkt neben einer Baustelle mit großen Baumaschinen –, von denen nur *eine* beantwortet wurde, und das kurz, unwirsch und ohne den Jungen dabei anzusehen.

Das Konzept: Das Kind im Fokus

Solche Beobachtungen beschäftigen mich seit langem, und so lag für mich nicht nur der Titel nahe, sondern mit ihm auch der Wunsch, das Kind stärker in den Fokus zu rücken, es gleichsam „ranzuzoomen“, klarer erkennbar werden zu lassen und damit auch Menschen, die das Buch lesen, zum genaueren Hinsehen anzuregen. Innehalten, hinschauen, reflektieren: Das ist die Grundidee. Hinschauen, um das Kind verstehen zu können, und das Kind verstehen, um ihm gerecht werden und Bedeutung geben zu können. Dieser Idee folgend, verwende ich zwei ungewöhnliche, aber naheliegende Mittel: Zum einen sind es Fotos. Jedem Kapitel ist ein Foto von ein oder zwei Kindern vorangestellt. Zum anderen möchte ich die Kinder selbst zu Wort kommen lassen, also nicht nur *über* sie, sondern auch *mit* ihnen sprechen. Kinder sind die von der Erziehung in Elternhaus und Schule Betroffenen, *sie* sind gemeint, wenn wir Erwachsene versuchen zu erziehen – ob nun zu Hause oder im Unterricht. Sie sind als Adressaten auch die Experten für das, was wir mit ihnen tun, und folglich müssten sie, so jedenfalls war meine Vermutung, in der Lage sein, darüber nachzudenken und ihre Erfahrungen miteinander auszutauschen. Auch sie, die Kinder, können innehalten, hinschauen, reflektieren – aus einer anderen Perspektive allerdings, nämlich ihrer eigenen.

Dieses Konzept war Thema eines ersten Gesprächs mit dem Lektor. Der Titel stieß sofort auf Resonanz. Die Fotos: *ungewöhnlich, machen wir hier eigentlich nicht, aber kriegen wir hin.* Die Einbeziehung der Kinder: *auch eher ungewöhnlich, muss man sehen, klingt auf jeden Fall spannend. Versuchen Sie das, Frau Letschert!* Einige Tage später kam das „Okay“ vom Verlag. Das Konzept also stand, und der Autorenvertrag konnte unterschrieben werden. Doch nun hatte ich ein Problem: Mir fehlten die Kinder! Ich hatte zwar Fotos, aber ich hatte keine Kinder, mit denen ich über die Themen des Buches sprechen konnte.

Die Schule: Weerth und Wertschätzung

Im Anschluss an einen Vortrag über „Verwöhnung“ im Bildungshaus Weerth-Schule Detmold hatte ich Gelegenheit, die Schulleiterinnen dieser Grundschule, Iris Hansmann und Gesine Hille, kennenzulernen. Schon in diesem ersten Gespräch wurde klar, dass mein individualpsychologisch orientierter Ansatz und dessen Kerngedanke der Ermutigung mit den pädagogischen Leitlinien der Weerth-Schule hervorragend harmonieren. Frau Hansmann lud mich ein, mit der Schule zusammenzuarbeiten, und im Laufe dieser Kooperation kristallisierte sich heraus, dass die Schule für ihre Arbeit ein theoretisches Konzept gefunden hatte, nämlich die Pädagogik der Individualpsychologie, und ich selbst für eben diesen Ansatz ein weitverzweigtes Praxisfeld, nämlich die Weerth-Schule. Schon bald folgten Fortbildungsveranstaltungen und Kollegiale Unterrichtsreflexionen, in denen mit dem Kollegium bzw. in kleinen Gruppen an pädagogischen Konzepten für einzelne Kinder gearbeitet wurde.

Das Motto der Schule in Bezug auf ihre Schülerinnen und Schüler lautet: „Was braucht das Kind?“ – also nicht: „Was wünschen *wir* uns vom Kind?“, sondern: „Was braucht das *Kind,* um sich angenommen fühlen und entwickeln zu können?“. In Bezug auf die Schule insgesamt lautet das Motto: „Wertschätzung“, und diese findet man nicht nur auf allen Ebenen praktiziert, sondern gelegentlich auch in folgender Weise geschrieben: „Weerthschätzung“. Die Schule ist nämlich benannt nach Ferdinand Weerth, einem Theologen und Schulreformer, der von 1774 bis 1836 gelebt hat und von der Fürstin Pauline zur Lippe in Detmold in das Amt des Generalsuperintendenten berufen wurde. Weerth hat im Auftrag der Fürstin und später auch mit ihr gemeinsam das damals bestehende Schulsystem grundlegend reformiert. Die Weerth-Schule geht die Wege ihres Namensgebers und dessen Auftraggeberin weiter – Wege, die im Geist der Aufklärung entstanden sind und bis heute nichts an Bedeutung und Aktualität verloren haben.

Pädagogische Schwerpunkte: „Was braucht das Kind?“

So ist das Profil dieser Schule pädagogisch durchdacht und am Kind orientiert. Aus einer Fülle von Schwerpunkten möchte ich einige herausgreifen:

- Ermutigung als pädagogische Grundhaltung
- Stärkung und Förderung der Gemeinschaft der Klasse
- Feedback-Kultur auf allen Ebenen
- Arbeit in Klassenteams mit Lehrkraft, Erzieher*in, Integrationshelfer*in, Lehramtsanwärter*in, Jahrespraktikant*in
- Multiprofessionelle Zusammenarbeit mit Entspannungstrainerin, Motopäden, Kinderärztin, Sozialpädagoginnen und -pädagogen, Studierenden der Architektur
- Institutionalisierte Hospitationskultur im Team
- Regelmäßige Kollegiale Unterrichtsreflexionen
- 90-Minuten-Blöcke ohne Pausengong
- Arbeit mit dem Lerntagebuch zur Selbsteinschätzung des eigenen Lernens, zum Dialog mit der Lehrkraft und dem Austausch zwischen Schule und Elternhaus
- Keine Hausaufgaben, sondern „Lernzeiten“
- Mindestens einmal pro Woche vier Stunden Klassenlehrerunterricht im Block
- Ganzheitliches Lernen im „Grünen Klassenzimmer“ (Naturparkschule seit 2014)
- Partizipation durch Klassenrat, Kinderrat und andere Entscheidungsgremien
- Lehrersprechstunden für Kinder
- „Draußenpausen“ und „Spielzeiten“ von 30 bis 45 Minuten

Die Weerth-Schule ist eine fünfzügige Grundschule mit zwei Standorten. Sie ist mit knapp 500 Kindern, 37 Lehrkräften sowie 35 Erzieher*innen und Ergänzungskräften die größte Grundschule in Lippe. Der Migrationsanteil liegt gesamtschulisch aktuell bei 65 %.

Die Klasse 4c: Eine gewachsene Gemeinschaft

Die Frage, ob es möglich sei, an dieser Schule eine Gruppe von Kindern für das Buchprojekt zu finden, erübrigte sich fast. Wenn nicht hier, wo sonst? So wandte ich mich mit diesem Anliegen an Frau Hansmann. Zwar hatte ich mit einer positiven Antwort gerechnet, nicht jedoch mit so viel Enthusiasmus und schon gar nicht damit, innerhalb kürzester Zeit eine Klasse zugewiesen zu bekommen. Frau Hansmann stellte mir ihre Religionsstunden in der 4c zur Verfügung, der Klasse von Frau Hille, ihrer Konrektorin. Da es auch bei dem Gedankenaustausch mit den Kindern letztlich um zwischenmenschliche Situationen ging, um die Fragen, was das Leben – auch *ihr* Leben – lebenswert und sinnvoll macht und was die Essenz unseres Bestehens ist, fügten sich die Themen der Kindergesprächskreise problemlos in den Kontext des Religionsunterrichts ein.

Schon in der darauffolgenden Woche konnte ich in den Unterricht kommen und die Kinder kennenlernen. Der erste Kindergesprächskreis war im September 2019 – der erste von rund zehn Gesprächen, die alle zwei Wochen stattfanden und jeweils neunzig Minuten (einschließlich Pause) dauerten. Die meisten Kinder waren zu diesem Zeitpunkt neun Jahre alt. In der Klasse sind insgesamt 25 Kinder, davon 11 Mädchen und 14 Jungen. Die 4c ist keine „besondere" Klasse in dem Sinne, dass hier eine bestimmte Auswahl von Kindern getroffen worden wäre. Die Klasse ist so heterogen zusammengesetzt wie alle Klassen dieser Schule. Es gibt deutsche Kinder und Kinder mit Migrationshintergrund, es gibt geflüchtete Kinder, integrative Kinder, hochbegabte Kinder und Kinder, die im Heim leben.

„Besonders" ist diese Klasse aus anderen Gründen: Von Anfang an wurde mit den Kindern über anstehende Entscheidungen oder auftretende Schwierigkeiten im Unterricht gesprochen. Wo immer es möglich und ihnen zumutbar war, wurden sie einbezogen in alles, was es zu regeln, zu klären oder zu organisieren gab. Die Kinder sind es gewöhnt, beim Auftreten eines Problems gefragt zu werden: *Und wie lösen wir das Problem? Was machen wir jetzt?* Durch die frühe und konsequente Einbeziehung in möglichst viele Belange der Klasse haben die Kinder Wichtiges gelernt: zum einen, sich mitverantwortlich zu fühlen und auch Verantwortung zu übernehmen, zum anderen, die Gemeinschaft im Blick zu behalten und sich selbst als Mitglied dieser Gemeinschaft zu sehen. Das wird für mich immer dann besonders deutlich, wenn ich, kaum dass ich den Klassenraum betreten habe, unaufgefordert darüber informiert werde, wer *heute fehlt,* denn mit einem Kind, das nicht da ist, fehlt auch ein Teil der Gemeinschaft. Und schließlich: Sie haben gelernt, über das, was geschieht und ihnen widerfährt, gemeinsam nachzudenken, und zwar nicht nur im wöchentlichen Klassenrat, sondern auch in den immer wieder zwischengeschalteten Reflexionsphasen – kurz: Die Kinder sind gewöhnt zu reflektieren, und sie haben dabei ihren Sprachgebrauch geschult.

So profitierte ich in hohem Maße von der auf Empathie, Partizipation und Selbständigkeit ausgerichteten Leitung der Klassenlehrerin und des pädagogischen Teams. Jedes Kind weiß, dass es sich öffnen und den anderen Kindern vertrauen kann. Das bedeutet mitnichten, dass es in dieser Klasse keine Streitigkeiten gäbe. Diese sind an der Tagesordnung wie in jeder anderen Klasse auch. Die Grundhaltung der Kinder jedoch, ihre sozialen Kompetenzen und die im Laufe der Jahre erreichte Reflexionsfähigkeit, sind meiner Einschätzung nach eher ungewöhnlich, und sie sind für ein Buch, in dem es darum gehen soll, dass sich Kinder zu Fragen der Erziehung und des Kindseins äußern, eine mehr als wünschenswerte Grundlage. Immer wieder erreichten die Kinder in unseren Gesprächen ein beachtliches Niveau, und immer wurde auch erkennbar, wie sehr sie sich anstrengten. Der Austausch war ihnen wichtig und, so mein Eindruck, er tat ihnen gut.

Der Kindergesprächskreis: Zu Wort kommen, gehört werden, wichtig sein

Im Kindergesprächskreis äußern sich die Kinder zu Themen, von denen sie in ihrem eigenen Leben unmittelbar betroffen sind. So geht es beispielsweise um die Frage: „Was ist Trost?“ Es geht um Themen wie „Geschwisterrivalität“ und „Verwöhnung“, um „Das pauschale Lob“, „Verständnis“ oder „Neugier“ – um hier nur einige zu nennen. Die Kinder werden in keiner Weise auf diese Themen vorbereitet. Weder gibt es irgendwelche Vorankündigungen noch etwa die Bitte, sich zu Hause schon mal darauf einzustellen und z. B. die Eltern zu befragen. Das jeweilige Thema erfahren die Kinder zu Beginn des Gesprächs. So sind ihre Äußerungen spontan und authentisch.

Oft werden Beispielsituationen herangezogen, die ich im Alltag erlebt habe. Sie illustrieren bestimmte Fragen oder Problembereiche und helfen den Kindern, ihre Gedanken, von einem anschaulichen Beispiel ausgehend, zu konkretisieren, auf sich selbst zu beziehen oder mit der eigenen Lebenssituation zu vergleichen – manchmal sogar vom Konkreten zu abstrahieren und Überlegungen in einer eher grundsätzlichen Weise zu formulieren. Sämtliche Beispielsituationen sind echt, auch die in den eigenen Textteilen verwendeten. Kein Beispiel ist ausgedacht oder für die Verwendung im Kindergesprächskreis zurechtgestutzt. Sie sind im sprichwörtlichen Sinne „aus dem Leben gegriffen“ und wohl auch deshalb für die Kinder gut nachvollziehbar.

Wir starteten mit dem Thema „Beachtung“. Dabei fielen mir zwei Dinge besonders auf: der sofortige Einstieg in die Thematik – die Kinder wollten keinerlei Einführung oder Erklärung – und die Ernsthaftigkeit, mit der sie diskutierten. Aber sie brauchten Zeit – Zeit, ihre Gedanken zu ordnen und Standpunkte zu entwickeln. Was beim Lesen der Gespräche nicht ohne Weiteres erkennbar wird, ist die Mühe, die sie das bisweilen kostete. Satzanfänge wurden mehrfach wiederholt oder variiert, und oft hörte man *ähm, also, irgendwie* und *halt eben,* Füllwörter, die nötig waren, um für die Formulierung Zeit zu gewinnen. Manchmal dauerte es lange, bis ein Argument stand, denn auch die verfügbaren Satzkonstruktionen reichten nicht immer aus für die anspruchsvollen Themen und die Komplexität der Überlegungen. Das wiederum bedeutete, dass die anderen Kinder, die ebenfalls einen Wortbeitrag leisten wollten, lange warten, dass sie zuhören, über das Gehörte nachdenken und gleichzeitig ihren eigenen Gedanken im Kopf behalten mussten. Da im Gesprächskreis in der Regel etwa zwanzig Kinder saßen und die meisten von ihnen immer etwas zu sagen hatten, geschah es oft, dass sieben, acht Kinder sich äußerten, bevor ein bestimmtes Kind an der Reihe war. All das erforderte ein hohes Maß an Geduld, Konzentrations- und Anstrengungsbereitschaft. Trotz dieser Schwierigkeiten, mit denen jedes Kind auf seine Art zu kämpfen hatte, gab es kaum einmal Unruhe und niemals Streit. Bis zum Ende der Gesprächskreise blieb die Motivation der Kinder ungebrochen hoch.

Gesprächsprotokolle und Verschriftlichung

Alle Kindergesprächskreise wurden mit dem iPhone aufgenommen und anschließend von mir transkribiert. Aus Platzgründen, aber auch um Lesende nicht zu ermüden, mussten einige Kürzungen vorgenommen werden. Das betrifft nicht nur die Wortbeiträge der Kinder, sondern auch die Äußerungen von Frau Hansmann und mir. Sie sind in der Gesprächswiedergabe einheitlich mit „L.in" (Lehrerin) gekennzeichnet. Lediglich in dem Gespräch mit den beiden Mädchen Hanna und Hanna Yara (Kapitel 1) heißt es „Hansmann" und „Letschert". Frau Hansmann als Schulleiterin und Religionslehrerin der 4c war immer dabei, oft auch Frau Hille, die Klassenlehrerin. Wir haben die Gespräche mit den Kindern im Team moderiert. Unsere Fragen und Impulse sind nur dort belassen, wo sie für das Nachvollziehen des Gesprächsverlaufs und dessen gelegentliche Wendungen erforderlich sind. Auch unsere Rückmeldungen zu einzelnen Beiträgen der Kinder, gelegentliches Nachhaken und die sich daraus wiederum ergebenden Fragen, werden nur selten mit aufgeführt. Wichtiger waren mir die Gedanken der Kinder, und ich gehe davon aus, dass sich die Leserinnen und Leser schon vorstellen können, wie sehr wir darauf geachtet haben, den Kindern positive und immer auch differenzierte Rückmeldungen zu geben.

Auch die Äußerungen der Kinder mussten an vielen Stellen gekürzt werden, was aber keine Qualitätseinbuße, sondern, im Gegenteil, eine Qualitätssteigerung zur Folge hat, denn die Beiträge gewinnen dadurch an Dichte und Prägnanz. So wurden beispielsweise lange Schilderungen von persönlichen Erlebnissen nicht oder nur zum Teil übernommen, und auch mehrfache Wiederholungen eines einmal vorgetragenen Gedankens oder Arguments – für das Verständnis der Kinder durchaus wichtig – erscheinen nicht alle im Buch. Füllwörter wurden ebenfalls weitgehend weggelassen. Wenn etwas von einem Wortbeitrag fehlt, ist dies durch Klammern – (...) – kenntlich gemacht. Andererseits habe ich gelegentlich auch Ergänzungen vorgenommen, und zwar da, wo ein Kind bestimmte Wörter oder Satzteile, die zum Verständnis seines Gedankens nötig sind, nicht ausgesprochen, sondern „verschluckt" hat. Auch das ist in Klammern gesetzt, jedoch nicht kursiv wie bei den Kinderäußerungen. Der manchmal etwas unbeholfene Gebrauch der Grammatik hat hier und da eine leichte Glättung erfahren.

Zum Schluss sei darauf hingewiesen, dass es in der Wiedergabe der Gespräche viele Unterstreichungen gibt. Sie sollen dabei helfen, sich die Betonungen der Kinder besser vorzustellen, und sie sollen vor allem ein wenig von der Lebendigkeit im Klassenraum wiedergeben.

Die Fotos

Jedes Kapitel beginnt mit einem Foto von einem Kind oder einer kleinen Gruppe von Kindern. Die Fotos haben mit den Schülerinnen und Schülern im Kindergesprächskreis nichts zu tun. Sie bilden auch keines der Kinder ab, von denen in den einzelnen Kapiteln die Rede ist. Wie eingangs erwähnt, sollen sie dazu einladen, genauer hinzuschauen, zu verweilen und wahrzunehmen. Die Fotos kommen aus verschiedenen Klassen von Maria Clasen, einer Kollegin, die an der „Schule an der Gartenstadt", einer Grundschule in Hamburg, unterrichtet. Dort habe ich sowohl die Gelegenheit, den Unterricht zu besuchen, als auch die Erlaubnis der Eltern und der Kinder selbst, zu fotografieren. Die Auswahl für das vorliegende Buch wurde aus unterschiedlichen Serien, die zu unterschiedlichen Zeitpunkten entstanden, zusammengestellt.

Danksagung

Bei einigen Menschen möchte ich mich besonders bedanken, und das ist mir so wichtig, dass ich es nicht ans Ende, sondern an den Anfang des Buches stellen möchte – waren diese Menschen doch auch von Anfang an beteiligt.

Zuallererst möchte ich mich bei meinem Lektor, *Konrad Bronberger*, bedanken. Ohne seine überraschende Initiative wäre dieses Buch nicht entstanden. Er hat sich verlagsseitig für das ungewöhnliche Konzept eingesetzt und dessen Werdegang mit Interesse und immer mal wieder signalisierter – und mich motivierender! – Neugier verfolgt.

Ohne ihn hätte es also auch keinen Kindergesprächskreis gegeben und wären die *Kinder der 4c der Weerth-Schule* in Detmold nicht meine unentbehrlichen Verbündeten und die wichtigsten Akteure dieses Buches gewesen. Liebe Kinder dieser Klasse, Euch allen gilt mein herzlichster Dank. Ich habe jeden Gesprächskreis mit Freude und Spannung erlebt. Ihr habt mich mit Euren Gedanken motiviert und inspiriert. Immer wieder habe ich gestaunt über Eure

Fähigkeit, so tiefgehend und differenziert über das Leben – Euer Leben – in Elternhaus und Schule nachzudenken und Eure Gedanken so treffend zu formulieren. Ein besonderes Kompliment möchte ich Euch machen für Eure Ehrlichkeit und Fairness, die Ihr bei jedem Thema bewiesen habt, z. B. in Bezug auf Eure Geschwister – *niemand soll sich benachteiligt fühlen* –, in Bezug auf Eure Eltern – *unsere Eltern wünschen sich ja auch Beachtung von uns* – und in Bezug auf die Lehrkräfte – *es ist manchmal anstrengend, uns zu unterrichten.* Ich hoffe, dass viele Menschen Eure Sichtweisen lesen, daraus lernen oder sich von ihnen leiten lassen.

Danken möchte ich auch den *Eltern der Kinder.* Ich wäre schon zufrieden gewesen, wenn nur einige Eltern mir erlaubt hätten, die Äußerungen ihrer Kinder zu veröffentlichen. Damit, dass ausnahmslos alle Eltern ihre Zustimmung geben würden, hatte ich nicht gerechnet – und noch weniger damit, dass viele Eltern gar nicht erst lesen wollten, was ihr Kind gesagt hatte: *Ich vertraue meinem Kind. Ich freue mich auf das Buch und lasse mich überraschen!* So lautete das Argument. Ihnen allen, liebe Eltern, danke ich für das mir entgegengebrachte große Vertrauen.

Weder die Eltern noch die Kinder hätte ich kennengelernt ohne *Iris Hansmann.* Sie hatte als Schulleiterin nicht nur die Verantwortung für die Kindergesprächskreise. Ihr verdanke ich auch ein Höchstmaß an Unterstützung bei der Organisation und Durchführung. Weit mehr, als mir dieses Projekt an ihrer Schule nur zu gestatten, hat sie es mit der gleichen pädagogischen Grundhaltung mitgetragen und gefördert. Den über den gesamten Schreibprozess aufrechterhaltenen intensiven Dialog empfinde ich als fachliche und persönliche Bereicherung.

Danken möchte ich auch *Gesine Hille,* der Klassenlehrerin der 4c und stellvertretenden Schulleiterin. Dieser Dank ist verbunden mit einem Kompliment für ihren Unterricht. Wenn Kinder sich einander so verbunden fühlen und ein so starkes Gemeinschaftsgefühl entwickelt haben, und wenn sie in dieser Form reflektieren und ihre Gedanken zum Ausdruck bringen können, dann ist dies das Ergebnis aus vier Jahren pädagogischer Arbeit von hoher Qualität.

Hin und wieder bin ich in Hamburg. Dort habe ich die Gelegenheit, einen Unterricht zu erleben, in dem jedes Kind gesehen und ermutigt wird. Wie eingangs schon erwähnt, darf ich hier auch fotografieren. So danke ich den betreffenden *Kindern und Eltern in Hamburg* sowie der Klassenlehrerin, *Maria Clasen,* für die Erlaubnis, einige Fotos in diesem Buch zu veröffentlichen. Sie sollen dazu beitragen, das Kind nicht zu „übersehen".

Ein weiteres Mal habe ich *Dr. Klaus-Peter Schlingmann* für das Korrekturlesen gewinnen und von seinem akribischen Umgang mit Texten profitieren können. Ihm danke ich für seine wohlwollend-kritische Begleitung, für das motivierende Interesse an den Themen des Buches und für zahlreiche lebhafte Gespräche, die sich aus der Lektüre der einzelnen Kapitel ergeben haben.

Simone Huget hat den Text aus individualpsychologischer Sicht gelesen. Sie war zu Beginn meiner beruflichen Laufbahn eine meiner ersten Studentinnen am Fachbereich Erziehungswissenschaften der Universität Hamburg. Dass sie mich hier mit hoher Fachkompetenz und feinfühliger Resonanz begleitet hat, war für mich eine besondere Freude und eine wertvolle Erfahrung. Dafür danke ich ihr von Herzen.

Für alle, die das interessant finden:

Am Ende eines Gesprächskreises fragte mich mal ein Kind: *Wer liest das dann eigentlich, Frau Letschert?* Bevor ich etwas dazu sagen konnte, antwortete ein anderes: *Na alle, die das interessant finden!* Und damit hatte es recht. Dieses Buch ist nicht als Fachbuch gedacht, sondern wendet sich an eine möglichst breite Öffentlichkeit. Eltern sind ebenso angesprochen wie Lehrkräfte, Erzieher*innen, Sozialpädagoginnen und -pädagogen. Menschen, die die Individualpsychologie Alfred Adlers kennen und gewöhnt sind, auf der Grundlage dieser Theorie zu arbeiten, werden das Buch vielleicht auch wegen seines Leitmotivs, der Ermutigung, besonders *interessant finden.* Wir wissen allerdings aus Schulen, Kitas, Beratungsstellen und anderen Institutionen, dass Bücher nicht immer da ankommen, wo sie hilfreich sein könnten. Darum hoffe ich, dass „Das übersehene Kind" auch über den Kreis der unmittelbar interessierten Menschen hinaus gelesen und empfohlen wird und auf diese Weise dazu beitragen kann, dass Kinder genauer wahrgenommen und verstanden werden. Allen, die sich entschieden haben, dieses Buch oder *in* diesem Buch zu lesen, wünsche ich Freude und Gewinn bei der Lektüre – vielleicht auch etwas von der Inspiration, von der Begeisterung und Ernsthaftigkeit, mit der die Kinder über sich selbst sowie über ihre Erfahrungen mit uns, den Erwachsenen, gesprochen haben.

Einführung

Hallo Frau Meier! ruft ein etwa achtjähriges Mädchen von der anderen Straßenseite zu uns herüber. *Hallo!* antwortet Frau Meier. *Kennen Sie das Mädchen?* frage ich. *Ja,* lautet die Antwort. *Wie heißt es denn? – Charlotte,* sagt Frau Meier.

Es steht mir nicht zu, zu fragen, warum sie das Kind nicht mit seinem Namen anspricht, aber es fällt mir auf, und ich kann es mir nicht erklären. Oft erlebe ich diese Situation – entweder, wie hier, auf der Straße oder in der Schule oder auch in privater Umgebung: Das Kind spricht den Erwachsenen mit seinem Namen an, und der Erwachsene antwortet freundlich, aber der Name des Kindes fällt nicht.

Die niederländische Dichterin Neeltje Maria Min hat ein Gedicht geschrieben, das in den Niederlanden sehr bekannt ist. Ich möchte es zuerst in der Muttersprache der Autorin wiedergeben und anschließend in deutscher Übersetzung.

Mijn moeder is mijn naam vergeten,
mijn kind weet nog niet hoe ik heet.
Hoe moet ik mij geborgen weten?

Noem mij, bevestig mijn bestaan,
laat mijn naam zijn als een keten.
Noem mij, noem mij, spreek mij aan,
o, noem mij bij mijn diepste naam.

Voor wie ik liefheb will ik heten.

Meine Mutter hat meinen Namen vergessen,
mein Kind weiß noch nicht, wie ich heiße.
Wie kann ich mich geborgen wissen?

Nenne mich, bestätige mein Bestehen,
lass meinen Namen wie eine Kette sein.
Nenne mich, nenne mich, sprich mich an,
oh, nenne mich bei meinem tiefsten Namen.

Für wen ich lieb hab, will ich heißen.

Dieses kleine Gedicht ist eines aus dem ersten Band von Neeltje Maria Min. Es hat die Verfasserin auf Anhieb berühmt gemacht, und das aus gutem Grund – spricht es doch ein elementares Bedürfnis des Menschen an, nämlich das, gesehen zu werden und damit Bedeutung zu haben, mehr noch: unverwechselbar und damit einmalig zu sein. Es geht nicht nur um den Namen des Kindes und auch nicht nur darum, freundlich zu sein. Es geht um den Namen als Teil und Ausdruck seiner Individualität. Das *Hallo!* ist allgemein und unpersönlich. Jeder könnte gemeint sein. Das *Hallo Charlotte!* dagegen würde bedeuten: *Ich sehe dich, und wenn ich deinen Namen nenne, dann meine ich in diesem Moment auch niemand anderen als dich.* Es hätte also eine höhere Verbindlichkeit – Verbindlichkeit im eigentlichen wie im übertragenen Sinne des Wortes –, denn es gäbe der Antwort etwas Individuelles, Unverwechselbares. Doch ist diese Variante vergleichsweise selten zu hören. Dabei wäre gerade sie, also das Kind bei seinem Namen zu nennen, eine der zahlreichen Möglichkeiten, seine Individualität in unüberhörbarer Weise zu respektieren. Noch dazu ist sie die schnellste und einfachste und gleichzeitig eine höchst wirkungsvolle und ermutigende Möglichkeit, denn sie bestätigt nichts anderes als eben diese Sehnsucht: *Ich möchte wert sein, gesehen zu werden. Ich möchte etwas Besonderes sein* – und sogar dies: *Ich möchte sein,* im Sinne von: *bestehen (bevestig mijn bestaan).*

Vieles aus diesem Gedicht ist für den Umgang mit Kindern von größerer Bedeutung als wir Erwachsene vielleicht ahnen. Jedenfalls denken wir, so scheint es, nicht immer darüber nach. Das gilt auch für die hier angesprochene Geborgenheit. *Wie kann ich mich geborgen wissen?* Wie kann ich mich aufgehoben fühlen, wenn ich nicht angesprochen werde? Auf diese Frage folgt sogleich die drängende Bitte: *Nenne mich, nenne mich, sprich mich an!* Denn angesprochen zu werden, ist nicht nur ein Zeichen dafür, wichtig zu sein; es enthält auch die Einladung, sich geborgen zu fühlen, es gibt Vertrauen, Sicherheit und Halt. Das Kind ansprechen und sein Sosein beachten: Darum geht es, auch in diesem Buch, „Das übersehene Kind". Beachtung ist ein zentrales Element von Akzeptanz und Beziehung – oder, etwas vorsichtiger gesagt: von Dialog. Aber ist das nicht alles etwas hoch gegriffen? Eine Überinterpretation vielleicht? Oder auch zu pathetisch?

Ich denke nicht und habe die Kinder auf meiner Seite. „Beachtung" war nämlich das Thema des ersten Kindergesprächskreises (vgl. dazu auch das Vorwort), und ohne Umschweife kamen die Schülerinnen und Schüler dieser 4. Klasse zum Kern der Sache. Hier, in der Einführung, möchte ich lediglich einige wenige Äußerungen von ihnen präsentieren. Die ganze Bandbreite ihrer Gedanken und die Nuancen ihrer Argumente offenbaren sich den Leserinnen und Lesern im anschließenden 1. Kapitel: „Der will doch nur Beachtung!" So sagt etwa Jonathan: *Ich finde Beachtung sehr wichtig. Man wird dann auch gesehen.* Joudi drückt es so aus: *Ich fühle mich manchmal, als wäre ich unsichtbar. Dabei bin ich doch da!* Sanaa bekennt: *Wenn ich nicht beachtet werde, fühle ich mich gekränkt.* Und bei Linus schließlich klingt es so: *Wenn meine Eltern mich sehen und mit mir sprechen, dann gibt das gute Gefühle. Dann hüpft es in meiner Seele.*

Kinder sind überall präsent, und doch werden sie mit ihrem berechtigten Wunsch nach Zuwendung und Beachtung zu wenig gesehen. Unsere Wahrnehmung ihrer Bedürfnisse geht häufig in Erziehungshaltungen der Verwöhnung und Vernachlässigung sowie in der Hektik des Alltags und dessen gängigen Floskeln regelrecht unter. Die Kinder als Betroffene und Adressaten für das, was wir Erwachsene mit ihnen tun, spüren das genau. Sie sind in der Lage, ihre Erfahrungen in Worte zu fassen, sie können miteinander darüber nachdenken und erstaunlich präzise beschreiben, was sie stärkt und ermutigt bzw. stärken und ermutigen *könnte.* Und wenn man ihnen dabei zuhört, wie sie sich zu Fragen der Erziehung und Pädagogik in Elternhaus und Schule äußern, dann wird mehr als deutlich, wie sehr wir Gefahr laufen, die Kinder im täglichen Leben zu übersehen und auch zu unterschätzen.

In unserer schnelllebigen Zeit, in der häufig beide Eltern berufstätig sind oder das Kind mit nur einem Elternteil aufwächst, in der vieles unter Zeitdruck geschieht und die wirtschaftlichen Verhältnisse nicht überall zum Besten stehen, fehlt oft die Ruhe, sich eingehend mit dem Kind zu beschäftigen. Der Alltag mit seinen zahlreichen Verpflichtungen lässt wenig Raum für Momente des Innehaltens und Beobachtens, und so liegt es nahe, dass manche Erwachsene kaum noch wahrnehmen, was in ihrem Kind vorgeht, was es denkt und was es bewegt. Wertvolle Informationen gehen verloren, Entwicklungsschritte werden nicht adäquat gewürdigt. Dem Kind wiederum fehlt die stärkende Resonanz. Ihm fehlen Gespräche, die Sicherheit geben und aus denen es lernen könnte. Die Seele des Kindes und die sich entwickelnde Persönlichkeit geraten zu stark aus dem Blick. Diese Beobachtung führte zu dem Titel des Buches: „Das übersehene Kind".

Wir Erwachsene kennen das Bedürfnis nach Beachtung. Um es zu befriedigen, greifen wir gern auf Produkte der Auto-, Mode- oder Kosmetikindustrie zurück, die es unablässig stimulieren (vgl. hierzu auch Kapitel 1: „Der will doch nur Beachtung!"). Und obgleich das so ist, fällt es uns offenbar schwer, die Signale des *Kindes* zu verstehen, das seinerseits darum kämpft, gesehen zu werden, das sich Zuwendung wünscht und zufrieden ist, wenn wir ihm Zeit lassen und Interesse zeigen für das, was es selber interessiert. Dem Kind mit dem, was ihm wichtig ist, Beachtung zu geben, sich darauf einzulassen, es ernst zu nehmen und verstehen zu wollen, ist für sein Wohlbefinden und seine Entwicklung von unschätzbarem Wert. Nicht selten aber beobachte ich, dass Kinder mit einem *Komm jetzt!* weggezogen werden von etwas, was sie gerade interessiert. Sie können ihrer Neugier nicht immer nachgehen. Andererseits – ich weiß, dies ist nicht ohne weiteres zu ändern – sind sie in der Schule durch die Vorgaben des Lehrplans und schulische Organisationsstrukturen gezwungen, etwas zu lernen, was zum jeweiligen Zeitpunkt ihrem Interesse nicht unbedingt entspricht, trotz aller Motivationsversuche der Lehrkraft.

Kinder wollen etwas gelten, und ihr Bedürfnis, gesehen zu werden, bleibt. Fühlen sie sich nicht genügend beachtet, entwickeln sie häufig destruktive Verhaltensweisen, um Aufmerksamkeit zu erzwingen. Schnell werden sie zu „schwierigen" Kindern, die nicht nur sich selbst, sondern auch Lehrkräfte und Mitschüler*innen erheblich belasten. Das Problem ist dann oft, dass zwar das Verhalten des Kindes zurückgewiesen wird – berechtigter- und notwendigerweise –, dass aber das Kind selbst sich ein weiteres Mal übersehen fühlt und erneut einen Teufelskreis in Gang setzt. Die meisten Lehrkräfte und Kinder kennen solche Abläufe. Die Schülerinnen und Schüler aus dem Gesprächskreis äußern sich erstaunlich differenziert zu dieser Problematik. Sie ist ein Schwerpunkt des Buches.

Besonders hier, im Kontext dieser Problematik, kommt die Individualpsychologie Alfred Adlers ins Spiel und mit ihr das Prinzip der Ermutigung. Denn das vorliegende Buch orientiert sich an den Leitideen der individualpsychologischen Pädagogik, einer Pädagogik, die auch nach über hundert Jahren nichts an Bedeutung für das heutige Leben – z. B. in Elternhaus und Schule – verloren hat. Adler, zunächst prominenter Schüler von Siegmund Freud, distanzierte sich von dessen Triebtheorie, trennte sich im Jahre 1911 von seinem Lehrer und begründete die Individualpsychologie: eine auf Zuversicht und die Fähigkeit zu entscheiden, eine auf „schöpferische Kraft“ (Adler) und die Möglichkeit zu verändern ausgerichtete Theorie. Weniger die *Gründe* für das Verhalten eines Menschen stehen hier im Vordergrund, sondern eher die *Ziele*, die er, meist unbewusst, mit seinem Handeln verfolgt. Nicht länger die Auffassung, ein Opfer der Vergangenheit und ihrer Ereignisse zu sein, bestimmt die Leitlinie psychologischer Einflussnahme, sondern vielmehr die Überzeugung, dass jeder Mensch in der Lage ist, aktiv und eigenverantwortlich seine Lebensziele zu überprüfen und für die Gegenwart und Zukunft neu auszurichten. Aus dieser Grundhaltung resultiert auch das bekannte Zitat Alfred Adlers: „Nicht die Erlebnisse diktieren unsere Handlungsweisen, sondern die Schlussfolgerungen, die wir aus diesen Erlebnissen ziehen“ (vgl. hierzu auch Kapitel 9: „Gelernt ist gelernt!“).

Es ist das Verdienst von Rudolf Dreikurs, einem der bekanntesten und einflussreichsten Mitstreiter Alfred Adlers, dass die Individualpsychologie für die Schule angewendet und zur Grundlage ermutigender pädagogischer Arbeit werden konnte. Dreikurs' Hauptwerke, „Grundbegriffe der Individualpsychologie“, „Ermutigung als Lernhilfe“ und „Psychologie im Klassenzimmer“ (siehe Literaturempfehlungen), können nach wie vor – und vielleicht sogar mehr denn je – als Klassiker der Schulpädagogik betrachtet werden. An verschiedenen Stellen meines Buches beziehe ich mich auf Rudolf Dreikurs.

Was bedeutet „Ermutigung“ im vorliegenden Buch? Was bedeutet sie hier für den Umgang mit Kindern? Im Grunde genommen das, was eingangs schon ausgeführt wurde, nämlich Beachtung, Zuwendung und Anerkennung. Aus individualpsychologischer Sicht kommt ein weiterer unverzichtbarer Aspekt hinzu: die Aktivierung des Gemeinschaftsgefühls. Für Lehrkräfte heißt das, ein Kind, gerade auch ein sich destruktiv und unangemessen verhaltendes Kind, in die Gemeinschaft der Lerngruppe zu integrieren. Das ist ein schwieriges Unterfangen und kann nur dann gelingen, wenn es die Lehrkraft schafft, die individuellen Fähigkeiten des Kindes für die Gemeinschaft zu nutzen und dem Kind auf diese Weise zu vermitteln, dass es dazugehört und etwas zu bieten hat. Da dies in vielerlei Hinsicht – z. B. emotional, psychisch und auch in Bezug auf die Unterrichtsgestaltung – tatsächlich eine große Herausforderung darstellt, andererseits aber zu den Kernaufgaben des Lehrerberufs gehört, ist die häufig vernachlässigte, aber unbedingt erforderliche Ermutigung der Lehrkraft ein weiteres Anliegen dieses Buches.

Ermutigung ist das Leitmotiv meiner gesamten beruflichen Tätigkeit. Sie ist auch Grundlage und Ziel des Buches. Ich möchte Leserinnen und Leser für diesen Ansatz gewinnen und von der Notwendigkeit der Ermutigung überzeugen. Das Kind zu ermutigen, ist meiner Erfahrung nach eine der wenigen, wenn nicht sogar die einzige Möglichkeit, es so zu stärken, dass es sich nicht verführen lässt und standhaft bleibt, dass es sich keinem Konformitätsdruck unterwirft, ganz gleich, was dieser vorschreibt, und dass es niemandem und am wenigsten sich selbst erlaubt, seinem Leben eine destruktive, unheilvolle Richtung zu geben.

In unserer schnelllebigen, hochtechnisierten Welt ist, so scheint es, kaum noch Platz für Ermutigung. Sie hat es schwer, sich durchzusetzen, denn sie „funktioniert" nicht, sie ist weder leicht zu handhaben noch verfügbar oder irgendwo abzurufen. Angewiesen auf sorgfältige Beobachtung und reflektierte Entscheidung, entzieht sie sich der technischen Machbarkeit und ist gerade darum so dringend erforderlich. Ermutigung ist die fundamentale Voraussetzung für Mitmenschlichkeit, und zu dieser sagt Alfred Adler: „Wir sind nicht geneigt, etwa zu glauben, dass diese Mitmenschlichkeit sich ganz von selbst entwickelt, sondern wir haben mit schöpferischer Kraft dahin zu trachten, … das Kind zu diesem Zweck zu entwickeln" (Adler, 2009, S. 155).

1. *Der will doch nur Beachtung!*

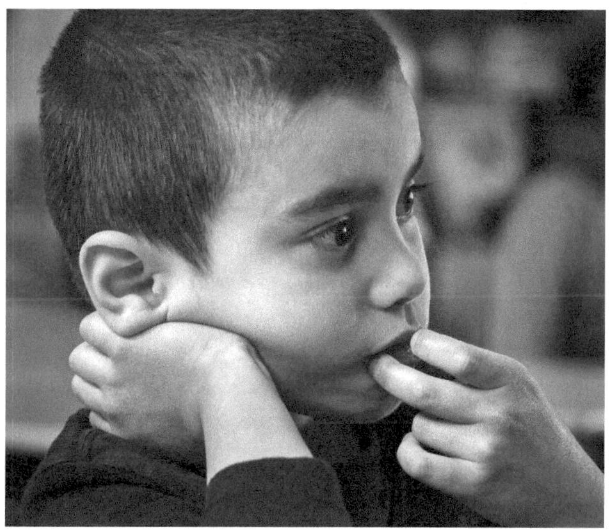

Beim Thema „Beachtung" denken Lehrkräfte nicht selten zuerst an Kinder mit herausforderndem, destruktiven Sozialverhalten. Übersehen werden manchmal die Schülerinnen und Schüler, die keine Probleme machen, weil sie still und scheinbar angepasst im Hintergrund bleiben. In einem Kapitel, in dem es um die Notwendigkeit der Beachtung geht, möchte ich auch diese Kinder ausdrücklich berücksichtigen. Im Anschluss an grundsätzliche Überlegungen zum Zusammenhang zwischen Beachtung und Selbstwertgefühl folgt darum sowohl eine Beispielsituation mit einem, wie die Klassenlehrerin sagt, schwierigen Jungen, als auch eine Szene mit einem zurückhaltenden Mädchen, das scheinbar gar nicht mit besonderer Beachtung rechnet. Den Abschluss dieses Kapitels bildet ein Gespräch mit zwei Schülerinnen aus der 4. Klasse, Hanna und Hanna Yara, die im Unterricht und in den Kindergesprächskreisen zwar mit Aufmerksamkeit und Konzentration präsent sind, ihre Gedanken aber gern für sich behalten. Hier sprechen die Mädchen über ihre persönlichen Erfahrungen und geben Lehrkräften einige bemerkenswerte Empfehlungen.

Vom Zusammenhang zwischen Beachtung und Selbstwertgefühl

Beachtung durch destruktives Verhalten

Hauptbahnhof Duisburg, auf dem Bahnsteig. Ich warte auf meinen Zug Richtung Herford. Der Zufall will, dass ich Zeuge eines Dialogs zwischen zwei jungen Frauen werde, nachdem ich gerade eine Lehrerfortbildung zum Thema „Umgang mit Kindern mit destruktivem Verhalten" in einer Schule am Niederrhein durchgeführt habe.

> *Und er drängelt sich auch immer vor! Dabei schubst er die anderen Kinder zur Seite, manche haut er auch richtig um, jedenfalls rempelt er sie alle an! Er will immer der Erste sein und immer alles vormachen. Es ist zum Wahnsinnigwerden!*
> *Und was machst du dann mit ihm?*
> *Ich zerre ihn wieder nach hinten. Der muss sich erstmal hinten anstellen und lernen, sich zurückzuhalten. Vorher kommt er gar nicht erst dran! Aber es gibt jedes Mal Theater!*

Dass ich diesen Dialog mitbekomme, kann ich nicht vermeiden. Mich hier nicht einzuschalten, fällt mir schwer. Einen ganzen Tag lang haben wir in einem Grundschulkollegium intensiv über den Umgang mit destruktivem Verhalten gesprochen, und fast automatisch beziehe ich nun die beiden mir völlig fremden Kolleginnen in diese Gruppe mit ein. Über etliche Erscheinungsformen dieses Problems hatten wir diskutiert, viele Lehrkräfte, die auf schnelle Hilfe hoffen, saßen hier zusammen, und immer wieder stand die frustrierende Erfahrung im Vordergrund, *dass vieles nicht hilft.* All die Maßnahmen des Zurücksetzens etwa, des Ausschließens oder Bestrafens: *Es bringt einfach nichts,* jedenfalls langfristig nicht, so konsequent und energisch sie auch durchgesetzt sein mögen. *Es funktioniert nicht,* sagt eine Kollegin. Nein, so kann es auch nicht funktionieren. Aber was sind die Alternativen?

Ohne destruktives Verhalten keine Beachtung?

Bei auffälligem, z. B. regelwidrigem Verhalten eines Kindes sind meiner Erfahrung nach zwei Reaktionsweisen von Lehrkräften besonders oft zu beobachten. Dabei geht es um beinahe „klassisch" zu nennende Situationsabläufe:

Variante A:

- Ein Kind stört und wird mit dieser Störung beachtet.
- Die Lehrkraft ermahnt das Kind, schimpft oder, je nach Schwere der Störung, sanktioniert.
- Im weiteren Verlauf bleibt das Kind unbeachtet, und zwar auch dann, wenn es sich anschließend regelkonform verhält.
- Erst bei der nächsten Störaktion erhält es wieder Beachtung.

Variante B:

- Ein Kind stört und wird mit dieser Störung beachtet.
- Die Lehrkraft ermahnt das Kind oder kritisiert dessen störendes Verhalten, vermeidet aber ungebührliche Aufmerksamkeit.
- Das Kind bemüht sich nun um regelkonformes, angemessenes Verhalten.
- Die Lehrkraft reagiert auf dieses positive Verhalten mit einem kurzen Lob, also z. B. mit *Super!*, mit *Das hast du gut gemacht!* oder Ähnlichem. (Zur Problematik des pauschalen Lobs vgl. auch Kapitel 4: „Das hast du super gemacht!")

Variante A ist, so scheint mir, die häufigste Reaktion: Das Kind wird bei negativem Verhalten kritisiert oder bestraft, bleibt aber ansonsten unbeachtet. Die Lehrkraft ist froh, wenn es mal nicht provoziert und ihre Aufmerksamkeit nicht weiter beansprucht. Das Kind aber stört daraufhin den Unterricht umso mehr, denn es will den Machtkampf gewinnen und auf Beachtung nicht verzichten.

Bei der zweiten Variante achtet die Lehrkraft auf den günstigen Moment und bestätigt positives Verhalten mit einer positiven Rückmeldung. Üblicherweise wird diese Reaktion „Positive Verstärkung" genannt. Sie zeigt an, dass dieses Verhalten das gewünschte Verhalten ist, und belohnt das Kind mit einem kurzen Lob. Dieses wiederum soll ein Anreiz sein, sich weiterhin anzustrengen und nicht mehr zu stören.

In beiden Varianten wird dem Kind signalisiert, dass seine Art zu agieren, nicht erwünscht ist, doch das Kind selbst geht auch in beiden Varianten, besonders in der ersten, gleichsam leer aus. Es soll Anweisungen, die ihm im Übrigen nicht neu sein werden, Folge leisten.

Eine pädagogische Alternative

Eine Alternative zu den Varianten A und B, hier ebenfalls nur grob in ihrem Ablauf skizziert, könnte folgendermaßen aussehen:

Variante C:

- Ein Kind stört und wird mit dieser Störung beachtet.
- Die Lehrkraft ermahnt das Kind oder kritisiert sein störendes Verhalten, vermeidet aber ungebührliche Aufmerksamkeit.
- Das Kind bemüht sich nun um angemessenes Verhalten.
- Die Lehrkraft reagiert auf das angemessene Verhalten weder mit einem pauschalen Lob noch mit einer Bewertung. Stattdessen gibt sie dem Kind eine differenzierte und informative Rückmeldung. Mit dieser macht sie es nicht nur darauf aufmerksam, dass es sich jetzt situationsangemessen verhält, sondern weist es gleichzeitig auf Fähigkeiten hin, die es dabei angewendet hat und die dadurch sichtbar geworden sind.

Wenn wir davon ausgehen, dass das Kind negative Mittel einsetzt, weil es entweder nichts Besseres gelernt hat oder glaubt, nichts Besseres bieten zu können, dann reicht es nicht aus, das positive Verhalten nur mit einem Lob zu bestätigen. Dann gilt es, die zugrundeliegenden und dafür eingesetzten *Fähigkeiten* anzusprechen und dem Kind bewusst zu machen. Denn angewendete Fähigkeiten werden gerade von diesen Kindern kaum wahrgenommen oder in ihrem Wert unterschätzt. Oft werden sie nicht einmal als etwas selbst Erworbenes betrachtet oder gar als Leistung empfunden, denn dafür sind sie nicht spektakulär genug. (Ein Blick in Sportreportagen und Fernsehshows, wo nur beachtet und gefeiert wird, wer Höchstleistungen oder eben Spektakuläres vollbringt, bestätigt diese Haltung.)

Beachtung: Ein fundamentales Bedürfnis

Kinder, die sich destruktiv oder unsozial verhalten, die den Unterricht stören oder die Aufmerksamkeit erzwingen, können sich wohl kaum untereinander abgesprochen haben, und doch ist ihr Verhalten landauf, landab im Prinzip das gleiche, zumindest ist es vergleichbar. Letztlich geht es ihnen darum, gesehen zu werden. Ebenso vergleichbar ist aber auch die vermeintlich pädagogische Antwort, und was diese betrifft, so entspricht die Reaktion der jungen Kollegin auf dem Bahnsteig in Duisburg der oben aufgeführten Variante A: Die Kinder werden zurechtgewiesen, oder ihr Verhalten wird sanktioniert, sie müssen sich hintanstellen, oder sie werden ausgeschlossen. Dann aber – und das ist auch hier das gleichermaßen Entscheidende wie Fatale –, dann passiert weiter nichts, das heißt: Solange sie nicht stören, werden sie links liegengelassen. Sie bleiben unbeachtet.

Beachtung ist ein fundamentales Bedürfnis. Kein Mensch akzeptiert es freiwillig, unbeachtet und, damit einhergehend, ohne Anerkennung zu bleiben. Unser ganzes Streben ist darauf gerichtet, gesehen zu werden, denn das bedeutet, wichtig zu sein. Die Modeindustrie, die Auto-, Schmuck- oder Kosmetikindustrie: Sie alle setzen, mit Erfolg, auf dieses existenzielle Bedürfnis. Einem Kind die Beachtung zu verweigern, kann nicht nur nicht funktionieren; es ist auch keine sinnvolle Maßnahme, und schon gar keine pädagogische. Mehr noch, sie bewirkt fast immer das Gegenteil des Gewünschten: Die Kinder verstärken ihre destruktiven Mittel, um den Machtkampf zu gewinnen, um irgendwie „oben" zu bleiben – und vor allem, um auf jeden Fall gesehen zu werden.

Destruktives Sozialverhalten hat viele Ursachen und ist häufig zu beobachten. Nicht selten beruht es auf entsprechenden Vorbildern. Kinder lernen es von Jugendlichen oder Erwachsenen. *Viele Kinder werden auch einfach nicht mehr erzogen,* klagt ein Erzieher im offenen Ganztag. *Sie lernen kein angemessenes soziales Benehmen mehr.* Andere Kinder wiederum sind schlicht entmutigt. In ihrem Leben gibt es wenig anerkennende Resonanz, vielleicht nicht einmal Gespräche, Zuwendung oder Interesse. Oft haben die Kinder nur ein geringes

Selbstwertgefühl. Nun kann man daraus aber nicht die Konsequenz ableiten: *Ach, das arme Kind! Es ist doch so entmutigt! Es hat kaum Selbstbewusstsein! Dann darf es ruhig aggressiv sein, sich vordrängeln oder andere Kinder schlagen.* Nein, das geht natürlich nicht. Den Kindern müssen Grenzen aufgezeigt werden, deutlich und konsequent. Nur: Das ist lediglich der eine Teil der pädagogischen Reaktion. Der andere Teil sollte die gezielte Beachtung sein.

Erstes Beispiel: Tim

In der Kollegialen Unterrichtsreflexion

Im Rahmen einer Kollegialen Unterrichtsreflexion (vgl. hierzu auch Kap. 10: „Ermutigung der Lehrkraft und Ermutigung des Kindes") sehe ich, gemeinsam mit einer kleinen Gruppe von Kolleginnen, eine Deutschstunde in der 2. Klasse. Einige Kinder wurden im Vorfeld als *schwierig* beschrieben, und es gibt verschiedene Beobachtungsaufträge. Während des Unterrichts fällt mir eine Situation besonders auf: Die Kinder beschäftigen sich mit einem Arbeitsblatt. Einer der von der Kollegin genannten Jungen, ein „verhaltensauffälliges Kind", steht auf und sieht sich nach seiner Lehrerin um. Diese ist gerade bei einem anderen Schüler an einem anderen Tisch. Das Arbeitsblatt in der Hand, geht der Junge zu ihr hin. Er tippt ihr auf den Arm und spricht sie an. *Einen Moment bitte, Tim!* lautet die Antwort. Ich hatte erwartet, dass nun folgt, was in solchen Situationen meistens folgt, nämlich dass der Junge anfängt zu quengeln, ungeduldig wird, immer wieder den Namen der Lehrerin ruft oder permanent an ihrem Ärmel zupft. Doch das geschieht nicht. Der Junge wartet ab und sieht sich in der Klasse um. Nach zwei, drei Minuten schaut die Lehrerin auf und sagt: *Danke, dass du gewartet hast, Tim. So konnte ich eben Ahmet weiterhelfen, und nun habe ich auch Zeit für dich. Komm, lass uns mal an deinen Platz gehen.*

Bemerken, beachten, erklären

In der Nachbesprechung nehmen wir uns Zeit für diese Situation. Vielleicht war es Zufall, dass Tim sich ruhig verhielt. Vielleicht war er von seinem üblicherweise störenden und auch hier zu erwartenden Verhalten einfach nur abgelenkt. Vielleicht hatte die ungewohnte Anwesenheit mehrerer Lehrkräfte eine leicht „bremsende Wirkung". Wie dem auch sei: Die Lehrerin hat das für diesen Jungen ungewöhnliche Verhalten bemerkt, sie hat es beachtet, und sie hat ihm darüber hinaus erklärt, warum es hilfreich war. Das tat sie freundlich und in knappen Worten. Sie hätte sich auch direkt mit dem Anliegen des Schülers befassen und sein Verhalten unkommentiert lassen können. Doch es war ihr aufgefallen, wie sie sagte. Tim wiederum zeigte sich erstaunt über ihre Worte, ja fast ungläubig. Er macht vermutlich nicht oft die Erfahrung, solch eine Rückmeldung zu bekommen, und möglicherweise wusste er zunächst gar nicht, was er damit anfangen sollte.

Die Reaktion der Kollegin hat nichts mit dem Versuch einer Konditionierung zu tun. Weder war es ein pauschales Lob noch eine positive Verstärkung – sind doch gerade diese Methoden bei diesen Kindern oft hinreichend bekannt und längst schon abgenutzt. Hier ging es um Freundlichkeit und Beachtung, um ein unmittelbares, noch dazu informatives Feedback und eine auf diese Weise ermöglichte Einsicht.

Tim wird damit nicht sofort zu einem Kind mit angemessenem Sozialverhalten. Aber vielleicht ist ihm bewusst geworden, dass sein Verhalten – im eigentlichen Sinne des Wortes – bemerkenswert war und dass er mit diesem Verhalten Beachtung finden kann. In jedem Fall ist der pädagogische Ansatz richtig, auch für die Lehrkraft übrigens, die ihrerseits überrascht war, in der Nachbesprechung so viele positive und begründete Rückmeldungen zur Qualität ihres Handelns zu hören. Ihr war das genauso wenig bewusst. Er ist ermutigend, dieser Ansatz, beinhaltet er doch eine unerwartete und vor allem ungewohnte Reaktion: ungewohnt für ein Kind, das gewöhnt ist, mit destruktivem Handeln die Aufmerksamkeit zu erzwingen und damit bislang auch Erfolg hatte. Hier bekommt es eine Alternative aufgezeigt – vielleicht auch ein Angebot gemacht – und hat die Chance, zumindest an dieser Stelle umzudenken. Darüber hinaus wurde ihm eine wichtige Sozialkompetenz vor Augen geführt, nämlich die Kompetenz zu warten, und dies wiederum könnte dazu beitragen, das tendenziell negative Selbstbild positiv zu beeinflussen.

Die pädagogische Initiative

Nein, es geht nicht darum, Beachtung zu *verweigern*. Es geht darum, Beachtung zu *geben* – nicht jedoch nach den destruktiven Vorstellungen des Kindes, sondern nach den pädagogischen Überlegungen der Lehrkraft, d.h. gezielt, konstruktiv und dem zu erwartenden problematischen Verhalten möglichst zuvorkommend. Nicht „nach hinten stellen", sondern „nach vorne holen" lautet die Devise. Eine Lehrkraft, die sich in Machtkämpfe verstricken lässt, stellt auch sich selbst „nach hinten", denn sie folgt den Spielregeln des Kindes und gibt die Regie aus der Hand. Beachtet sie das Kind nur dann, wenn es darum kämpft, bleibt sie – mit ihm – in seinem destruktiven Handlungsmuster gefangen. Dann gefährdet sie nicht nur ihre Selbstachtung, sondern sie verliert auch den Respekt des Kindes. Dessen Respekt aber braucht sie, um eine Beziehung zu ihm herzustellen und im Rahmen dieser Beziehung pädagogisch handeln zu können.

Es ist wie bei Max, einem der bei der Fortbildung genannten Schüler: Wenn Max nicht begreift, dass die Melderegel auch für ihn gilt, wird das in seinem Zeugnis stehen, etwa so: *Max muss lernen, sich an die Melderegel zu halten.* Das stimmt. Was er aber eigentlich lernen muss, ist dies: *Ich bekomme Beachtung, wenn ich mich an die Melderegel halte.* Das schafft er nicht allein, denn dazu waren seine destruktiven Mittel zu attraktiv und wirkungsvoll. Dafür braucht er die Lehrkraft und deren Beachtung – nicht nur in Bezug auf die Melderegel.

Zurück zu der Kollegin auf dem Bahnhof in Duisburg. Die meisten Lehrkräfte aus der Schule, wo die Fortbildung stattfand, hätten ihr am Ende wohl empfohlen, den Schüler, der immer der Erste sein und alles vormachen will, auch mal Erster sein und etwas vormachen zu *lassen* – ganz gezielt, mit hohem Anspruch und genauen Anweisungen. Dann hätte er nämlich, genau nach Anweisung und nur unter Aufsicht der Kollegin, anderen Kindern ein wenig helfen und dabei Verantwortung übernehmen können. Auf diese Weise hätte er seine Fähigkeiten gezeigt und dafür Anerkennung – also auch Beachtung – bekommen, sich aber nicht darauf ausgeruht, sondern etwas davon abgegeben. Die Mitschülerinnen und Mitschüler hätten profitieren und der Junge selbst hätte sein Sozialverhalten verbessern können. Denn das Ermutigende ist nicht allein die Kompetenz und auch nicht der Kompetenzvorsprung, sondern vielmehr die Möglichkeit, mit eben dieser Kompetenz einen Beitrag für die Gemeinschaft zu leisten. Nun kenne ich weder die Kollegin noch den Schüler oder irgendetwas anderes. Insofern ist hier alles Spekulation. Dennoch: Das pädagogische Prinzip – gezielt Beachtung zu geben, Fähigkeiten zu nutzen und sie dem Kind bewusst zu machen –, dieses Prinzip wird auch für den Jungen gelten, in welcher Form auch immer.

Zweites Beispiel: Marie

Luft kann Blätter tragen

Eine junge Lehrerin, Referendarin kurz vor dem Zweiten Staatsexamen, zeigt eine Stunde in der 3. Klasse. Im Rahmen des Sachunterrichts geht es um das Thema „Luft“. Die Kinder werden gebeten, in Partnerarbeit ihr Vorwissen auszutauschen und stichwortartig auf einem Arbeitsblatt zusammenzutragen. Anschließend sollen sie eigene „Forscherfragen“ notieren, also das, was sie an diesem Thema besonders interessant finden, was sie am Ende der Unterrichtseinheit verstanden haben wollen oder unbedingt wissen möchten – das „leitende Erkenntnisinteresse“, so würde Jürgen Habermas es nennen.

Unter den Mädchen befindet sich Marie. Sie ist etwas kleiner als ihre Mitschülerinnen, etwas langsamer auch, ein Kind mit besonderem Förderbedarf. Meistens kümmert sich eine Integrationshelferin um Marie. In dieser Stunde jedoch konzentriert sich die Kollegin auf zwei andere Kinder, so dass Marie in ihrer Tischgruppe – und dort besonders mit ihrer Tischnachbarin – enger als üblicherweise zusammenarbeiten muss. Marie, die mit dem Schreiben noch etwas Mühe hat und manch ein Wort, das sie noch nicht schreiben kann, durch kleine Symbole oder Zeichnungen ersetzt, notiert sich auf diese Weise zwei

Forscherfragen, die sie im Anschluss an die Gruppenarbeit vorstellt. Ihre Fragen lauten:

Warum kann Luft Blätter tragen?
Was macht die Luft, wenn am Himmel ein Regenbogen ist?

Ein ermutigendes Ritual

Die Stunde geht zu Ende. Jedes Kind hat einen eigenen Forschungsschwerpunkt. Ein Ritual am Ende des Sachunterrichts ist, dass die Lehrerin einem bestimmten Kind eine Rückmeldung gibt. Als die Kinder im Schlusskreis zusammensitzen und wieder Ruhe eingekehrt ist, wendet sich die Lehrerin an Marie und sagt:

Marie, du hast eine ganze Stunde lang fleißig gearbeitet, und du hast schöne kleine Zeichnungen gemacht. Frau X (Integrationshelferin) *konnte sich heute nicht um dich kümmern. Du musstest ohne sie auskommen, und das hast du geschafft. Und du hast auch gut mit Rike zusammengearbeitet. Deine beiden Forscherfragen sind ganz wichtig – nicht nur für dich, sondern für uns alle. Du hast auch schon viel Wissen über die Luft.*

Nach einer kurzen Pause fügt sie hinzu:

Wie schön, dass du zu uns gehörst, Marie!

Für einige Sekunden ist es still. Dann applaudieren die Kinder. Das tun sie aber nicht, weil sie es an dieser Stelle immer tun. Es gibt auch kein Pfeifen, Johlen oder sonstige Gefühlsausbrüche. Die Kinder applaudieren mit erkennbarer Freude, aber verhalten, eher nachdenklich, dabei zustimmend und anerkennend, auch ein wenig erstaunt, wie mir scheint. Sie nehmen in ihrem Applaus den Tenor auf, von dem die Rückmeldung der Lehrerin getragen war, und diese Rückmeldung hatte so gar nichts von einem *Fein gemacht!* – laut, demonstrativ und in der Hoffnung, dass alle es hören mögen und „sich eine Scheibe davon abschneiden". Die Lehrerin hatte ruhig gesprochen, leise, aber nachdrücklich, sehr konzentriert, freundlich und zugewandt – und vor allem: eher konstatierend und informierend als lobend.

Und Marie? Es ist schwer, ihre Reaktion zu beschreiben. Man erwartet vielleicht ein „Sie strahlte!". Das stimmt zwar, aber das trifft es nicht wirklich. „Ihre Augen leuchteten!" Ja, schon, aber das ist es auch nicht. Während ich Marie dort sitzen sehe – ich sitze ihr schräg gegenüber –, weiß ich, dass ich die Situation in diesem Buch aufnehmen werde. Ich weiß auch, dass das, was hier gerade geschieht, von besonderer Bedeutung und besonderem Wert ist. Gleichzeitig aber denke ich: *Das kann ich nicht beschreiben. Diese Reaktion, diesen Gesichtsausdruck kann ich einfach nicht beschreiben.* Während ich noch darüber nachdenke, fällt mir ein Zitat des französischen Schriftstellers Victor Hugo ein: „Musik drückt aus, was nicht gesagt werden kann und worüber zu schweigen unmöglich ist.“ Meine Klavierlehrerin, Renate Kretschmar-Fischer, hatte mir das gesagt, als ich dreizehn oder vierzehn Jahre alt war und vergeblich versuchte, ihr zu beschreiben, wie ich ein bestimmtes Impromptu von Franz Schubert empfand. *Es gibt Dinge,* erklärte sie mir damals, *die sich mit Worten nicht beschreiben lassen.* Für mich war und ist diese Situation mit Marie etwas, „was nicht gesagt werden kann“, und ebenso: „worüber zu schweigen unmöglich ist.“ Nur so viel – aber auch das ist eine subjektive Deutung: Die Rückmeldung kam für Marie völlig überraschend. Sie hat das Mädchen zutiefst erreicht.

Pädagogische Leitgedanken

Die pädagogische Leistung der Referendarin ist bemerkenswert. Die Kollegin gibt dem Mädchen gezielte Beachtung, und sie hat sich offenbar im Laufe der Stunde genau überlegt, was sie ihm sagen möchte. Allein das ist nicht selbstverständlich. Sie greift heraus, was für dieses Kind besonders wichtig ist. Davon möchte ich drei Dinge hervorheben:

- Zum einen die kleinen Zeichnungen, die Marie macht, wenn sie ein Wort nicht schreiben kann. Diese Zeichnungen sind eine Art Ersatzlösung. Dahinter verbirgt sich eigentlich ein Defizit, nämlich ein Mangel an Schreibkompetenz. Die Lehrerin bemängelt aber nicht das Defizit, sondern sie würdigt die Kreativität, die darin liegt, sich mit kleinen Zeichnungen zu helfen zu wissen – in der Tat eine besondere Kompetenz. Durch deren Würdigung wird die noch vorhandene Schwäche weder diskriminiert noch tabuisiert. Sie gehört zum Lernprozess dazu, was jedoch nicht bedeutet, dass Marie in ihrer Schreibfähigkeit nicht weiter gefördert werden muss.
- Zum anderen macht die Referendarin das Kind darauf aufmerksam, dass es ohne die Integrationshelferin arbeiten musste und *das geschafft* hat. Es wäre durchaus vorstellbar und auch verständlich gewesen, wenn Marie den Kontakt mit der Helferin gesucht hätte oder häufiger zu ihrer Lehrerin gegangen wäre, um etwas zu fragen, etwas zu zeigen oder einfach weil sie es gewöhnt ist, einen Erwachsenen in ihrer Nähe zu haben, der sich um sie kümmert. All das nicht zu tun, bedeutet Entwicklung. Es ist ein Fortschritt, der Marie wohl nicht bewusst geworden wäre, wenn die Lehrerin sie nicht darauf hingewiesen hätte.
- Und schließlich: Das Gemeinschaftsgefühl des Kindes wird angesprochen. Die beiden Forscherfragen sind *für uns alle* wichtig. Welch eine Bedeutung erhält die individuelle Leistung eines Kindes, wenn sie für die gesamte Gruppe wichtig ist! Und welch eine Beachtung erhält ein Kind, dem gesagt wird, dass es dazugehört, und dass das *schön* ist! Zwei elementare Bedürf-

nisse werden hier berücksichtigt: das Bedürfnis nach Beachtung und das Bedürfnis nach Zugehörigkeit – nicht nur eine Ermutigung für Marie, sondern auch ein Vorbild für die anderen Kinder, denn diese erleben, dass all die einzelnen Leistungen, also z. B. ohne Hilfe eines Erwachsenen zu arbeiten, wichtige Fragen zu stellen, zeichnen zu können, wenn man nicht schreiben kann, mit jemandem gut zusammenzuarbeiten, dass all das wert ist, gesehen und gewürdigt zu werden – auch bei ihnen selbst natürlich und übrigens auch *von* ihnen, nämlich anderen Kindern gegenüber.

Und was hat Marie dazugelernt? Was könnte sie über sich selbst berichten? Zum Beispiel dies:

- *Ich kann auch mal ohne Frau X* (Integrationshelferin) *auskommen.*
- *Ich kann wichtige Fragen stellen.*
- *Ich weiß mir zu helfen, wenn ich etwas nicht kann, und es ist gut, dass ich das mache und wie ich das mache.*
- *Ich weiß schon viel über Luft.*
- *Ich gehöre dazu.* – Und vielleicht auch:
- *Ich bin wichtig.*

Gemessen an dem, was ein Kind an Freude und Selbstbewusstsein aus solch einer Rückmeldung gewinnen kann, ist der Aufwand eher gering – einerseits; andererseits, für sich genommen, aber auch beachtlich. Die Lehrkraft muss es vor allem *wollen,* d. h. sie muss die Absicht haben, ein Kind durch gezielte Beachtung zu ermutigen, sie muss während des Unterrichts, der ihr sowieso schon ein hohes Maß an unterschiedlichen Aktivitäten abverlangt, daran denken, und schließlich: Sie muss auf das Kind achten, um ihm am Ende eine Rückmeldung geben zu können. Alles, was sie an individuellen Fortschritten sieht, ist eine Rückmeldung wert. Denn nicht immer wissen die Kinder, dass das, was sie tun, mit ihrer Entwicklung zu tun hat und darum wertvoll ist, und noch weniger sind ihnen manchmal die entsprechenden Fähigkeiten bewusst.

Der Wunsch des Kindes nach Beachtung und Zugehörigkeit

So schwer es manchmal ist, mit dem Verhalten eines Kindes umzugehen, so sicher können wir sein, dass sich hinter dem Verhalten die elementaren Bedürfnisse nach Beachtung und Zugehörigkeit verbergen. Von diesen Bedürfnissen auszugehen und nicht daran zu zweifeln, dass das Kind sie *hat* – allen Widerständen und Zumutungen zum Trotz –, das ist die Grundlage für pädagogisches Handeln. Kinder, die im Laufe ihrer Biografie an Selbstvertrauen verloren haben, verlieren damit nicht ihren Wunsch nach Beachtung, und Kinder, die nie gelernt oder aufgegeben haben, sich kooperativ zu verhalten, verlieren damit nicht ihr Bedürfnis nach Zugehörigkeit. Obgleich ihr Handeln uns manchmal glauben machen soll, dass ihnen alles egal oder alles verhasst ist, und obgleich Erwachsene wie Kinder dann dazu neigen, sich von ihnen abzuwenden oder gegen sie zu kämpfen, bleibt die Sehnsucht nach Anerkennung, nach Beachtung und Zugehörigkeit bestehen. Ihr ganzes Streben ist darauf gerichtet. Nur haben sie nicht immer das positive Selbstbild, und oft fehlt es ihnen auch am nötigen Rüstzeug, also an Erfahrung und Übung, an Begleitung und Austausch.

Für Lehrkräfte, die diese Situation verändern wollen, gilt es, wie oben näher ausgeführt, die Kinder nicht „links liegen zu lassen", sondern sie ausdrücklich „nach vorn zu holen", ganz gegen deren Erwartung und Gewohnheit, und das bedeutet: für die berechtigten Bedürfnisse neue und andere Erfahrungen zu ermöglichen – weg von dem Muster, sich mit fragwürdigen Mitteln in Szene zu setzen, und hin zu der Erkenntnis, dass sie Eigenschaften und Fähigkeiten besitzen, die für sie selbst und für andere Kinder wertvoll sind. Dazu wiederum ist es erforderlich, die Kinder darauf aufmerksam zu machen und ihnen die nötige Beachtung zu geben, so dass sie lernen können, diese Fähigkeiten bei sich wahrzunehmen und zu nutzen.

Wenn meine Eltern mich sehen und mit mir sprechen, dann gibt das gute Gefühle. Dann hüpft es in meiner Seele! Gedanken der Kinder

Dieses ist der erste Kindergesprächskreis. Die Kinder wissen: Es geht um das Thema „Beachtung". Die Lehrerin hatte den Begriff in die Mitte der Tafel geschrieben – ein stummer Impuls –, und die Kinder hatten, ohne dabei zu sprechen, Stichworte und kurze Sätze um diesen Begriff herum notiert. Nun sitzen vierundzwanzig Kinder im Kreis. Fragen oder Impulse vonseiten der Lehrerin sind nicht mehr nötig. Mehrere Kinder melden sich schon auf dem Weg zum Sitzkreis. Sie werden nacheinander drangenommen.

Burak: *Also eigentlich müssten ja alle gleich viel Beachtung kriegen. Das ist aber bei uns* (zu Hause) *nicht so. Ich habe nur Schwestern, und die werden alle mehr beachtet als ich.*

Larion: *Bei uns geht mehr Beachtung an die Kleineren. Ich kriege nicht so viel.*

Jonathan: *Ich finde Beachtung sehr wichtig. Man wird dann auch gesehen!*

Joudi: *Ich fühle mich manchmal, als wäre ich unsichtbar. Und dabei bin ich doch da!*

Sophie: *Dann steht man im Mittelpunkt – jedenfalls für den Moment.*

Jonathan: *(…) Ich finde, man müsste alle respektieren, also man müsste die Beachtung teilen, aufteilen irgendwie.*

Linus: *Unser Hund kriegt mehr Beachtung als ich. Na ja, er ist auch neu. Er muss noch viel lernen. Ich finde das auch wichtig, was Jonathan gesagt hat, dass man eigentlich alle beachten müsste.*

Leo: *Das geht aber auch nicht immer. Meine Eltern können das nicht immer. Die wollen ja auch mal Beachtung für sich, aber manchmal kommt auch was Geschäftliches dazwischen. Für Beachtung braucht man auch Zeit, und die hat man nicht immer. Meine Eltern kriegen auch nicht immer die Beachtung, die sie wollen. Bloß weil die erwachsen sind, ist das ja nicht so, dass die das nicht wollen. Die wollen das bestimmt auch. Mein Bruder sagt auch, dass er zu wenig Beachtung kriegt. Das ist nicht so einfach mit der Beachtung, vor allem, wenn man es jedem recht machen will. Es geht nicht immer, wie man das will.*

Viktor: *Bo war noch nicht dran! Der meldet sich schon die ganze Zeit.*

Bo: *Ich möchte mehr Zeit mit Papa haben. Wenn Mama am Wochenende manchmal weg ist, dann möchte ich, dass Papa sich mehr um mich kümmert und auch mal schöne Sachen mit mir macht, nur mit mir so.*

Viktor: *Also ich habe ja keine Familie. Bei mir gibt es ja nur die Gruppe. Aber da geben wir uns auch Beachtung. Wir machen auch Sachen zusammen.*

Sanaa: *Wenn ich nicht beachtet werde, fühle ich mich gekränkt. Robin bekommt immer mehr. Aber in der Ballettschule, da beachten mich andere Eltern. Da bin ich richtig gut. Und meine Schwester gibt mir Beachtung.*

Marlene: *Ja, das ist bei mir auch so. Bei mir ist das so, dass ich ja einen behinderten Bruder habe. Der ist wirklich schwer behindert und hat einen besonderen Förderbedarf. Das tut mir auch wirklich sehr leid, und ich verstehe auch, dass sich alle mehr um ihn kümmern müssen, besonders Mama. Ich verstehe das wirklich. Aber ich komme immer erst an zweiter Stelle. Ich muss immer zurückstehen, ich muss immer warten. Und manchmal würde ich es einfach schön finden, wenn ich auch mal zuerst Beachtung bekäme, also wenn Mama mich mal zuerst sehen würde und auch mal zuerst für mich da wäre und nicht immer nur, wenn sie sich schon um meinen Bruder gekümmert hat. Bei uns geht das nicht mit gleich viel Beachtung.*

L.in: *Dann bist du in einem Zwiespalt. Einerseits verstehst du, dass Mama sich um deinen Bruder kümmert, und andererseits fühlst du dich auch zurückgesetzt.*

Marlene: *Ich bin dann vor allem traurig.*

Leo: *Ich finde, es geht eben auch nicht um die Menge von Beachtung, also um gerecht aufteilen oder so, und wie viel jeder kriegt. Das kriegt man gar nicht hin. Ich finde, es geht auch darum, wie man beachtet wird. Das andere, also wie viel jetzt, das geht gar nicht.*

L.in: *Du meinst die Art der Beachtung?*

Leo: *Ja genau. Man wird unterschiedlich beachtet, weil man ja auch unterschiedlich ist!*

Sophie: *Für meine Mama ist das sowieso schon alles zu viel. Über was wir hier jetzt so reden, darüber kann sie gar nicht nachdenken. Dazu hat sie gar nicht genug Zeit. Meine Mama hat ja auch noch meine kleine Schwester und den Hund, und dann hat sie auch noch die Arbeit. Sie muss ja auch noch für uns arbeiten. Ich werde zu wenig beachtet, und manchmal bin ich dann auch traurig, ein bisschen traurig jedenfalls. Aber ich verstehe auch meine Mama, und dann versuche ich auch, Mama zu beachten. Dann werde ich ja auch beachtet. Aber trotzdem: Ich find's oft zu wenig.*

Leo: *Das stimmt. Das war bei mir bestimmt auch so, als ich klein war. Ich weiß das nicht mehr. Aber eigentlich kann es nicht anders gewesen sein. Ich bin dann auch manchmal traurig, aber ich bin eben auch – äh – äh – ähhh – Wie heißt das Wort nochmal?*

L.in: *Du meinst Verständnis?*

Leo: *Ja, ich bin dann auch verständnisvoll, also beides: traurig und verständnisvoll.*

Nupal: *Da hab ich es besser. Ich bin Einzelkind. Mama hat nur mich. Trotzdem bin ich viel allein. Manchmal darf ich mit Mama mitkommen zur Arbeit. Aber ich darf dann auch nur bei der Sekretärin sitzen und auf Mama warten. Was sie da genau macht, krieg ich nicht mit. Das finde ich schade. Darüber bin ich auch oft traurig, weil dann kann ich ja auch nicht mit Mama darüber reden. Ich darf da nicht mit rein. Das ist es eben. Mama hat einen anstrengenden Beruf. Wenn sie dann zu Hause ist, möchte ich auch beachtet werden. Aber ich sehe auch, dass Mama müde ist. Sie hat so viel zu tun im Beruf. Trotzdem hätte ich gern mehr Zeit zum Sprechen mit Mama.*

Leo: *Das ist das eben. Unsere Eltern wollen uns bestimmt alle Beachtung geben, aber man kann es eben nicht ausgleichen. Und oft hat man eben auch keine Zeit. Das müssen wir auch lernen. Und auch verstehen und nicht immer darauf warten.*

Irma: *Wenn meine Geschwister mit mir spielen, dann fühle ich mich beachtet.*

Sophie: *Ich bekomme Beachtung von Mama. Papa wohnt in Köln. Jeder nimmt sich ein Wochenende für uns, immer abwechselnd. Und dann machen wir es uns immer gemütlich. Das ist schön. Da beachtet dann jeder den anderen.*

Linus: *Wenn meine Eltern mich sehen und mit mir sprechen, dann gibt das gute Gefühle. Dann hüpft es in meiner Seele!*

Yamen: *Wenn ich Mathekönig bin, dann bin ich stolz auf mich selbst. Meine Eltern sind dann auch stolz.*

Larion: *Ja, das ist bei mir auch so. Ich kriege dann auch viel Beachtung. Wenn ich mich ganz doll anstrenge und was Gutes mache, dann kriege ich Beachtung. Und wenn ich dann mal nicht gut bin in der Schule, dann kriege ich auch nur wenig Beachtung. Die muss ich mir dann erst wieder erarbeiten. Dafür muss ich mich sehr anstrengen. Vorher beachten mich meine Eltern wenig.*

Jonathan: *Wir kriegen gleich viel Beachtung. Nur wenn die anderen beim Gottesdienst sind, dann kriege ich ganz viel Beachtung. Ich möchte aber auch nicht, dass die anderen traurig sind, wenn die dann weniger Beachtung kriegen. Ich finde es schön, wenn ich viel beachtet werde, aber ich bin auch traurig, wenn ich merke, dass die anderen dann weniger kriegen als ich. Das ist für die ja genauso wichtig.*

Max: *Wenn meine Eltern sich um mich kümmern, dann fühle ich mich gesehen, und dann fühle ich mich auch beachtet.*

Larion: *Wenn man was tut, also wenn man was Gutes tut, dann ist man glücklich, wenn man dann beachtet wird. Ich bin dann jedenfalls glücklich. Und dann versuche ich auch, es wieder gut zu machen, auch, was ich vorher vielleicht nicht so gut gemacht habe.*

Viktor: *Bei uns in der Gruppe gucken wir manchmal zusammen fern, so alle zusammen. Das ist auch schön.*

Leo: *Ja, das ist das wieder mit dem Unterschiedlichen. Jeder ist eben anders, und jeder will eine andere Art von Beachtung. Für mich wäre das nicht so eine tolle Form von Beachtung, wenn wir alle fernsehen. Aber für dich ist das eben genau das Richtige.*

Larion: *Ich muss auch erst was Gutes machen, um überhaupt gesehen zu werden.*

Marlene: *Wenn ich mit Mama spreche, fühle ich mich am meisten beachtet. Und ich beachte sie dann ja auch.*

Am Ende des Gesprächs äußern die Kinder den Wunsch, ein weiteres Mal über *solche Sachen* zu sprechen. Linus sagt: *Ich finde es wichtig, dass man mal so richtig darüber nachdenkt und auch mit den anderen darüber redet.*

Ein Gespräch mit Kindern, die gerne zuhören: Hanna und Hanna Yara

Ein zurückhaltendes Kind zu *sein,* ist kein Problem. Ein zurückhaltendes Kind zu *übersehen,* dagegen schon. Nicht selten steht bei einem Kind, das im Unterricht zwar konzentriert bei der Sache ist, aber seine Gedanken lieber für sich behalten möchte, im Zeugnis: „Melanie sollte sich aktiver am Unterrichtsgespräch beteiligen." Doch solche Appelle haben nicht immer die gewünschte Wirkung – im Gegenteil: Möglicherweise wird sich Melanie noch weiter zurückziehen, denn mit dem Druck aus der Schule könnte auch der Druck aus dem Elternhaus verstärkt werden. Es ist eher unwahrscheinlich, dass das Kind sich sagt: *Stimmt überhaupt! Jetzt werde ich mich mal mehr beteiligen,* und fortan umsetzt, was die Erwachsenen von ihm erwarten. Das, was im Zeugnis steht, ist nämlich nicht nur eine Aufforderung, mündlich aktiver zu sein; es impliziert auch einen Mangel an Akzeptanz, und der ist nie ermutigend. Oft bleiben zurückhaltende Kinder zurückhaltend. Das ist ihr gutes Recht. Ihr Recht ist es aber auch, gesehen und angesprochen zu werden – vielleicht in anderer Form als Kinder, die sich am Unterrichtsgespräch beteiligen. Es ist vor allem die Lehrkraft, die hier aktiv werden muss.

Da vielerorts aus unterschiedlichen Gründen die Probleme mit Kindern, die den Unterricht durch sozial problematisches Verhalten beeinträchtigen, zunehmen, ist es verständlich, dass Lehrkräfte froh sind, wenn sie sich auch mal *nicht* mit Aufwand und Energie um bestimmte Kinder kümmern und ständig in Habtachtstellung sein müssen. Doch die Gefahr besteht, dass ruhigere Schülerinnen und Schüler dabei zu den Leidtragenden der aktiv auffälligen Kinder werden, und zwar in doppelter Hinsicht: zum einen durch diese Kinder selbst und zum anderen dadurch, dass sich zu allem Überfluss die Lehrkraft – tatsächlich oder vermeintlich – von ihnen abwendet. So sagte ein Kollege im Rahmen einer Fortbildung: *Ich verstehe ja, dass das nicht so sein sollte und dass ich mich mehr um die zurückhaltenden Kinder kümmern müsste. Das verstehe ich.*

Aber irgendwie verstehe ich mich auch selber, weil die lassen mich wenigstens mal in Ruhe arbeiten!

So verständlich es also auf der einen Seite ist, Kinder, die ruhig und abwartend im Hintergrund bleiben – und dort häufig die „stillen Beobachter“ sind –, im Vertrauen auf ihre Selbständigkeit mehr oder weniger sich selbst zu überlassen, so unerlässlich ist es auf der anderen Seite, gerade diese Kinder wahrzunehmen und anzusprechen. Dabei geht es mir nicht um die verschiedenen Möglichkeiten einer entsprechend differenzierten Unterrichtsmethodik, obgleich diese gerade hier gefragt ist. Mir geht es vielmehr um den Appell, die Kinder im Blick zu behalten und sich auch innerlich nicht von ihnen abzuwenden. Andernfalls kann es passieren, dass ruhige Kinder, die nicht oder nicht sofort ihre Gedanken äußern – z. B. weil sie eher visuell, bildhaft oder kinästhetisch verarbeiten und mehr Zeit benötigen als diejenigen, die auf Verarbeitungsmuster im auditiv-sprachlichen Bereich zurückgreifen können –, dass diese Kinder sich nicht nur vernachlässigt fühlen, sondern auch in ihrer gesamten Entwicklung weniger gefördert werden.

Wie zu Beginn des Kapitels näher erläutert, geht Beachtung immer mit Resonanz und Spiegelung einher, meistens auch mit Dialog und geistiger wie emotionaler Herausforderung. Fällt die Beachtung weg oder wird sie reduziert, hat das Kind entsprechend geringere Möglichkeiten, sich selbst mit seinen unterschiedlichen Eigenarten und Fähigkeiten zu erleben, und damit hat es auch weniger Chancen, sein Selbstbewusstsein zu entfalten. Es ist also gleichermaßen eine persönliche Herausforderung wie eine pädagogische Pflicht, nach anderen Formen der Beachtung und Zuwendung zu suchen, auf diese Weise auch das Kind selbst nicht festzulegen, sondern ihm Angebote zu machen und Alternativen zu bieten oder – vielleicht auch das! – sich von ihm leiten zu lassen, kurzum: Die Zurückhaltung des Kindes darf nicht die Zurückhaltung der Lehrkraft zur Folge haben.

Wir haben zwei Mädchen aus der 4. Klasse, Hanna und Hanna Yara, zu einem Gespräch eingeladen. Wir wollten wissen, wie sie selbst darüber denken. Dabei ging es auch den beiden Kindern gegenüber in keiner Weise darum, mit ihnen „ein Problem zu lösen“. Es ging vielmehr um die Frage, wie sie sich wünschen, von Lehrkräften angesprochen zu werden. Die Kinder sollen sich auch hier, wie bei den anderen Themen des Buches, in die Frage einbezogen fühlen, wie wir mit ihnen umgehen, wie wir sie stärken und ermutigen können. Ausschnitte aus diesem Gespräch werden im Folgenden wiedergegeben. Daran teilgenommen haben Hanna, Hanna Yara, Frau Hansmann und Frau Letschert.

Das Gespräch zeigt die intensive geistige und seelische Bewegung zweier Kinder, die von sich sagen, dass sie gerne zuhören. Ihren Gedanken – zum Teil sind es echte Statements – ist aus meiner Sicht nichts mehr hinzuzufügen. Sie stehen und wirken für sich und sollen darum auch genau so stehenbleiben. Das Gespräch beginnt mit einem kurzen Rückblick auf den Kindergesprächskreis.

Letschert: *Manchmal habe ich mich gefragt: „Habe ich eigentlich die Kinder genügend berücksichtigt, die ganz aufmerksam und konzentriert dabei sind, aber ihre Gedanken auch gern für sich behalten?"*

Hanna: *Ich bin ja ein Kind, das gerne zuhört.*

Letschert: *Ah ja.*

Hanna: *Ich bin zurückhaltend, ein bisschen ruhiger, zuhörend …*

Letschert: *Und geht es dir gut damit?*

Hanna: *Ja. Also man muss ja nicht immer sagen: „Ich weiß alles, ich weiß alles!" Dann ist man so der Coolste: „Ich weiß alles!" Ich mag das nicht. Das ist sooo …*

Hanna Yara: *… als ob man mit seinem Wissen angeben würde.*

Hanna: *Genau. Angeberisch.*

Letschert: *Und andere Kinder, die sehr aktiv sind, findet ihr die dann angeberisch?*

Hanna Yara: *Also wenn die nicht so sind, wie Hanna das gerade vorgemacht hat* – Hanna Yara macht es auch noch einmal vor –, *dann finde ich das nicht. Wenn die sich einfach nur melden und gut mitmachen, dann ist das okay.*

Letschert: *Also das könnt ihr dann gut akzeptieren?*

Hanna: *Ja. Es darf nicht so sein, dass ein Kind, das die ganze Zeit erzählt, die anderen dann so runterschluckt.*

Hanna Yara: *Dass es dann so lange dauert.*

Hanna: *Weil dann können die anderen Kinder nichts sagen.*

Letschert: *Geht euch das dann auch manchmal so – Hanna Yara, wie ist das mit dir? –, dass ihr denkt: „Ich fühle mich dann so ‚runtergeschluckt', und ich habe das Gefühl, ich kann nicht genug sagen?"*

Hanna: *Jaaa, hmmm, das ist schwer zu erklären.*

Hanna Yara: *Frau Hansmann hatte uns gesagt, dass wir auch viel wissen und nachdenken und zuhören. Es ist nicht so, dass wir die ganze Zeit an die Wand starren. Es gibt ja auch Kinder, die abgelenkt sind. Hanna und ich, wir hören halt zu.*

Hanna: *Wenn einer was pausenlos erzählt – vom Urlaub oder so –, und die anderen gar nicht zu Wort kommen, dann ist das so, als würde der die anderen einfach so runterschlucken. Und dann möchte man was sagen, aber dann fängt der wieder an zu reden, und dann unterbricht der meine Gedanken.*

Letschert: *Ah ja.*

Hanna: *Wie du* – gemeint ist Frau Hansmann – *auch immer in Religion die Geschichten vorgelesen hast, dann versuche ich mir die Bilder, die du vorliest, im Kopf vorzustellen, und dann entsteht im Kopf so eine richtige Geschichte.*

Die Kinder beziehen sich auf eine bestimmte Geschichte, ein Gleichnis, das Frau Hansmann mit der Klasse besprochen hatte, und Hanna beschreibt detailliert, wie das Bild, das dann in ihrem Kopf entstand, aussah.

Hansmann: *Einige Kinder beteiligen sich gleich und haben sofort darauf ihre eigene Antwort …*

Hanna: *… und manche denken noch drüber nach.*

Hansmann: *Und zu denen gehört ihr.*

Beide Kinder: *Ja genau.*

Letschert: *Und fühlt ihr euch dann durch das, was die anderen schon sagen, in euren eigenen Gedanken gestört? Das ist ja auch schwer für euch: Ihr möchtet den eigenen Gedanken im Kopf behalten, möchtet den anderen Kindern aber auch zuhören.*

Hanna Yara: *Also es ist halt schwer, beides im Kopf zu behalten. Manchmal vergesse ich dann auch Sachen dabei, und dann versuche ich auch die ganze Zeit, daran zu denken, und dann sage ich mir nur ein Wort, was damit zu tun hat, und dann spreche ich mir das auch die ganze Zeit im Kopf vor, dass ich es nicht vergesse. Und dann melde ich mich auch manchmal, und nur so kann ich mir das meistens dann immer merken.*

Letschert: *Wir können ja nicht wissen – das ist ein bisschen unsere Situation: Was geht in euren Köpfen vor? Meine Frage an euch ist: Würdet ihr beide euch wünschen, dass wir Lehrkräfte etwas anders machen?*

Hanna: *Dass man dann vielleicht z.B. nach einer Geschichte nochmal nachfragt: „Was habt ihr gesehen – in eurem Kopf?"*

Hanna Yara: *Manche haben sich ja auch was vorgestellt!*

Letschert: *Also es würde euch nicht unangenehm sein – sagen wir mal, da ist eine Beispielsituation, die ich vorgetragen habe –, und jetzt würde ich sagen, ganz freundlich: „Hanna Yara, was sind deine Gedanken dazu?" Oder: „Hanna, was ist dein Bild, das du jetzt im Kopf hast?"*

Hanna: *Man möchte das erzählen – das ist so toll! –, aber dann auch nicht lang. Also so eine kurze Zusammenfassung von was man im Kopf hat. Aber nicht so wie das Kind, das pausenlos erzählt hat, die ganze Geschichte rauf und runter. So nicht.*

Hansmann: *Also ihr hättet den Mut, dann auch was dazu zu sagen. Würdet ihr also sagen: „Ich habe Gedanken im Kopf, die ich dann gar nicht loswerde, und das finde ich eigentlich eher schade, und ich würde mich freuen, wenn Frau Hansmann oder Frau Letschert nochmal nachfragen würden?" So wie jetzt?*

Hanna Yara: *Also bei mir ist das so, ich habe ja nicht immer zu jeder Frage eine Antwort. Wenn die Kinder eine Vorstellung im Kopf haben, dass die sich dann auch melden. Weil wenn jemand direkt drangenommen wird, obwohl er sich nicht meldet, dann sitzt man da auch manchmal so, das merke ich manchmal bei Kindern. Die machen dann so irgendwie:* Hanna Yara dreht an ihrer Jacke und schaut nach oben. *Und dann denken die nach: „Habe ich jetzt eine Antwort?" Und dann haben die manchmal auch gar keine Antwort.*

Letschert: *Das stimmt. Das hast du gut beobachtet, Hanna Yara.*

Hanna Yara: *Wenn dann alle Augen so auf einen gerichtet sind, hm.*

Letschert: *Ich habe mich das nämlich manchmal gefragt – auch weil ich euch noch nicht so gut kannte wie Frau Hansmann oder Frau Hille: „Darf ich die Kinder, von denen ich weiß, sie behalten ihre Gedanken gerne für sich und hören lieber zu, darf ich die jetzt ansprechen und fragen? Finden die das gut, oder ist ihnen das unangenehm?"*

Hanna Yara: *Oder raucht ihnen dann das Gehirn* – Hanna Yara lacht –, *weil sie denken: „Ich brauche eine Antwort jetzt!"*

Hanna: *Aber man braucht dann ja auch keine Antwort. Man kann ja sagen: „Ich habe grad keine Antwort darauf. Oder ich muss noch nachdenken.*

Hansmann: *Es ist auch immer eine Frage der Beziehung, die wir zueinander haben. Wenn ich dich schon ganz gut kenne, dann fällt es mir natürlich leichter, im Anschluss nochmal zu sagen: „Mensch, ich habe das Gefühl, dich bewegt das auch. Vielleicht hast du noch etwas anderes im Kopf, vielleicht möchtest du das noch erzählen."*

Hanna Yara: *Es gibt ja Kinder, die dann sagen: „Ich brauche noch ein bisschen Zeit", und dann kann man halt am Ende nochmal drangenommen werden. Man muss ja nicht sofort was sagen und dann da so stehen. Man kann sich ja auch mal trauen und den Lehrern auch sagen, dass man noch ein bisschen Zeit braucht, nachzudenken oder sich das vorzustellen. Es gibt ja auch Kinder, die nicht direkt ein Bild davon haben, sondern erstmal die Geschichte verdauen müssen und dann erst einen Weg gefunden haben.*

Hanna Yara: *In der Runde* (gemeint ist der Kindergesprächskreis) *fand ich das auch gut, dass jeder seinen Beitrag sagen durfte. Und keiner hat sich dann irgendwie in den Vordergrund gestellt, und keiner hat sich so wichtig gemacht, wie Hanna auch gesagt hat, so angeberisch, als ob er alles wissen würde.*

Letschert: *Wie ist das für dich, Hanna: Ist das eher Druck oder Chance für dich?*

Hanna: *Ne Chance eher.*

Letschert: *Heißt das im Umkehrschluss: Wenn wir euch jetzt nicht ansprechen, aus Rücksichtnahme, weil wir das ja nicht wissen, dann würdet ihr euch übersehen fühlen oder vernachlässigt?*

Hanna Yara: *Also ich würde mich nicht so fühlen, weil man kann sich ja auch melden. Da gibt es ja auch die Möglichkeit, sich zu melden, und dann kommt man ja auch dran.*

Letschert: *Du sprichst da auch deine eigene Verantwortung an. Wir haben die Verantwortung, euch zu motivieren, aber ihr habt auch eine Verantwortung dafür, euch zu melden und zu sagen: „Ich möchte noch was sagen!"*

Hanna: *Aber wenn man was sagen muss, dann wird man so biestig: Ich will jetzt aber nichts sagen!* Hanna wendet sich demonstrativ ab.

Hanna Yara: *Bei manchen Kindern kommen dann auch die Augen schon so, und dann tränen die auch so ein bisschen, weil man dann so unter Druck steht, und dann denken die: „Ich muss jetzt was sagen, weil man Angst hat, dass man sonst Ärger bekommt – bekommt man ja wahrscheinlich meistens nicht –, und dann hat man aber trotzdem auch Angst, weil man weiß es ja nicht.*

Letschert: *Das heißt, ihr braucht die Sicherheit zu wissen, dass die Lehrer euch nicht unter Druck setzen?*

Hanna Yara: *Ja, weil manchmal gibt es auch Kinder, die stehen dann auch richtig unter Druck, und dann verlieren die auch nicht gerne, und dann weinen die auch manchmal.* Hanna Yara nennt ein Beispiel.

Hanna: *Und das finde ich doof! Ich mag das nicht, wenn jemand weint! Das ist dann sooo, ähm …*

Hanna Yara: *Dann bin ich auch direkt traurig.*

Hansmann: *Nochmal eben den anderen Gedanken zu Ende gedacht: Also ihr habt da eine tolle Idee im Kopf. Aber wenn du unter Druck gerätst, weil deine Lehrerin dir Druck macht: Was passiert dann eigentlich mit deinem Beitrag, den du noch im Kopf und noch nicht ausgesprochen hast?*

Hanna: *Dann flutscht das weg. Dann wird das auch runtergeschluckt.*

Hanna Yara: *Das löst sich dann einfach auf. Das ist dann weg, weil man jetzt andere Gefühle im Kopf hat. Dann schubsen die anderen Gefühle das sozusagen weg.*

Letschert: *Welche Gefühle sind das, die dann vorne sind?*

Hanna Yara: *Also das ist der Druck und …*

Hanna: *Und vielleicht auch ein bisschen Angst …*

Hanna Yara: *Ja, die Angst, und manchmal auch Wut bei manchen Kindern. Und ich wollte noch was zu dem Melden sagen: Als Frau Letschert das erste Mal gekommen war, im 3. Schuljahr, da dachte ich auch so, ich wollte erstmal gucken, wie sie ist, aber ich wusste ja direkt, dass sie auch nett ist. Dann habe ich mich ja erstmal nicht so gemeldet, also da noch nicht so oft gemeldet, nur dann im 4. Schuljahr. Dann kannten wir sie halt auch besser, und dann habe ich mich auch öfters gemeldet, weil …*

Hanna: *Weil dann hat man auch mehr Vertrauen zu der Person. Und man sieht es auch am Lächeln, wie nett eine Person ist.*

Hanna Yara: *Wie Frau Hansmann auch gesagt hat: Es hängt eben auch an der Beziehung, also an dem Verhältnis zusammen, wie die Person ist, und da konnte ich mich auch viel öfter melden.*

(…)

Letschert: *Und bei mir war es ähnlich, Hanna Yara. Ich war ja hier auch ganz neu. Ich habe zwar oft mit Kindern gesprochen, aber das, was wir hier gemacht haben, also der Kindergesprächskreis, das hatte ich ja vorher auch noch nie, d. h. für mich war das auch alles neu: die Schule, die Lehrerinnen, die Kinder usw. Und ich habe auch gespürt, dass sich da ein guter Kontakt zu euch aufbaute. Dann fand ich es schön, wenn ich kam, und jemand sagte: „Der oder die ist heute nicht da!“ Da hatte ich das Gefühl, das ist wirklich eine Gemeinschaft, weil jeder darauf achtete, ob alle da sind oder nicht.*

Hanna Yara: *Und dass man dem dann auch beim nächsten Mal erzählt, was passiert ist. Er ist auch ein Teil der Klasse, und er hat auch das Recht, dass er das auch erfahren darf und auch seinen Beitrag dazu sagen darf, auch später.*

Hansmann: *Es geht auch gar nicht um diese Schublade: „still“, „laut“, „vorlaut“ oder so. Ihr habt so viele tolle Gedanken in eurem Kopf. Die Aufgabe, die wir haben als eure Lehrerinnen, jetzt und auch in der weiterführenden Schule, ist, euch so gut zu kennen, dass wir den Moment, wenn ihr mal still seid, auch richtig verstehen. Warum sagt sie denn gerade nichts? Warum ist sie denn gerade still? Das ist auch das, was wir von euren späteren Lehrern erwarten, dass sie euch nicht missverstehen, nur weil du in dem Moment vielleicht nachdenkst oder auf deine Art und Weise mit der Frage oder dem Thema umgehst.*

Hanna: *Manchmal, wenn man ganz lange nicht drankommt und dann so mit den Augen klimpert, dann sieht das so aus wie Träumen, aber man überlegt eigentlich, und dann sagen manchmal auch Lehrer: „Träum nicht! Mach deine Arbeit!" Und dann sagt man: „Ich habe aber gar nicht geträumt! Ich habe überlegt, und dann …"*

Hanna Yara: *Und manche Kinder sagen dann auch „Entschuldigung!", und dann sagen die gar nicht, dass die einfach nur nachgedacht haben. (…) Manchmal, wenn wir was schreiben müssen, dann denke ich auch über eine Aufgabe oder so nach, und dann sagen die auch: „Arbeiten! Nicht träumen!"*

Hanna: *Ja.*

(…)

Hanna Yara: *Wir haben auch diese Gemeinschaft in der Klasse.*

Hanna: *Und eine Lehrerin wie Frau Hille gibt's ja auch nicht überall …*

Hanna Yara: *Nicht zweimal. Es gibt ja auch Lehrer, die sind so streng. Frau Hille ist halt nicht so. Die …*

Hanna: *… macht mehr Scherze als streng sein! Die ist Lehrerin, die ist Mutter, die ist einfach alles!*

(…)

Hansmann: *Ich möchte so gern nochmal auf diesen Gedanken zurückkommen: Was tust du, wenn du dich missverstanden fühlst? Du denkst nach, und jemand unterstellt dir z. B., du träumst.*

Hanna: *Ich finde es so mittel. Ich finde es schlimm, aber auch nicht, weil man kann ja nicht in den Kopf reinsehen, was der gerade macht.*

Letschert: *Man muss fragen! „Was geht in deinem Kopf vor?"*

Hanna: *Also: „Träumst du gerade, oder überlegst du?"*

Hanna Yara: *Also wenn jemand mich missverstehen würde, dann fühle ich mich halt sooo …, also mein Gefühl ist: Dann steigt irgendwas in mir so runter.*

Letschert: *Runter?*

Hanna Yara: *Ja, dann spüre ich das auch in meinem Körper, also das ist jetzt auch ein Gefühl, aber dann steigt irgendwas in mir runter, wenn jemand was Blödes zu mir sagt oder so. Das habe ich auch manchmal, und dann ducke ich mich auch, und dann sinkt auch der Respekt vor der Person. Und dann weiß man halt auch: Okay, die könnte das auch jeden Moment wieder sagen, diese Person, und dann geht das wirklich manchmal so in mir runter. So rums! – Und die ganze Zeit, man denkt ja auch nach, und man träumt nicht, und dann, wie Hanna auch gesagt hat, dann flutscht das auch weg. Weil man dann abgelenkt ist durch die Worte von der Person, und dann löst sich das quasi auf mit den Gedanken.*

Hansmann: *Das ist eigentlich doppelt schlimm!*

Hanna Yara: *Man hat halt so lange darüber nachgedacht über z. B. eine Aufgabe, und dann muss man alles nochmal machen, man muss dann wieder erneut nachdenken.*

Hansmann: *Die hat dich dann gar nicht richtig verstanden!*

Hanna Yara: *Und deshalb fand ich es auch gut, was Hanna gesagt hat: Man kann ja auch einfach sagen: „Ich hab nicht geträumt! Ich hab einfach nur nachgedacht.“*

Hanna: *Und dann finde ich es ja auch nicht gut, wenn Lehrer das dann nicht akzeptieren. Wenn sie widersprechen.*

Hansmann: *Es ist nicht die Aufgabe, dann klein zu sein und zu sagen, ich mach mich jetzt klein vor der Lehrerin. (…) Ich finde ganz wichtig, dass ihr wisst: Ihr sollt auch sagen, was ihr denkt.*

Letschert: *Das kann man ja auch freundlich sagen, aber sagen.*

Hanna Yara: *Also man sollte halt auch vor den Lehrern Respekt haben, und man kann denen ja auch sagen, dass man nachdenkt, wie schon gesagt, und dann auch einfach, dass das sozusagen der Moment von dem Kind ist. Und dass man auch mal was Eigenes machen kann.*

Hansmann: *(…) Dazu möchte ich euch auch ermutigen, dass ihr das auch künftig sagt, wenn das für euch zu viel Druck ist, oder wenn es für euch der falsche Weg ist. Dass ihr das dann auch sagt, wie es euch gerade damit geht.*

Hanna: *Dass man vielleicht anfängt zu fragen: „Hanna, weißt du die Lösung?“* (Hanna sagt das ruhig und freundlich.) *Und dass man nicht sagt: „Hanna!“* (das sagt sie laut und energisch), *sondern: „Hanna, weißt du die Lösung?“ Und dann kann man ja auch sagen: „Nein!“*

Hanna Yara: *Als Lehrerin, wie Hanna auch schon gesagt hat, könnte man ja auch erstmal fragen und dem Kind, wenn es die Antwort nicht weiß, auch erstmal sagen: „Ich geb dir noch Zeit, also ich lass dir Zeit“ und ihm auch sagen: „Ich möchte dich nicht unter Druck setzen“ oder sowas in der Art, dass man als Kind eben nicht unter Druck sitzt, denn wie gesagt, es gibt ja auch Kinder, bei denen raucht dann das Gehirn!*

Hanna: *Dass man dann auch nicht so angespannt ist: „Oh, ich muss jetzt was sagen!“ Dann komme ich total in Panik! „Und? Was soll ich jetzt machen oder sagen?“*

Letschert: *Und deshalb hattest du auch eben diesen ruhigen Ton vorgemacht.*

Hanna: *Ja, und dann hat man auch kein Kribbeln im Bauch, dass man das jetzt nicht weiß, und dann kann man ja auch sagen „Nein“. Wenn man so streng angesprochen wird, dann fühlt man sich auch so angesprochen, und dann kann man auch gar nichts sagen (…) Also besser ist es so: „Brauchst du noch Zeit? Oder soll ich erst nochmal einen anderen fragen?“*

Hanna Yara: *Oder wiederholen. Oder fragen: „Was brauchst du?“*

Das Gespräch kreist um die Frage, ob es den Kindern leichter fällt, sich in der großen oder in der kleinen Gruppe zu äußern.

Hanna: *In der kleinen Gruppe vielleicht? Weil in der großen fühle ich mich so – hm – groß* (gemeint ist: hervorgehoben, wie die Gestik von Hanna deutlich macht). *Und dann gucken mich alle an, und dann würde ich gern im Boden versinken. Weil man dann nichts weiß, manchmal.*

Hanna Yara: *Also man denkt dann nicht mehr an das, was man sagen soll, sondern man denkt an die Leute, die einen angucken. Man denkt nur an die Sache und nicht an das, was man sagen wollte.*

Hanna: *Und dann vergisst man alles, was man im Kopf hatte, und dann denkt man nur: „Oh, ich darf jetzt nichts Falsches sagen!"*

Hansmann: *Was erwartest du von einem auch sehr strengen Lehrer trotzdem?*

Hanna: *Dass er mich akzeptiert. Dass ich meine Meinung sagen kann.*

Hanna Yara: *Ja, dass er akzeptiert, wie man ist.*

Hanna: *Dass ich sagen kann, was ich denke.*

Hanna Yara: *Und man braucht halt auch Zeit, um ihn erstmal kennenzulernen, und dann weiß man ungefähr, wie er drauf ist, und dann weiß man auch, wie man mit ihm reden kann. Also es ist einfach wichtig, dass der Lehrer mich akzeptiert, wie ich bin, und dann kann ich ihn auch akzeptieren, wie er ist.*

2. *Das schaffst du schon!*

Dieses Kapitel umfasst vier Teile. Im ersten Teil geht es um die kritische Betrachtung eines im Alltag häufig zu beobachtenden Verhaltens von Erwachsenen, das Kindern in schwierigen Situationen Mut und Trost geben soll, ihnen aber meistens nicht wirklich hilft. Der zweite Teil kreist um eine eigene Kindheitserinnerung. Hier stelle ich einige persönliche Überlegungen zum Thema „Trost" vor. Anschließend folgt ein Gespräch zwischen einem fünfjährigen Jungen und seiner Erzieherin. Das Kind hat sein Stofftier verloren und braucht Trost. Den Schluss des Kapitels bilden die Gedanken der Kinder. Die beiden letzten Teile, das Gespräch mit dem Jungen und die Äußerungen der Kinder, bleiben unkommentiert.

„Ein schwacher Trost"

Alles gut! – Alles gut?

Es ist für Kinder nicht leicht, sich in unserer Welt zurechtzufinden. Internet und digitale Netzwerke bieten zwar eine nie dagewesene Fülle an Kommunikations- und Informationsmöglichkeiten, doch ist der Konformitätsdruck hoch, das Mithalten wird zum Muss, und gerade hier spielen Reizüberflutung und Verführung eine unübersehbare und leider auch unkontrollierbare Rolle. Inmitten dieses Überflusses an medialen Angeboten den eigenen Weg zu finden, sich nicht beirren und entmutigen zu lassen, seine Identität zu entwickeln und auch ein Bewusstsein dafür: All das verlangt Selbstvertrauen, Zielstrebigkeit und Durchhaltevermögen.

Der oft oberflächliche Umgang mit menschlichen Gefühlen kommt erschwerend hinzu. Menschen benutzen Floskeln, die *den Stress rausnehmen* sollen, und die sie offenbar brauchen, um sich selbst zu entlasten. So hört man aktuell bei jeder Gelegenheit: *Alles gut!* Ob man zu spät gekommen ist oder jemanden versehentlich angerempelt hat, ob man sich irgendwo vertut oder etwas nicht gern isst: Es ist einfach *alles gut.* Nur selten kommt Protest. Als beim Käsestand auf dem Wochenmarkt einer alten Dame das Kleingeld auf das Kopfsteinpflaster fällt, und die umstehenden Menschen es wieder einzusammeln versuchen, will der Verkäufer nur trösten: *Macht doch nix,* sagt er freundlich. *Alles gut! – Nichts ist gut!* antwortet die Frau energisch. *Ich bin über achtzig! Ich kann nicht mehr gut gucken, ich kann mich nicht mehr bücken! Und früher war ich Sportlerin! Es ist nicht alles gut!* Die „großen Gefühle“ sind gefragt, „Emotionen“ sind en vogue, und die „fantastische Stimmung“ gehört dazu – weniger dagegen, so scheint es manchmal, die Sensibilität des Einzelnen.

Mehr denn je ist ein Kind auf Erwachsene angewiesen, deren eigene innere Stärke sie dazu befähigt, verlässliche und verantwortungsvolle Lebenspartner zu sein – Partner, die das Kind braucht, um in unserer Gesellschaft seelisch gesund zu bleiben. Glücklich können sich Kinder schätzen, die in einem harmonischen Elternhaus aufwachsen und Regeln und Strukturen kennen, die kulturelle Anregungen bekommen und soziale Kontakte pflegen, die eine Gesprächskultur erleben und eigene Interessen entwickeln. Das ist nicht vielen Kindern gegeben.

Falsche Botschaften

Was für erwachsene Menschen noch hinnehmbar sein mag – denn *das ist ja ihr Problem* –, ist für Kinder höchst bedenklich. Sie verlieren Orientierung und Sicherheit, wenn man ihr Gefühl missachtet oder nicht wahrnimmt. Doch gerade im Umgang mit Kindern liegen Sprüche im Trend. Eltern verwenden sie als Erziehungshilfe, aber für Kinder ist es keine Hilfe, sondern eher eine Verunsicherung, wenn Erwachsene zu ihnen sagen: *Sei nicht traurig,* oder wenn sie meinen: *Das schaffst du schon! Das ist doch nicht so schwer!* Kinder verlieren die Fähigkeit – oder entwickeln sie gar nicht erst –, sich selbst, und zwar auch und gerade mit ihren Gefühlen, zu akzeptieren und einzuschätzen.

Besonders wenn es darum geht, ein Kind zu trösten oder ihm Mut zuzusprechen, sind Äußerungen wie …

- *Du brauchst doch keine Angst zu haben!*
- *Das schaffst du schon!*

- *Ist doch gar nicht so schlimm!*
- *Nun stell dich nicht so an!*

... keineswegs hilfreich, denn allen gemeinsam ist, dass heruntergespielt wird, was dem Kind Probleme macht. Genau genommen wird ihm suggeriert:

- Die Sache ist einfach, nur du bist zu dumm.
- Ich weiß über dich und deine Situation besser Bescheid als du selbst.
- Man kann Dinge mühelos lernen und braucht sich dafür auch nicht anzustrengen.
- Gefühle lassen sich beliebig ein- und ausschalten.
- Angst lässt sich per Entscheidung abstellen.
- Du brauchst auf deine Gefühle nicht zu achten und sie auch nicht so ernst zu nehmen.
- Es ist nutzlos und unbegründet, zu zweifeln, zu verzagen oder frustriert zu sein.

Eine Entwertung

All diese Botschaften sind irreführend. Die Kinder, die sie empfangen, sind weder getröstet, noch ist ihnen geholfen. Im Gegenteil: Sie lernen, an sich zu zweifeln, denn sie können weder wissen noch durchschauen, dass gar nicht geht, was man von ihnen verlangt. Wenn aber nicht funktioniert, was nicht funktionieren *kann,* empfinden sie dies unter Umständen als ihre eigene Unfähigkeit. Sie könnten den Fehler bei sich selbst sehen und nicht bei den Erwachsenen, und diese wiederum denken nicht immer nach über das, was sie ihren Kindern, bewusst oder unbewusst, an Lebensweisheiten mit auf den Weg geben.

So ist es eben keineswegs möglich, Angst oder Traurigkeit einfach abzustellen – um hier nur auf eines der Beispiele zurückzugreifen. Statt den Kindern Mut zu *machen,* wird ihnen Mut *genommen.* Nicht selten verzweifeln die Kinder gerade an diesen Stellen, denn der Druck verdoppelt sich: zum einen durch das zu lösende Problem selbst und zum anderen dadurch, dass das Problem offenbar keins sein darf bzw. sie es nicht haben dürfen oder sollten, es de facto aber haben. Die Folge ist: Die Kinder fühlen sich unverstanden, und oft geben sie auf: *Ist mir doch egal!*

Natürlich meinen die Erwachsenen das nicht wörtlich. Es ist nicht ihre Absicht, das Kind zu täuschen. Sie glauben, sie machen es richtig, oder sie denken nicht weiter darüber nach, und manchmal kennen sie auch keine Alternativen. Meist geben sie sich Mühe, wollen helfen und dem Kind eine schwierige Situation erleichtern oder ersparen, damit es besser vorankommt. Auch sie selbst wollen in ihrem Alltag vorankommen, und dann geht es eben schneller, mit einem Spruch zu reagieren als sich mit dem Kind und seiner Situation zu befassen und nachzudenken über das, was sie tun oder tun sollten.

Die Kinder *lernen* aus solchen Situationen. Sie lernen beispielsweise, ihre Schlauheit eher darauf zu verwenden, sich Hilfe zu organisieren, als sich selber anzustrengen. So hat mir vor kurzem ein Mädchen glaubhaft versichert: *Ich weiß genau, wie das geht. Man muss so richtig verzweifelt tun. Dann kommt immer jemand und nimmt einem was ab!* Dennoch: Keine der oben aufgeführten Äußerungen hilft weiter. Der Satz *Das ist doch gar nicht so schwer!,* gemeint als Zuspruch, wenn das Kind bei einer Aufgabe zögert, zweifelt, sich weigert oder etwas falsch macht, ist eigentlich sogar entmutigend – impliziert er doch nicht nur, dass, wenn die Sache nicht schwer ist, das Kind aber Schwierigkeiten *hat,* dieses „der Dumme" ist, sondern auch dies: Für den Fall, dass das Kind die Aufgabe dann doch irgendwann bewältigt, ist der Erfolg schon entwertet, weil sie im Vorfeld für leicht erklärt wurde.

„Entwertung": Dieser Begriff kennzeichnet den falschen Trost in all seinen Facetten. Fast könnte man vom inflationären Gebrauch eines pseudoerzieherischen Hilfsmittels sprechen und von einer entsprechend gesunkenen Bereitschaft, sich ernsthaft mit den Gefühlen des Kindes zu befassen. Es ist die Entwertung der als Trost gemeinten Worte, denn diese kommen zu oft und zu schnell, als dass sie ihre Funktion erfüllen – also trösten – könnten. Es ist die Entwertung der Gefühle des Kindes, denn diese werden weder angesprochen noch erreicht. Und es ist die Entwertung des Kindes selbst, denn dieses wird weder gestärkt noch entlastet. Das Kind ist der Leidtragende eines solchen Trends.

Das schaffst du schon!

Trost liegt nicht in einer Floskel. Trost zu geben, ist schwerer und aufwändiger, als es jede der oben aufgeführten Äußerungen glauben machen soll. Es bedeutet vor allem, sich auf das Kind einzulassen, sich ihm zuzuwenden und es in seiner aktuellen Gefühlswelt verstehen zu wollen. Getröstet ist der Mensch, der wahrgenommen wird. Doch das kostet Zeit, und Zeit ist knapp. Die Sprüche des Alltags jedenfalls dienen eigentlich nur uns, den Erwachsenen, und auch das nur bedingt und vordergründig. Denn auch die Erwachsenen spüren, dass sie damit nicht wirklich weiterkommen. Auch ihnen ist keineswegs geholfen, und auch sie bleiben oft ratlos zurück.

Ein Beispiel: Vor einer Klassenarbeit sagt die Mutter zu ihrem leicht verzagten Sohn beim Frühstück: *Das schaffst du schon! Ich bin ganz sicher!* Was ist gemeint mit diesen Worten? Sie sollen Mut machen und dem Kind sagen: *Ich glaube an dich, ich weiß, dass du das kannst, und das sollte dir die nötige Kraft geben, zuversichtlich an die Klassenarbeit heranzugehen.* Die aus den Worten der Mutter herauszuhörende Überzeugung ist aber möglicherweise so groß wie der Zweifel des Kindes. Und schwerer als das eigentliche Problem „Klassenarbeit" mag nun die Sorge des Kindes wiegen, gerade die Mutter, die sich zuversichtlich zeigt, die es besonders gut meint und die sich auch so positiv äußert über den Sohn, gerade *sie* am Ende doch zu enttäuschen. Nicht selten, so zeigt sich in Gesprächen mit Kindern, überlagert die Angst zu enttäuschen die Auseinandersetzung mit der Sache, in diesem Fall mit der Klassenarbeit. Denn was bewirken die Worte der Mutter tatsächlich? Sie könnten beim Kind einige Fragen aufwerfen:

- *Woher will sie das wissen?*
- *Woher nimmt sie die Sicherheit, wenn ich mir doch unsicher bin?*
- *Was ist, wenn ich es nicht schaffe und dann doch keine gute Arbeit schreibe?*
- *Wie kriege ich es hin, sie nicht zu enttäuschen?*

Oft sind es Fragen wie diese und vor allem die beiden letzten, mit denen sich die Kinder beschäftigen, während sie eine Aufgabe lösen sollen oder, wie hier, eine Klassenarbeit schreiben. Oft sind die Kinder unkonzentriert, und zwar nicht nur, weil sie vielleicht zu wenig geübt haben und entsprechend unsicher sind, sondern auch, weil die Frage sie belastet, was passiert, wenn sie den Erwartungen der Eltern eben *nicht* gerecht werden. Aus dem *Das schaffst du schon!* lässt sich nämlich auch eine Botschaft heraushören: *Das musst du schaffen!* Und sogar: *Du hast keine Wahl!* Es klingt nach einer Forderung oder doch zumindest nach einem hohen Anspruch. Beides wäre keine tröstende *Ent*lastung, sondern eher eine zusätzliche *Be*lastung, denn: Wie mag sich ein Kind fühlen, das von der Schule nach Hause kommt und es eben *nicht* geschafft hat? Oder auch: Wie fühlt sich ein Kind, wenn es mit einer sehr guten Leistung nach Hause kommt, von der aber jeder schon vorher wusste, dass es diese Leistung bringen würde? (Vgl. hierzu auch das Gespräch mit Axel in Kapitel 4: „Das hast du super gemacht!".)

Den Eltern sind die Konsequenzen ihres Verhaltens meist nicht bewusst, und ganz sicher wollen sie dem Kind nicht schaden. Manchmal verbirgt sich eigenes Unbehagen hinter ihrem Handeln. Das Problem des Kindes verunsichert nicht nur dieses, sondern auch sie selbst, denn würden sie die Schwierigkeiten des Kindes ernst nehmen, müssten sie anders reagieren, und da stellt sich die Frage: Wie? Die Antwort ist schwierig, denn: Was ist „richtig"? Nachsicht oder Härte? Übung oder Entlastung? Druck oder Eigenverantwortung? Appell oder Beruhigung? Allein lassen oder helfen? Bei allem, was die Eltern tun, sind die Folgen nur schwer zu überblicken. Oft befürchten sie, mit dem, was dann kommen könnte, überfordert zu sein, und so liegt es nahe, das Problem auf ein wohlmeinendes *Das schaffst du schon!* zu reduzieren – dies in der Hoffnung, dass damit *alles gut* sein möge. Erwachsene weichen aus, nicht nur dem Kind und seiner Situation, sondern auch sich selbst und ihrer eigenen Unsicherheit. Nicht auszuweichen erfordert Mut, vergleichbar mit dem Mut eines Kindes, das etwas Neues lernen will.

Fühlst du dich sicher?
Dem Jungen, der eine Klassenarbeit schreiben soll, könnte die Mutter sagen: *Ja, das kann ich mir vorstellen. Das kann ich verstehen. Guck mal, wie weit du kommst. Vielleicht ist es ja gar nicht so schlimm, wie du denkst. Wenn du es hinkriegst, ist es prima, und wenn nicht, müssen wir gucken, woran es liegt, und dann musst du eben noch mal üben.* Sie könnte auch Fragen stellen, z. B. diese:

- *Was meinst du: Kriegst du das hin?*
- *Fühlst du dich sicher? Oder denkst du, es wird schwierig?*
- *Mit welchem Gefühl gehst du da ran?*
- *Wie weit bist du denn gestern gekommen?*

Fragen bringen Anteilnahme zum Ausdruck. Sie signalisieren Mitdenken und Mitfühlen, nicht Anspruch und Erwartung. Sie sind wohltuend und nicht zusätzlich belastend.

So ein *Das schaffst du schon!* soll aufbauen, trösten und Mut geben. Tatsächlich aber kann es einschüchtern, entmutigen und Angst machen. Das ist den meisten Menschen nicht bewusst, und wenn sie es wüssten, würden sie vielleicht erschrecken. Denn genau genommen schließen diese Worte die Möglichkeit, es nicht zu schaffen, sogar aus, mehr noch: Der Erfolg wird zur Verpflichtung und der Misserfolg zum Versagen. Sich auf etwas Schwieriges einzulassen – auf eine Prüfung etwa, auf ein Experiment, eine anspruchsvolle Tätigkeit oder kreative Idee –, erfordert sowohl den Mut, es zu versuchen, als auch die Gewissheit, damit scheitern zu dürfen. Mit anderen Worten: So wohltuend und anerkennenswert der mögliche Erfolg auch sein mag, so beruhigend und entlastend ist es bzw. müsste es sein, sich mit dem Gefühl, dass die Sache auch schiefgehen darf, an die Arbeit zu machen.

Das ist gerade für Kinder, die noch im Begriff sind, ihren Lebensmut zu erproben und zu entwickeln, von besonderer Bedeutung. In zahlreichen Gesprächen mit ihnen habe ich den Eindruck gewonnen, dass, wenn Kinder aufgeben, dies nicht nur deshalb geschieht, weil sie sich den Leistungsanforderungen vielleicht nicht gewachsen fühlen, sondern auch, weil der Druck zu groß ist – wie überhaupt der Leistungsdruck nicht immer nur von der Sache selbst ausgeht, sondern oft von den Erwachsenen und deren erkennbarer Erwartungshaltung. Die Kinder haben aus ihren Erfahrungen gelernt, dass sie nicht scheitern dürfen. So führt die Angst, zu versagen, und vor allem, wie oben dargelegt, die Angst, mit dem Versagen zu enttäuschen, nicht selten zur kompletten Leistungsverweigerung. Das kategorische oder schulterklopfende *Das schaffst du schon!* kann dem Kind den nötigen Mut eher nehmen als geben – den Mut mit all den dazugehörigen Risiken und der dafür erforderlichen Risikobereitschaft. Es kann so entmutigend sein wie es gut gemeint ist.

Die manchmal unbedacht dahingeworfene Floskel ist eine sicherlich weder gewollte noch bewusste Verkennung und Missachtung der Gefühlswelt des Kindes und somit eher frustrierend – wie es immer frustrierend ist, wenn andere für leicht erklären, was einem selbst den Kopf zerbricht. So ein Satz hinterlässt vor allem eins: Traurigkeit und Enttäuschung darüber, ein Problem zu spüren, sich vielleicht auch Sorgen zu machen, aber mit diesem Problem nicht verstanden zu werden. Und das wiederum bedeutet letztlich, sich alleingelassen zu fühlen. Besonders dann, wenn das Kind weiß oder erkennt, dass die Worte von einem Menschen kommen, der gar nicht genügend Informationen hat, um beurteilen zu können, was es denn genau zu schaffen *gilt*, kann es sich eher getäuscht als gestärkt fühlen. Dann ist der Druck erhöht, doch das Problem weit weniger gelöst: für manche Kinder Grund genug, genervt zu reagieren, wütend alles hinzuwerfen oder frustriert zu kapitulieren. Und dann stehen auch Eltern und Lehrkräfte vor einer weiteren und weitaus schwierigeren Herausforderung.

Die Gefühlswelt des Kindes zwischen Dramatisierung und Bagatellisierung

Wenn Sprüche und Floskeln gelegentlich vorkommen, die Beziehung zwischen Kind und Erwachsenen aber grundsätzlich harmonisch und belastbar ist, werden daraus wohl kaum Probleme entstehen. Treten sie dagegen an die Stelle einer fundierten und reflektierten Erziehung, kann, was zunächst punktuell und situationsbezogen geschieht, von prinzipieller und prägender Wirkung sein. Denn dann kann es für das Kind schwer werden zu erkennen, was eine ernst zu nehmende Schwierigkeit ist, die mit der nötigen Anstrengung überwunden werden muss, und was dagegen eine eher zu vernachlässigende Lappalie. Mit anderen Worten: Wenn das Kind nicht die Erfahrung macht, dass die Eltern seine Probleme und die damit einhergehenden Gefühle gebührend beachten, kann es auch nur eingeschränkt lernen, Situationen und Sachverhalte realistisch einzuschätzen und angemessen darauf zu reagieren. Eltern, die diese Fähigkeit selbst nicht erworben haben und infolgedessen die Auseinandersetzung mit Problemen scheuen, können ihren Kindern den dazu erforderlichen Mut und die dazugehörigen Kenntnisse – kurz: das nötige Rüstzeug – kaum vermitteln. Und sie können sie darum auch nicht trösten. Die Neigung einiger Kinder, bei Kleinigkeiten zu explodieren und, auf der anderen Seite, Schwerwiegendes zu unterschätzen, mag mit einem Mangel an Vorbildern und einem Mangel an Übung zusammenhängen.

Ähnliches gilt für den Umgang mit Misserfolgen. Wenn das Kind lediglich beschimpft wird oder nur den Zorn der Eltern zu spüren bekommt, ohne dass sein eigenes Gefühl – Resignation, die eigene Enttäuschung oder Verzweiflung etwa – beachtet wird, lernt es auch hier keine Strategien, mit Misserfolgen umzugehen. Eher wird es die gesamte Situation verdrängen als den Gedanken zuzulassen, dass vielleicht Übung und Wiederholung erforderlich sein könnten.

Natürlich versuchen viele Eltern, ihr Kind ernsthaft zu trösten. Nicht selten aber kommen, mehr oder weniger als einzige Reaktion, Äußerungen wie: *Das kannst du doch! Warum denn dieses Ergebnis?! Ich begreif's nicht! Warum hast du denn nicht mehr geübt?! Da bin ich doch sehr enttäuscht ... Das hätte ich nicht gedacht ...* Solche Worte können ein Kind geradewegs in die Gleichgültigkeit oder Opposition treiben, in jedem Falle aber weg von der Sache – vielleicht sogar weg von den Eltern – und mit großer Wahrscheinlichkeit hin zum nächsten Misserfolg.

Kinder unserer Zeit leben zwischen Bagatellisierung und Dramatisierung. Nicht wenige sind vernachlässigt oder verwöhnt, ihre Leistungen werden kaum gewürdigt, und doch ist vieles *super.* Sie leben zwischen der Bagatellisierung der für ihre Entwicklung notwendigen Gefühle einerseits und der Dramatisierung vergleichsweise kleiner Missgeschicke und Fehler andererseits, zwischen der Bagatellisierung von Tod und Gewalt einerseits – z. B. in Titeln von TV-Serien wie „Mord ist ihr Hobby“, „Mord in bester Gesellschaft“ oder „Heiter bis tödlich“ – und der Dramatisierung von Alltagssituationen, in denen sie schon beim Spazierengehen oder auf dem Holzroller einen Helm tragen müssen, andererseits. Für Kinder ohne Rückhalt im Elternhaus wird das Maß der Dinge ungenau. Die Relationen stimmen nicht mehr, die Kinder verlieren die Orientierung. Sie kommen aus dem Gleichgewicht und signalisieren dies durch Verhaltensweisen, die dem Anlass oder der Situation nicht angemessen sind. Damit wiederum verunsichern sie die Erwachsenen und stellen sie vor zum Teil erhebliche Probleme. Kinder brauchen, um sich in der heutigen Welt zurechtfinden zu können, den respektvollen Umgang mit ihren Gefühlen. Sie müssen lernen, diese zu beachten, um sich auf sie verlassen und sie als Steuerungshilfe bei der Lebensbewältigung nutzen zu können.

Trost – Eine Kindheitserinnerung

In diesem Abschnitt geht es um eine eigene Kindheitserinnerung. Sie verkörpert ein Stück Lebensbewältigung durch echten Trost, nämlich durch den ermutigenden Umgang mit einem Missgeschick und der sich daraus ergebenden schwierigen Situation. Im Zentrum dieser Erinnerung steht die Großmutter, mein lebenslanges Vorbild und ein Mensch, der Ermutigung immer vorgelebt hat. Die Erinnerung selbst ist für mich eine Art Lebensmotto. (Die Großmutter ist 1985 im Alter von 90 Jahren gestorben. Ihr ist dieses Kapitel in Dankbarkeit gewidmet.)

> *An einem Sonntagmorgen gingen meine Großmutter und ich (fünf oder sechs Jahre alt) zum Brombeerenpflücken in den nahegelegenen Wald. Jeder von uns hatte eine Aluminiumkanne mit Deckel. Die Großmutter, Köchin und exzellente Kennerin der*

Natur und ihrer Quellen für das Essen zu Hause, wusste, wo es Beeren gab. Während wir langsam durch den Wald streiften, viel miteinander sprachen und dabei Brombeeren und gelegentlich auch ein paar Himbeeren pflückten, wurden unsere Kannen allmählich voll. Marmelade zu kochen, war unser Plan, und dabei wollte ich der Großmutter helfen.

Auf unserem Heimweg kamen wir an eine Stelle, wo der Wald unvermittelt aufhörte und in einen steinigen Feldweg überging. Zwischen Wald und Weg gab es einen Höhenunterschied, den ich nicht gesehen hatte. Ich schlug der Länge nach hin, verlor dabei die Kanne aus meiner Hand, der Deckel fiel runter, und die meisten Beeren kullerten auf den Weg. Kaum dass ich mich wieder aufgerichtet und begriffen hatte, was passiert war, näherte sich ein Trecker – ein junger Mann grüßte noch fröhlich von seinem hohen Sitz – und fuhr laut und langsam über alle Früchte, die am Boden lagen.

Nun war der Kummer groß: Die Knie bluteten, das Kleid war schmutzig, und der Saft der Früchte bahnte sich zwischen den Steinen seinen Weg. „Ach Gott nein!“, schimpfte die Großmutter, „was muss er auch über all die schönen Beeren fahren!“ Dann zog sie ein Taschentuch aus ihrer Rocktasche, wischte mir die Tränen ab und reinigte, so gut es ging, die Knie. „Und jetzt“, schlug sie vor und sah mich dabei liebevoll auffordernd an, „jetzt wollen wir doch mal sehen, wie viele er uns übriggelassen hat.“ Sie begann zu zählen, nach einer Weile zählte ich mit, und so hockten wir beide mit unseren Aluminiumkannen auf dem Feldweg, suchten nach heil gebliebenen Beeren, unterzogen sie einer sorgfältigen Prüfung und ließen sie vorsichtig in meine Kanne fallen – Zug um Zug, mal die Großmutter, mal ich, dabei zählend und nach weiteren unversehrten Früchten suchend. Schließlich war meine Kanne etwa zu einem Drittel gefüllt. Die Großmutter reichte mir den Deckel, ich setzte ihn auf die Kanne, und wir gingen nach Hause.

Ob wir meinen Eltern von dem Ereignis erzählt haben, weiß ich nicht mehr. Vermutlich ja. Woran ich mich genau erinnern kann, ist, wie die Beeren gleichzeitig aus beiden Kannen in ein großes Sieb geschüttet und gewaschen wurden, und wie dann die Zubereitung der Marmelade begann.

Was hätte die Großmutter nicht alles anders machen können! *Guck doch hin!* hätte sie sagen können. *Musste das denn sein! Man sieht doch, dass es hier runtergeht!* Das wäre sogar verständlich gewesen angesichts ihres eigenen Schrecks. Sie hätte auch alles allein erledigen können – vor allem das Aufsammeln der restlichen Brombeeren – und mich warten lassen, bis sie damit fertig gewesen wäre. Das wäre schneller gegangen. Anschließend hätten wir den Heimweg angetreten, und ich wäre traurig und schuldbewusst neben ihr hergelaufen. Und schließlich hätte sie mir, um mich zu trösten, einige ihrer Beeren aus ihrer Kanne abgeben und in meine Kanne schütten können.

Nichts dergleichen tat die Großmutter. Stattdessen hat sie meine Aufmerksamkeit auf das gelenkt, was der Trecker uns übriggelassen hatte, und mir auf diese Weise vieles bewusst gemacht:

- den Wert der einzelnen Beere,
- die Verletzlichkeit der Früchte,
- die steigende Zahl der Beeren, die wieder eingesammelt werden konnten,
- das Gefühl, dass es doch nicht wenige sind, die übriggeblieben waren,
- das gemeinschaftliche Tun, das nach der Unterbrechung durch den Sturz und durch den Trecker wiederhergestellt und fortgesetzt wurde,
- die Ruhe und Besonnenheit, beinahe Stetigkeit durch den Rhythmus des Zählens, mit der sich ein solches Missgeschick verarbeiten ließ.

Ob sich die Großmutter das alles so genau überlegt hatte, vermag ich nicht zu sagen. Es war ihre Art und lag in ihrem Wesen, so zu handeln. Die Kindheitserinnerung mit ihr soll hier auch nicht im Einzelnen analysiert werden, denn das meiste spricht für sich. Nur eines möchte ich hervorheben: die Tatsache nämlich, dass mir die Großmutter keine ihrer Brombeeren abgegeben hat. Dafür bin ich ihr heute noch dankbar. Denn genau das hätte nahegelegen, ja, es hätte sich geradezu angeboten. Doch in meiner fantasierten – also virtuellen – Fortsetzung dieser Variante wäre gekommen, was hätte kommen müssen: nämlich ein falscher Trost, also gar kein Trost. Die Großmutter hätte mir einige Brombeeren in meine Kanne geschüttet, vielleicht gerade so viele, dass ich die gleiche Menge gehabt hätte wie sie, und dann, vermute ich, hätte es geheißen: *So, und nun ist gut. Nun hör auf zu weinen! Jetzt ist alles wieder gut. Wir gehen nach Hause, und das nächste Mal passt du besser auf.*

Nein, das hätte nicht zu ihr gepasst. Nicht nur, dass es nicht zu ihr gepasst hätte; es wäre auch nicht alles *wieder gut* gewesen – abgesehen davon, dass es allein *ihre* Entscheidung gewesen wäre, alles wieder gut sein zu lassen. Nichts hätte darüber hinwegtäuschen können, dass alles, was ich in etwa zwei Stunden gemeinsam mit der Großmutter gepflückt hatte, in Sekunden verloren und ich selbst der Grund dafür gewesen war. Hier so zu tun, als sei das nicht so schlimm, käme einer Entwertung des Vorausgegangenen gleich, also auch der Entwertung eines besonders wertvollen Erlebnisses. Außerdem hätte das Mädchen die erzieherische Absicht der Oma wohl durchschaut und sich nicht gut dabei gefühlt.

Die von mir nur fantasierte Variante des Ausgangs dieser Erinnerung wäre bzw. ist keinesfalls ungewöhnlich, im Gegenteil: Sie repräsentiert ein Erziehungsverhalten, das im Alltag immer wieder zu beobachten ist, vor allem dann, wenn es darum geht, ein Kind zu trösten. Erst wird geschimpft, dann wird getröstet. Der „Trost“ aber ist mitnichten tröstend. Er kommt beim Kind auch nicht so an, denn er verzerrt die Dinge und verschiebt die Relationen. Oft wird dramatisiert, was eigentlich nur ein Missgeschick ist, und auf der anderen Seite verharmlost, was der ernsthaften und empathischen Zuwendung bedarf. Nicht immer muss die Realität verändert werden, damit Kinder sie verkraften können. Vieles, was wir Kindern zumuten, überfordert sie. Vieles, was wir ihnen ersparen, könnte sie stärken.

Was diese Erinnerung für mich so einzigartig macht, ist die Tatsache, dass die Großmutter eben nicht den Versuch unternimmt zu verharmlosen, was geschehen ist, sondern mir zutraut und zumutet, mit dieser Realität fertig zu werden, mir aber hilft - auch indem sie mir Zeit lässt –, sie zu verstehen und zu bewältigen. Darin liegt für mich der Trost. Noch in der Situation selbst, so erinnere ich mich, habe ich gespürt, dass mich die Großmutter für stark genug hält, und genau das hat mich tatsächlich gestärkt. Leicht und unter anderen Umständen gern hätte sie mir etwas abgegeben. Hier aber hat sie es vermieden. Woran hätte ich auch wachsen sollen?

Dieser Beitrag erschien zuerst in: Beate Letschert/Jos Letschert/Maria Clasen: Ist mir doch egal! Ermutigung: Eine pädagogische Herausforderung. Verlag Schneider, Baltmannsweiler 2014, Kap. 7, S. 26–34. Er wurde für dieses Buch überarbeitet.

Bär ist weg! – Ein Gespräch zwischen dem fünfjährigen Ben und der Erzieherin

Erz.in: *Du siehst so traurig aus, Benni! Ist irgendwas? Hast du geweint? Ist mir vorhin schon aufgefallen!*

Ben: *Mein Bär ist weg!*

Erz.in: *Wie: dein „Bär"? Welcher Bär denn? Was meinst du?*

Ben: *Mein Bär! Mein Bär eben! Bär ist Bär. Der heißt so.*

Erz.in: *Ist das dein Kuscheltier?*

Ben: *Er ist mein Freund.*

Erz.in: *Ah so. Und was ist nun passiert? Erzähl doch mal, wenn du magst.*

Ben: *Das war gestern. Wir gehen sonntags immer zu Oma und Opa. Da kommen auch immer mein Onkel und meine Tante hin, die ganze Familie eigentlich und manchmal auch noch mehr Leute. Die trinken dann alle Kaffee da. Kuchen gibt es auch. Das ist immer ganz gemütlich.*

Erz.in: *Und was ist nun mit Bär?*

Ben: *Ich bin auf meinem Roller mitgefahren. Und als die alle Kaffee getrunken haben, bin ich raus und bin ein bisschen rumgefahren. Das durfte ich auch. Bär sitzt dann immer hinter mir auf dem Gepäckträger. Ich klemm dann seine Pfoten so da rein. Dann sitzt er fest und kann auch gut gucken.*

Erz.in: *Also du hast ihn mit seinen Pfoten im Gepäckträger festgeklemmt. Und dann bleibt er da auch so? Oder wie? Hält das denn?*

Ben: *Ja, mit seinen Pfoten. Das hält eigentlich. Nur gestern nicht. Da habe ich ihn dann verloren. Ich hab mich mal umgedreht, und dann war er da nicht mehr. Da hab ich mich ganz doll erschrocken.*

Ben schluckt. Die Erzieherin streicht ihm beruhigend mit der Hand über den Rücken.

Erz.in: *Das ist aber auch wirklich traurig. Puh, das kann ich mir vorstellen. – Und was hast du dann gemacht?*

Ben: *Ich bin zurück zu Oma und Opa und den anderen, und dann musste ich auf einmal ganz doll weinen. Da haben die sich dann auch erschrocken und mich gefragt, ob ich hingefallen bin und was passiert ist. Und dann habe ich gesagt, dass Bär weg ist. Und dann sind alle los und haben Bär gesucht. Wir haben überall geguckt, auch so in den Büschen und hinter den Bäumen und zwischen den Häusern und so. Aber er war da nicht mehr.*

Erz.in: *Wie sah er denn aus, dein Bär?*

Ben: *So dunkelbraun. Er hatte auch ein rotes Halstuch um. Und seine Augen sind ihm manchmal rausgefallen. Die hingen dann so runter. Die hat mein Opa dann wieder angenäht oder geklebt. Hat er oft gemacht. Und die Beine hingen manchmal auch so'n bisschen so runter. Das war aber nicht schlimm.*

Erz.in: *Und war er immer bei dir? Hattest du ihn immer dabei? Ich habe ihn hier noch nie gesehen.*

Ben: *Er hat auf mich gewartet. Er lag dann zu Hause in seinem Karton. Da ist ein Kopfkissen und eine Decke drin. Da habe ich ihn immer reingelegt und zugedeckt. Er hat auch immer neben mir geschlafen, neben meinem Kopfkissen auf seiner Decke.*

Erz.in: *Und habt ihr euch dann auch mal was erzählt und so?*

Ben: *Ja immer. Ich hab ihm <u>alles</u> erzählt.*

Erz.in: *Was denn zum Beispiel?*

Ben: *Sag ich nicht. Das ist nur für Bär und mich.*

Erz.in: *Ach so.*

Ben: *Er fehlt mir so! Ich habe nicht gut auf ihn aufgepasst …*

Erz.in: *… und nun ist er weg, und du kannst nicht mehr auf ihn aufpassen, und darum bist du so traurig, nicht? Das verstehe ich.*

Ben weint. Die Erzieherin wartet und legt ihren Arm um seine Schulter.

Erz.in: *Und dann? Was habt ihr dann gemacht, als ihr Bär nicht finden konntet?*

Ben: *Dann waren auch alle ganz traurig. Mama und Opa haben dann gesagt, sie wollen mir heute einen neuen Bär kaufen. Einen größeren und auch noch schöneren.*

Erz.in: *Ah, dann geht ihr heute Nachmittag noch los? Ach, das ist ja toll!*

Ben: *Nein, ich will das nicht. Ich <u>will</u> keinen neuen Bär. Ich will <u>meinen</u> Bär zurück. Aber der ist da nicht mehr.*

Pause

Erz.in: *Ich würde dir so gern helfen, Ben, aber ich weiß nicht, wie. Ich weiß nicht, was ich machen kann. – Willst du das morgen vielleicht mal den anderen Kindern erzählen? Vielleicht können die dir dann ein bisschen helfen.*

Ben: *Nein, will ich nicht. Die können mir nicht helfen. Ich will Bär zurück. Und wenn ich Bär nicht finde, will ich auch keinen neuen. Er ist allein, und keiner kümmert sich um ihn, und ich kann es nicht mehr! Ich weiß ja nicht, wo er ist.*

Erz.in: *Du hast ihn immer beschützt, nicht? Hat er dich auch beschützt?*

Ben: *Ja, immer!*

Die Gelassenheit ist dann auch Trost – Gedanken der Kinder

Linus: *Also ich tröste so, dass der andere erstmal Ruhe bewahrt und dass der mal durchatmet.*

Marlene: *Meine Mama hatte jetzt dolle Schmerzen im Rücken, und dann hab ich das so gemacht, wie sie sich um mich kümmert, wenn ich krank bin. So habe ich das auch bei ihr gemacht. Ich hab ein Kissen gebracht oder sie massiert. (…)*

Yamen: *Also ich tröste manchmal Albert, wenn er weint, wenn er runterfällt, dann tröste ich ihn. Ich sage dann: „Alles ist gut", und dann tröste ich ihn so wie ein Erwachsener. Manchmal umarme ich ihn auch, wenn er so weint. Das ist auch, weil wir uns irgendwie mögen. Wir sind fast gleich. Dann umarmen wir uns, und dann weint er nicht mehr.*

L.in: *Wie ist das dann für dich, Albert?*

Albert: *Dann geht es mir gut. Es ist angenehm. Ich fühle mich gut, weil zu Hause, wenn ich mich verletze, werde ich nicht so getröstet. Eigentlich ist es so: Ich muss im Bett liegen, und Mama legt ein Tuch darauf* (auf die Wunde), *und danach ist sie wieder am Telefon.*

L.in: *Könntest Du Mama etwas dazu sagen? Wenn sie zum Telefon zurückgeht?*

Albert: *Ich würde ihr sagen: „Lösch die Nummer!"*

L.in: *Was möchtest du ihr noch gern sagen?*

Albert: *„Ich möchte, dass du auch mit mir Zeit verbringst und nicht immer nur mit dem Telefon!"*

Joudi: *Ich habe auch schon mal jemanden getröstet, meine Freundin, die ist hingefallen. Dann helfe ich ihr hoch und sage: „Es ist nichts passiert!" Und dann haben wir ein bisschen geredet, und dann ging es ihr auch sofort besser.*

Hanna Yara: *Also das hat sich sehr gut angefühlt, als meine Freundin mich getröstet hat. Sie wollte auch wissen, wie es mir geht. Ich tröste auch manchmal Nupal, wenn sie traurig ist. Ich versuche dann auch erstmal, sie zu beruhigen, und dann umarme ich sie meistens auch. Und ich frage nach: „Was hast du?" oder „Warum weinst du?".*

Nupal: *Zu Hause ist es so: Immer, wenn ich was Gutes mache, sind sie zu mir nett.*

L.in: *Was meinst du mit „was Gutes machen"?*

Nupal: *Wenn ich z.B. eine gute Note habe, z.B. eine Zwei oder eine Eins, dann sind sie fröhlich. Und wenn wir dann weggehen, kaufen sie mir etwas ganz Schönes.*

L.in: *Und wenn du keine gute Note hast?*

Nupal: *Dann sagt meine Mutter, dass ich nächstes Mal eine bessere Note machen muss.*

L.in: *Bräuchtest du dann Trost?*

Nupal: *Ja.*

L.in: *Und wenn du jemandem sagen könntest, was du dann bräuchtest: Was würde dich trösten? Was müsste jemand tun, um dich zu trösten?*

Nupal: *Er sollte sagen, dass es egal ist, was ich für eine Note habe. Und dass er mich gut findet. Er sollte auch sagen, dass er nicht sauer auf mich ist. Ich wünsche mir einfach, dass sie ganz normal ist, z. B. meine Mama.*

Sophie: *Ich bekomme von Mama Trost, wenn ich krank bin, aber auch: Ich habe eine kleinere Schwester, und dann bekomme ich sozusagen Trost von Mama, weil meine Schwester, die ist jetzt fünf und braucht halt noch viel Aufmerksamkeit, und dann werde ich natürlich ein bisschen vernachlässigt. Aber dafür hat mich meine Mama auch gefragt, ob wir zusammen schwimmen gehen sollen. Und das ist für mich ein Trost, weil ich das dann trotzdem aushalten kann.*

Linus: *Wenn ich jetzt z. B. eine schlechte Note habe, dann sagt meine Mutter auch, dass wir üben müssen. Aber sie ist dann immer ganz gelassen dabei. Die Gelassenheit ist dann auch Trost. Sie findet es dann okay, und es ist nicht schlimm. Wir müssen dann einfach üben!*

Larion: *Meine Schwester kriegt ganz viel Trost und Aufmerksamkeit. Sie ist jünger, und ich und meine Brüder werden ein bisschen vernachlässigt, weil sie ist sechs geworden und geht auch hier auf die Schule, in die erste Klasse. Und dann gehe ich und mein Papa und meine Brüder manchmal in den Wald, und das ist dann auch sowas wie ein Trost für mich. Dann spielen wir dort, machen Witze, und dann ist das alles nicht mehr so schwierig.*

Albert: *Ich tröste jemanden so: Z. B. manchmal hat meine Schwester sich verletzt, dann weint sie, und dann sage ich: „Ich bin auch richtig oft hingefallen." Und danach machen wir ein paar Witze, und dann geht es meiner Schwester wieder gut.*

Sophie: *Für mich wäre das nicht so richtig Trost. Es hat einem zwar jemand was Liebes gesagt, aber es hilft ja einem nicht wirklich, wenn der andere einem sagt: „Ja, ich habe mich auch verletzt", also ist es auch nicht so schlimm, dass du dich verletzt hast. Also so würde ich das empfinden, wenn man jetzt z. B. sagt: „Ich bin auch ausgerutscht". Dann lenkt sich die ganze Aufmerksamkeit auf den anderen.*

Yamen: *Ich finde schon, dass das irgendwie Trost ist. Als wir mal gezeltet haben, bin ich auch irgendwo runtergefallen und bin wieder ins Zelt zurückgegangen, und dann hat Albert zu mir gesagt, dass ihm das auch schon mal passiert ist. Und dann ging es mir eigentlich schon viel besser.*

Marlene: *Also wenn man das so gelangweilt sagt* (Marlene spricht mit wegwerfender Handbewegung und monotoner Stimme): *„Ja, ich bin auch schon oft hingefallen!" und dann sagt: „Niemand hat sich um mich gekümmert. Warum dann bei dir?", dann finde ich das so, als wenn er mich gar nicht richtig sieht. Dann fühle ich mich nicht gesehen. Und wenn sich der andere aber neben einen hinhockt und fragt: „Warum weinst du?", und dann sagt: „Ja, ich bin auch oft hingefallen", und den dabei streichelt oder so, dann ist das schon was total anderes. Dann fühle ich mich ernst genom-*

men, und dann merke ich auch, der andere ist voll bei der Sache und will mir das jetzt sagen.

Linus: *Ich finde, das lenkt aber auch ein bisschen ab von der Verletzung. Dann merkt man auch: Okay, der meint das doch ernst. Dann ist das so wie bei Albert: Es ist das Ernste und auch das Witzige dabei, und das finde ich tröstend. Er versucht mich auch ein bisschen fröhlich zu machen.*

Irma: *Ich finde das nicht ganz so schön, wenn man mir sagt: „Och, das ist mir doch auch schon ganz oft passiert." Damit sagt man ja auch: „Ist doch alles nicht schlimm." Aber vielleicht hat es ja ein bisschen mehr weh getan oder so. Es ist ja was anderes! Dann ist es für mich vielleicht ja doch ganz schön schlimm!*

3. Das Kind verstehen: Chancen und Schwierigkeiten

Ein Kind zu verstehen, erfordert mehr als wir Erwachsene in unserem Alltag manchmal bereit sind, an Zeit, Ruhe und Einfühlung zu investieren. Es scheint auf jeden Fall genauso nötig wie manchmal auch schwierig zu sein. Ich habe für dieses Kapitel zwei Situationen ausgewählt, in denen Kinder ein Bedürfnis äußern – sehr verschieden in ihrer Art und in ihrem Ton und mit jeweils unterschiedlichen Reaktionsweisen ihrer Mütter. Die Schülerinnen und Schüler aus dem Gesprächskreis konnten sich wegen der Corona-Krise nur noch zum ersten Beispiel äußern. Das ist schade, weil gerade die Gegenüberstellung interessant gewesen wäre. Mich hat dieser Umstand dazu veranlasst, die erste Situation den Kindern zu überlassen und mich aus ihren Gedanken völlig rauszuhalten, d. h. diese auch nicht zu kommentieren oder in die weitere Reflexion mit einzubeziehen. Ich selbst widme mich der zweiten Beispielsituation und tue das meinerseits ohne Mitwirken der Kinder. Wir gehen in diesem Kapitel also ausnahmsweise mal getrennte Wege.

Erste Beispielsituation: Alex

Im Supermarkt. Vor mir geht eine junge Frau mit einem etwa sieben- oder achtjährigen Jungen. Die Mutter schiebt den Einkaufswagen an den Regalen entlang und legt verschiedene Lebensmittel in den Wagen. Gerade will ich mich in eine andere Richtung begeben, als ich sehe, wie Mutter und Sohn vor den Süßigkeiten stehen bleiben. Nun werde ich Zeuge folgenden „Diskurses“:

Alex: *Ich möchte gerne was von der Schokolade haben, Mama!*

Mutter: *Wir haben zu Hause noch genug Schokolade, Alex. Wir brauchen keine neue Schokolade.*

Alex: *Ich will aber trotzdem Schokolade haben!*

Mutter: *Nein wirklich, Alex, erstens ist noch genug da von Ostern, zweitens kriegt ihr sowieso immer viel zu viel von Oma und Opa, und drittens ist Schokolade auch nicht so gesund.*

Alex: *Trotzdem!*

Mutter: *Nein!*

Alex: *Doch!*

Mutter: *Alex bitte, jetzt ist Schluss!*

Alex geht an das Regal, holt mit der rechten Hand aus, greift sich gleich mehrere Tafeln Schokolade auf einmal und wirft sie in den Einkaufswagen. Die Mutter sieht das, reagiert aber nicht. Ich selbst habe noch längst nicht, was auf meiner Liste steht, doch interessiert es mich so sehr, wie diese Geschichte weiter- bzw. zu Ende geht, dass ich den beiden unauffällig folge.

An der Kasse angekommen – ich bin mit zwei, drei Sachen im Wagen dicht hinter Mutter und Sohn –, legt die Mutter den Inhalt des Einkaufswagens nach und nach auf das Fließband. Alex verfolgt diesen Prozess erwartungsvoll und mit sichtlicher Zufriedenheit. Alles wird gescannt, nur die Schokoladentafeln lässt die Mutter im Wagen liegen. Die Kassiererin sieht das und schaut die Mutter leicht vorwurfsvoll an.

Kassiererin: *Und was ist mit der Schokolade da?*

Die Mutter dreht sich zu Alex um und spricht ihn mit fester, ruhiger Stimme an.

Mutter: *Bezahlen oder zurückbringen!*

Alex ist so verdutzt, dass er nach einigen Sekunden der Sprachlosigkeit den Wagen widerstandslos zurückschiebt. Die Kunden hinter ihm machen bereitwillig Platz. Alex geht zum Regal und legt alle Schokoladentafeln genau an die Stelle, wo er sie hergeholt hatte. Da sich das Regal mit den Süßigkeiten unweit der Kasse befindet, ist der Weg dorthin und zurück kein Problem für den Jungen. Allerdings kommt er nicht auf die Idee, einfach nur die Schokoladentafeln zu nehmen und den Wagen stehen zu lassen. Zurück an der Kasse, lenkt er den für ihn großen Wagen an der Kassiererin vorbei bis zu seiner Mutter, die hinter der Kasse auf ihn wartet.

Mutter: So, das hätten wir schon mal, Alex. Jetzt müssen wir noch eben auf den Markt und Obst kaufen. Aber erst mal bringen wir die Sachen hier ins Auto.

Es ist eigentlich nur ein Machtkampf! – Gedanken der Kinder

Sophie: *Also ich finde, die Mutter hat es gut gemacht, weil sie hat sich ja die ganze Zeit mit dem Kind gestritten, dass sie dann die Schokolade liegengelassen hat. Das Kind hat ja eigentlich nur eine Möglichkeit. Ich glaube, es hatte kein Geld dabei. Wegbringen, oder du musst so lange hierbleiben, bis du genug Geld hast!* Sophie lacht. *Und dann ist das natürlich so! Meine Mama hat das auch mal bei mir so gemacht, dass sie gesagt hat: „Entweder du bringst das jetzt weg, oder du kaufst es dir." Und ich hatte kein Geld dabei, und dann habe ich gedacht: „Ja, eigentlich habe ich ja noch genug davon." Und dann war es so, dass ich ja genug hatte und dass das eigentlich auch gar nicht dann so schlimm war.*

Yamen: *Also ich finde es schon gut, was die Mutter getan hat, weil wenn der eigene Sohn seine Mutter anschreit, ist das schon doof. Und eigentlich dürfen die Erwachsenen entscheiden, ob man das müsste. Und wenn sie kein Geld hat, dann kann sie eigentlich nichts tun, weil wenn sie kein Geld hat: Wie soll sie es dann bezahlen? Dann kann er es auch eigentlich nur weglegen.*

Albert: *Ich finde es gut von der Mutter, was sie jetzt gemacht hat, weil sonst würde das Kind das jetzt immer so machen: „Ich will das!" „Nein, du kriegst es aber nicht!" Nachher nimmt das Kind das wieder in den Wagen. Dann macht es die Mutter immer wieder, und er kriegt es nicht. Das ist schlau, damit er es nicht einfach umsonst bekommt. Und das, was Yamen gesagt hat, fand ich auch gut, weil das ist respektlos. Seine Mutter anschreien, ist schon respektlos.*

Jonathan: *Also ich war vier oder so, da war ich noch ganz verrückt auf diese kleinen Kinder-Eier, und dann habe ich gesagt: „Mama, kauf mir so ein Kinder-Ei!" Wir hatten irgendwie noch viel davon zu Hause. Dann hat sie gesagt, „Nein!" Und dann habe ich es mir aus dem Regal genommen, bin zur Kasse gegangen und hab gesagt: „Das hier bezahlt jetzt gleich meine Mutter!" Und dann hat meine Mutter gesagt: „Das bringst du jetzt schnell zurück, das bezahlen wir nicht!" Und deswegen finde ich das gut so, weil wenn man dann schon sowas hat, warum braucht man dann mehr?*

Leo: *Ich finde auch, das Kind, also das ist halt auch so ein bisschen – das finde ich bei mir auch manchmal so –, weil wenn es noch reichlich Schokolade zu Hause hat, es ist ja nicht so, als hätte er die ganze Schokolade aufgegessen. Das war früher bei mir auch so, und ich versuche das jetzt auch nicht mehr zu machen: Wenn man etwas nicht haben kann, dann will man es auf einmal. Meine Mutter hat früher als Kind nie Sauerkraut gemocht, und dann hatte sie eine Zahnspange, und dann hat der Arzt zu ihr gesagt: „Du darfst kein Sauerkraut essen, weil sich das dann da drin verheddert!" Und auf einmal hatte sie dann immer Hunger auf Sauerkraut. Das Kind möchte das dann unbedingt, obwohl es ja genug davon hat. Und wenn es das wirklich schon länger gewollt haben würde, dann hätte es ja einfach zu Hause die Schokolade gegessen. Also die zehn Minuten kann man dann auch noch aushalten.*

Irma: *Ich finde auch, dass die Mutter es sehr gut gemacht hat. Sie hat das Kind nicht angeschrien und dem Kind dann am Ende auch gesagt: „Okay, du kannst das haben, aber dann musst du es auch selber bezahlen. Ich kann ja nicht entscheiden, was du mit deinem Geld machst, aber ich kaufe dir die Schokolade nicht. Das musst du dann selbst machen." Und dass sie das dann auch nicht nochmal so herausgehoben hat danach: „Das ist aber blöd gewesen, dass du die Schokolade einfach genommen hast!" Sondern sie hat es sozusagen ignoriert am Ende nur.*

Larion: *Auf der einen Seite ist es blöd für das Kind, und auf der anderen Seite so, ähm, wie soll ich das erklären? So aus der Sicht der Mutter wird das nicht sehr gut sein, denn erstens ist das nicht die beste Ernährung, und zweitens ist es, glaube ich, unlogisch, weil man hat ja Schokolade. Wozu braucht man dann noch viel mehr?*

L.in: *Geht es dem Kind um die Schokolade, Larion?*

Larion: *Es geht dem Kind eigentlich darum, dass es immer das bekommt, was es will.*

Linus: *Um die Macht! Um groß sein!*

Marlene: *Also wir haben Freunde, und meine Mama ist die Patentante von dem Kind, von dem ich jetzt erzähle. (…) Es geht um ein Mädchen, das ist erst fünf Jahre alt, aber es benimmt sich schon so, als wenn es der König wäre.* Marlene schildert verschiedene Situationen, in denen das Kind darüber bestimmt, was geschieht. *Dann frage ich mich: Warum geben die Eltern dem Kind die Möglichkeit, so zu sein? Und deshalb bin ich auch wirklich auf der Seite von der Mutter, weil man darf sein Kind nicht so erziehen, dass es immer alles kriegt, was es will. Z. B. wird es dann später bei der Arbeit auch so. (…)*

Linus: *Wenn die Mutter das bezahlt hätte, wäre es auch so eine Art von Verwöhnung, die ja scheiterte, weil sie* (er) *kriegt ja nicht, was sie* (er) *will! Also es wäre Verwöhnung, wenn die Mutter das zugelassen hätte.*

Bo: *Das hatten wir ja auch schon als Thema, also es geht um Verwöhnung. Ich finde voll gut, was die Mutter gemacht hat. (…) Also wenn die Mutter dem Kind das gekauft hätte, dann macht es das immer wieder, und dann ist es wahrscheinlich auch in der Schule so. Wenn dann gerade ein Test ist, dann sagt es: „Ich will spielen!" Und das ist ein bisschen abwegig.*

Sophie: *Ich finde, es ist eine Art Verwöhnung, aber von der Mutter ist es auch eine ganz simple Erziehung. Weil das Kind muss lernen, dass es nicht jeden Tag bekommen kann, was es will, nur weil es gerade darauf Lust hat.*

Sanaa: *Ich finde es schon respektlos, mit einer älteren Person so zu reden! Wenn wir dann zu Hause wären, würde ich ihm dann schon ein bisschen Ärger geben, dass er das dann nicht wieder macht.*

Yamen: *Ich finde das dumm, richtig dumm von dem Kind, weil es seine Mutter anschreit. Wenn ich das so getan hätte, selbst wenn ich vielleicht schlechte Laune gehabt hätte, dann hätte ich gedacht: „Bin ich jetzt bescheuert oder was?" Die Mutter tut so viel für dich! Warum schreist du sie jetzt an?*

Joudi: *Das Kind wollte ja Schokolade, aber es geht ja nicht um die Schokolade. Es ist eigentlich nur ein Machtkampf. „Ich will das jetzt haben, und jetzt kriege ich das auch!"*

Zweite Beispielsituation: Nele

Vor dem Schaufenster eines Spielzeuggeschäfts steht eine junge Mutter mit ihrer vier- oder fünfjährigen Tochter. Da gibt es Puppen zu sehen, Puppenkleider, kleine Handtaschen, Holzspielzeug, Baukästen, Stofftiere, Schiebetiere und vieles mehr.

Nele ist völlig in den Anblick der Auslagen vertieft. Die Mutter beugt sich zu ihr hinunter.

Nele: *Mama, ich möchte gerne diese Tasche da haben!*

Mutter: *Welche meinst du?*

Nele zeigt auf eine kleine rosa Tasche.

Nele: *Die da! Die ist sooo süß! Die möchte ich haben!*

Mutter: *Ja, die ist wirklich niedlich. Das finde ich auch.*

Die Mutter zeigt auf eine andere Tasche.

Mutter: *Aber guck mal, die hier ist auch hübsch! Die hat einen kleinen Elefanten da vorne drauf. Siehst du den? Mit dem Rüssel so nach oben!*

Nele: *Oh ja! Ist der süüüß!*

Mutter: *Guck mal, die haben hier auch Spielzeug für den Strand! Da: einen Eimer, eine Schaufel … Und dieser Ball da! Das sind ja tolle Farben! – Ach, und der Esel! Nein, der ist ja auch wirklich witzig! Wie der guckt!*

Nele: *Der hat aber auch echt lange Ohren!*

Mutter: *Hast du die Giraffe da gesehen?*

Nele: *Was ist das da, Mama?*

Mutter: *Das? Das ist eine Kugelbahn. Da legt man oben eine Kugel rein, und die rollt dann von oben nach unten runter, durch die ganzen Kurven durch.*

Nele: *Da ist noch eine! Ist das auch eine? Die hat aber keine Kurven. Bloß Ecken!*

Eine ganze Weile entdecken die beiden alles Mögliche, zeigen und kommentieren. Schließlich richtet sich die Mutter wieder auf.

Mutter: *Na, dann lass uns mal wieder los. Sonst kommen wir noch zu spät!*

Mutter und Tochter gehen weiter.

Und wenn sie die Tasche nun doch hätte haben wollen? Gedanken der Autorin

Eine virtuelle Alternative

Es ist einige Zeit her, dass ich das Glück hatte, diese Situation mitzuerleben. Einige Male habe ich schon in Fortbildungen oder bei Veranstaltungen mit Eltern darüber berichtet, und immer wieder wird mir dann die Frage gestellt: *Und was wäre gewesen, wenn das Kind am Ende die Tasche dann doch hätte haben wollen? Was hätte die Mutter dann gemacht?* Ehrlich gesagt, ist mir diese Frage auch schon oft durch den Kopf gegangen, wenngleich in etwas anderer Form: *Woran liegt es, dass das Mädchen nicht mehr auf seinen Wunsch zurückgekommen ist?* Inzwischen sind einige Monate vergangen, und ich hatte Zeit, darüber nachzudenken. Um mögliche Gründe hierfür deutlicher hervorheben zu können, möchte ich, wie schon an verschiedenen Stellen dieses Buches (vgl. z. B. Kapitel 8 über die Geschwisterrivalität), den Wunsch des Kindes in einen anderen, rein virtuellen Situationsablauf stellen:

Nele: *Mama, ich möchte gerne die Tasche da haben!*
Mutter: *Welche Tasche?*
Nele: *Die da!*
Mutter: *Ach was! Du hast Taschen genug! Die ganze Schublade ist voll davon!*
Nele: *Aber die brauche ich noch!*
Mutter: *Unsinn! Ich hab gesagt, du hast genug! Viel mehr als du brauchst! Du brauchst nicht noch eine!*
Nele: *Doch! Brauche ich wohl! Die da brauche ich noch!*
Mutter: *Jetzt komm! Wir müssen weiter! Sonst kommen wir noch zu spät!*
Nele: *Ich will die aber haben!*

Nele wehrt sich und fängt an zu heulen. Die Mutter reagiert gereizt und zerrt das Kind am ausgestreckten Arm hinter sich her. Neles Geschrei wird immer heftiger. Sie protestiert aus Leibeskräften und versucht mit beiden Händen, die Mutter zum Schaufenster zurückzuziehen.

Mutter: *Ich habe gesagt: Nein! Jetzt komm, sonst gibt's was! Immer dieses Geschrei! Nur deinetwegen kommen wir wieder zu spät!*

Nele gibt auf. Laut weinend und zwischendurch theatralisch hustend stolpert sie ihrer Mutter hinterher. – So oder so ähnlich sieht man es oft: Erst wird aus dem Wunsch eine Forderung, dann wird auf dieser Forderung bestanden, schließlich kommt es zu einem Machtkampf, und aus diesem geht einer von beiden als Sieger hervor – nicht selten das Kind.

Keine Zeit!

Im Gespräch mit Eltern ist deren Argument fast immer: *Ich habe keine Zeit! Ich habe nicht die Zeit, nicht die Ruhe und auch nicht die Nerven.* Tatsächlich setzt das Verhalten der Mutter in der realen Situation all das voraus. Aber wie ist es bei einem Machtkampf? Würde das, was bei einem Machtkampf passiert, weniger Zeit und vor allem weniger Ruhe und Nerven kosten? Wohl kaum, eher im Gegenteil, zumal die Folgen eines Machtkampfs noch lange zu spüren sein werden. Nun wäre es zu einfach, die beiden Situationen miteinander zu vergleichen und zu behaupten, die eine sei „gut" und die andere „schlecht". Ein Dialog wie der von mir beobachtete setzt vieles voraus, und außerdem haben beide Versionen ihre eigene biografisch bedingte Geschichte. Auch das Argument der Eltern – keine Zeit usw. – erscheint einerseits oberflächlich und gängig, ist andererseits aber sicher zutreffend und auf jeden Fall so empfunden.

Die von mir beobachtete Szene dauert keine drei Minuten. Das Argument „Zeit" also entfällt. Doch ist die Zeit auch nicht das ausschlaggebende Moment für das Verhalten des Kindes und also auch nicht dafür, dass dieses auf seinen ursprünglichen Wunsch nicht mehr zurückkommt. Dafür gibt es andere Gründe. Der Hauptgrund ist meiner Meinung nach dieser: Das Kind kann auf die Tasche verzichten, weil es mit seinem *Bedürfnis* respektiert wurde. Das Mädchen fühlt sich verstanden, und verstanden zu werden, bedeutet mehr als ein „Ja" oder „Ja, aber". Es impliziert eine ganze Reihe von Aspekten, die im Folgenden erläutert werden sollen.

Das Kind verstehen

- Es ist ein Unterschied, ob Eltern den Wunsch eines Kindes *erfüllen* oder ob sie den Wunsch *verstehen.* Dem Kind zu signalisieren, dass sie seinen Wunsch verstehen können, reicht manchmal schon aus. Nicht selten ist das Verständnis sogar wichtiger und wertvoller als die Sache selbst. Es geht dann nicht um die Erlaubnis, zu *haben,* sondern um das Verständnis dafür, haben zu *wollen,* d. h. nicht um ein *Das darfst du haben,* sondern um das *Ich verstehe, dass du das haben möchtest.* Oft ist es gerade dieses Verstehen, das Kindern das Gefühl gibt, nicht abhängig zu sein und nicht bitten zu müssen, sondern gleichwertig zu sein.

- Die Mutter ist in dieser Situation eine Partnerin. Der Dialog, der sich zwischen ihr und dem Mädchen entwickelt, hat einen partnerschaftlichen Charakter und nicht, wie in der virtuellen Variante, einen hierarchischen. Die junge Frau durchbricht damit ein gängiges Muster. Dieses könnte ihr ein sicheres Gefühl geben, denn es beruht auf einem Machtverhältnis, in dem nur *sie* entscheidet, was passiert. Doch darauf verzichtet die Mutter. Vielleicht, so ließe sich einwenden, war ihre Reaktion kalkuliert, vielleicht war es auch nur ein Ablenkungsmanöver. Das kann ich nicht ausschließen. Ich selbst bin an der Situation u. a. deshalb hängengeblieben, weil ich gerade diesen Eindruck nicht hatte.
- Die Mutter lässt sich durch nichts anderes ablenken: nicht durch ihr Handy, nicht durch andere Menschen und auch nicht durch eigene Interessen. Die Tochter ist in diesem Moment das Wichtigste. Nur sie steht im Fokus, und nur ihr wird die uneingeschränkte Zuwendung zuteil. Ich bin mir sicher: Das Mädchen spürt das auch – gibt es doch für Kinder kaum etwas, was angenehmer und stärkender ist, was ihnen mehr Sicherheit und deutlicher das Gefühl vermitteln könnte, wichtig zu sein, als ungeteilte Aufmerksamkeit. Dieses Kind muss nicht um Beachtung kämpfen. Es *ist* wichtig, und es *wird* beachtet. (In diesem Zusammenhang möchte ich hinweisen auf das Buch „Der Zauber guter Gespräche“ von Ulrike Döpfner, die hierauf näher eingeht.)
- Das Interesse der Mutter ist nicht deshalb vorhanden, weil ihre Tochter eine gute Leistung gebracht oder eben nicht gebracht hätte. Es gibt hier nichts zu bewerten und darum auch weder Lob noch Tadel. Das Interesse der Mutter gilt dem Interesse der Tochter, und zwar ohne Vorbedingung und, so scheint es zumindest, auch ohne ein vorab bestimmtes Ziel.
- Zuwendung bedeutet hier, sich auf das Kind einzulassen und seiner Neugier und Begeisterung zu folgen. Die Mutter nutzt nicht nur die sprichwörtliche „Gunst der Stunde“, sondern auch die Intimität des Augenblicks. Nicht nur lässt sie ihr Kind gewähren und gibt ihm Zeit; sie antwortet auch und gibt seinem Erleben Resonanz. In der Hektik unseres Alltags sind solche Chancen selten. Umso wichtiger ist es, sie zu erkennen, zu nutzen und eben nicht auf ein unbestimmtes „Später!“ zu verschieben, das dann doch nicht kommt und für das Kind ein leeres Versprechen bleibt. Es wäre genau das, womit Eltern an Glaubwürdigkeit verlieren, das, was für ein Kind die Erfüllung seiner Wünsche so zwingend nötig und unaufschiebbar macht, und schließlich das, was den nächsten Machtkampf schon am Horizont erscheinen lässt.

Freundliche und liebevolle Zuwendung, Nähe und Resonanz, Einfühlung und Verständnis: welch ein Reichtum! Dialog statt Macht, Offenheit statt Festlegung, Akzeptieren statt Belehren, Zeit statt Druck, Augenhöhe statt Hierarchie,

Wertschätzung statt Kritik: kein Wunder, dass die Tasche in den Hintergrund tritt. So jedenfalls lautet meine eigene Erklärung. Doch ist denn diese kleine Situation, diese Momentaufnahme, nicht zu alltäglich und banal, um all das darin zu sehen bzw. daraus abzuleiten? Ich glaube, nicht. Wir Erwachsene haben nur manchmal verlernt, den Reichtum in solchen Situationen zu erkennen. Stattdessen haben wir uns daran gewöhnt, das Besondere eher in spektakulären Momenten zu sehen. Die „großen Gefühle" sind en vogue. Das bedeutet keineswegs, dass nicht auch darin das Besondere liegen kann; es bedeutet aber sehr wohl, dass die kleinen, scheinbar unscheinbaren Augenblicke mit dem, was sie vor allem für ein Kind zu bieten haben, leicht unterschätzt und manchmal gar nicht erst wahrgenommen werden.

Die positiven Folgen für das Kind ...

- Was am Beispiel dieser kurzen Episode ausgeführt wurde, hat für das Kind oft langfristige Folgen, denn das Gefühl, verstanden zu werden, ist das, was ihm Sicherheit gibt. Es bedeutet Akzeptanz und Bestätigung, und damit trägt es dazu bei, seine Zweifel zu reduzieren und sein Selbstwertgefühl zu stärken. Kinder, die die Erfahrung machen, mit ihren Bedürfnissen verstanden zu werden, müssen diese auch nicht mehr verteidigen, und das wiederum versetzt sie in die Lage, anders damit umzugehen. Sie können ihre Wünsche eher überdenken oder relativieren, sich davon distanzieren oder dazu stehen – kurz: Sie können entspannter und besonnener agieren. Fühlen sie sich dagegen unverstanden, kann aus dem Wunsch ein Machtmittel werden. Dann wird Druck ausgeübt, dann wird die Sache zum Instrument angestrebter Überlegenheit, und dann wird es schwer, wieder loszulassen.
- Je mehr sich das Kind verstanden fühlt – weil z. B. das Bemühen der Eltern, ihrem Kind grundsätzlich Verständnis entgegenzubringen, in deren Erziehungshaltung verankert ist –, desto leichter wird es sein, auch schwierige Situationen zu verkraften. Dabei kann es sich um Momente handeln, in denen das Kind eben nicht bekommen kann, was es sich wünscht, oder in denen es den Aufforderungen der Eltern folgen muss, ohne zu verstehen, warum, und ohne dass Rücksicht genommen wird auf seine Bedürfnisse. Die Erfahrung des Kindes, verstanden zu werden – mal mehr, mal weniger, aber doch in Form eines verlässlichen Elements in der Kommunikation mit den Eltern –, erweist sich meistens als tragfähige Basis. Sie kann verhindern, dass bei jeder Kleinigkeit und jedem Dissens die Beziehung zwischen Eltern und Kind ins Wanken gerät und immer wieder neu mit Energie und Aufwand stabilisiert werden muss.
- Selbst wenn die Tochter am Ende die kleine Tasche doch noch hätte haben wollen, wäre es nach diesem Dialog wohl nicht zu einem Machtkampf gekommen, vielleicht auch dann nicht, wenn sie auf die Tasche hätte verzichten müssen. Ich vermute, die Mutter hätte es ihrer Tochter erklärt, und ich

vermute auch, diese hätte es akzeptiert und verstanden. Nach Momenten uneingeschränkter und ehrlicher Zuwendung sind Kinder häufig mit sich und der Welt zufrieden. Manchmal brauchen sie dann gar nichts anderes und relativieren sogar ihre Wünsche.

- Im Kindergesprächskreis kommt es gelegentlich vor, dass ein Kind berichtet, es mache etwas so wie seine Mutter oder sein Vater. Die Kinder *lernen* aus dem Verhalten ihrer Eltern, unabhängig davon, wie dieses im Einzelnen zu bewerten sein mag. Das ist in der Situation mit Nele nicht anders. Auch hier ist die Mutter ein Vorbild, und auch hier wird das Mädchen von diesem Vorbild lernen – erlebt es doch, wie die Mutter zuhört, antwortet und Interesse zeigt, was Konzentration bedeutet, was Aufmerksamkeit und Zuwendung ist. Nicht, dass es alles benennen oder sich bewusst machen könnte. Aber es erlebt die Vorzüge solcher Verhaltensweisen an sich selbst, und dies eröffnet ihm die Chance, nicht nur in der aktuellen Situation davon zu profitieren, sondern das Gelernte im Umgang mit anderen Menschen vielleicht auch selber anzuwenden.

Ausgangspunkt dieser ausführlichen Betrachtung war eine kleine Szene inmitten einer belebten Straße. Aufgefallen war sie mir wegen der Ruhe und Harmonie zwischen Mutter und Tochter. Der französische Fotograf Henri Cartier-Bresson sagte einmal, „dass jeder fixierte Augenblick ewig ist und deshalb zugleich zu seiner Vergangenheit, seiner Gegenwart und seiner Zukunft gehört."

... und die Hürden für die Eltern

Es ist nicht so einfach, wie es vielleicht wirkt. Was die Mutter hier tut, ist keine Frage der Anwendung, sondern, wie so oft, eine Frage der Haltung, und diese ist abhängig von vielerlei Faktoren. So spielt die emotionale Balance eine zentrale Rolle, das eigene Wohlbefinden ist wichtig, und die Zufriedenheit und Belastbarkeit sind es ebenso. Den meisten Eltern ist zweifellos daran gelegen, ihrem Kind das Beste zu geben. Doch wenn z. B. innerfamiliäre Konflikte den Alltag belasten, oder Vater bzw. Mutter auf sich allein gestellt sind, wenn finanzielle Probleme die Bewegungsfreiheit einschränken oder Arbeitslosigkeit die Existenz bedroht, dann fehlen wichtige Voraussetzungen für solch eine Haltung, und dann kann eine rosa Kindertasche das Fass zum Überlaufen bringen. *Meine Tochter muss auch einfach mal funktionieren*, sagt ein Vater verzweifelt. *Ich schaffe es sonst nicht!* Es ist für Eltern schwer, ihrem Kind z. B. Geduld und Rücksichtnahme entgegenzubringen oder es beim Erlernen solcher Fähigkeiten zu unterstützen, wenn sie in ihrem Alltag kaum Möglichkeiten sehen, diese selber zu leben und vorzuleben.

Situationen wie die oben beschriebene sind etwas Besonderes. Es ist nicht immer möglich, Verständnis zu zeigen für ein Bedürfnis, das beim Kind entsteht und für uns Erwachsene spürbar wird. Oft fehlt tatsächlich die Zeit, und man muss schnell reagieren, vielleicht auch, um das Kind zu schützen, und oft ist dieses noch zu klein, Erklärungen zu verstehen und zu akzeptieren. Dann bleibt nichts anderes übrig, als das Kind entschlossen zu lenken, ob es ihm passt oder nicht. Was z. B. sollen Eltern ihrer dreijährigen Tochter sagen, die zu Zeiten der Corona-Krise auf dem leeren Spielplatz spielen und sich nicht davon abbringen lassen will? Das Verständnis für diesen Wunsch ist ihr vielleicht noch zu vermitteln; doch wenn sie dann trotzdem nicht auf den Spielplatz darf, nützt ihr das auch nicht viel. Sie wäre wohl höchst irritiert und würde sich nach Kräften wehren. Was würde ihr also das Verständnis bringen? Niemandem wäre damit geholfen.

Und schließlich: So wenig unser Verstehen eine Frage der Methode ist, so wenig ist es ein Garant für den Erfolg – „Erfolg“ gemeint als Zufriedenheit des Kindes. Dessen Verhalten ist selten kalkulierbar, auch wenn wir Erwachsene – Lehrkräfte wie Eltern – das manchmal gerne hätten. Wir könnten uns besser darauf einstellen, die Dinge wären planbarer, und wir fühlten uns sicherer. Doch selbst die harmonische Szene vor dem Spielzeuggeschäft hätte auch anders ausgehen können, *trotz* allen Verständnisses und trotz aller Bereitschaft und Zuwendung. Da das Verhalten eines Kindes letztlich nicht vorhersehbar ist, lässt sich die Situation, in der es sich bewegt, auch nicht einschätzen, und damit bleibt unsere Art zu reagieren immer ein Wagnis. Das ist das Herausfordernde und Schwierige dabei, gleichzeitig aber auch das Interessante und Spannende. Selbst wenn wir Erwachsene „alles richtig machen“ und dem Kind geben, wovon wir sicher sind, dass es das im Moment braucht und ihm grundsätzlich guttut – selbst dann folgt nicht automatisch die Bestätigung, die wir uns erhoffen. Und dann stehen wir vor der Aufgabe, unsere Enttäuschung nicht dem Kind anzulasten. Es ist also tatsächlich nicht so einfach.

Verstanden werden: Eine Erfahrung von lebenslanger Wirkung

Wir Erwachsenen, die wir im Laufe unseres Lebens in höherem Maße als ein Kind gelernt haben werden, mit unseren Bedürfnissen umzugehen, erliegen diesen gelegentlich. Wir überschätzen oder ignorieren unsere Möglichkeiten, wir übernehmen uns oder brauchen Kredite, um uns etwas zu leisten, was wir uns ohne diese Mittel nicht leisten könnten. Warum ist es dann manchmal so schwer, das berechtigte oder abwegige, das vernünftige oder illusorische Bedürfnis eines Kindes zu verstehen? Zumal dieses Bedürfnis nicht selten der kindlichen Fantasie entspringt, durchaus nicht immer angemessen sein will und manchmal auch etwas mit dem Versuch zu tun hat, das Kindsein zu kompensieren oder hinter sich zu lassen, um dem Erwachsenen und seinem Status etwas näher zu kommen. Warum gelingt es so wenig, uns gerade an dieser Stelle in das Kind hineinzuversetzen und Verständnis aufzubringen für einen von ihm geäußerten Wunsch, *bevor* wir ihm erklären müssen, warum es nicht klug oder möglich ist, diesen zu erfüllen? Mein Eindruck ist, dass Eltern sowohl ihr Kind vor falschen Ansprüchen und damit verbundenen Enttäuschungen als auch sich selbst vor unnötigen Ausgaben und damit einhergehenden Problemen bewahren wollen. Beides ist berechtigt. Aber nicht nur das: Beides bliebe auch bestehen und ließe sich vermutlich leichter und mit weniger Aufwand verwirklichen, wenn das Kind die Chance hätte zu spüren, dass es in seinem Bedürfnis zunächst einmal ernst genommen wurde. Kinder, die sich verstanden fühlen, können ihrerseits auch eher Verständnis aufbringen, und im Bewusstsein dieses Verständnisses verhalten sie sich meistens kooperativ.

Der Versuch, das Kind zu verstehen, ist so bedeutsam und nötig wie ungewiss und schwierig. Und doch ist die Erfahrung, verstanden zu werden oder, rückblickend, verstanden worden zu *sein,* eine Erfahrung von bleibendem Wert. Erwachsene, gefragt danach, warum sie einen bestimmten Menschen lieben, antworten nicht selten: *weil er mich versteht.* Die Sehnsucht danach, geliebt zu sein, impliziert das Bedürfnis, beachtet, anerkannt und eben auch und vor allem verstanden zu werden. Ich hatte es oben schon gesagt: Der hektische Alltag lässt wenig Raum für Situationen, in denen sich Eltern von inneren und äußeren Ablenkungen frei machen und uneingeschränkt auf ihr Kind und dessen Bedürfnisse eingehen können. Umso wichtiger ist es, solche Möglichkeiten wahrzunehmen, vielleicht auch bewusst herbeizuführen und sich hin und wieder von ihrem Zauber oder auch Überraschendem verleiten zu lassen.

4. *Das hast du super gemacht!*

Im Unterschied zu den anderen Kapiteln des Buches machen hier die Gedanken der Kinder den Anfang. Deren Äußerungen sind für die Thematik so elementar und originell, dass ich sie voranstellen und mich hier und da auch von ihnen leiten lassen möchte. Im Mittelteil wird die Problematik des pauschalen Lobs unter zehn verschiedenen Gesichtspunkten genauer betrachtet. Erst im letzten Teil folgen einige Beispielsituationen, die in Bezug auf den Unterschied zwischen Lob und Ermutigung reflektiert werden. Am Ende des Kapitels fasse ich die wichtigsten Kriterien für ermutigende Rückmeldungen noch einmal überblicksartig zusammen.

Es kommt auch auf die Leistung an! – Gedanken der Kinder

„Super!" – Das ist ein schönes Gefühl

Die Kinder wissen: Es geht in dieser Stunde um das Thema „Lob". Die Lehrerin informiert die Kinder über den Ablauf der ersten Phase des Unterrichts:

- Sie wird den Kindern eine Geschichte vorlesen, die ein Junge aus einer ehemaligen 4. Klasse geschrieben hat.

- Sie bittet die Kinder sich vorzustellen, dass *sie* diese Geschichte geschrieben hätten.
- Auf der Innenseite der noch zugeklappten Tafel hängen drei große weiße Blätter mit drei verschiedenen Reaktionen eines (virtuellen) Lehrers auf diese Geschichte.
- Wenn die Kinder die Geschichte gehört haben, wird die Tafel geöffnet. Die Kinder sollen sich dann die unterschiedlichen Reaktionen durchlesen und herausfinden, über welche Reaktion *sie* sich am meisten freuen würden. Dabei soll nicht gesprochen werden.
- Anschließend soll jedes Kind die Reaktion, über die es sich am meisten freuen würde, mit einem roten Punkt versehen.
- Nachdem die Punkte vergeben worden sind, sollen sich die Kinder in den Sitzkreis setzen.

Die Lehrerin liest die Geschichte vor, die Tafel wird geöffnet, und die drei verschiedenen Reaktionen des Lehrers werden sichtbar:

Erstes Blatt: *SUPER!*
Zweites Blatt: *Oh, das ist aber schön! Das hast du wirklich ganz toll gemacht!*
Drittes Blatt: *Deine Geschichte ist richtig spannend. Man ist sofort mitten drin. Die beiden Hauptfiguren sind Freunde geworden. Das hätte auch schiefgehen können. Aber Du hast ein versöhnliches Ende gefunden, und Du hast alles sehr anschaulich beschrieben.*

Die Verteilung der roten Punkte ist wie folgt:

Erstes Blatt: 3 Punkte
Zweites Blatt: 7 Punkte
Drittes Blatt: 14 Punkte

Die Kinder setzen sich in den Kreis. Die Lehrerin hat die drei Blätter von der Tafel genommen und in die Mitte des Kreises gelegt. Das Gespräch beginnt.

L.in: *Über welche Rückmeldung würdest du dich am meisten freuen – und warum?*

Leo: *„Super" ist einfach, also nur so, ohne dass die Lehrerin irgendwelche Merkmale hat. Bei dem Zweiten ist es so: Man sagt eher nicht, wie es wirklich ist. Bei 2 hat man vielleicht einfach nur einen Blick drauf geworfen. Bei 3 erklärt sie das dann richtig gut.*

Sanaa: *„Super" ist für mich zu kurz. Das Zweite finde ich schon besser. Und das Dritte finde ich einfach zu lang.*

Marlene: *„Super" sagt die Lehrerin, wenn sie das Kind nicht entmutigen will. Bei 2 weiß ich nicht, was ich gut gemacht habe. Ich habe die 3 gewählt, da kriegt man auch mehr Lob.*

Viktor: *Ich nehme „Super". Ich weiß dann, ich habe es gut gemacht. Das ist ein gutes Gefühl. Ein schönes Gefühl.*

Sophie: *„Super" klingt ja erstmal toll. Aber es fühlt sich nach nicht so viel an. Bei 2 denke ich: Was habe ich dann so richtig davon? Was habe ich denn da toll gemacht? Das ist dann der ganze Zusammenhang eigentlich. Bei 3 weiß man auch, dass mein Lehrer mich schon richtig kennt.*

Jonathan: *Zu Hause sagen sie auch manchmal „super" zu mir. Ich finde das besser. „Super" ist für mich ein fröhliches Wort. Das andere wäre mir viel zu lang.*

Nupal: *„Super" war mir zu kurz. Ich wüsste nicht, was an der Geschichte eigentlich super ist. Bei 2 ist das zwar toll, aber man versteht nicht, was man toll gemacht hat. Und das Dritte fand ich einfach am besten. Bei 3 weiß die Lehrerin, was ich kann. Und das sagt sie dann auch.*

Yamen: *Bei „Super", da fühle ich mich nicht ernst genommen. 2 ist: geht so. Ich hätte da auch nicht kapiert, was gemeint ist. Sie sagt da nichts zum Aufsatz. Bei 3 gibt sie die genauesten Infos.*

Sanaa: *Bei „Super" denke ich, ich habe es vermasselt.*

Jonathan: *Es kommt auch darauf an, wie man das sagt. Man kann es auch ironisch sagen oder so. Aber hier steht ja ein Ausrufezeichen, und das sagt, es ist positiv gemeint.*

Joudi: *Manchmal reicht mir das „Super", aber ganz oft finde ich es auch zu wenig. Wenn ich etwas Besonderes mache, möchte ich auch die Anerkennung.*

Burak: *Ich habe die 3 genommen. Da hört man richtig, was ich gut gemacht habe. Sowas wie die 2, das reicht mir oft nicht.*

Irma: *Super ... Ich weiß nicht. Okay, was habe ich jetzt super gemacht? Und 2: Weiß ich auch nicht. Ich brauche halt irgendwas Genaueres. Ich will wissen, was ich gut gemacht habe.*

Albert: *Bei „Super" denke ich: Ich habe es super gemacht, aber eigentlich habe ich doch nur die Hälfte richtig gemacht. Bei 2 habe ich schon vieles richtig gemacht, das geht also so. Bei 3 weiß ich, da habe ich wirklich alles richtig gemacht, und ich weiß dann auch, was.*

Linus: *Super! Ja, habe ich irgendwie gut gemacht, aber ja, okay. Bei 2 weiß ich es nicht so genau. Ich denke dann, das reicht doch nicht so ganz aus. Bei 3 weiß ich, ich habe das richtig gut gemacht.*

Leo: *Wenn ich im Lerntagebuch etwas schreibe und habe einfach nur schön geschrieben, da reicht mir das „Super" wirklich. Bei einem Heft, in dem drinsteht, was jeder so macht, dann würde ich die 2 sagen. 3 würde ich mir wünschen, wenn ich etwas ganz Eigenes mache, also wenn ich meine Kreativität nutze, dann würde ich wirklich das Genaue nehmen.*

Jonathan: *Es kommt auch auf die Leistung an. Über die 2 freue ich mich, wenn ich z. B. ein Arbeitsblatt fertig gemacht habe. Über „Super" freue ich mich, wenn ich aufgeräumt habe. 3 passt dann eher zu einer zehnseitigen Geschichte.*

Marlene: *Bei „Super" denke ich: Mein Vater würde das sagen, wenn ich in der Mathearbeit eine Drei hätte. Dann wüsste ich, der will mich jetzt nur aufmuntern. Dann freue ich mich da nicht drüber. Bei 3 nennt mir jemand etwas, was mir selbst auch wichtig ist. Ich freue mich nur darüber, wenn ich das auch* selbst *finde.*

Jonathan: *Also wenn ich jetzt eine Eins geschrieben hätte, und meine Mutter hätte „Super" zu mir gesagt, dann freue ich mich. Dann denke ich mir schon, ich habe das wirklich gut gemacht. Ich vertraue meinen Eltern. Ich bin auch gewohnt, dass die keine langen Texte zu mir sagen. Wenn ich etwas richtig mache, ist es kürzer, weil die ja auch viel arbeiten müssen. Die haben gar keine Zeit für lange Sätze. Ich bin auch daran gewöhnt, weil ich meine Mutter kenne. Sie meint es dann auch wirklich ernst.*

Sanaa: *In der 3. Klasse, als ich hier angekommen bin* (Sanaa ist vor zwei Jahren aus Syrien nach Deutschland gekommen), *haben sie immer ganz ausführlich mit mir gesprochen. Da haben sie manchmal eine ganze* Geschichte *draus gemacht, damit ich es verstehe. Später haben sie es dann schon verkürzt. Da* kannte *ich ja auch schon viel und wusste, was gemeint ist. Und später, wenn ich älter bin* (nach der Grundschule; Nachfrage durch die L.in), *brauche ich weniger lange Rückmeldungen.*

„Super" sagt die Lehrerin, wenn sie das Kind nicht entmutigen will – Die Problematik des pauschalen Lobs

Ein Überblick

Das Lob – und vor allem das kurze, pauschale Lob – ist eine der häufigsten Rückmeldungen in Schule und Elternhaus. Ein „Super" oder „Toll" hört man im täglichen Leben überall: In der Innenstadt gibt die Mutter ihrer etwa sechsjährigen Tochter einen Euro für den Straßenmusikanten. Das Mädchen legt den Euro auf dessen Teller, und die Mutter findet es *super.* Im Klassenraum einer 2. Klasse wirft ein Kind eine Bananenschale in den dafür vorgesehenen Abfallbehälter, und die Lehrerin sagt *Super.* In der Sparkasse kritzelt ein kleiner Junge mit dem Kuli auf einem Überweisungsschein herum, bis das Papier fast reißt und hält es dem Vater unter die Nase. *Ganz toll!* ruft der Vater. Kinder werden auf diese Weise oft gelobt, und es scheint auch nichts dagegen zu sprechen. So ein „Super" geht schnell, man muss nicht lange überlegen, man sagt dem Kind etwas Gutes und gibt ihm eine Bestätigung. Mehr soll es und muss es nicht sein. Auch die Kinder aus der 4. Klasse nennen Situationen, in denen das kurze, pauschale Lob völlig ausreichend ist und ihnen sogar *ein schönes Gefühl* gibt.

Wäre es so, d. h. würde sich das „Super" tatsächlich nur auf Kleinigkeiten beziehen, auf Selbstverständliches oder Banales, könnte man sagen: Es ist gut. Alle sind zufrieden. Und auch das Lob zu differenzieren und der Leistung des Kindes anzupassen, leuchtet ein. Ja, das kann man machen und *sollte* man vielleicht auch. Aber warum dann 24 Kinder damit beschäftigen und ein ganzes Kapitel darüber schreiben? Die Antwort lautet: weil es nicht so ist. Das pauschale Lob beschränkt sich keineswegs auf Kleinigkeiten oder Dinge, die nicht wirklich – im eigentlichen Sinne des Wortes – lobenswert sind. Im Gegenteil: Es wird flächendeckend eingesetzt und für alles Mögliche benutzt, und dann nämlich kann es der Entwicklung von Kindern schaden, denn dann verliert es seine anerkennende Wirkung.

Um es noch pointierter zu sagen: Wenn „Super" oder „Toll" nur flüchtig dahingeworfene Worte sind, welche Funktion haben sie dann? Und welche Funktion haben sie, wenn sie sich auf eine anspruchsvolle, vielleicht sogar mit Mühe erworbene Leistung beziehen? Das gleiche Wort, das gleiche Lob, das für eine Selbstverständlichkeit noch geeignet erscheinen mag, entwertet das Besondere. Es ist, um ein Bild aus dem Sport zu nehmen, als bekäme der schnellste Läufer einer bestimmten Strecke eine Goldmedaille, und derjenige, der die Strecke nur einmal abgegangen ist, auch. Hier, in diesem Beispiel, würde sich die Bewertung noch auf zwei verschiedene Personen beziehen. Bei einem Kind, das für etwas eher Banales das gleiche Lob bekommt wie für eine große Anstrengung oder Leistung, richtet sich dieses auf ein und denselben Menschen. Was also bringt ihm dann das Lob? Die Kinder dieser Klasse sagen es deutlich:

> *Wenn ich etwas Besonderes mache, möchte ich auch Anerkennung* (Joudi). *Es fühlt sich nach nicht so viel an* (Sophie). *Ich will wissen, was ich gut gemacht habe* (Irma). *Vielleicht hat man einfach nur einen Blick drauf geworfen* (Leo), und vor allem: *Es kommt auch auf die Leistung an* (Jonathan).

Die Kinder wünschen sich eine adäquate Reaktion, und damit meinen sie eine Reaktion, die ihnen deutlich macht, was sie können, und die ihnen zeigt, dass die Lehrerin das auch sieht, eine Reaktion, die so ist, dass sie sich ernst genommen fühlen und die ihnen nichts anderes vortäuschen will, eine Reaktion, die ehrlich ist und ihnen Sicherheit gibt – alles in allem ein ebenso hoher wie berechtigter Anspruch, den Erwachsene nicht immer erfüllen. Dabei wäre es vermutlich leichter als sie denken. Im Wege aber steht häufig eine Vorstellung von Erziehung, die beinhaltet: Je häufiger ich lobe, desto besser ist es für das Kind, und je höher das Lob ausfällt, desto besser mache ich es als Mutter, Vater oder Lehrkraft. Und ein „Super" ist nun mal nicht zu toppen.

Gut gemacht! – *Und keine Zeit für lange Sätze*

Das große Lob ist ungenau. Jeder sagt es zu jedem. Es ist nichts Besonderes, es hat nichts Persönliches und schon gar nichts Individuelles. Es ist pauschal, es passt auf alles und gleichzeitig auf nichts – und vor allem: Es gibt dem Kind weder Informationen über seine Leistung noch darüber, welche Schwierigkeiten es gerade bewältigt hat. Andererseits ist aber auch zu konstatieren: Es gehört zum täglichen Leben dazu. Die hier vorgenommene kritische Betrachtung soll keineswegs bedeuten, dass jedes *Super, Toll* oder *Spitze* aus dem familiären und schulischen Alltag verbannt werden müsste. Zu sachlich und wohl auch zu künstlich würde die Atmosphäre. *Es wird dann auch alles so erzieherisch,* gibt eine Kollegin in der Fortbildungsveranstaltung zu bedenken, und damit hat sie Recht. Spontane, kurze und eben auch sehr positiv gemeinte Kommentare wie ein schnelles Lob machen den Umgang mit Kindern lebendig, locker und hier und da sogar *fröhlich.* Hinzu kommt das Zeitproblem: *Die* (meine Eltern) *müssen ja auch viel arbeiten. Die haben gar keine Zeit für lange Sätze* (Jonathan). Wenn aber – und darum geht es auch im Folgenden – das pauschale Lob die mehr oder weniger einzige Rückmeldung bleibt, die die Kinder bekommen, d. h. wenn sich Erwachsene nicht hin und wieder die Mühe machen, genauer hinzuschauen und differenzierter zurückzumelden, dann allerdings verlieren die Kinder einen Großteil der für sie und ihre Entwicklung nötigen Förderung.

Die fehlende Differenzierung zwischen dem Kind und seiner Leistung

Kinder, die oft, schnell und für jede Kleinigkeit gelobt werden, gewöhnen sich an dieses angenehme Ritual, doch hat es mehrere Probleme zur Folge. Ein naheliegendes Problem ist, dass die Kinder auch in Zukunft die permanente Bestätigung durch Erwachsene erwarten und brauchen. Wenn diese kommt, fühlen sie sich gut, bleibt sie dagegen aus, sind sie verunsichert und beginnen an sich zu zweifeln – dies umso mehr, als sie noch nicht unterscheiden können zwischen sich als Person auf der einen Seite und der Qualität ihres Handelns oder einer von ihnen erbrachten Leistung auf der anderen Seite. Das pauschale Lob, das ohne erkennbaren Bezug auf die Sache gegeben wird und keine weiteren Informationen enthält, trifft also immer den „ganzen" und in diesem Fall noch jungen Menschen, der Orientierung braucht und eine hohe Bereitschaft mitbringt, sich mit der im Lob zum Ausdruck gebrachten Botschaft zu identifizieren. Es ist also nicht verwunderlich, sondern geradezu logisch, dass Kinder, die viel Lob bekommen, eine kritische Rückmeldung nur schwer ertragen können. Für sie nämlich ist jede Kritik eine Bemängelung ihrer Person und als solche nicht zu akzeptieren. Meistens wird sie intuitiv zurückgewiesen, denn sie gefährdet das Selbstbild des Kindes und dessen innere Balance.

Großes Lob – Geringes Selbstbewusstsein

Die Kinder wissen: Wenn ein Erwachsener sie lobt, ist dieser mit ihnen zufrieden. Das ist zunächst einmal eine angenehme Erfahrung. Andererseits entwickeln sie aber keine *eigene,* sich aus der eigenen Leistung ergebende Zufriedenheit, sondern nur die eines *anderen* mit ihnen. Viele kennen sie gar nicht, die eigene Zufriedenheit mit sich selbst, und auch ein Gefühl wie Stolz ist ihnen fremd. Selbstbewusstsein jedoch, letztlich das Ziel aller Erziehungsbemühungen in Elternhaus und Schule, entsteht nicht primär durch die gute Bewertung von außen; es entsteht vor allem dadurch, dass das Kind lernt, seine erworbenen Fähigkeiten *selbst* zu sehen, sie zu nutzen und auf diese Weise ein Bewusstsein für sie zu entwickeln. So paradox es klingen mag: Je höher *(Super!)*

und häufiger Erwachsene ein Kind loben – und damit ist auch hier wieder die kurze, pauschale Rückmeldung gemeint –, desto weniger tragen sie zu dessen Selbstbewusstsein bei. Oft habe ich erlebt, dass sich die Kinder zwar freuen über Lob, Smileys oder Belohnungen, aber nicht immer erklären können, wofür genau sie das bekommen haben. Ihr Augenmerk ist eher darauf gerichtet, was sie *dafür kriegen,* als darauf, was sie dafür getan haben. Die eigene Leistung, also das, was es eigentlich zu sehen und zu würdigen gilt, gerät in den Hintergrund, und das Selbstbewusstsein des Kindes ist keineswegs gestärkt.

Das pauschale Lob – Eine Form der Verwöhnung

Letzteres kann zur Folge haben, dass die Kinder lernen, ihre Anstrengungen weniger nach der Frage auszurichten: „Was erfordert die Situation von mir?", sondern mehr nach der Frage: „Was muss ich tun, um meinen Eltern oder meiner Lehrerin zu gefallen?". Es ist eine Scheinsicherheit, die hier entsteht, denn fällt das Lob einmal aus – und sei es nur aus Versehen –, dann gibt es dafür keinen Ersatz. Dann können Situationen entstehen, in denen die Kinder hilflos oder wütend werden, auch wenn die Leistung selbst nichts Besonderes war und gar kein Lob verdient hätte. Den Kindern aber *fehlt* das gewohnte Lob, und an der Stelle reagieren sie empfindlich. Schwierig ist es dann, ihre Reaktion zu verstehen und nachzuvollziehen, und fast unmöglich wird es, einen Zusammenhang mit der Gewöhnung an Lob zu erkennen oder diesen überhaupt in Erwägung zu ziehen. So ist das großzügig und unreflektiert verteilte „Super" immer auch eine Form der Verwöhnung, und diese wiederum lässt das Kind unselbständig und ohne eigenes Einschätzungs- und Urteilsvermögen zurück. Eine recht simple und einseitige Rollenverteilung verstärkt das Problem: Das Kind erbringt eine Leistung, und der Erwachsene bewertet sie. Dem Kind bleibt nichts anderes übrig als sich in dieses Muster zu fügen. Was sollte es auch tun? Und manchmal begünstigt es dieses sogar: Es strengt sich an und kommt, um sich ein Lob abzuholen, und es ist nur dann mit sich und der Welt zufrieden, wenn es auch eins erhält. Die Motivation des Kindes ist also rein extrinsisch ausgerichtet und in keiner Weise intrinsisch. Damit fördert sie die Abhängigkeit des Kindes von anderen – z. B. von der Lehrkraft oder den Eltern –, nicht aber sein Selbstwertgefühl.

Kritikempfindlichkeit als Folge des häufigen Lobs

Auf diese Weise an die vermeintliche und vermeintlich notwendige Untadeligkeit gewöhnt, entwickeln die Kinder eine hohe Kritikempfindlichkeit. Schnell sind sie beleidigt, fühlen sich ungerecht behandelt oder gar zurückgewiesen. Wie oben erwähnt, macht es sie unsicher, wenn das Lob nicht kommt – scheint doch nur dieses ihren Selbstwert zu sichern. Schwächen und Misserfolge werden ungern zugegeben und möglichst vertuscht. Treten Fehler dann doch zu Tage, oder ist das Verhalten kritikwürdig, werden gerade diese Kinder genauso pauschal getröstet bzw. getadelt, wie sie zuvor gelobt worden waren, denn Fehler passen nicht ins Bild. Sie passen weder in das Selbstbild des Kindes noch in das Bild, das sich Erwachsene von ihm machen oder gern von ihm hätten. So resultiert die besonders von Lehrkräften häufig beklagte Kritikempfindlichkeit der Kinder, ihre mangelnde Frustrationstoleranz, das schnelle „Ausrasten", Wütend-Werden und Aufgeben, nicht immer nur aus einem *Mangel* an Fähigkeiten und dem entsprechend geringen Selbstwertgefühl, sondern oft auch aus einem mangelnden *Bewusstsein* für vorhandene Fähigkeiten. Das schnelle Lob ist nur der erhobene Daumen. Es bedeutet „Gut gemacht!" oder auch „Erledigt!". Es macht aber Kompetenzen nicht bewusst.

Misstrauen gegenüber dem Lob

> *Bei „Super" denke ich: Mein Vater würde das sagen, wenn ich in der Mathearbeit eine Drei hätte. Dann wüsste ich, der will mich jetzt nur aufmuntern.* (Marlene)

Und das, so setze ich den Gedanken des Kindes einmal fort, wäre nicht ermutigend. Hier wird das Lob zu einer Art Kunstgriff, der trösten, aufmuntern oder über etwas hinweghelfen soll. In der Tat sind Menschen oft enttäuscht, wenn ihnen etwas nicht so gelingt, wie sie es sich vorgestellt hatten, und in der Tat ist dann Aufmunterung nötig. Nur: Liegt diese dann im großen Lob? Für Kinder – sicherlich mehr als für Erwachsene – ist genau das problematisch. Es könnte sie mehr verunsichern als stärken, schwingt doch immer auch die Botschaft mit, verbergen zu müssen, was nicht gelungen ist. Die Gefahr besteht, dass die Kinder solch eine Haltung unreflektiert übernehmen, und dies wiederum könnte zur Folge haben, dass eben auch sie, die Kinder, vorhandene Mängel nicht wahrhaben wollen und sich daran gewöhnen, sie möglichst zu verdrängen.

Das pauschale und häufige Lob – das wurde schon gesagt – kann das Kind zu der Annahme verleiten, nur „gut" zu sein, wenn es gelobt wird. Wenn dann auch Fehler oder Schwächen des Kindes als etwas betrachtet werden, worüber es hinweggetröstet werden muss, und nicht als Schritte, die auf seinem Lernweg ihre Berechtigung haben und entsprechend akzeptiert werden sollten, dann wird diese Annahme zusätzlich verstärkt, und dann ist zu befürchten, dass auch das Kind jene Einstellung übernimmt und sich nicht mehr mit der erforderlichen Ausdauer und Zuversicht an die Arbeit macht. Es gibt meiner Erfahrung nach viele Kinder, vor allem Mädchen, die so oft gelobt werden und sich so sehr daran gewöhnt haben, dass sie sich kaum noch trauen, eigene Fehler wahrzunehmen und daran zu arbeiten, denn diese vermitteln ihnen ein anderes, ungünstigeres Bild, als es das große Lob suggerieren möchte. Sie werden also schlichtweg ausgeblendet.

Leistungsdruck durch Lob

In der schulpolitischen Diskussion wird oft vom Leistungsdruck gesprochen, und es soll hier nicht in Abrede gestellt werden, dass z. B. mit Blick auf die Anforderungen des Gymnasiums in der Tat von hohem Leistungsdruck gesprochen werden kann. Andererseits: Das, was als Leistungsdruck bezeichnet wird, ist nicht selten der Druck, unter dem gerade diejenigen Kinder stehen, die bei jeder Gelegenheit gelobt werden – dies, um sie anzuspornen und ihre Arbeitsbereitschaft hochzuhalten. Die Kinder haben hier ein doppeltes Problem: Zum einen darf die Kette der lobenden Rückmeldungen nicht abreißen, und zum anderen müssen sie, passiert dies doch, mit einem Verlust an Sympathie und Liebe rechnen. Denn Kinder wie Erwachsene werden nun einmal auch – und leider auch besonders – wegen ihrer guten Leistungen geliebt. Die Leistungsergebnisse des Kindes bestimmen in manchen Familien sogar die Qualität der Beziehung zu den Eltern, und diese Beziehung scheint durch gute Leistungen – und Lob – in gleicher Weise gesichert zu sein, wie sie durch schwache Leistungen – und Kritik – gefährdet ist. Wenn ich Kinder frage, woran sie z. B. während einer Klassenarbeit besonders denken, so lautet ihre Antwort häufig: *daran, dass ich meine Eltern nicht enttäusche.* Auf meine Nachfrage, was denn dann passieren könnte, kommt oft eine Antwort wie: *Dann wären sie sauer auf mich,* und nicht selten eben auch: *Dann hätten sie mich nicht mehr so lieb.* (Vgl. hierzu auch Kapitel 2: „Das schaffst du schon!".)

Ich möchte an dieser Stelle zurückgreifen auf ein Gespräch mit Axel, einem ehemaligen Schüler von mir – damals in der 4. Klasse –, über den ich auch in dem Buch „Dennis: *Ich bin hier der Schulschreck!*" berichtet habe (Letschert-Grabbe, 2019, S. 100–116). Axel war ein ungemein kluges Kind – gewöhnt, nahezu ausnahmslos sehr gute Leistungen zu erzielen und dafür von seiner Mutter, mit der er nach der Scheidung seiner Eltern allein lebte, gelobt zu werden. Da er dazu neigte, mit seinen guten Leistungen anzugeben, wurde er von einigen Kindern seiner Klasse abgelehnt. Anlass für das Gespräch, das ich damals mit Axel führte, war eine falsche Antwort, die er im Mathematikunterricht gegeben hatte. Als die Kinder dies bemerkten und korrigieren wollten, stand Axel auf, lief zur Wand, kauerte dort nieder und fing an zu weinen.

Es folgen einige Auszüge aus dem Gespräch mit dem Jungen. Sie stehen für sich und bedürfen keiner weiteren Kommentierung.

Letschert: *Du warst ein bisschen traurig vorhin im Matheunterricht, oder?*

Axel: *Ein bisschen? Pff …!*

L.in: *Ist es schlimmer?* (Axel nickt.)

L.in: *Was ist denn so schlimm für dich?* (Axel starrt deprimiert vor sich hin.)

L.in: *Du bist oft enttäuscht, nicht?* (Axel nickt.)

L.in: *War das heute Morgen auch so?*

Axel: *Sie meinen, als die mich ausgelacht haben?*

L.in: *Ausgelacht? Wer hat dich denn ausgelacht?*

Axel: *Na viele von den anderen, als ich die falsche Antwort gegeben habe. Die Jungs vor allem.*

L.in: *Komisch, habe ich gar nicht gemerkt.*

Axel: *Aber ich! Deshalb bin ich ja auch aufgestanden und weggerannt, an die Wand da. Albern, oder?*

L.in: *Findest du?*

Axel: *Sie etwa nicht?*

L.in: *Ich denke, du warst einfach enttäuscht.*

Axel: *Ja, war ich auch. Aber deshalb muss man ja nicht gleich wegrennen und heulen! Ist doch albern sowas!*

(…)

L.in: *Axel, stell dir mal vor, jemand anderes, also nicht du selbst, würde dir das so erzählen. Er würde dir sagen: „Hör mal, Axel, ich hab da ein Problem: Ich gebe mir riesige Mühe, immer die besten Leistungen zu bringen, immer alles gut zu machen, damit man mich mag und anerkennt, und was ich erreiche, ist genau das Gegenteil. Die anderen Kinder lehnen mich ab." – Was würdest du über denjenigen, also über dieses Kind, denken?*

Axel: *Dass er mein Problem hat.*

L.in: *Du könntest das Kind also gut verstehen?*

Axel: *Genau sogar!*

L.in: *Und was würdest du ihm raten?*

Axel: *Tss …, das ist vielleicht komisch!* (Axel überlegt.)

Axel: *Vielleicht soll er sich mal nicht so anstrengen. Das würde ich ihm sagen. Aber nur, wenn er sich das leisten kann, nur, wenn er sich das leisten kann!*

L.in: *Wieso: „Wenn er sich das leisten kann"?*

Axel: *Also ich könnte mir das z. B. nicht leisten.*

L.in: *Wieso? Was würdest du denn verlieren?*

Axel: *Na ja, „verlieren" ist vielleicht ein bisschen stark, aber meine Eltern würden mich nicht mehr ganz so mögen. Ich meine, sie hätten mich lieb, ganz bestimmt, sie hätten mich schon noch lieb, nur vielleicht nicht mehr ganz so doll.*

L.in: *Was glaubst du denn, was Mutti an dir mag?*

Axel: *Was sie an mir mag? Das kann ich Ihnen ziemlich genau sagen: erstens meine guten Zensuren, zweitens mein gutes Benehmen, drittens, dass ich mich nicht mehr so vordrängle, das hab ich mir ja auch abgewöhnt, und viertens, dass ich so sportlich bin. Das findet sie gut.*

L.in: *Und was wäre nun, Axel, wenn du nicht so gute Zensuren hättest und nicht so ein gutes Benehmen usw.?*

Axel: *Oh je, das dürfen Sie mich nicht fragen!* (Axel wackelt heftig mit den Beinen und wendet sich ab.)

Axel: *Das würde sie schon erschüttern.*

L.in: *Inwiefern? Was?*

Axel: *Na, ihre Liebe natürlich!*

Pause

L.in: *Was meinst du, was mag Mutti nicht so gern an dir?*

Axel: *Was sie nicht mag? Dass ich angeberisch bin. Das mag ja niemand. Steht ja auch im Zeugnis* (der vorhergehenden Klassenlehrerin). *Aber sonst mag sie alles an mir. Hab ich ja schon gesagt. Bei meinem Vater ist das genauso.*

L.in: *Es muss sehr schwer sein für dich, immer der Beste zu sein. Was bringt es dir eigentlich ein?*

Axel: *Von meinem Vater kriege ich Geld, von meiner Mutter Lob und Küsschen. Ich bin aber 75 % meiner Zeit mit Kindern zusammen. Jeden Morgen und manchmal auch nachmittags. Die sollen mich anerkennen!*

L.in: *Axel, wer verlangt eigentlich von dir, dass du immer so gute Leistungen bringst und immer der Beste bist?*

Axel: *Verlangen? Niemand. Aber erwarten tun sie es alle. Immer dieses Glauben und Erwarten! Glauben und erwarten tun sie's alle. Immer wieder die gleiche Erwartung! Die Erwartung erdrückt mich!* (Beim letzten Satz schlägt Axel bei jeder zweiten Silbe mit beiden Händen auf seine Oberschenkel. Er kämpft mit den Tränen, will aber nicht weinen.)

L.in: *Was passiert denn, wenn du, sagen wir mal, nur „mittelmäßig" wärest?*

Axel: *Das kommt selten vor. Dann bin ich auch nur halb angenommen, bei 'ner 2 zum Beispiel. Einmal hatte ich auch 'ne 3+ in Mathe. Anfang des Jahres. Da war ich nicht gut drauf. Ich krieg dann sowas wie einen Halbtadel.*

L.in: *Einen Halbtadel? Wie geht das denn?*

Axel: *Na ja, Mutti sagt dann: „Das macht nichts", und gleichzeitig sagt sie: „Mach's besser das nächste Mal! Das kannst du doch!" Zum Glück kommt es ja nicht so oft vor.*

Das negative Selbstbild des Kindes

Manchmal neigen Erwachsene dazu, das Gelungene kurz und pauschal zu loben, es „abzuhaken" und damit auch für selbstverständlich zu erklären, aber auf einen Misserfolg mit detaillierter Kritik zu reagieren. Geht die Sache schief, und wurde zum Beispiel *die Mathearbeit versemmelt,* wird genau geguckt. Dann will man wissen, woran es gelegen hat. Aufmerksamkeit und Zuwendung, Zeit und Energie werden eher aufgebracht, wenn etwas nicht geklappt hat oder nicht zufriedenstellend war, als bei einem Erfolg. Auf diese Weise entwickeln die Kinder schnell ein „schiefes Bild" von sich, denn sie übernehmen von den Erwachsenen die Haltung, das Nicht-Gelungene und Noch-nicht-Gelernte genauer zu sehen als das Gelungene und Schon-Gelernte. So entsteht eine falsche, d. h. ungerechtfertigte und lernhemmende Gewichtung von Stärken und Schwächen und mit dieser Gewichtung eine destruktive Grundhaltung. Wir haben es dann mit dem negativen Selbstbild entmutigter Kinder zu tun – Kinder, die ohne ein Bewusstsein für ihre Fähigkeiten aufwachsen und darum auf problematisches Verhalten zurückgreifen, die um Beachtung kämpfen und auch mit dem Lob nicht zu erreichen sind. Dazu mehr im folgenden Abschnitt. (Vgl. hierzu auch Kapitel 5: „Fremdbilder und Selbstbilder entmutigter Kinder".)

Rückfall in destruktive Verhaltensmuster

Da, wo es am Nötigsten scheint, ist es am wenigstens hilfreich: das große Lob bei entmutigten Kindern. Gemeint sind Kinder, die, aus welchen Gründen auch immer, unerwünschtes Verhalten zeigen, die den Unterricht stören und sich in Streitereien verwickeln lassen, deren Leistungen schwach sind, und die kaum über Selbstbewusstsein verfügen. Diese Kinder möchte man besonders stärken, und darum bekommen gerade sie nicht selten das meiste Lob. Ich möchte an dieser Stelle nicht auf Einzelheiten oder mögliche Ursachen eingehen, sondern begnüge mich mit einer eher allgemein gehaltenen Umschreibung, in welche die Kolleginnen und Kollegen mit Sicherheit das eine oder andere Kind werden einordnen können.

Leistungsschwache und verhaltensauffällige Kinder können mit dem Lob nicht viel anfangen. Gerade noch ausdrücklich gelobt, fallen sie häufig zurück in die bekannten destruktiven Verhaltensmuster. „Erwarte nicht zu viel von mir!" signalisieren diese. „Ich kann deinen Erwartungen sowieso nicht gerecht werden." Die Kinder fühlen sich dem Anspruch, der durch das Lob vermittelt wird, nicht gewachsen, und umgehend wird die darin zum Ausdruck gebrachte positive Einschätzung durch negatives Verhalten nach unten korrigiert. Meist lässt die nächste Störaktion nicht lange auf sich warten. Die Lehrkraft wiederum, bemüht, dem Kind zu helfen und es zu fördern, nun aber eines Besseren – bzw. Schlechteren – belehrt, erlebt die Erfolglosigkeit ihres Handelns und ist ihrerseits oft ratlos und frustriert.

Bei entmutigten Kindern kann ein Lob die Angst vor dem Versagen eher aktivieren als reduzieren. Zum einen ist die Diskrepanz zwischen dem, was die Lehrkraft mit einem Lob zum Ausdruck bringen möchte – z. B. an Überzeugung, Anspruch oder Erwartungshaltung –, und dem, wie die Kinder selbst sich sehen, einfach zu groß. Diese Diskrepanz kann auch durch ein großes Lob nicht überwunden werden, wie überhaupt ein negatives Selbstbild und die damit einhergehenden Zweifel durch lobende Worte kaum zu beheben sind. Zum anderen ist gerade in der Schule ein Lob fast immer mit der Bewertung einer Leistung verbunden, und diese Bewertung – das wurde oben schon erwähnt – wird vom Kind nicht immer punktuell und sachbezogen, sondern häufig ganzheitlich und personenbezogen aufgenommen, womit das ohnehin geschwächte Selbstwertgefühl zusätzlich gefährdet ist. Was die Kinder tatsächlich brauchen, sind die im schulischen Bereich nicht leicht zu findenden Nischen bewertungsfreier Zuwendung. Sie brauchen Menschen, die ihnen helfen, das schiefe Bild geradezurücken, und das gelingt am ehesten durch Beachtung und Interesse, durch Hinweise auf sichtbar werdende Fortschritte und das Benennen kleiner Erfolge – wie überhaupt durch einen lernbegleitenden und erst durch differenzierte Rückmeldungen sich effektiv und hilfreich gestaltenden Dialog.

Was zu viel ist, was das Kind nicht mitvollziehen kann, und was nicht wenigstens ansatzweise auf seiner eigenen Einschätzung beruht, bleibt bestenfalls ohne Wirkung, verstärkt jedoch meistens Unsicherheit und Zweifel. Das häufig zu beobachtende Misstrauen sowie manchmal auch die Rückkehr in gewohnte und letztlich auch Sicherheit gebende Verhaltensweisen, so problematisch sie auch sein mögen, sind nicht immer ein Zeichen von Widerstand oder Machtkampf, sondern oft ein Ausdruck der Angst zu versagen, zu enttäuschen oder ein weiteres Mal mit der Erfahrung konfrontiert zu werden, es doch nicht zu schaffen. Manch ein Kind versucht dem Scheitern vorzubeugen, indem es die Chancen nicht ergreift.

Beispielsituationen

Ihr habt super gearbeitet! …
und die differenzierte Rückmeldung eines Schulleiters

Am Ende der Sachunterrichtsstunde in einer 3. Klasse verabschiedet eine junge Kollegin die Kinder mit den Worten:

L.in: *So, dann sind wir fertig. Ihr habt super gearbeitet! Jetzt bitte noch eben die Stühle hochstellen und dann ab nach Hause! Ich wünsche euch noch einen schönen Nachmittag!*

Die Kinder packen ihre Sachen zusammen und wollen den Klassenraum verlassen, als sich der Schulleiter einschaltet. Er war während der Stunde anwesend und bittet die Kinder nun, sich noch einmal kurz in den Sitzkreis zu setzen. Die Kinder wissen nicht, warum, und folgen der Aufforderung mit Verwunderung und hörbarem Murren. Der Schulleiter (SL) setzt sich dazu.

SL: *Eure Lehrerin hat eben zu euch gesagt, dass ihr „super gearbeitet“ habt. Habt ihr das gehört?*

Kind: *Ja, sagt sie oft.*

SL: *Was meint sie denn damit – heute?*

Kind: *Na eben, dass wir es gut gemacht haben!*

SL: *Dass ihr was gut gemacht habt?*

Kind: *Überhaupt! Also wir haben uns angestrengt!*

Kind: *Und uns konzentriert!*

Kinder: *Genau!*

Kind: *Und unsere Sachen aufgeräumt, auch alles weggepackt und so.*

SL: *Fällt euch noch mehr ein?*

Kind: *So allgemein eben, einfach alles. Ist doch gut!*

Zustimmung der anderen Kinder.

SL: *Möchtet ihr wissen, was mir noch so aufgefallen ist?*

Die Kinder nicken und schauen den Schulleiter erwartungsvoll an.

SL: *Am Anfang der Stunde haben acht Kinder zusammen an der Tafel gestanden und ihre Ergebnisse in die Tabellen eingetragen. Dabei gab es kein Gedränge. Keiner hat sich vorgedrängelt. Zwei Kinder mussten auch noch auf die Kreide warten.*

Ein Junge guckt in die Runde, zeigt auf die Kinder, die an der Tafel gestanden hatten, nennt ihre Namen und zählt nach. Acht Kinder. Stimmt. Nein, Gedränge gab es nicht.

SL: *Für die Gruppenarbeit hat euch Frau X einen langen und ziemlich komplizierten Arbeitsauftrag gegeben, fand ich jedenfalls. Dabei musstet ihr an viele verschiedene Dinge denken und vieles im Kopf behalten und am Ende auch noch wissen, wie ihr anfangen solltet. Offenbar hatten das aber alle Kinder verstanden. Jedenfalls habe ich bei keiner Tischgruppe Probleme gesehen.*

Ein Kind stimmt zu, dann bestätigen es mehrere Kinder.

SL: *Oder gab es bei einer Tischgruppe Schwierigkeiten? Auch bei der Zusammenarbeit? Ihr habt fünf Tischgruppen. Gab es irgendwo Streit?*

Die Kinder schauen sich im Kreis um, nehmen Blickkontakt mit ihren Tischnachbarn auf und schauen sich fragend an.

Kind: *Nein, eigentlich nicht. Manchmal schon, aber heute nicht. Gab keinen Streit.*
Kinder: *Nein, heute nicht. Hat alles gut geklappt.*
SL: *Das würde dann ja auch bedeuten, dass sich alle Kinder an allen fünf Tischgruppen vertragen haben und richtig gut zusammengearbeitet haben.*
Kind: *Cool! Stimmt überhaupt! Cool, ey!*
SL: *Und am Ende? Gab es da noch irgendwo Unruhe? Oder Stress oder irgend sowas?*
Kinder: *Nee, eigentlich auch nicht.*
SL: *Das würde bedeuten, dass sich alle Kinder von Anfang bis Ende in dieser Stunde konzentriert haben, oder sehe ich das falsch? Und es war doch die letzte Stunde, oder?*
Kind: *Oh Mann ey, dann waren wir ja echt richtig gut!*
SL: *Das wollte ich euch eben noch sagen. Und nun aber wirklich ab nach Hause!*

Die Kinder verlassen mit sichtbarer Freude und beschwingt den Klassenraum.

Zwei Reaktionen, sehr verschieden: die erste ein pauschales Lob, die zweite eine differenzierte Rückmeldung, die erste kurz und zusammenfassend, die zweite ausführlich und im Dialog mit den Kindern. Beide haben ihre Berechtigung, beide gehören zum Schulalltag, eine ist von erkennbarer Wirkung.

Der Junge in der Post

In der Post sind von vier Schaltern nur zwei besetzt. Hinter mir reicht die Schlange bis vor die Eingangstür. Alle müssen lange Wartezeiten in Kauf nehmen und sich in Geduld üben. Unmittelbar vor mir steht eine junge Mutter mit ihrem zwei- bis dreijährigen Sohn. In der Kinderkarre liegen mehrere Pakete. Der kleine Junge trägt einen Regenanzug, Gummistiefel, die ihm noch etwas zu groß sind, und auf dem Kopf eine Pudelmütze.

Während die Mutter wartet, schaut sich der Junge um und entdeckt rechts neben sich die große Wand mit den bei der Post üblichen Angeboten: Verpackungsmaterial und Briefumschläge in allen Größen, Klebeband, Tesafilm, Stifte und Pinnnadeln, Sticker, Karten und vieles mehr. Er geht in die Hocke und schaut sich die unten liegenden Dinge genauer an. Dann zieht er eine Packung Pinnnadeln von der Aufhängung und zeigt sie seiner Mutter: *Das sind Pinnnadeln,* antwortet die Mutter. *Die haben wir zu Hause auch, in der Küche auf der Korkwand, wo die ganzen Notizzettel hängen.* Der Junge betrachtet die Schachtel – *Tizettel* wiederholt er etwas ungenau, aber zustimmend und sichtlich zufrieden – und hängt sie wieder an die Aufhängung, was motorisch gar nicht so einfach ist. Nun greift er nach einer Packung Briefumschläge und hält sie der Mutter hin. *Das sind Briefumschläge. Wenn wir Oma und Opa einen Brief schreiben, nehme ich die auch immer.* Auch die Briefumschläge „wandern" zurück an den richtigen Platz, und auch das ist gar nicht so leicht, denn es gibt davon mehrere Stapel. So geht es eine Weile weiter, und ich bin froh, dass es vor uns noch einige komplizierte Anliegen zu regeln gibt, die viel Zeit kosten.

Inzwischen hat der Junge mehrere unterschiedliche Gegenstände von der Materialwand genommen, und aus dem anfänglichen Zeigen wird langsam ein Ritual: etwas herausnehmen, der Mutter zeigen, ihren Kommentar abwarten und wieder zurücklegen. Die Namen der einzelnen Gegenstände wiederholt er nicht mehr. Er konzentriert sich nun ganz auf den Ablauf des Rituals. Die Freude darüber, immer wieder etwas Neues zu finden und alles an seinen Platz zurücklegen zu können, ist ihm anzumerken.

Schließlich entdeckt der Junge das Paketklebeband. Die dicken Rollen liegen hintereinander auf einer schräg nach unten führenden Schiene. Er nimmt die vorderste heraus – sie ist eigentlich zu groß für seine kleinen Hände, doch es geht so gerade – und sieht nicht, dass die dahinter liegende Rolle nachrutscht.

Kaum hat er seiner Mutter das Klebeband gezeigt, will er es zurücklegen, findet auch die richtige Stelle, aber diese ist nun durch die nachfolgende Rolle besetzt. Der Junge guckt und guckt, schaut nach rechts, nach links, findet jedoch nirgends einen anderen Platz mit Kleberollen. Die Mutter beobachtet das alles, schaltet sich aber nicht ein. Dann zieht er die erste Rolle heraus, hält nun eine Rolle in der linken und eine in der rechten Hand und bemerkt, dass sich vor ihm etwas bewegt hat. Jetzt will er der Sache auf den Grund gehen, kann aber seine Hände nicht gebrauchen. Er geht in die Hocke, schielt von unten nach oben, hörbar keuchend und immer noch die beiden Rollen in seinen Händen haltend. Schließlich lässt er sie auf den Boden fallen. Dann berührt er die vorderste Rolle – erst vorsichtig, dann etwas kräftiger – und stellt fest, dass diese sich nach hinten schieben lässt, doch gleich wieder nach vorn rutscht, wenn man sie loslässt. Mehrere Male drückt er dagegen und ergründet diesen Mechanismus. Am Ende kommt er auf die Idee, eine „seiner" Rollen in *beide* Hände zu nehmen und *mit* dieser Rolle die anderen Rollen so lange nach hinten zu drücken, bis seine Rolle in die langsam entstehende Lücke hineinpasst – eine große Anstrengung für den Jungen.

Kurz darauf ist die Mutter an der Reihe. Als sie am Schalter fertig ist, gibt sie ihrem Sohn einen Kuss auf die Wange, zieht ihm die Mütze etwas tiefer ins Gesicht und geht mit ihm nach draußen. Sie hat alles genau beobachtet, doch an keiner Stelle eingegriffen. Aber sie freut sich.

Als ich bei Freunden und auch unter Kollegen von diesem Erlebnis berichte, stoße ich auf Begeisterung und Staunen, aber auch auf Skepsis – Skepsis im Sinne von: *Ja, hier ist es gutgegangen, zugegeben. Kluges Kind, tolle Mutter. Aber was hätte sie denn gemacht, wenn es schiefgegangen wäre?* Und dann kommen die üblichen Bedenken: *Es hätte auch was kaputtgehen können, der Junge hätte es auch verkehrt zurücklegen können oder gar nicht, er hätte sogar damit rumwerfen können, er hätte ungeduldig werden und nerven können* usw. Ja, hätte er. Hat er aber nicht. In der Tat: Dieses ist ein besonderes Erlebnis. So etwas sieht man nicht alle Tage. Aber woran liegt das eigentlich? Warum hat diese Szene einen solchen Seltenheitswert?

Nicht oft wird Kindern die Möglichkeit gegeben, in dieser Form ihre Umwelt zu erkunden, und nicht immer geht das auch. Hier war es möglich, weil es in der Post Verzögerungen gab. Ohne sie hätte sich die Situation nicht ereignet. Dann aber, so vermute ich, hätte es mit diesem Kind und dieser Mutter irgendwo anders eine vergleichbare Situation gegeben, denn so viel Neugier, so viel Forschergeist und Selbständigkeit beruhen auch in einem so kurzen Leben schon auf Erfahrung – mit anderen Worten: Das Verhalten des Jungen deutet darauf hin, dass er gewöhnt ist, neugierig sein und forschen zu dürfen. Die Beharrlichkeit und der Wille, eine Lösung zu finden für ein – von ihm selbst verursachtes – Problem, sind nicht erst hier entstanden. Wenn ein Kind zu solch einer Leistung fähig ist, muss es bis zu diesem Zeitpunkt in all den dafür erforderlichen Eigenschaften und Kompetenzen bestätigt und gefördert worden sein. Und das ist tatsächlich selten.

Finger weg! ist die gängige Reaktion, die eher ins Bild unseres Alltags passt. Mütter oder Väter schauen auf ihr Handy, haben ihr Kind nicht im Auge, dieses langweilt sich und geht auf Entdeckungstour. Sein Bedürfnis zu erkunden aber stört, und so wird es augenblicklich unterbunden – nicht selten streng, kurz, unfreundlich und mit nach außen demonstrierter Erziehungsabsicht. Es interessiert die Eltern wenig, was ihr Kind gerade interessiert, und mit ihrem Mangel an Interesse hemmen sie die Neugier des Kindes.

Was hat dieser Junge nicht alles gelernt bzw. gezeigt: Merkfähigkeit, problemlösendes Verhalten, Sorgfalt, Verlässlichkeit, Beharrlichkeit, motorische Geschicklichkeit, Kombinationsvermögen, Experimentierfreude. Die Liste ließe sich problemlos verlängern. Bei einer solchen Fülle von Fähigkeiten – und mit Blick auf das in diesem Kapitel behandelte Themas – stellt sich nun die Frage: Wo bleibt die Ermutigung? Eine wie auch immer geartete positive Reaktion hätte sich doch geradezu angeboten! Doch dieses Kind bekommt nichts dergleichen, weder ein *Super* oder *Toll* noch eine kleine, seinem Alter angemessene und etwas genauere Rückmeldung – nur einen Kuss.

Hier ist es der Erfolg, der das Kind ermutigt. Dieser Junge greift mit intuitiver Sicherheit auf vorhandene Kompetenzen zurück, und dadurch, dass er das unter der Aufsicht seiner Mutter auch darf, sammelt er wichtige Erfahrungen und verbucht ein Erfolgserlebnis nach dem anderen. Kein Kommentar, keine Rückmeldung, so vermute ich, könnte diesen Erfolg bewusster machen oder dessen Wert noch steigern. Die Freude am Lernen ist es, und die Freude am Lern*erfolg* vor allem, die jeden Kommentar schlicht überflüssig macht. Mit dem, was die Mutter hier tut, trägt sie entscheidend dazu bei: Sie widmet sich dem Kind und nutzt die Gelegenheit für einen Dialog, sie gibt ihm Antworten und erklärt die Funktion von Gegenständen, sie nimmt ihm nichts ab und erleichtert ihm an keiner Stelle sein schwieriges Unterfangen – kurz: Sie ist ihm eine aufmerksame Partnerin, die das lernintensive Spiel ihres Sohnes versteht und mitspielt, und die auf diese Weise dafür sorgt, dass alles, was er dazu braucht, auch gefördert wird. Durch nichts lässt sie sich ablenken von ihrem Kind, und genau das sichert diesem den Erfolg sowie die damit verbundene Zufriedenheit. Ja, dieser Junge ist sichtlich zufrieden. Keine Rückmeldung hätte hier so ermutigend sein können wie die Entscheidung, ganz darauf zu verzichten.

Sofie lernt Schreiben – und einiges mehr

Sofie ist in der 1. Klasse. Es geht um das Schreiben. Vorübungen sind gelaufen, Schwungübungen wurden gemacht, und die Kinder haben großflächig Kreise, Striche, Punkte und alle möglichen Formen mit bunten Wachsmalstiften auf große Blätter gemalt. Die fast abstrakt wirkenden Zeichen sind so hübsch geworden, dass der Lehrer sie an die Wand gehängt hat. Nun folgen die ersten

Versuche im Schreibheft – mit Bleistift, obgleich viele Kinder am liebsten schon ihren neuen Füller benutzen würden. Hier und da sind auch farbige Filzstifte erlaubt. Im Hintergrund läuft leise Musik. Die Kinder arbeiten überwiegend ruhig und konzentriert.

Während der Lehrer von Kind zu Kind geht und hier und da ein wenig Hilfestellung gibt, nimmt Sofie ihr Heft, verlässt ihren Platz und geht schnurstracks zu ihrem Lehrer. *Was ist los, Sofie?* fragt dieser verwundert. *Ich kann das nicht!* antwortet Sofie und fängt an zu weinen. *Was kannst du nicht?* will der Lehrer wissen. *Alles!* lautet die Antwort. *Einen Moment. Ich komme gleich zu dir. Setz dich bitte wieder an deinen Platz. Ich komme gleich.*

Der Lehrer setzt sich neben Sofie.

L: *So, nun hör auf zu weinen und lass uns mal gucken.*

Er betrachtet die Heftseite genau.

L: *Was ist los damit?*
Sofie: *Die sind nix geworden. Sind alle doof.*
L: *Welche sind doof?*
Sofie: *Alle.*
L: *Welche genau?*

Sofies Zeigefinger gleitet über die einzelnen „o"s und „a"s, von denen mehrere in der Tat klein und krakelig, andere unvollständig, aber auch einige durchaus gelungen sind.

Sofie: *Der ist doof, der ist doof, der auch, der auch, …*

Die Bewegung ihres Fingers wird schneller und flüchtiger, bis sie am Ende des Blattes angelangt ist.

L: *Was ist mit dem da?*
Sofie: *Der geht.*
L: *Und dieses „a"?*
Sofie: *Geht auch.*
L: *Also alle sind schon mal nicht doof. Welche kannst du gut lesen?*

Sofie sucht einige Buchstaben, die sie lesen kann, bei anderen gerät sie ins Stocken.

Sofie: *Ich mach's nochmal.*

L: *Nein, machst du nicht. Das machen wir anders.*

Der Lehrer zieht zwei Filzstifte aus Sofies Federtasche.

L: *Hier ist ein blauer Filzer und ein orangener. Jetzt nimmst du bitte den orangenen Filzer und machst um jeden Buchstaben, den du gut findest, einen Kreis. Der blaue Filzer ist für die Buchstaben, die du nicht so gut findest. Um die machst du dann auch einen Kreis, einen blauen.*
Sofie: *Die kann ich ja auch durchstreichen!*
L: *Nein, du streichst hier gar nichts durch! Du machst einen Kreis darum!*

Der Lehrer hält Sofie den orangenen Filzstift hin, und das Mädchen macht sich an die Arbeit.

L: *Und nichts auslassen, Sofie. Ich gehe jetzt zu den anderen Kindern und komme dann wieder zu dir zurück. Du bleibst bitte auf deinem Platz sitzen.*
Sofie: *Und der da?*

Der Lehrer dreht sich nochmal kurz um. Sofie weist auf den zittrigen Aufstrich eines ziemlich missratenen „a"s.

L: *Orange oder blau?*
Sofie: *Blau.*
L: *Also los. Und nichts durchstreichen! Kreise drum! Nur Kreise drum!*

Nach einer Weile kommt der Lehrer zurück.

L: *Aaaah! Guck mal! Wie viele orangene hast du denn gefunden?*

Der Lehrer und Sofie zählen gemeinsam: 6.

L: *Und wie viele, die du nicht so gut findest?*

Das dauert etwas länger: 11.

L: *Und? Sind sie nun alle schlecht?*
Sofie: *Nee, aber viele!*
L: *Warum findest du denn z.B. den da gut? Der hat einen orangenen Kreis.*
Sofie: *Ist schön rund. Und gleichmäßig.*
L: *Aha. Was ist das überhaupt für ein Buchstabe?*
Sofie: *Ein „o".*
L: *Aha, lesen kann man ihn offenbar auch! Und der hier?*

Sofie: *„a".*

L: *Kann man auch lesen. Und warum findest du dieses „a" gut?*

Sofie: *Ist schön dick geworden.*

L: *Stimmt. Gleichmäßig?*

Sofie: *Auch. Groß auch.*

L: *So, Sofie, und jetzt nimmst du nochmal den orangenen Filzstift und suchst dir die drei besten Buchstaben raus. Und um die malst du nochmal einen richtig dicken orangenen Kreis. Schön rund und gleichmäßig. Und wenn ich gleich zurückkomme, dann möchte ich von dir ganz genau wissen, warum du die gut findest. Ganz genau, hörst du? Also guck genau hin!*

Das Mädchen macht sich bereitwillig an die Arbeit.

Sofie ist eine Schülerin, die bei allem, was sie tut, dem Prinzip „perfekt oder gar nicht" folgt. Was nicht perfekt ist, ist auch nichts wert und wird schleunigst entfernt. Typisch für sie ist auch die kompromisslose Verallgemeinerung: *Ich kann das nicht,* wenn sie nur etwas nicht kann. So lässt sich vielleicht schon von der Ausprägung – oder zumindest Tendenz – eines Lebensstils sprechen. Dieser wird, wie wir in der Nachbesprechung erfahren, durch den Erziehungsstil der Eltern geradezu gefördert: Es gibt Belohnungen für alles, was perfekt ist. Alles andere muss komplett neu gemacht werden, denn es darf nichts Fehlerhaftes sichtbar bleiben.

Auch andere Reaktionen auf die Schwierigkeiten des Mädchens wären denkbar gewesen, zum Beispiel diese:

L: *Was ist denn los mit dir, Sofie? Nun hör mal auf zu heulen. Du kannst das doch! Guck mal: Dieser Buchstabe ist doch z. B. richtig gut. Der ist schön gleichmäßig, ganz rund, hat einen geraden Aufstrich … Guck, und der da ist doch auch in Ordnung! Und der auch … Jetzt nimm dir diesen hier mal als Vorbild und schreib ein paar „a"s. Schreib ihn einfach ab, eine Reihe voll vielleicht. Dann komme ich und sehe mir das an.*

Oder diese:

L: *Ach Sofie, nun stell dich doch nicht so an! Du musst doch nicht gleich weinen! So schlimm ist das doch nicht! Und außerdem: Niemand kann auf Anhieb schreiben! Die anderen Kinder können das auch nicht. Und ich übrigens auch nicht, als ich so alt war wie du! Du musst nicht gleich verzweifeln. So, jetzt gucken wir beide uns das mal genau an und suchen uns den besten raus, und der kriegt einen Kranz um seinen dicken Bauch …*

Oder diese:

L: *Weißt du was, Sofie? Am besten ist, du blätterst die Seite einfach um und fängst auf der neuen Seite nochmal an, und dann ganz in Ruhe. Dann wirst du auch nicht abgelenkt durch die anderen Buchstaben hier. Du hast Zeit genug. Ich schreibe dir jetzt ein „o" vor, und du schreibst es nach, genau so. Ein paar Mal. Danach meldest du dich, und dann komme ich wieder, okay? Und dann gucken wir weiter.*

Sofies Lehrer hält sich aus jeglicher Bewertung raus. Seine Hilfestellung besteht darin, die Einschätzung der Qualität des Geleisteten dem Mädchen selbst zu überlassen. Sofie kennt die wichtigsten Kriterien und kann sie benennen. Folglich ist sie auch in der Lage, die Verantwortung, die ihr der Lehrer gibt, zu übernehmen. Sie erhält kein Lob, es wird auch kein Smiley hinter die gelungenen Buchstaben gesetzt, und selbst eine sachbezogene Rückmeldung bleibt aus. Sofie hätte sich durch ein *Das machst du doch schon ganz toll!* vermutlich nicht überzeugen lassen und auch nicht überzeugen lassen wollen, und eine differenzierte Rückmeldung ist hier nicht nötig, denn diese ergibt sich aus der vergleichenden Betrachtung der Buchstaben.

Je mehr sich Kinder durch eigene Fehler entmutigen lassen, desto wichtiger ist es, auf Bewertungen möglichst zu verzichten und auch von positiven Bewertungen erst einmal abzusehen, denn je entmutigter die Kinder sind, desto weniger können sie dem Lob der Lehrkraft glauben. Meistens nehmen sie es auch nicht an. Stattdessen geben sie auf oder werden wütend. Gerade entmutigte Kinder müssen sich *selbst* überzeugen können, und sie müssen dies auf der Grundlage der Sache, also ihrer Leistung, tun können. Das heißt im Einzelnen, …

- die eigene Leistung selbst zu betrachten und zu überprüfen,
- sich ein eigenes Bild zu machen,
- zu einer eigenen Einschätzung zu gelangen und
- sich auch ein eigenes Urteil zu bilden.

Je früher die Kinder dies lernen, desto unabhängiger werden sie vom Fremdurteil, und desto positiver ist die Wirkung auf ihr Selbstbewusstsein. Die eigene Leistung und die eigene Einschätzung der Leistung sind es, die letztlich überzeugen müssen, und weniger die Bewertung von außen, also durch andere Menschen. Der *fremden* Bewertung können sie nur *glauben.* Solange sie kein eigenes Urteilsvermögen haben, können sie diese weder durchschauen noch nachvollziehen, und dann besteht immer die Gefahr, ihr ausgeliefert zu sein oder ihr zumindest nicht viel entgegensetzen zu können. Die Lehrkraft kann das Einschätzungs- und Urteilsvermögen der Kinder fördern. Sie kann sie dazu anleiten, es zu üben und zu entwickeln. Gelingt dies – und der Lehrer von Sofie hat genau das getan –, gelingt eine der ermutigendsten Erziehungsmaßnahmen überhaupt, vor allem in der Schule.

Viele Kinder, die scheitern, scheitern nicht so sehr an ihren Fähigkeiten, sondern daran, dass sie zu wenig gelernt haben, deren Nutzen und Wert in eigener Regie zu entdecken. Bei Sofie ist die Reaktion des Lehrers besonders wichtig. Wenn Kinder wie sie nicht trainieren, selbst zu schauen und sich ein eigenes Urteil zu bilden, und wenn sie nicht daran gewöhnt werden, auch das noch wenig Gelungene – bei Sofie das noch nicht Perfekte – als Teil ihres Lernwegs zu verstehen, dann können aus diesen Kindern junge Menschen werden, die möglicherweise wenig belastbar sind und jede Kritik persönlich nehmen, die sich schnell unterlegen fühlen und dies mit anderen, unter Umständen aufwändigen oder destruktiven Mitteln zu kompensieren suchen. Das Verhalten dieses Lehrers kann also, wenn es nicht zufällig, sondern Teil einer pädagogischen Haltung ist, von langfristiger, möglicherweise korrigierender und vielleicht sogar wegweisender Bedeutung sein für Sofie.

Schluss: Ermutigende Rückmeldungen

Da fühle ich mich nicht ernst genommen

Am Ende des Kapitels möchte ich noch einmal auf die Gedanken der Schülerinnen und Schüler zurückkommen. Die Kinder geben dem „Super" und „Toll" kein gutes Prädikat. Ausgerechnet auf das pauschale Lob sind ihre Rückmeldungen höchst differenziert und dabei auch noch pädagogisch wertvoll. Nicht nur berücksichtigen die Kinder das Prinzip der Verhältnismäßigkeit und nehmen wohl überlegte Abstufungen vor, etwa indem sie darauf hinweisen, dass die Differenziertheit der Rückmeldung mit dem Anspruch der Leistung zunehmen sollte. Sie benennen in klaren und ehrlichen Statements auch die Probleme des Lobs – und das, obgleich diese Probleme nicht gerade auf der Hand liegen und Erwachsene vom Lob doch gern Gebrauch machen.

Neben dem Einwand, dass ihnen das pauschale Lob zu wenig Informationen gibt, lassen die Gedanken der Kinder vor allem erkennen, dass es sie ratlos, unsicher und sogar misstrauisch macht. Das zeigen beispielsweise folgende Äußerungen, die hier noch einmal in verkürzter Form wiederholt werden sollen:

- *Man sagt eher nicht, wie es wirklich ist.* (Leo)
- *Das sagt sie, wenn sie das Kind nicht entmutigen will.* (Marlene)
- *Da fühle ich mich nicht ernst genommen.* (Yamen)
- *Bei „Super" denke ich, ich habe es vermasselt.* (Sanaa)
- *Ich denke dann, das reicht doch nicht so ganz aus.* (Linus)
- *Dann wüsste ich, er will mich jetzt nur aufmuntern.* (Marlene)
- *Was habe ich dann so richtig davon?* (Sophie)
- *Ganz oft finde ich es auch zu wenig. Wenn ich etwas Besonderes mache, möchte ich auch die Anerkennung.* (Joudi)

Die Kinder beziehen sich hier auf die Reaktionen einer virtuellen Lehrkraft, und sie identifizieren sich mit dem Jungen, der die zu Beginn des Unterrichts vorgelesene Geschichte geschrieben hat. Das ändert aber nichts daran, dass auch sie dem pauschalen Lob in ihrem eigenen Leben häufig begegnen werden und dessen Wirkung kennen. Die Äußerungen der Kinder sind nicht nur kritisch und zum Teil sogar ablehnend, sie machen auch Mut und fordern Lehrkräfte wie Eltern dazu auf, sich mit dem Lob nicht zu „verrenken", sondern ehrliche und genaue Rückmeldungen zu geben, das *Super* zu reduzieren und den Kindern zuzutrauen, das noch nicht Gelungene wahrzunehmen und daran zu arbeiten.

Ermutigende Rückmeldungen – Ein Überblick

Im Mittelteil dieses Kapitels wurde die Problematik des kurzen, pauschalen Lobs in verschiedenen Punkten dargelegt. An dieser Stelle sollen die Merkmale einer ermutigenden, nicht lobenden Haltung noch einmal kurz und überblicksartig zusammengestellt werden.

1. Ermutigung respektiert das Handeln und die Arbeit eines Kindes als dessen eigene und individuelle Leistung. Sie geht davon aus, dass, sobald es dazu in der Lage ist, *ihm* als Erstem das Recht auf eine Einschätzung zusteht.
2. Ermutigung enthält keine Bewertung. Sie liegt in der Beachtung und Anerkennung dessen, was das Kind tut.
3. Ermutigende Rückmeldungen sind differenziert und sachbezogen, so dass das Kind seine individuell erbrachte Leistung in den Worten der Lehrkraft (wieder-)erkennen kann.
4. Ermutigung gibt dem Kind genaue Informationen über das, was es schon kann und was ihm schon gelingt. Sie unterscheidet weniger zwischen „gut" und „schlecht" als vielmehr zwischen „gelernt" und „noch nicht gelernt".
5. Ermutigung ist nicht so sehr auf das gute Lern*ergebnis* gerichtet, sondern vor allem auf die Bemühungen des Kindes und auf den Lern*prozess*.
6. Ermutigend sind Rückmeldungen, die wohlwollend-kritisch und lernbegleitend gegeben werden und die das Kind selbst an seiner eigenen Leistung überprüfen kann.
7. Ermutigung geschieht auf der Sachebene. Sie wird jedoch getragen von einer lernbegleitenden, stützenden und Orientierung gebenden Beziehungsebene.
8. Ermutigung ist auf die Unabhängigkeit des Kindes vom Urteil anderer Menschen gerichtet. Sie betont die Selbsteinschätzung und Eigenverantwortung des Kindes und stärkt damit sein Selbstvertrauen.
9. Bei Ermutigung geht es nicht um die Beziehung. Es geht nicht darum, zu gefallen oder beliebt zu sein. Es geht vielmehr darum, die Beziehung da-

für zu nutzen, dass das Kind lernt, sich selbst zu akzeptieren und Selbstbewusstsein zu entwickeln.
10. Ermutigung ist keine Frage der Technik. Ermutigung ist eine pädagogische Haltung.

Eine pädagogische Haltung zu erlernen, ist nicht leicht. Rudolf Dreikurs bezeichnet dies an vielen Stellen seiner pädagogischen Bücher als Kunst. Ein Beruf, dessen erklärtes Ziel es ist, junge Menschen zu ermutigen, stellt hohe Ansprüche an die, die ihn ausüben.

Nachdenken über das Kind

Das pauschale Lob ist nicht das Allheilmittel, für das es gehalten wird, und das hochdosiert die Probleme lösen soll. „Super“ und „Toll“ haben eine sehr begrenzte Wirkung und Funktion. Sie sind das „Okay“, die kurze Bestätigung – nicht mehr. Sie ersetzen nicht das, was Kinder wirklich brauchen: die Zuwendung, Anerkennung und Beachtung. Ein Lob geht schnell, man muss sich keine weiteren Gedanken machen und hat trotzdem das beruhigende Gefühl, dem Kind etwas Gutes zu tun. Ermutigung dagegen ist anspruchsvoll, manchmal sogar schwierig, und ob sie gelingt, ist auch nicht immer gesagt. Sie macht es erforderlich, dass wir genau hinsehen und über das Kind nachdenken – über das, was ihm schon gelingt, worauf es ihm ankommt, worum es sich bemüht und was ihm dabei helfen könnte, kurzum: Wir müssen uns ernsthaft mit dem Kind befassen und auf unsere Haltung und Worte achten. Es wäre schlimm, wenn es eine Methode gäbe, die das überflüssig machen könnte.

5. Fremdbilder und Selbstbilder entmutigter Kinder

Dieses Kapitel umfasst drei Teile. Im ersten Teil geht es um den Zusammenhang zwischen der Selbstwahrnehmung des Kindes und dem Bild, das sich Erwachsene vom Kind machen und ihm spiegeln. Hier kommt es häufig zu wechselseitigen Verstärkungen. Während ein ermutigtes Kind mit positivem Sozialverhalten erheblich von dieser Wechselwirkung profitieren kann, wird ein entmutigtes Kind mit problematischem Verhalten nicht selten zum Leidtragenden seines eigenen Handelns. Leicht gerät es in einen Teufelskreis und ist dann darauf angewiesen, dass dieser mit pädagogischen Mitteln durchbrochen wird. Zu der Frage, wie das geschehen könnte, äußern sich die Kinder in einem ausführlichen und intensiven Gespräch. Es ist Inhalt des zweiten Teils dieses Kapitels. Die Gedanken der Kinder werden im dritten Teil nach pädagogisch relevanten Gesichtspunkten geordnet. Mithilfe einer schrittweisen Komprimierung filtere ich verschiedene Aspekte einer pädagogischen Theorie aus den Beiträgen der Kinder heraus und stelle sie in einen Zusammenhang.

Fremdbild und Selbstbild entmutigter Kinder

Das Bild der Eltern von ihrem Kind

Bei Gesprächen mit Eltern, deren Kinder in der Schule durch destruktives, unangemessenes Sozialverhalten auffallen, stelle ich in der Regel irgendwann die Frage, ob es etwas gibt, was sie, die Eltern, an ihrem Kind besonders mögen oder, anders gefragt: *Was schätzen Sie an Ihrem Kind?* Nicht immer kommt an dieser Stelle eine Antwort. Oft schauen die Eltern stumm und ratlos vor sich hin, und die ganze Tragödie, die sich im Laufe der Zeit um so ein Kind gebildet hat, ist hier schon zu erahnen. Der im folgenden wiedergegebene Gesprächsausschnitt – es handelt sich um einen Jungen aus dem 3. Schuljahr – ist ein Beispiel.

Letschert: *Gibt es etwas, was Sie an Ihrem Kind besonders mögen?*

Mutter: *Wie meinen Sie das jetzt?*

Vater: *Worauf wollen Sie hinaus? Sie wollen doch irgendwas Bestimmtes hören, oder?*

Letschert: *Nein, nichts Bestimmtes. Ich möchte nur wissen, ob es etwas gibt, was Sie als Eltern an Ihrem Kind vielleicht mögen. Gibt es etwas, was Sie gut finden an ihm? Etwas, was Sie schätzen?*

Die Mutter überlegt angestrengt. Der Vater streckt die Beine von sich, verschränkt die Arme und schaut kopfschüttelnd nach oben.

Mutter, lächelnd: *Er kann manchmal so verschmitzt gucken! So ulkig irgendwie. Dann sitzt ihm der Schalk im Nacken.*

Der Vater zieht vor Schreck die Beine an und schaut seine Frau entgeistert an.

Vater: *Der Schalk? Der Schalk??? Du kennst deinen Sohn überhaupt nicht! Der denkt über was nach, was er wieder anstellen kann! Das sitzt ihm im Nacken! Sonst nichts, sonst gar nichts! Über was anderes denkt der nicht nach!*

Die Mutter schweigt betreten, der Vater hat Mühe, sich zu kontrollieren. Beide sind mit der Erkenntnis konfrontiert, dass es aus ihrer Sicht gerade nichts Positives oder Liebenswertes über ihren Sohn zu berichten gibt. Aus den Antworten der Eltern entnehme ich drei Informationen:

1. Es gibt, außer dem *verschmitzt gucken,* offenbar nichts, was die Eltern aktuell an ihrem Kind mögen. Jedenfalls haben sie scheinbar noch nicht oder schon lange nicht mehr darüber nachgedacht oder sich darüber ausgetauscht.
2. Folglich werden die Eltern ihrem Kind auch nichts Entsprechendes gesagt, ihm also keine Wertschätzung oder Anerkennung gegeben haben.

3. Die Beziehung zwischen den Eltern scheint, jedenfalls zu diesem Zeitpunkt, nicht harmonisch zu sein.

Selbst wenn meine Frage etwas überraschend gekommen ist oder in einem ungünstigen Moment gestellt sein sollte – weil die Eltern z. B. gerade nicht gut auf ihren Sohn zu sprechen sind –, ist doch die Unfähigkeit, sich auf irgendetwas Positives zu besinnen, erschreckend. Zumindest zeigt sie, dass eine wohlwollende Gesamtsicht auf ihr Kind, wenn es diese überhaupt gibt, (zurzeit) nicht möglich ist. Oft habe ich sogar den Eindruck, dass die Eltern gar nicht wissen, was mit der Frage gemeint sein könnte und worüber sie nachdenken sollen. Treffen die drei oben dargelegten Vermutungen zu, dann fehlen dem Kind grundlegende Voraussetzungen dafür, sich selbst zu akzeptieren und Selbstbewusstsein zu entwickeln, und dann wird es auch nicht damit rechnen, von anderen Menschen akzeptiert oder gemocht zu werden – auch wenn es so sein sollte. Ebenso wenig wird es in der Lage sein, vertrauensvoll auf Menschen zuzugehen, mit Zuversicht Kontakte herzustellen oder mit Gelassenheit Kontakte zuzulassen. Manche Kinder können sich nicht einmal vorstellen, wie es ist oder sich anfühlt, gemocht zu werden, und in Ermangelung dieser elementaren Erfahrung ist es ihnen auch nicht möglich, ihrerseits andere Menschen – Mitschüler oder Lehrkräfte beispielsweise – zu achten. Alfred Adler spricht vom „Feindesland", in dem sich die Kinder bewegen (Adler, 1927, S. 221), und wie im Feindesland verhalten sie sich auch.

Das Bild der Lehrkraft vom Kind

In der Schule werden sie nicht selten als Bedrohung empfunden. Die Mitschülerinnen und Mitschüler spüren die negative, oft alles missachtende Ausstrahlung, für die Lehrkräfte werden sie zu einer persönlichen Belastung durch ständig zu erwartende Störungen, und die Eltern einer Klasse sind sich schnell darin einig, dass *solche* Kinder in der Klasse *ihres* Kindes nicht tragbar sind. All diese Reaktionen mögen, aus der Perspektive der Betroffenen gesehen, berechtigt erscheinen; hilfreich sind sie nicht. Erschwerend kommt hinzu, dass die Schule keine therapeutische Einrichtung ist. Die Lehrkräfte müssen mit ihren pädagogischen Mitteln auskommen. Sie müssen die Kinder unterrichten, integrieren und fördern, und das ist angesichts von großen Klassen, von Inklusion und einem vielerorts steigenden Anteil an Kindern mit Migrationshintergrund eine tiefgreifende Herausforderung. Nahezu aussichtslos wird die Situation, wenn keiner der Beteiligten versucht, das Ruder rumzureißen – wissend, dass es dann trotzdem schwierig bleibt.

In der Arbeit mit Lehrkräften, wenn es z. B. darum geht, ein pädagogisches Konzept für eine Lerngruppe oder ein einzelnes Kind zu entwickeln, tritt häufig ein ähnliches Problem zu Tage wie bei den Eltern: Gefragt, wie sie ein bestimmtes Kind sehen, oder gebeten, dieses genauer zu beschreiben, folgt zuerst eine Auflistung unerwünschter Verhaltensweisen in allen Formen und Facetten. Zorn und Frust der Lehrkräfte sind, so scheint es, im Laufe der Zeit so übermächtig geworden, dass sie nur mit Mühe in der Lage sind, die Fähigkeiten und vielleicht auch liebenswerten Eigenschaften eines Kindes wahrzunehmen. Nicht selten wird das Kind, zumindest tendenziell, mit seinem destruktiven Verhalten gleichgesetzt: Dann *ist* es das Problem, und erst auf Nachfragen kommen positive Aspekte – vereinzelt, eher vage, pflichtbewusst und manchmal auch nur halbherzig.

Ein Beispiel für die negative Sichtweise einer Lehrerin ist die Beschreibung von Lennart, einem Jungen aus der zweiten Grundschulklasse. Diese Beschreibung ist Grundlage einer kollegialen Fallbesprechung. Sie zeigt, wie sehr die Wahrnehmung der Lehrkraft auf das unerwünschte Verhalten des Kindes fixiert ist:

- *Lennart ist ein leistungsstarker Schüler, der sich aber nicht ohne Druck an schwierige Aufgabenstellungen heranwagt, obgleich er sie bewältigen könnte.*
- *Er hat ständig Streit mit anderen Kindern, sieht dabei aber nie seine Mitschuld.*
- *Er kann seine Fehler nicht zugeben und behauptet immer, alles zu können.*
- *Er drängt sich in den Vordergrund, will tonangebend sein, lacht andere aus.*
- *Er hat kein Mitgefühl oder zeigt es jedenfalls nicht. Er hilft auch nicht.*
- *Er will mit den Erwachsenen immer alles ausdiskutieren und recht haben.*
- *Er hält sich nicht an Regeln, am wenigsten an die Melderegel.*

Die Liste der problematischen Verhaltensweisen ist hier noch nicht zu Ende, doch kann man sich schon vorstellen, dass dieser Junge anstrengend ist und mit seiner Haltung die Sicht auf Angemessenes und Positives erschwert. Nun müsste dieser Aufzählung eigentlich eine Liste pädagogischer Maßnahmen gegenüberstehen. *Die gibt es auch!* betont die Lehrerin und holt ein „Kooperationsheft“, in dem die Eltern mit den Lehrkräften in einem Dialog stehen und einander regelmäßig über das Verhalten des Jungen in Elternhaus und Schule informieren. Da gibt es jede Menge Kommentare und Kritik, Belohnungen und Sanktionen, Smileys und Sadys, Vorschläge und so genannte „Verstärker“. Lennart selbst ist der Überbringer dieser Nachrichten. Er muss darauf achten, dass immer alles unterschrieben wird.

Das negative Selbstbild des Kindes …

Und der Junge selbst? Er sieht sich im Spiegel der Erwachsenen und verhält sich ihrem Bild entsprechend. Wie sollte es auch anders sein? Das Kind ist Verursacher und Leidtragender zugleich, es ist Lieferant und Produkt, und es sorgt mit seinem Verhalten so stetig wie – wenn es darüber entscheiden könnte – sicherlich ungewollt für die Aufrechterhaltung eines wenig erfolgversprechenden Mechanismus, nämlich einer wechselseitigen Verstärkung destruktiver Sichtweisen, und dies, so ist zu betonen, trotz beiderseitigen Bemühens. Doch Bestätigung und Zurückweisung, Lob und Tadel sind für ein entmutigtes Kind kein Grund, sein Verhalten zu ändern. Auch die Verstärkung dieser Maßnahmen ist es nicht, und selbst die oft in Aussicht gestellte Belohnung nicht. All diese Mittel entsprechen den berechtigten und gut gemeinten Vorstellungen der Erwachsenen. Sie haben mit dem Kind selbst nicht viel zu tun. Das Kind braucht anderes.

Obgleich der „Ansatz bei den Stärken des Kindes“ als alter Hut der pädagogischen Arbeit bezeichnet werden kann, erlebe ich immer wieder, dass das Kind selbst, nach seinen Stärken gefragt, diese kaum kennt. Abgesehen vielleicht von einigen sportlichen und anderen Aktivitäten, vermag es nur wenige seiner Fähigkeiten zu benennen. Was als selbstverständliches Prinzip die Leitlinie schulischer Arbeit bestimmen sollte, schlägt sich meiner Erfahrung nach zu wenig im Selbstbild der Kinder nieder. Das mag auch daran liegen, dass Kinder gelernt haben, nur das als Fähigkeit oder Stärke anzuerkennen, was beurteilt und gemessen werden kann und was bei ihnen selbst schon einmal zu einer positiven Bewertung geführt hat. Soziale Kompetenzen wie Einfühlungsvermögen oder Hilfsbereitschaft gehören nicht unbedingt dazu. Die zählen nicht, mit ihnen kann man nicht punkten, obgleich auch sie natürlich erworbene Fähigkeiten darstellen. Sind die Kinder *schlecht in der Schule,* wie es pauschal oft heißt, und haben sie keine guten Leistungen vorzuweisen, drohen Misserfolg und Angst das kindliche Selbstbild komplett zu überlagern. Andere Kompetenzen geraten aus dem Blickfeld – wenn sie überhaupt darin enthalten waren –, und die Kinder entwickeln von sich ein defizitbetontes Bild: Sie sehen vor allem ihre angeblichen oder tatsächlichen Schwächen und nehmen ihre Stärken kaum wahr.

Dies zeigt sich im Dialog mit dem Kind in beklemmender Deutlichkeit. Oft zeichne ich ein großes Rechteck auf einen Flipchart-Bogen und frage, *Was meinst du: Wie groß ist der Teil, mit dem du zufrieden bist oder den du gut findest an dir? – Und wie groß ist der Teil, mit dem du <u>nicht</u> zufrieden bist, oder den du nicht so gut findest bei dir?* Es beginnt also mit einem leeren Rechteck, über dem der Name des Kindes steht. *Wo soll ich den Strich ziehen?* Die Kinder stehen vor dem Flipchart-Bogen, denken eine Weile nach und weisen schließlich mit dem Finger an die Stelle, wo der Strich gezogen werden soll. Das ist meistens ziemlich weit unten. Ist der Strich gezogen, weiß ich aus Erfahrung, was dann kommt, frage aber vorsichtshalber nochmal nach: *Was befindet sich im oberen Teil und was im unteren?* Der große obere Teil steht fast immer für das, was die Kinder ihrer Meinung nach *<u>nicht</u> so gut können,* und der schmale untere Teil für das, was sie selbst als Fähigkeit oder Stärke benennen.

Langsam füllt sich das Rechteck mit den Angaben des Kindes. In Stichworten schreibe ich mit, was es mir nach und nach diktiert. Manchmal reicht der Platz im oberen Teil nicht aus, und dann muss es auf einem zweiten Blatt weitergehen. Am Ende, so scheint es, spiegelt die Aufzählung das Selbstbild des Kindes. So – und im Moment nicht anders – sieht es sich. Dabei wird ebenfalls deutlich: Je destruktiver sein Verhalten, desto tiefer liegt der Strich, desto weniger weiß es Positives von sich zu berichten, und desto entmutigter ist es auch. Die folgende Abbildung stammt von Ivo, einem achtjährigen Jungen. Er gilt als „schwieriger Schüler".

Iro

- Ich störe den Unterricht
- Ich mache die Hausaufgaben nicht
- Ich kann mich nicht konzentrieren
- Ich vergesse meine Sachen
- Ich lasse mich provozieren
- Ich flippe oft aus
- Ich halte mich nicht an die Melderegel
- Ich bin manchmal nicht nett zu meiner Lehrerin
- Ich ärgere meine Schwester

- Ich bin gut in Sport. Ich kann schnell laufen, weit springen
- Ich räume die Spülmaschine aus

Was Ivos Lehrerin über den Jungen berichtet, ähnelt dem, was er selbst über sich sagt – mehr noch: Es ist in vielen Punkten das Gleiche. Dies ist nicht verwunderlich, denn das, was die Kinder über sich hören, ist das, was sie über sich lernen und wissen. So ist das Bild, das sie von sich haben, weniger das Ergebnis einer kritischen Selbsteinschätzung, sondern vielmehr die unreflektierte Übernahme dessen, wie andere über sie reden und urteilen. Erwachsene sind Kindern auch hierin ein Vorbild. Bei Bedarf können die Kinder all das mühelos abrufen. Manchmal diktieren sie die vielen Einzelheiten mit naivem Stolz – ist es doch auch eine lange Liste, und sie haben alles im Kopf! Fast ausnahmslos sagen die Kinder z. B.: *Ich kann mich nicht konzentrieren.* Die wenigsten wissen, was das eigentlich ist, *sich konzentrieren,* aber sie wissen genau, dass sie es nicht können, denn sie haben es oft genug gehört. Wenn alles aufgeschrieben ist, wenn die Kinder auf das Blatt schauen und lesen, was dort steht, werden sie nachdenklich und gucken mich fragend an. Es gibt Kinder, die damit rechnen, dass auch ich der langen Liste noch etwas hinzuzufügen hätte. Wie oben erwähnt und auch am Beispiel von Ivo zu sehen, wird *das Gute* in den unteren Teil des Blattes platziert. Alles andere kommt nach oben. Damit wird meistens auch begonnen. Es ist in der Wahrnehmung des Kindes das Wichtigere oder zumindest das im Vordergrund Stehende, das Gewohnte eben.

… und die untrüglichen Zeichen seiner Entmutigung

Neben der defizitbetonten Aufteilung von Stärken und Schwächen gibt es ein weiteres Indiz für das negative Selbstbild des Kindes, nämlich die Tatsache, dass es sich am Rand oder außerhalb der Klassengemeinschaft sieht, sich ihr also kaum noch oder gar nicht mehr zugehörig fühlt. Im Gegensatz dazu empfindet sich ein *er*mutigtes Kind als gleichwertiges Mitglied dieser Gemeinschaft. Es übernimmt Verantwortung für die Mitschülerinnen und Mitschüler, es findet sich wichtig, zweifelt nicht an seiner Zugehörigkeit und sieht sich eher in der Mitte der Gemeinschaft. Je *ent*mutigter ein Kind ist – und Kinder mit einem negativen Selbstbild *sind* entmutigte Kinder –, desto unsicherer ist es in der Regel, und desto weniger fühlt es sich auch akzeptiert.

Sehen sich Kinder vor die Wahl gestellt, unbeachtet zu bleiben oder aber, wenngleich mit destruktiven Mitteln, Beachtung zu bekommen, wählen sie in der Regel das Zweite – selbst dann, wenn Sanktionen und Zurechtweisungen drohen. Noch nie habe ich es anders erlebt. Ohne Beachtung geht es nicht. Das Selbstbild aber bleibt defizitär, das Selbstbewusstsein ist gering, und die Diskrepanz zwischen Wunsch und Können wird mit viel Aufwand kompensiert. Es ist also zu unterscheiden zwischen dem Streben des Kindes nach Beachtung auf der einen Seite und seinem Gefühl der Unzulänglichkeit auf der anderen Seite. So paradox es klingen mag: Ein Kind, das mit negativen Mitteln dauernd im Mittelpunkt steht und ständig von sich reden macht, begreift sich selber nicht etwa als „bedeutenden" Menschen, sondern sieht sich, ganz im Gegenteil, als jemanden, der wenig zu bieten hat und nicht wirklich dazugehört, der chancenlos ist und darum am Rande steht. Ein selbstbewusstes Kind findet Beachtung wichtig wie jedes andere auch. Es greift aber nicht zu fragwürdigen Mitteln.

Wenn ich im Gespräch mit einem Kind einen großen Kreis zeichne, darin so viele kleine Kreuze mache, wie es Mitschüler*innen in der Klasse gibt, und anschließend frage: *Welches Kreuz bist du?*, dann sagt mir die Wahl seines Kreuzes immer etwas über das Maß seiner Entmutigung: Je weiter das Kreuz von der Mitte entfernt ist, desto weiter ist auch das Kind – um in diesem Bild zu bleiben – von einem stabilen Selbstwertgefühl entfernt. Auf meine Frage: *Welches Kreuz wärest du denn gern?* geht der Finger meist ohne Zögern in die Mitte. Und dann, natürlich, liegt die Frage nahe, wie das Kind von außen nach innen kommen könnte. Dann folgt ein Dialog auf individualpsychologischer Grundlage, der häufig noch lange an dem Kreis mit all seinen Kreuzen orientiert bleibt und die Frage nach den Erfahrungen und Gefühlen des Kindes ebenso einschließt wie die nach den zu verändernden Zielen und Verhaltensweisen.

Eine Einschätzung

Es ist schwer vorstellbar, wie ein Kind mit einem *negativen* Selbstbild – und sei dies auch überwiegend auf den schulischen Bereich bezogen – zu einem angemessenen und normgerechten, kurz: *positiven* Verhalten fähig sein soll. Wenn es tatsächlich von sich glaubt, so vieles nicht zu können, wird es auch nichts „Gutes" von sich erwarten, abgesehen davon, dass manche Kinder gar nicht genau wissen, wie das von den Erwachsenen gewünschte Verhalten aussieht, und noch weniger, warum und wie sie es sich aneignen sollen. Denn das, was gewünscht ist, ist ihnen ja keineswegs vertraut. Oft war es weder Bestandteil noch Vorbild ihres bisherigen Lebens. Das destruktive Verhalten ist nicht selten das einzige, was sie kennen und was ihnen Sicherheit gibt, wenngleich eine nur scheinbare und letztlich wenig zufriedenstellende.

Die Ursachen und Ziele ihres Verhaltens sind vielfältig und komplex. Sie sollen an dieser Stelle auch nicht reflektiert werden. Irgendwann im Leben des Kindes gab es eine Disposition, die es dazu veranlasste, destruktive Handlungsweisen zu entwickeln und anzuwenden. Für den hier thematisierten Zusammenhang ist die Tatsache relevant, dass es sich dabei in vielen Fällen um jahrelang antrainierte, hochentwickelte und in der Zielausrichtung in sich stimmige Verhaltensmuster handelt, die sich in den Augen des Kindes insofern bewährt haben, als sie wenigstens sicherstellten, dass man sich mit ihm beschäftigte, dass man es also nicht aus dem Blick verlieren konnte. Die Folgen solcher Verhaltensmuster sind fatal, denn sie stellen auch dies sicher: Erwachsene, die das Kind begleiten und erziehen, laufen Gefahr, auch ihrerseits ein negatives Bild von ihm zu entwickeln, und dieses Bild trifft wiederum das Kind mit der ganzen Härte sozialer Unversöhnlichkeit und entmutigender Erwartungshaltung. Somit ist auch das Bild der Erwachsenen kein gutes, erstrebenswertes Vorbild. Im Gegenteil: Es bestätigt das Kind ein weiteres Mal in dessen eigenem Selbst- und Weltbild, wie letztlich auch in der Wahl und Anwendung seiner bisherigen Mittel.

Der pädagogische Ansatz

Ein Umdenken ist erforderlich, und zwar für alle Beteiligten. Der pädagogische Ansatz liegt nicht allein in der Zurückweisung problematischen Verhaltens, sondern primär in der Stärkung des Kindes. Gleichwohl ist die Zurückweisung unumgänglich. Bleibt sie aus, könnte das Kind zu der Annahme verleitet werden, sein Verhalten sei berechtigt und akzeptabel, und dann könnte es auch weiterhin ein hohes Maß an ungebührlicher Beachtung fordern – dies nicht nur zum Verdruss der Lehrkraft, sondern auch zulasten der anderen Kinder.

Doch bei dieser Intervention darf es nicht bleiben. Der zweite Schritt muss folgen, und der muss das Kind in eine andere Richtung führen (vgl. hierzu auch Kapitel 1: „Der will doch nur Beachtung!"). Dabei ist zu bedenken, dass das Ausmaß des unangemessenen Verhaltens dem Ausmaß der zugrundeliegenden Entmutigung entspricht, d. h. je destruktiver sich das Kind verhält, desto entmutigter wird es sein, und daraus wiederum folgt: In dem Maße, wie es der Lehrkraft gelingt, das Kind zu stärken, wird es diesem gelingen, sein problematisches Verhalten zu reduzieren. Was also auf der einen Seite an Verhaltensauffälligkeiten *ab*gebaut werden soll, muss auf der anderen Seite an Ermutigung *auf*gebaut werden (vgl. hierzu auch die Bemerkung von Leo am Ende des Kindergesprächskreises). Mit zunehmender Ermutigung werden destruktive, beispielsweise störende Verhaltensweisen für das Kind verzichtbar, ja geradezu unattraktiv, denn zunehmend lernt es, durch konstruktives Sozialverhalten auf sich aufmerksam zu machen und *damit* die ersehnte Resonanz zu erfahren. Bleiben ermutigende Maßnahmen aus, wird es auf bekannte und gewohnte Aktionen zurückgreifen.

Ein Kind, das lernen soll, sich einzuordnen und zu arbeiten, zu kooperieren und auch mal abzuwarten, sich an eine schwierige Aufgabe heranzutrauen und dafür die nötige Beharrlichkeit aufzubringen – kurz: Verhalten zu zeigen, das wir „positives Sozialverhalten" und „Lernbereitschaft" nennen –, so ein Kind betritt an dieser Stelle Neuland. Ein Begriff, der zunächst etwas hoch gegriffen erscheinen mag, erweist sich bei genauerer Überlegung als durchaus realistisch, geht es doch um nicht weniger als um eine völlige Neuorientierung, darum, Verhaltensziele anders auszurichten und dabei das Risiko einzugehen, mit diesen eben *nicht* das gewohnte Maß an Beachtung zu bekommen. Für das Kind stellt sich, wenngleich wohl nicht bewusst, die Frage: *Bewährt sich das? Lohnt es sich? Kriege ich damit Aufmerksamkeit? Ist das für mich ein Gewinn oder ein Verlust?* Darüber hinaus wird es feststellen, dass die Mitarbeit in einer Lerngemeinschaft nicht nur schöner, sondern auch anstrengender und schwieriger ist – schwieriger jedenfalls, als diese mit problematischem Sozialverhalten zu stören. Die erforderlichen Fähigkeiten sind möglicherweise noch gar nicht ausgeprägt, vielleicht fehlen sie auch völlig, und wenn das Kind sie erwerben will oder soll, ist es auf die Lehrkraft und auf eben diese Gemeinschaft angewiesen.

Das pädagogische Ziel

Es sind elementare Lernerfahrungen, über die entmutigte Kinder oft nicht einmal ansatzweise verfügen. Wenn wir uns klar machen, worum es im Kern dabei geht, wird sowohl der hohe Anspruch deutlich, dem sich *Lehrkräfte* stellen, die mit pädagogischen Mitteln versuchen, den Kindern diese Erfahrungen zu ermöglichen, als auch das hohe Ziel, das es für die *Kinder* zu erreichen gilt: Es geht mindestens um einen Richtungswechsel, auf jeden Fall um einen Perspektivwechsel und vielleicht sogar um einen Paradigmenwechsel. Denn Kinder, die ein negatives oder zumindest defizitorientiertes Selbstbild haben, die ihre Stärken und Fähigkeiten nicht wahrnehmen oder nicht kennen, die diese unterschätzen oder nicht nutzen und denen es folglich an dem für die Bewältigung ihres Lebens nötigen Selbstvertrauen fehlt, diese Kinder sagen – im Schutz eines Gespräches – häufig von sich, …

- dass sie nichts können,
- dass kaum jemand sie mag,
- dass sie nicht richtig dazugehören,
- dass es sowieso keinen Zweck hat,
- dass man sich nicht auf sie verlassen kann.

Und genau diese Kinder sollen lernen, …

- für möglich zu halten, dass sie etwas können,
- sich selbst als gleichwertiges Mitglied zu sehen,
- dass sie etwas zur Gemeinschaft der Klasse beitragen können,
- wie es sich anfühlt, geschätzt und gemocht zu werden,
- auszuhalten, dass sich andere Menschen auf sie verlassen,
- an sich zu glauben.

Ob das überhaupt möglich ist und, wenn ja, wie: Dazu möchte ich an dieser Stelle die Kinder zu Wort kommen lassen. Können sie sich das überhaupt vorstellen? Oder können sie vielleicht sogar über eigene Erfahrungen berichten?

Wenn es was Schlechtes macht, dann kommt es in zwei Sekunden in den Mittelpunkt – Gedanken der Kinder

Eine Vorbemerkung: Die Kinder sprechen im Folgenden häufig vom „Lob". Damit meinen sie Anerkennung und Zuspruch. Sie differenzieren nicht, wie es in Kapitel 4, „Das hast du super gemacht!", näher ausgeführt wird, zwischen dem pauschalen Lob wie „Super" oder „Toll" und einer differenzierten Rückmeldung. Obgleich die Kinder im Unterricht meistens differenzierte Rückmeldungen bekommen, subsumieren sie hier die positive Resonanz, ganz gleich welcher Art, unter dem Oberbegriff „Lob".

Zu Beginn des Gesprächskreises berichte ich von meinen (Beratungs-)Gesprächen mit Kindern und davon, dass ich oft mit Schülerinnen und Schülern rede, die im Unterricht durch störendes und manchmal aggressives Verhalten auffallen. Ich erkläre, dass wir dann gemeinsam versuchen herauszufinden, warum und mit welchen Zielen sie das tun und auch, dass wir gemeinsam nach Lösungen für ihre Probleme suchen. Die Kinder, die hier im Halbkreis vor der aufgeklappten Tafel sitzen, hören aufmerksam zu. Ich habe den Eindruck, dass sie vieles verstehen und sich auch vorstellen können, was ich beschreibe. Jedenfalls sind sie ganz bei der Sache.

Auf die linke Tafelseite zeichne ich schließlich einen großen Kreis, setze viele kleine Kreuze in den Kreis, an dessen Rand und außerhalb des Kreises. Die Funktion des Kreises brauche ich nicht mehr zu erklären. *Das kann ich mir schon denken,* sagt ein Mädchen, *das sind die Kinder aus der Klasse.* Die Schülerin erklärt es noch einmal für alle. *Und dann ist natürlich das Kind selbst auch eins von diesen Kreuzen da!*

Letschert: *Stimmt. Und das frage ich dann auch das Kind. Ich frage es: „Welches Kreuz bist <u>du</u>?" – Was meint ihr: Wie lautet die Antwort?*

Linus: *Ich glaube das, was <u>außerhalb</u> ist, was weiter weg ist.*

Sophie: *Ich würde sagen, das hier oben.* Sophie zeigt auf ein Kreuz am äußersten oberen Rand.

Sanaa: *Ich würde das auch so sagen.*

Marlene: *Also ich würde sagen: <u>Das</u> hier.* Marlene zeigt auf ein Kreuz, das sich ebenfalls am Rande des Kreises befindet.

Mehrere Kinder schließen sich diesen Meinungen an und weisen auf Kreuze, die sich am Rande oder außerhalb des Kreises befinden.

Letschert: *Was vermutet ihr, wie das Kind über sich denkt?*

Die Kinder vermuten, dass das Kind *nicht so gut* über sich denkt, und sie führen mögliche Gründe dafür an.

Letschert: *Sieht es mehr seine <u>Stärken</u> oder mehr seine <u>Schwächen</u>?*

Larion: *Also ich glaube, dass das Kind denkt, „dass ich mehr Sachen <u>nicht</u> kann als <u>kann</u>". Oder es fühlt sich vernachlässigt und denkt, „dass ich <u>schlecht</u> bin, und darum bin ich so an den Rand gekommen".*

Marlene: *(...) Wenn es so am Rand ist, dann denkt es, glaube ich: „Ich kann mehr Sachen <u>nicht</u>." (...)*

Linus: *Also ich würde es auch so sagen wie Marlene: Wenn man irgendwo am Rand steht, denkt man: „Das schaffe ich alles nicht!" Wenn man dann weiter in die Mitte kommt, wird man sagen, man wird sowas wie ... äh ... also als ob man so <u>besser</u> als die anderen wäre.*

Jonathan: *Übermütig!*

Linus: *Ja, sowas.*

Albert: *Also ich sehe mich auch meistens am Rand, obwohl ich es nicht bin. Dann denke ich immer: „Mich mag keiner, ich bin so dumm wie in der 1. Klasse, ich kann nichts weiter als rumhampeln."*

Irma: *Ich würde sagen, nochmal auf deine Frage zurück, dass er dann eher so am Rand ist, dass man auch so wirklich denkt, dass man nichts könnte, weil sonst würde man wohl mehr gemocht werden oder so. Und wenn man in der Mitte ist, dann ist man auch so selbstbewusster.*

Jonathan: *Also ich glaube, dass wenn man ein bisschen mehr in der Mitte ist, dass man dann auch ein bisschen mehr Unsinn macht und dann auch mehr ausflippt und eher so ein schlimmes Kind ist, das sich nicht viel meldet und auch nicht so viel sagt. Z.B. ich bin ja wahrscheinlich eher so hier* – Jonathan zeigt auf zwei Kreuze zwischen der Mitte und dem Rand – *also da oder da, weil ich mich oft melde und auch viel sage.*

Letschert: *Ich möchte euch mal ein Beispiel zeigen.* L.in heftet einen Flipchart-Bogen, auf dem ein großer Kreis mit rund 20 Kreuzen gezeichnet ist, an die Tafel. *So z.B. sieht sich Ivo, ein Kind, mit dem ich vor einigen Wochen gesprochen habe. Ivo ist in der 3. Klasse. Er sieht sich genau auf dem Rand des Kreises. Das hier, das ist er. Um dieses Kreuz hat er einen Kreis gemacht.* L.in zeigt auf ein Kreuz, das sich oben rechts direkt auf dem Rand des Kreises befindet und umrandet ist. *Und bei Ivo ist es genau so, wie Larion vorhin gesagt hat: Auf meine Frage: „Was kannst du?“, kommen nur ganz wenige Dinge. Und auf meine Frage: „Was kannst du noch nicht so gut, oder womit bist du nicht so zufrieden?“, kommen sehr viele, also viel mehr Dinge. Schaut mal: So sieht sich dieser Junge.* L. heftet den Bogen mit Ivos Antworten an die Tafel. *Das sind seine Antworten* (siehe oben). L.in liest vor, die Kinder lesen leise oder stumm mit. *So sieht sich dieses Kind, Ivo.*

Für einen Moment ist es still im Klassenraum. Die Kinder wirken ernst und nachdenklich.

Bo: *Also ich glaube, das Kind sollte eher in so eine Fördergruppe, damit es ruhiger wird, und dass er auch so eine Therapie macht, damit er auch ein bisschen fitter wird.*

Marlene: *Er braucht einfach ganz viel Zeit. Also man muss ihm Zeit geben, und man muss nicht immer sagen: „Das kannst du nicht, und das kannst du nicht, sondern man muss positiv auf ihn eingehen und z.B. sagen: „Ja, das hast du gut gemacht, aber guck mal: Du musst das noch ein bisschen machen“, also nicht gleich, wenn er einen Fehler gemacht hat, ihn anmotzen oder so. (…) Und dass man ganz viel Zeit auch hat, dass man ganz in Ruhe mit ihm die Sachen macht, z.B. eine Fördergruppe, wie Bo schon gesagt hat, damit er weiß, er muss auch richtig üben, z.B. wenn er nicht gut schreiben kann, dann muss er üben, und man muss ganz langsam darauf eingehen.*

Leo: *Ich glaube, das Kind braucht einfach mal ganz viele Leute, mindestens jemanden, der dem Kind sagt: „Du bist gut. Wir mögen dich! Du bist ein toller Mensch!“ Damit es auch die Motivation hat, Dinge besser zu machen. Wenn alle ihn immer nur für seine Fehler beleidigen und sagen, „du bist so schlecht“ und so, dann kann sich der auch nicht verbessern, weil dann denkt er: „Mich mag doch eh keiner! Dann bringt es doch auch nichts, wenn ich mich gut benehme!“*

Irma: *Ich glaube einfach, dass er auch Freunde braucht, die wirklich zu ihm halten, die vielleicht auch mal bei den Hausaufgaben vorbeikommen und ihm irgendwie helfen bei Sachen, die er noch nicht so richtig versteht, und dass die Lehrer auch wirklich mal betonen, wenn er irgendwas gut gemacht hat, und die Fehler nicht ganz so 'rausheben, sondern sie eher nochmal mit ihm in Ruhe besprechen.*

Albert: *Also ich finde eigentlich, dieses Kind muss nicht zu der Fördergruppe gehen, weil es kann auch zu Hause sehr viel üben. Und wenn das Kind immer so aggressiv ist, muss es ja nicht in die Klasse gehen. Es kann auch da oder da arbeiten und arbeitet erstmal nicht so schwierige Sachen, also auch die Sachen, die er gut kann und die Sachen, die er geschafft hat. Dann kann er ein bisschen schwierigere, und dann hat er in der Schule auch die Entspannung – wie zu Hause auch.*

Yamen: *Ich finde, die Lehrer können auch mehr leisten. Es war bei mir auch schon mal so wie bei diesem Kind. Ich habe irgendwie nichts verstanden, selbst wenn die Kinder mir geholfen haben. Ich habe es bei denen dann auch nicht so gut kapiert, aber bei den Lehrern schon. Deswegen finde ich, die Lehrer können sich mehr um das Kind kümmern, dass es dabei auch nicht so eine Angst hat.*

Burak: *Ich nehme jetzt mal Albert als Beispiel, weil er sagt auch sehr oft: „Ich kann das nicht, und das und das geht nicht." Heute war es z. B. auch so: Er hat eine Matheaufgabe nicht geschafft, und er ist richtig gut in Mathe. Und da ist er schon ein bisschen ausgeflippt. Und dann ist da jemand* (dann muss da jemand sein), *der sagt: „Albert, du bist doch richtig gut in Mathe!"*

Letschert: *Nochmal zurück zu Ivo. Ich habe hier* (auf einen Flipchart-Bogen) *mal aufgeschrieben, was ich finde, das Ivo lernen muss. Vieles davon habt ihr selbst schon gesagt.* L.in liest vor, die Kinder lesen mit: *Ivo muss lernen, dass er etwas kann und etwas zu bieten hat. – Er muss lernen, dass er etwas zur Gemeinschaft beitragen kann. – Er muss lernen, wie es sich anfühlt, geschätzt und gemocht zu werden. Das weiß er ja nicht, weil er ja andere Kinder und den Unterricht stört. Da kriegt er also nicht viel Sympathie und Freundschaft.*

Linus: *Genau!*

Letschert: *Und er muss lernen, an sich zu glauben. – Meine Frage an euch ist: Wie kommt Ivo von da* (vom negativen Selbstbild) *nach da* (zu diesen Zielen)? *Was müssen Lehrkräfte tun, Eltern tun, andere Kinder tun, und was muss Ivo selber tun?*

Linus: *Also das Erste, auf jeden Fall: an sich zu glauben, und dass die Eltern an ihn glauben und dass die Lehrer auch an ihn glauben.*

Letschert: *Wie können sie das denn ausdrücken ihm gegenüber?*

Linus: *Ja, also dass sie ihm z. B. sagen, dass er es gut macht oder so. Und: „Das hast du z. B. leider falsch gemacht, aber lass uns das zusammen nochmal kontrollieren." Dass er dann auch weiß, dass er geschätzt wird. Dass er das wirklich weiß.*

Bo: *Ich würde sagen, dass die Kinder nicht so sind: „Ach, der stört jetzt ja die ganze Zeit den Unterricht, und dann ist er wahrscheinlich auch nicht so nett, und darum spiele ich lieber mit den anderen Freunden." Und dass eine Gruppe von Kindern dann zu ihm geht und sagt: „Wollen wir vielleicht zusammen spielen oder uns mal verabreden oder so?" Dann würde er sich eingebunden fühlen. Dann würden sogar alle an ihn glauben!*

Yamen: *Und er muss dann auch lieber mitmachen, egal, ob es falsch ist. Er könnte sich einfach melden. Er muss an sich glauben und mitmachen.*

Leo: *Es ist eigentlich eine kleine Sache, aber auch eine wichtige: Er muss es auch wollen. Weil wenn man etwas nur halbherzig macht, wenn man irgendwie Kuchen backt und es nicht richtig will, sondern nur machen muss, dann kann der auch nicht gut sein. Also man muss es auch wollen. Man muss auch motiviert dazu sein.*

Sanaa: *Ich finde, man müsste auch mal zu ihm hingehen und sagen: „Hallo, wie geht's dir? Hast du heute gut geschlafen?" Oder wenn man an ihm vorbeigeht, dass man ihn anlächelt, dass er sich so ein bisschen ... dass er ... dass er sich angesprochen fühlt.*

Marlene: *Also ich finde, man müsste langsam auf ihn zugehen, und es wird eine lange Zeit dauern (...). Und man muss das halt langsam machen, wie es dem Kind auch entspricht. Wenn z. B. Linus eine Aufgabe nicht versteht, dann würde ich ja auch nicht sagen: „Das kannst du jetzt! Du bist jetzt in der 4. Klasse! Da musst du das eigentlich können!"* (Marlene spricht laut und streng.) *Wenn er das nicht versteht, dann versteht er es halt nicht. Dann muss man ihm vielleicht auch sagen: „Konzentrierst du dich jetzt nicht richtig? Oder brauchst du mal eine Pause?" Dass man auf ihn eingeht (...).*

Irma: *Er braucht ein Selbstvertrauen.*

Letschert: *Wie kriegt er Selbstvertrauen?*

Irma: *Indem ihm auch gesagt wird, dass er etwas gut macht, dass er ein netter Junge ist und dass er z. B., wenn er jetzt schön malen kann, dass er, wenn er was malt, gesagt bekommt, dass sein Bild schön geworden ist. Dass er an sich glaubt, dass er das kann.*

Yamen: *(...) Und dann waren sie beste Freunde, und nur deswegen* (weil er etwas nicht geschafft hat) *dürfen sie keine Freunde mehr sein, weil er vielleicht zu schlecht ist, und die Mutter und der Vater* (der Freunde) *sagen, dass ihr Sohn bald auch genauso schlecht wird wie er, wenn sie weiter zusammen sind.*

Letschert: *Ist das so? Erlebt ihr das auch so?* Einige Kinder antworten mit einem nachdrücklichen „*Nein!*", andere Kinder haben Yamens Beitrag – Yamen spricht sehr leise – nicht ganz verstanden. *Yamen, wiederhole doch bitte nochmal deinen Beitrag.*

Yamen: *Also man könnte ihn ja fragen, wie es ihm geht. Und nicht, dass der Freund sagt: „Du hast es nicht geschafft, und deswegen dürfen wir keine Freunde mehr sein", weil die Eltern glauben, dass ihr Sohn dann auch so wie sein Freund wird* (und schlechte Leistungen hat), *wenn sie zusammen spielen.*

Leo: *Was ich noch sagen wollte, was man dann auch machen muss, das ist bei Albert manchmal so: Er hat dann manchmal das Gefühl – ich weiß nicht genau, ob das stimmt –, dass er alles falsch macht und dass die Lehrer ihn dann so mit Infos und auch mit Kritik überschütten und so viel auf einmal sagen, dass er dann überfordert ist, und dann flippt er auch manchmal aus. Ich glaube, dass es auch damit zusammenhängt.*

Bo: *Ich hatte das auch mal eine Zeitlang. Ich bin auch schnell ausgerastet, weil ich hatte in der 1. Klasse im ersten Halbjahr fast nie einen zum Spielen, und dann war ich immer allein auf dem Schulhof, und das ist dann immer ein blödes Gefühl, wenn du keinen hast, der mit dir spielen möchte. Und dann habe ich jetzt immer einen zum Spielen, und das fühlt sich dann auch besser an, wenn einer mit einem spielt, und vorher keiner mit einem gespielt hat. Und das hatte ich auch mal, dass ich schnell überfordert war und dann auch schnell ausgerastet bin.*

Marlene: *Ich möchte erst was zu Bo sagen und dann was anderes. Also Bo kriegt das jetzt auch richtig gut hin, also wenn er eine Aufgabe nicht versteht, dann ist er manchmal so: „oooaaaahhhh", kurz so davor* (auszurasten), *und dann ist es aber auch so: Er lässt sich auch leicht beruhigen: „Bo, steck mal den Kopf in den Sand!"* (das bedeutet in dieser Klasse, die Arme auf den Tisch und den Kopf auf die Arme legen), *und dann braucht er einfach mal 'ne Auszeit. Wenn man die ganze Zeit so über dem Arbeitsblatt ist, dann geht das auch irgendwann nicht mehr.*

Letschert: *Kannst du das bestätigen, Bo?*

Bo: *Ja.*

Marlene: *Und ich finde das dann einfach auch doof von den Eltern, wenn sie sowas sagen: „Ja, du wirst dann auch schlecht!" oder so. Ich finde das total gemein, weil man ja dann sozusagen das Kind beleidigt und ausgrenzt. Ja, ich reg' mich da so drüber auf gerade, ich finde das total schlimm. Das Kind ist dann auch allein!*

Irma: *Mama sagt auch immer, „das hat gar nichts damit zu tun, ob ein anderes Kind gut oder schlecht ist in der Schule. Das wirkt sich nicht auf dich aus. Ihr seid einfach gute Freunde. Ihr könnt ja jetzt nicht irgendwie tauschen gegenseitig." Und dann auch noch einmal: Dieser Ivo braucht auch einfach, ähm, ich glaube, also bei Ivo ist das auch einfach so: Wenn man jetzt zu nett mit ihm ist, dann denkt er auch, dass er so klein ist, dass man mit ihm nicht richtig reden kann.* (Wichtig ist,) *dass er auch so behandelt wird wie die anderen, aber halt ein bisschen ruhiger, dass er nicht mit Informationen vollgeschüttet wird oder dass man die Fehler nicht so 'raushebt, aber dass man schon normal mit ihm redet wie mit allen Kindern. Sonst fühlt er sich klein.*

Albert: *Also wenn man schlechter in der Schule ist, dann braucht man auch ein bisschen Verwöhnung. Aber zu viel Verwöhnung ist auch nicht gut. Und wenn man so gut ist in der Schule wie da z. B.* – Albert zeigt auf Marlene –, *dann braucht man nicht so viel Verwöhnung. Sonst fühlt man sich irgendwie so: „Hä? Das kann ich doch schon!"*

Leo: *Also wenn man zu viel verwöhnt wird – das hat Irma gesagt oder Albert –, dass wenn man zu viel verwöhnt wird, dass man dann nicht auch noch verwöhnt wird, wenn man alles kann. Ich finde, sonst, wenn man immer verwöhnt wird, und die Lehrer immer ein bisschen netter zu einem sind, die müssen ja auch mal streng sein, weil sonst denkt man einfach: „Ich kann hier alles machen", und dann haut man einfach Kinder, weil die Lehrer dann denken, dass das Kind das noch nicht gelernt hat. Dabei weiß* (denkt) *das Kind: „Ich kann einfach alles machen, ohne dass ich dafür Ärger kriege."*

Letschert: *Also Leo, du meinst, Grenzen braucht das Kind auch.*

Leo: *Hm.* Zustimmung.

Bo: *Ich wollte zu dem etwas sagen, was Albert gesagt hat: Wenn man alles kann, dann denkt man vielleicht auch: „Ich kann alles, es ist eh alles langweilig! Dann brauche ich ja auch gar nicht mehr zur Schule gehen, wenn ich eh schon alles kann." Und dann denkt man: „Ich hab den Schulabschluss gemacht!"* Bo lacht über seinen letzten Satz.

Letschert: *Bo, weißt du noch, was du mir vor vierzehn Tagen gesagt hast?*

Bo: *Nein.*

Letschert: *Ich weiß es noch. Da habe ich dich gefragt: „Ist dieser Kindergesprächskreis etwas für dich?" Darf ich sagen, was du geantwortet hast? Darf ich das sagen?*

Bo: *Ja.*

Letschert: *Da hat Bo nämlich gesagt: „Nee, das ist überhaupt nichts für mich. Das kann ich gar nicht. Das ist nicht meins." Und guck mal, Bo, was du heute für Beiträge machst. Ich glaube, du hast dich vor vierzehn Tagen ziemlich geirrt. Aber ich kenne die Situation, dass man denkt: „Ach nee, …*

Bo: *… ist nicht meins."*

Letschert: *Genau.*

Jonathan: *Ich finde, wenn man jetzt z. B. in der 1. Klasse ist, da kann man ja noch nicht so viel, dass man erstmal etwas schwierige Aufgaben bekommt, die man vielleicht noch nicht so kennt, dass man dann am Anfang auch Hilfe braucht von den Lehrern, das ist ja immer so. Aber dass, wenn man das dann schon mal gemacht hat und das dann auch kann, dass man ihm dann nicht hilft, sondern sagt: „Das hast du schon mal selber gemacht, das kannst du. Du musst nur ein bisschen nachdenken, dass du das dann auch von alleine machen kannst." Weil man muss ihn ermutigen, dass er auch nachdenkt, also nicht sagen: „Ja, dann helfe ich dir einfach!", sondern sagen: „Das hast du schon mal selber gemacht, das kannst du jetzt auch alleine machen."*

Letschert: *Also an den Erfolg erinnern, den das Kind schon mal hatte.*

Jonathan: *Ja. Also ein bisschen helfen, aber nicht, wenn er das auch selber machen kann. Das Gefühl ist dann auch gut.*

Der erste Teil des Kindergesprächskreises ist beendet. Die Kinder gehen in die Pause. Diese ist aus schulinternen Gründen länger als üblicherweise. Kurz vor Ende der Pause kommt Albert zu mir.

Albert: *Ich hab mir überlegt, ich wollte nochmal eben besser sagen, was ich vorhin gesagt habe. Das fand ich nicht so gut. Kann ich nochmal eben ins Mikro* (gemeint ist das iPhone) *sprechen?*

Letschert: *Klar!*

Albert setzt sich kerzengerade an den Tisch und hält das Gesicht dicht über das iPhone. Dann räuspert er sich, schließt kurz die Augen, holt tief Luft und beginnt. Er spricht laut und besonders deutlich.

Albert: *Also wenn ein Kind gut in der Schule ist, und wenn es zu viel Lob bekommt, dann denkt es: „Hä, das kann ich doch schon!" Und dann macht das Kind einfach nur krikalakrak und denkt: „Och, ich hab ja alles richtig!" Und danach guckt es sich den Test an und sieht: „Oh, ich hab ja alles falsch!" Und wenn es schlecht ist in der Schule, und wenn man dann richtig viel Lob kriegt, dann wird man auch bald richtig gut. Und dann versucht man wenigstens, sich anzustrengen. Weil wenn man schon schlecht ist, und man ein Lob bekommt, dann versucht man es wenigstens. – Das war sogar noch besser ausgedrückt als vorhin!*

Letschert: *Ja, das ist mir auch aufgefallen!*

Albert: *Für wen ist eigentlich die Aufnahme?*

Letschert: *Für das Buch, wie immer. Ich tippe das dann zu Hause ab.*

Albert: *Oooh. Aber kannst du bitte eintippen, was ich als Letztes gesagt habe?*

Letschert: *Klar. Ich kann ja rauslassen, …*

Albert: *… was nicht so gut war.*

Letschert: *Genau. Das mache ich.*

Die Pause ist beendet, es geht weiter.

Letschert: *Was meint ihr: Wie kommt es überhaupt zu diesem negativen Selbstbild? Beispielsweise bei Ivo? Wie kommt es, dass Kinder so schlecht von sich denken und überwiegend im Blick haben, was sie noch nicht können, und womit sie noch nicht zufrieden sind und kaum das wahrnehmen, was sie können?*

Viktor: *Weil die denken, die können nicht so viel, z. B. können die sich nicht so gut konzentrieren.*

Larion: *Also ich habe zwei Meinungen: Eine Meinung ist, dass keiner dich lobt. Und wenn ich z. B. was ganz gut gemacht habe, aber keiner was darüber sagt, dann denkt man, dass man das nicht kann. Und die zweite Meinung ist, dass man dann ein bisschen überfordert ist und dann ein paar schlechte Sachen macht.*

Marlene: *Man muss ja auch erstmal an diesen Punkt kommen, also dass man so tief gesunken ist. Das ist, glaube ich, schon anstrengend, da überhaupt hinzukommen. (…) Und es geht nicht, dass man das Kind dann einfach so da zurücklässt. Dann kriegt es das nicht hin, und dann hat man auch gar keinen Ehrgeiz mehr, irgendwas zu machen. (…)*

Sanaa: *Vielleicht hat er mit den Kindern gespielt, z. B. Fußball gespielt und dabei kein Tor gemacht. Vielleicht hat ein Junge ihn dann total angemotzt, und dass er dann denkt: „Oh, ich kann kein Tor schießen, ich kann kein Fußball, ich kann wahrscheinlich gar keine Sachen mehr." Anzumotzen und Zeichen zu machen* (Sanaa zieht eine Schulter hoch und streckt die Zunge raus) *und so, das ist dann einschüchternd.*

Kaja: *Es kann ja auch sein, wie es jetzt z. B. gerade in der Spielzeit war, dass es Streit gab, und dann, wenn ich mich jetzt mit Sanaa streite, dann sage ich zu ihr: „Ey, du bist ja echt nicht gut in Mathe!", und dann konzentriert sie sich ja nicht mehr auf die Sache, weil vielleicht will sie mir noch irgendwas dazu sagen, und dann kann sie sich nicht mehr auf die Aufgabe konzentrieren, die sie eigentlich jetzt machen sollte.*

Joudi: *Es kann ja auch sein, dass er ein paar Freunde hat, aber er will noch mehr, und dann denkt er: „Was, wenn ich mich jetzt cooler mache, wenn ich nicht die Hausaufgaben mache? Dann bekomme ich mehr Freunde, weil ich cool bin." Er möchte einfach cool sein.*

Letschert: *Glaubst du, Joudi, dass du damit gute Freunde findest?*

Joudi: *Also man bekommt gute Freunde, indem man nett zueinander ist und sich gut versteht. Und wenn man sagt: „Hä, was soll das denn?"* (Joudi spricht in einem abfälligen Ton), *dann ist das doch keine richtige Freundschaft. Dann versucht man nur, cool zu sein und zu sagen: „Hey guck mal, ich bin der Größte hier!"*

Linus: *Ich glaube, zu einem Teil ist es auch so, dass nicht so viele an ihn glauben, also wenn er was falsch macht, alle mehr auf ihm rumhacken, und wenn er was richtig gemacht hat, es keinen interessiert. Und deshalb macht er dann auch nicht mehr so viel, weil es eh keinen juckt.*

Irma: *Also entweder könnte es sein, dass die Kinder generell da nicht so sind, also nicht so eine Gemeinschaft haben, oder dass das Gruppen sind, die sagen: „Also wir spielen jetzt zusammen, und ihr anderen, ihr dürft nicht mitspielen, weil ihr nicht dazugehört." Und dann auch noch was anderes: Dass auch schon die Eltern mit dem Kind nicht wirklich was machen und das Kind gar nicht loben und gar nicht sagen, wenn das Kind etwas gut gemacht hat. Und wenn die Lehrer dann auch nicht viel mit dem Kind reden, wenn es etwas nicht gut gemacht hat, dann fühlt es sich gleich so: „Ach, ich kann ja nichts. Und wenn mir jemand Aufmerksamkeit gibt, dann ja nur, weil ich etwas falsch gemacht habe, dann brauche ich es ja auch gar nicht."*

Jonathan: *Also ich finde, es ist oft so, wenn das Kind dann in einem Fach 'ne Zwei bekommt und einen Freund hat, der 'ne Eins hat und der dann sagt: „Ja, du warst ja so schlecht! Hier guck mal: Ich bin der Boss! Ich hab 'ne Eins!", dass der sich dann runtergemacht fühlt. (…) Also wenn der andere eigentlich nur angeben wollte, dass er sich dadurch runtergemacht fühlt. (…) Jungen sagen oft: „Ja, ich bin hier der Beste!"*

Joudi: *Die Lehrer haben auch eine große Verantwortung, weil wenn das Kind was Falsches macht, ist es voll im Mittelpunkt, weil die Lehrer das erwähnen. Und wenn das Kind etwas Gutes macht, dann bekommt man „Bravo!" und fertig. Dann ist es nicht im Mittelpunkt und bekommt gar nichts. Aber wenn es was Schlechtes macht, dann kommt es in zwei Sekunden in den Mittelpunkt, weil alle Lehrer es erwähnen. Und wenn das Kind mit was Gutem nicht in den Mittelpunkt kommt, dann macht es auch was Falsches.*

Letschert: *Glaubt ihr, dass es Kinder gibt, denen es lieber ist, sie bekommen negative Zuwendung als dass sie gar nicht beachtet werden?*

Leo: *Ich glaube ja. Dann ist es einem lieber, so eine „fake"-Verantwortung zu haben als nur in der Ecke zu sitzen, wo niemand einen sieht.*

Letschert: *Also er darf nicht aufgeben. Aber er braucht auch jemanden, der ihm genau das sagt.*

Leo: *Natürlich braucht er die auch, weil er ist ja auch nicht alleine in diese Situation reingekommen. Er ist ja auch durch die Lehrkräfte, durch seine Eltern und durch die anderen Kinder da reingekommen. Es ist ja nicht so, als wenn er irgendwann mal gedacht hätte: „Oh, ich mache das ganz allein!" Er ist in eine Art Teufelskreis reingekommen. Alle sind dafür verantwortlich: Erstens die Freunde, weil die immer nur das Schlechte in ihm gesehen haben, vielleicht auch die Lehrkräfte, weil die ihn vielleicht nie gelobt haben, und dann auch die Eltern zu Hause, denn sonst hätten ihm die Eltern auch mal gesagt: „Du kannst das doch, versuch es doch mal so und so!", also weil sie sich auch nicht genug um ihn gekümmert haben. Also einfach alle, die ihm auch nichts Gutes gesagt haben. Also wenn man ihm was Schlechtes sagt, dass man ihm im Gegenzug auch was Gutes sagt. (...) Und was es auch noch braucht, ist das, was wir jetzt eben besprochen haben: Es braucht jemanden, der ihn quasi darüber aufklärt. Es braucht einfach grundsätzliches Wissen darüber, damit es weiß, wie es das besser machen kann.*

Die Gedanken der Kinder: Pädagogische Essenz und praktische Empfehlungen

Dies war das längste Gespräch mit den Kindern, und es nimmt, obgleich an vielen Stellen schon gekürzt, auch hier im Buch viel Raum ein. Da es wichtige pädagogische Maßnahmen enthält, Vorschläge, die in der Länge des Gesprächs leicht untergehen könnten, möchte ich die betreffenden Äußerungen aus dem Kontext herauslösen und die darin enthaltene Theorie erkennbar machen. Dabei folge ich nicht der Chronologie des Gesprächs, sondern fasse die Gedanken der Kinder in vier – sich gelegentlich überschneidende – Kernbereiche pädagogischer Arbeit zusammen:

A: Grundsätzliche Haltung
B: Anerkennung und Kritik
C: Individuelle Lernförderung
D: Umgang mit problematischem Sozialverhalten

A: Grundsätzliche Haltung

1. Die Akzeptanz des Kindes ist Voraussetzung für seine Motivation
2. Wertschätzung und Anerkennung seiner Person sind wichtig
3. Anerkennung ist erforderlich für die Bereitschaft, sich anzustrengen
4. Einfühlungsvermögen haben und Zuspruch geben
5. Positiv auf das Kind eingehen
6. Das Kind auf Erfolge aufmerksam machen
7. Das Kind nicht aufgeben, sondern an das Kind glauben, denn das ist für seinen Ehrgeiz und Erfolg unentbehrlich
8. Sich um das Kind kümmern, um ihm die Angst zu nehmen
9. Das Kind nicht ablehnen, sondern ihm Hilfestellung geben durch Zusammenarbeit
10. Ein entmutigtes Kind nicht durch zu viel Kritik noch zusätzlich entmutigen
11. Dem Kind grundsätzliches Wissen darüber geben, was es besser machen kann: Es braucht Aufklärung und Anleitung

B: Anerkennung und Kritik

1. Dem Kind positive Rückmeldungen geben, damit es Selbstvertrauen entwickeln kann
2. Auf das Verhältnis zwischen Anerkennung und Kritik achten
3. Kritik darf nicht wichtiger sein als Anerkennung
4. Erfolge betonen und Fehler nicht herausheben
5. Bei Erfolgen anerkennende Rückmeldungen geben
6. Erfolge des Kindes müssen beachtet und wichtig genommen werden
7. Das Kind bei Fehlern an seine Grundkompetenz erinnern
8. Bei Fehlern das Kind nicht (gleich) tadeln
9. Angemessen Kritik üben
10. Wenn man dem Kind etwas „Schlechtes" sagt, muss man ihm im Gegenzug auch etwas „Gutes" sagen
11. Dem „Schlechten" nicht mehr Beachtung geben als dem „Guten", sonst lernt das Kind, sich mit dem „Schlechten" in den Mittelpunkt zu stellen

C: Individuelle Lernförderung

1. Ansetzen bei dem, was das Kind schon kann
2. Individuelles Lerntempo und Lernvermögen berücksichtigen
3. Vom Kind ausgehen und unangemessene Lernanforderungen vermeiden
4. Leistungsanforderungen und Schwierigkeitsgrad allmählich steigern
5. Das Kind nicht überfordern, um Versagensangst und Kontrollverlust zu vermeiden
6. Das Kind nicht mit zu vielen Informationen überfordern
7. Dem Kind nichts abnehmen, was es selbst schon kann
8. Das Kind nicht kleinmachen und es damit unterfordern
9. Das Kind nicht mit zu viel Hilfe verwöhnen
10. Fehler in Ruhe mit dem Kind besprechen
11. Das Kind beruhigen
12. Dem Kind Zeit geben und auf Pausen achten

D: Umgang mit problematischem Sozialverhalten

1. Dem Kind Grenzen setzen und ihm nicht alles erlauben
2. Bei Aggressionen das Kind im Nebenraum arbeiten lassen

In den oben aufgelisteten Gedanken habe ich die Wiederholungen bewusst stehen gelassen. Sie sollen verdeutlichen, was die Kinder in den einzelnen Bereichen besonders wichtig finden und wo sie ihre Schwerpunkte setzen. Lässt man die Wiederholungen und auch die Aufzählungen weg, und versucht man darüber hinaus, die inhaltlichen Aussagen weiter zu komprimieren, könnte sich folgendes Bild ergeben:

A: Die grundsätzliche Haltung. Die Lehrkraft muss das Kind akzeptieren und ihm mit Wertschätzung und Anerkennung begegnen. Das Kind ist auf Zuspruch und Einfühlungsvermögen der Lehrkraft angewiesen. Darum sollte sie positiv auf das Kind eingehen und es auf seine Erfolge aufmerksam machen. Wenn das Kind Fehler macht, darf sie es weder aufgeben noch ablehnen. Sie sollte an das Kind glauben, sich um das Kind kümmern und ihm Hilfestellung geben. Nur so kann es seine Angst verlieren und Sicherheit gewinnen. Zu viel Kritik wirkt entmutigend. Das Kind braucht viel Anerkennung von der Lehrkraft, um Ehrgeiz und Anstrengungsbereitschaft entwickeln zu können, Erfolge zu erreichen und sich nicht entmutigen zu lassen. Darüber hinaus braucht es Aufklärung und Anleitung dafür, wie und was es besser machen kann.

B: Anerkennung und Kritik. Das Kind braucht zum Lernen Selbstvertrauen. Um dieses entwickeln zu können, ist es auf die Lehrkraft angewiesen, denn Lernerfolge allein reichen nicht aus. Diese werden erst durch positive Rückmeldungen wichtig und wirksam. Darum sollte die Lehrkraft auf Erfolge achten, an den Erfolgen interessiert sein und sie dem Kind bewusst machen. Zwar muss sie auch Kritik üben, aber das sollte sie ruhig und sachlich tun und bei Fehlern dem Kind nicht böse sein. Es ist wichtig, dass die Lehrkraft Erfolge betont und Fehler nicht hervorhebt, denn Anerkennung ist das Wichtigste. Für Anerkennung strengt das Kind sich an. Sie ist wichtiger als Kritik und sollte immer im Vordergrund stehen. Wenn man dem Kind etwas Negatives – also Kritik – sagt, muss man ihm im Gegenzug auch etwas Positives – also Anerkennendes – sagen. Geschieht das nicht, könnte das Kind den Mut verlieren. Außerdem könnte es lernen, sich mit dem Negativen in den Mittelpunkt zu stellen.

C: Individuelle Lernförderung. Die Lehrkraft muss vom Kind ausgehen und bei dem ansetzen, was das Kind schon kann. Das bedeutet: Sie sollte sich auf das Kind einstellen, dessen Lernvermögen berücksichtigen und die Leistungsanforderungen seinem Lerntempo entsprechend Schritt für Schritt erhöhen. Dabei ist es wichtig, das Kind weder zu überfordern noch zu unterfordern. Wenn sich das Kind überfordert fühlt, hat es Angst, Fehler zu machen. Dann gibt es vielleicht auf oder verliert sogar die Selbstkontrolle. Letzteres kann auch dann passieren, wenn es mehr Informationen bekommt als es verarbeiten kann. Wird das Kind dagegen *unter*fordert, fühlt es sich unterschätzt und kleingemacht, und dann wird es auch nicht selbständig. Darum darf die Lehrkraft das Kind auch nicht mit zu viel Hilfe verwöhnen. Macht das Kind Fehler, sollte die Lehrkraft in Ruhe mit ihm darüber reden und es an seine Grundkompetenz erinnern. Es ist wichtig, dem Kind genügend Zeit zu geben und darauf zu achten, dass es Pausen macht.

D: Umgang mit problematischem Sozialverhalten. Wenn sich das Kind unangemessen verhält und denkt, es könne machen, was es will, und alles sei erlaubt, dann muss die Lehrkraft ihm Grenzen setzen und auch streng mit ihm sein. Wenn das Kind z. B. aggressiv wird, sollte es in einem Nebenraum arbeiten. Es muss deshalb aber nicht unbedingt in eine Fördergruppe gehen.

Eine Einschätzung

Das also ist die Essenz der Aussagen dieser Kinder: herausgelöst aus dem Gespräch, nach pädagogischen Schwerpunkten geordnet, etwas komprimiert und ansatzweise in einen professionellen Sprachgebrauch gebracht. Zwar möchte ich die Überlegungen der Kinder nicht in den fachwissenschaftlichen Himmel loben, doch sind sie auch für mich, die ich ihnen zugetraut hatte, über derart anspruchsvolle Themen nachzudenken, hoch beeindruckend. Es sind gemeinsam reflektierte Erfahrungen aus ihrer eigenen Lebenswelt: eine Kombination aus kindlichem Ausdrucksvermögen, das bisweilen an seine Grenzen stößt, und geistiger Reife, die den Kindern in dieser Form nicht ohne weiteres zuzutrauen war.

Die Notwendigkeit der Anerkennung zieht sich wie ein Leitmotiv durch die gesamte Reflexion, der Appell, das Kind nicht stehen zu lassen und sich nicht von ihm abzuwenden, ihm auch seine Fehler nicht übel zu nehmen, bleibt unüberhörbar, und die Gefahr der Entmutigung schließlich – sowohl durch Überforderung als auch durch Verwöhnung und Klein-Machen – ist eine berechtigte Warnung. Lehrkräfte, die sich in ihrem pädagogischen Handeln nach diesen Maximen richten, sehen primär das *Kind* und erst dann die Schülerin bzw. den Schüler. Es wird ihnen vermutlich gelingen, das individuelle Kind zu ermutigen und es zu Leistungen anzuregen, wie sie z. B. in diesem Gesprächskreis zum Ausdruck kommen. Die Überlegungen der Kinder gehen über den schulischen Rahmen hinaus und weisen auf die lebenswichtige Bedeutung des Lernens und der Lernbegleitung. Gleichzeitig wird deutlich, wie wichtig, ja unverzichtbar es ist, das Kind als Grundlage und Leitlinie pädagogischen Handelns und pädagogischer Reflexion vor Augen zu haben, es zu beachten und seinen Gedanken Raum zu geben.

6. *Wer darf dir heute den Ranzen tragen?*

„Das Beste, was eine gute Fee dem Kind in die Wiege legen könnte, sind Schwierigkeiten, die es überwinden muss." (Alfred Adler)

In diesem Kapitel geht es um die Problematik der Verwöhnung. Es umfasst insgesamt sechs Teile. Das Besondere ist hier, dass der Kindergesprächskreis als Ganzes – und etwas gekürzt – am Ende steht, dass aber auch einzelne Statements der Kinder aus dem Kontext des Gesprächskreises herausgelöst und den verschiedenen Teilen wie ein Motto vorangestellt werden. Die Reflexionen ergeben sich aus drei Beispielsituationen, die unterschiedliche Probleme im Zusammenhang mit einer verwöhnenden Erziehungshaltung illustrieren: Im ersten Beispiel geht es um Lisa, ein Mädchen aus der 1. Klasse, das mit den besten Absichten seiner Eltern daran gehindert wird, sein Potenzial zu entfalten, im zweiten Beispiel um Anne, ein Kind aus der 2. Klasse, das, halbseitig spastisch gelähmt, sich aus der übermäßigen Sorge seiner Mutter zu befreien sucht, und im dritten Beispiel schließlich um einen 13-jährigen Jungen, Marcel, der seine Eltern seit frühester Kindheit mit unbotmäßigen Forderungen in seinen Dienst stellt. Das Kapitel endet mit den Gedanken der Kinder.

Erstes Beispiel: Lisa

Verwöhnung: Eine grundsätzliche Erziehungshaltung

Verwöhnung ist eine Erziehungshaltung mit gravierenden negativen Folgen für das Kind. Ausgerechnet das so gut gemeinte und mit viel Aufwand verbundene Handeln der Eltern erweist sich als nutzlos und unproduktiv, und ausgerechnet die positiven Absichten münden oft in Frustration und Enttäuschung: Je stärker die Verwöhnung, desto entmutigter das Kind. Eltern, die keine Chance haben, den durch Verwöhnung in Gang gesetzten verhängnisvollen Kreislauf zu durchschauen, werden ihren Erziehungsstil auch nicht ohne weiteres ändern. Eher werden sie ihn verstärken. Eine korrigierende Einflussnahme von außen ist schwierig – geht es doch nicht etwa darum, an die Erziehungspflicht zu appellieren, sondern darum, ausgerechnet das, was Eltern für die bestmöglichen Erziehungsmaßnahmen halten, zu hinterfragen. Es ist nicht leicht, ihnen dabei zu helfen. Vieles gilt es zu überdenken: die Erwartungen an das Kind, die eigenen Wünsche und Hoffnungen, das Selbst- und Weltbild, also das, was ihr Kind im Begriff ist, für sich selbst zu entwickeln, und wofür seine Eltern ein tägliches Vorbild sind. Die Welt, in der unsere Kinder aufwachsen, ist zunehmend gefährlich, das Bedürfnis der Eltern, ihr Kind zu behüten, verständlicherweise groß. Gerade darum stellt sich die Frage: Was schützt das Kind wirklich, und was kann sein Selbstbewusstsein stärken? Verwöhnung kann weder das eine noch das andere. Verwöhnung hat mit Ermutigung nichts zu tun. Sie ist, so paradox es klingen mag, eine Form der Vernachlässigung.

Lisa – Einige Impressionen

> *Ich weiß nicht, was mit Lisa los ist,* sagt die Klassenlehrerin zu ihrer Kollegin. *Sie beklagt sich in letzter Zeit so oft. Sie fühlt sich nicht wohl in der Klasse. Sie fühlt sich irgendwie abgelehnt, glaube ich. Und sie braucht an vielen Stellen auch deutlich mehr Hilfe als die anderen Kinder.*

Die Lehrerin ist jung. Nachdem sie eine vierte Klasse abgegeben hat, ist sie nun zum ersten Mal die Klassenlehrerin einer 1. Klasse. Es sind fünfundzwanzig Kinder: vierzehn Jungen und elf Mädchen.

> *Eigentlich geht es ganz gut mit der Klasse,* fährt sie fort. *Na ja, manchmal ist es mir noch zu laut, aber die Kinder sind ja auch erst ein halbes Jahr in der Schule. Aber mit Lisa stimmt was nicht. Dabei war sie am Anfang eigentlich eher unauffällig. Sie hat auch immer alles dabei, ist sehr sorgfältig und so, und die Eltern kümmern sich auch. Alles gut, eigentlich.*

Die Mutter in der Schule

Gleich ist Schulschluss. Es klingelt. Die Tür öffnet sich, und fünfundzwanzig Kinder strömen aus dem Klassenraum in den Flur. Ranzen werden auf den Boden geworfen, Schuhe angezogen und Jacken vom Haken genommen. Hier und da gibt es Geschrei, vereinzelt auch Rempeleien. Lisas Mutter steht am Rande des Trubels. Sie hatte den Mantel des Mädchens schon gefunden und steht bereit, ihrer Tochter hineinzuhelfen. Eine kurze Begrüßung zwischen Mutter und Lehrerin.

> *Das ist aber laut hier! Mein Gott! Wie halten Sie das bloß aus? Und die Kinder! Die müssen das ja auch aushalten! Ich könnte das nicht. Und die alle in den Griff zu kriegen! Da muss man sich ja wirklich durchsetzen können!*

Die Lehrerin versucht Haltung zu bewahren. Sie ermahnt diesen und jenen, sie stellt ein paar Puschen ins Regal, sie wirkt streng und unsicher.

Einerseits genau beobachtend, andererseits gedankenverloren, steht Lisa inmitten der Kinder ihrer Klasse. *Es ist kalt draußen, Lisa!* sagt die Mutter. Sie setzt ihrer Tochter eine Mütze auf den Kopf, bindet ihr den Schal um den Hals und zieht ihr den kleinen roten Mantel an. Lisa spreizt die Arme ab und lässt alles routiniert mit sich geschehen. Von unten nach oben werden die Knöpfe zugeknöpft. Kopfschüttelnd beobachtet die Mutter das Tohuwabohu um sich herum. Die Lehrerin versucht den Überblick zu behalten. Lehrerin, Mutter und Lisa verlassen als Letzte den Vorraum. Die Mutter hängt sich Lisas Ranzen über die Schulter, nimmt den Turnbeutel in die eine Hand und schiebt mit der anderen Hand ihre Tochter durch die hellblaue Tür nach draußen. Die Lehrerin schließt die Tür hinter sich zu. Lisa sieht den anderen Kindern hinterher – an der Hand ihrer Mutter, in Sicherheit und still.

Die Klassenkonferenz

In einer Klassenkonferenz geht es u. a. um Lisa. Hier wird ihr Verhalten thematisiert und auch die Frage erörtert, ob das Mädchen in dieser Klasse bleiben soll oder nicht. Die Klassenlehrerin hat diese Frage ins Spiel gebracht.

> *Lisa hatte die Einschulung mit dem ganzen Drum und Dran eigentlich ganz gut überstanden,* so die Klassenlehrerin, *aber jetzt, nach dem ersten Halbjahr, scheint sie doch überfordert zu sein.* Offenbar leide sie unter der Größe der Klasse. *Es ist einfach noch ein bisschen viel für sie, zu früh vielleicht auch. Sie hat doch eigentlich noch Zeit und könnte sich problemlos noch ein Jahr leisten. Sicher würde ihr das guttun. Vielleicht sollte man ihr das einfach mal gönnen. Sie könnte das Schuljahr noch zu Ende machen und dann die erste Klasse wiederholen.*

Die Erzieherin, die ebenfalls an der Klassenkonferenz teilnimmt, ergänzt, dass das eine oder andere Problem mit Lisa auch früher schon zu Tage getreten sei.

Sie kam nicht immer gut zurecht mit den anderen Kindern, selbst in der kleinen Gruppe nicht. Manchmal gab es auch Geschrei. Insgesamt war es so, dass sie schnell kapitulierte, schnell heulte und sofort nach Hilfe rief, auch bei ganz einfachen Sachen manchmal. Einerseits war sie oft ziemlich dominant, richtig herrisch und befehlerisch sogar, dann war auch nicht mit ihr zu reden. Und dann wieder war sie völlig hilflos und weinerlich.

Die Eltern wüssten das eigentlich auch, so die Erzieherin. – Eine Entscheidung wird noch nicht getroffen. Lisa soll weiter beobachtet und gezielt gefördert werden. Es ist nicht üblich, ein Kind aus der 1. Klasse zurückzusetzen. Gegen Ende des Schuljahres will man sich erneut zusammensetzen und beraten.

Die Eltern

Die Eltern lieben ihre Tochter über alles. *Sie ist das einzige Kind nach mehreren Fehlgeburten, und sie meldete sich an, als wir gerade beschlossen hatten, ein Kind zu adoptieren,* berichtet die Mutter. Das Bedürfnis, dieses Kind zu schützen, ist groß. Lisa soll nichts passieren. Sie soll keiner Gefahr ausgesetzt werden, und *sie soll bekommen, was sie sich wünscht,* denn *sie soll auf jeden Fall glücklich sein.* Nun ist es die Mutter, die dafür plädiert, ihre Tochter aus der Klasse zu nehmen: *Und wenn es Lisa in dieser Klasse nicht gut geht, dann geht sie eben zurück! Das macht doch nichts! Hauptsache, sie fühlt sich wohl. Mein Mann sieht das übrigens genauso.* Aus der Perspektive der Eltern betrachtet, ist die Sache schon entschieden. Am liebsten wäre es ihnen, *Lisa ginge sofort zurück in die Kita, also auf jeden Fall so schnell wie möglich.* Die Mutter macht Druck, sie wirkt engagiert und energisch. Doch so einfach ist das nicht. Eine Rückversetzung in die Kita ist aus schulrechtlichen Gründen gar nicht möglich, und selbst die erste Klasse zu wiederholen, ist ungewöhnlich und eigentlich nicht üblich. Ganz abgesehen davon: Wäre denn das Problem des Kindes mit diesem Schritt gelöst?

Die gut gemeinte Lösung …

Vorläufig bleibt Lisa in ihrer aktuellen Lerngruppe, und dort hat sie es in der Tat nicht leicht: Vieles gelingt ihr nicht so gut wie den meisten Mitschülerinnen und Mitschülern, und das wird sie vermutlich registrieren. Was sie dagegen nicht weiß und auch nicht wissen *kann,* ist, dass es keineswegs in ihrer Verantwortung liegt, wenn sie nur schwer – und zum Teil eben auch gar nicht – mit den anderen Kindern mitzuhalten vermag. Lisa ist ein verwöhntes Kind, verwöhnt aus nachvollziehbaren Gründen und mit den besten Absichten der Eltern, verwöhnt aus Liebe und in dem Bemühen, sie um jeden Preis zu schützen. Anstrengungen werden ihr erspart und Schwierigkeiten aus dem Weg geräumt.

Mit sieben Jahren müsste Lisa in der Lage sein, sich ihren Mantel selbst zuzuknöpfen, sich die Mütze aufzusetzen und den Schal umzubinden. Auch

Ranzen und Turnbeutel könnte sie selber tragen. Nichts davon wäre eine Überforderung. Da sie in der Nähe der Schule wohnt, muss sie eigentlich auch nicht abgeholt werden. Ebenso wenig muss die Mutter vor der Klassentür auf sie warten. Lisa ist weder krank noch schwach. Ihr all das dennoch abzunehmen, signalisiert einen Mangel an Akzeptanz der neu gewonnenen Rolle, nämlich der Rolle als Schulkind, einschließlich der damit verbundenen und an dieser Stelle auch vertretbaren Eigenverantwortung. Die Mutter möchte helfen und schützen; de facto aber setzt sie ihre Tochter hinter den gerade erworbenen Status zurück. Ohne es zu wissen und zu wollen, nimmt sie ihr an dieser Stelle den möglichen Stolz, pointiert gesagt: Sie macht ihr Kind klein.

... und eine Kaskade gravierender Folgen

Solange dieses Problem, die Verwöhnung, nicht erkannt ist, bzw. solange nicht gesehen wird, dass hierin überhaupt ein Problem *liegt,* wird Lisa es auch in Zukunft schwer haben – ob nun in der jetzigen oder in einer anderen Klasse. Ein zusätzliches Jahr wird ihr wenig bringen, denn es geht nicht um eine *Überforderung*, sondern, im Gegenteil, um einen *Mangel* an Forderung, d.h. um das Fehlen eines angemessenen Anspruchs an ihre Lern- und Leistungsfähigkeit sowie an ihr Sozialverhalten. Daraus wiederum resultiert eine Reihe fataler Konsequenzen, deren Gefahr für die Entwicklung des Kindes nicht gleich zu erkennen und noch weniger vorauszusehen ist – sind sie doch von einer in sich stimmigen, ja fast einnehmenden Logik, und diese lässt eben nicht sofort aufhorchen und bietet zunächst keinerlei Anlass, kritisch zu überprüfen, was unversehens seinen Lauf genommen hat, eine hohe Eigendynamik entwickelt und eigentlich gestoppt werden müsste. Diese Konsequenzen sollen hier am Beispiel von Lisas Situation im Einzelnen dargelegt und nachvollziehbar gemacht werden:

- Lisa wird bemerken, dass die meisten anderen Kinder ihr in bestimmten Bereichen überlegen sind. Es wird ihr nicht entgehen, dass diese Kinder schon Dinge beherrschen und anwenden, die sie selbst noch nicht kann, und sie wird sich unterlegen fühlen.
- Lisa weiß nicht, dass sie keine Chance hatte, diese Dinge zu lernen, aber möglicherweise dazu fähig gewesen wäre, wenn man ihr die dazu nötige Anstrengung zugetraut und zugemutet hätte, und sie ahnt auch nicht, dass sie dann vielleicht hätte mithalten können mit ihren Mitschülerinnen und Mitschülern.
- Lisa, die noch nicht unterscheiden kann zwischen sich als Person – dem „Täter“ – und einer Handlung oder Leistung – der „Tat“ –, wird unsicher, und zwar nicht etwa punktuell, also in Bezug auf Sachen oder Situationen, sondern insgesamt. Und das wiederum wirkt sich negativ auf ihr Selbstwertgefühl aus.

- Kinder, die ihr überlegen sind, die bessere Leistungen bringen oder selbstbewusster auftreten, werden auf diese Weise zu einer Bedrohung für das Mädchen. Lisa fühlt sich zunehmend schutzbedürftig und hilflos.
- Lisa sucht Schutz bei ihrer Lehrerin, und intuitiv weiß sie genau, was sie dafür tun muss: Sie gibt schnell auf und bricht in Tränen aus, sie ruft nach Hilfe und zeigt sich ängstlich, oder sie wird rabiat und versucht die Dinge an sich zu reißen. Auch dann eilt ihre Lehrerin herbei.
- Lisas junge Lehrerin, die ihrerseits diesen Mechanismus nicht durchschaut – auch weil ihr der Abstand und die dazu nötige Erfahrung fehlen –, findet das Mädchen *anhänglich.* Sie hat in Lisa eine anschmiegsame Schülerin. Welch eine Wohltat in einer Klasse mit vielen lauten und *schwierigen* Kindern! So versucht auch sie, das Mädchen zu schützen, und glaubt ihm damit helfen zu können. In Wirklichkeit aber schützt sie vor allem sich selbst, denn sie folgt auch ihren eigenen Bedürfnissen. Überdies handelt sie hier, vermutlich ohne sich dessen bewusst zu sein, ganz im Sinne von Lisas Eltern.
- Mit zunehmender Nähe zur Lehrerin gerät Lisa immer weiter an den Rand der Klassengemeinschaft, d.h. in Distanz zu den anderen Kindern. Sie ist mehr und mehr isoliert und verliert nun auch den sozialen Anschluss an ihre Mitschülerinnen und Mitschüler.
- In gewisser Weise ist auch die junge Lehrerin durchaus schutzbedürftig, denn in der Tat: Die Klasse ist nicht einfach, manche Kinder sind herausfordernd, und es ist ihre erste 1. Klasse.
- Zu dem sich unmerklich verfestigenden Arrangement zwischen der Lehrerin und Lisa gehört auch, dass sich Lisa zunehmend über ihre Mitschüler beklagt, und das wiederum ist erklärlich: Je mehr sie den Kontakt verliert und allein ist, und je größer der Abstand wird zwischen ihr und den anderen Kindern, desto bedrohlicher wirken diese auf sie. Lisa kann sich aus eigener Kraft aus der entstandenen Lage nicht befreien, und noch weniger kann sie die Situation durchschauen. Nun ist sie tatsächlich überfordert und verhält sich entsprechend.
- Da es außer allgemeinen Klagen über Lautstärke oder *freches Benehmen,* wie die Mutter sagt, kaum Nennenswertes vorzubringen gibt gegen die anderen Kinder, werden nun Scheinargumente ins Feld geführt. Es kommt zu Schuldzuweisungen, die letztlich aus einem Gefühl der Angst und Unterlegenheit resultieren. Sie entsprechen der subjektiven Realität des Kindes und sind damit subjektiv wahr.
- Lisa sieht, was sie sieht, wie durch eine Lupe: Ein leicht genervter Blick wird zu einem feindseligen Anstarren, ein versehentliches Anrempeln zum absichtlichen Hauen, ein Rufen wird zum Anbrüllen, und spielende Kinder werden zu einer sie absichtlich ausgrenzenden Gruppe – Grund genug also, sich bitter zu beklagen.

- Es liegt auf der Hand: *Das Kind wird gemobbt.* Die Eltern wünschen einen Termin bei der Schulleitung. Sie wollen, *dass sofort etwas geschieht. Lisa geht nach wie vor höchst ungern in die Schule,* beklagt sich die Mutter. *Sie hat schon Bauchweh, wenn sie morgens aufsteht, und sie kommt mit Kopfschmerzen nach Hause. Die Lehrerin,* so heißt es weiter, *ist der Klasse nicht gewachsen,* und: *Sie kann sich um Lisa auch nicht genügend kümmern. Ich sehe ja selbst, was los ist in dieser Klasse, wenn ich das Kind abhole.*
- Die junge Lehrerin ist entmutigt. Aus ihrer Sicht hat sie sich viel Mühe gegeben, gerade auch mit Lisa. Die Vorwürfe der Eltern treffen sie unvorbereitet, und außerdem findet sie diese Vorwürfe nicht berechtigt. Doch wie soll sie den Eltern das Gegenteil beweisen?
- Ein weiteres Mal schaltet sich die Schulleiterin ein. Sie hospitiert im Unterricht und spricht mit der Kollegin. Anschließend bittet sie die Eltern zu einem Gespräch.
- Erneut wird eine Klassenkonferenz einberufen, früher als geplant. Das Ergebnis, nun endgültig: Lisa wird die erste Klasse wiederholen – trotz des damit verbundenen hohen Verwaltungsaufwands und trotz der Befürchtung, dass auch andere Eltern auf die gleiche Idee kommen könnten. Die Schulleiterin weiß, wie schnell sich so etwas herumspricht. Aber sie will den Eltern gegenüber Verständnis zeigen und sicherstellen, dass diese der Schule gewogen bleiben. Sie will auch den Ruf der Schule schützen. So wird Lisa also bis zum Schuljahresende die jetzige Klasse besuchen und danach zurückgehen.
- Seit einigen Wochen ist Lisa wieder im 1. Schuljahr. Wesentliche Änderungen – oder gar eine Lösung des Problems – sind nicht zu vermelden.

Alle hier gewählten „Lösungen“ gehen in die falsche Richtung, und damit nimmt eine im Zusammenhang mit verwöhnten Kindern geradezu „typisch“ zu nennende Chronologie von Ereignissen ihren Lauf. Am Ende weiß niemand so recht – und auch die Lehrkräfte können es kaum noch überblicken –, was am Anfang die Kette unliebsamer Folgen in Gang gesetzt hatte. Kinder werden zum Streitball zwischen Elternhaus und Schule, sie werden querversetzt und zurückgesetzt; doch solange ein verwöhnender Erziehungsstil als mögliche Ursache des Problems nicht erkannt wird, ändert sich grundsätzlich nichts. Im Gegenteil: Oft führen gerade solche Maßnahmen zu einer Verstärkung der ungünstigen, da weiterhin entwicklungshemmenden erzieherischen Haltung bei den Erwachsenen und damit zu einer Ausweitung der Schwierigkeiten bei dem Kind, denn dieses wird noch weniger zum Lernen ermutigt als vorher, und es hat noch weniger Grund und Möglichkeiten, an Selbstvertrauen zu gewinnen. Das Kind wird *hin- und hergeschoben,* wie es eine Kollegin nennt, und es verliert an Sicherheit, Ruhe und Stabilität. Weitere Probleme kommen hinzu.

Folgen der Verwöhnung

Unterlegenheitsgefühle und die sozialen Auswirkungen

> *Ich finde auch einfach, dass das Kind auch daraus ein bisschen lernt, dass es das* (sich verwöhnen zu lassen) *lieber nicht machen sollte, weil es dann vielleicht bemerkt: „Aha, andere sind schlauer als ich!“* (Jonathan)

Jonathan durchschaut die Sache ziemlich gut: Ein Kind – wenn es darüber entscheiden könnte – sollte sich besser nicht verwöhnen lassen, denn es lernt dann weniger als andere Kinder und stellt irgendwann fest, dass diese *schlauer sind* als es selbst. Ein Kind, das sich unterlegen fühlt, vermag dieses Gefühl wohl nicht zu benennen und oft auch nicht zu erklären. Häufig wird die Problematik erst im Beratungsgespräch sichtbar. Sie führt aber zu allerlei sozialen Konflikten, denn ein sich unterlegen fühlendes Kind kann die Leistungen anderer Kinder nur schwer oder gar nicht anerkennen. Täte es das, müsste es sich die Überlegenheit der Mitschüler und damit die eigene Unterlegenheit eingestehen. So führt der von ihm wahrgenommene Qualitätsunterschied zwischen eigenen und fremden Leistungen nicht selten zu der Tendenz, die „besseren“ Kinder abzuwerten. Hierfür wiederum fehlen eigentlich die Argumente; doch die Not des Kindes, verbunden mit seiner Beobachtung und Fantasie, liefert genügend andere Möglichkeiten der Herabsetzung. So sind z. B. *die anderen schuld,* und diese *anderen* sind mal *fies,* mal *gemein* und dann wieder *ungerecht* usw.

Gerade verwöhnte Kinder, deren Verstand ja vorhanden ist, nur zu wenig gefordert wird, lernen schnell, dass sie im sozialen Gefüge der Klassengemeinschaft durchaus Macht besitzen. Was sie dagegen nicht überblicken, ist, dass sie sich dennoch – oder gerade deshalb – mehr und mehr ins Abseits manövrieren und am Ende oft allein sind, ohne Freunde und Mitstreiter. So entsteht, was auch die Erzieherin beschreibt: eine verhängnisvolle und für alle Beteiligten schwer zu ertragende Mischung aus Dominanz einerseits und Hilflosigkeit andererseits bzw., wie bei nicht wenigen Kindern, ein Verhaltensmuster, bei dem die tatsächliche oder vermeintliche Hilflosigkeit geradezu kultiviert und auf diese Weise zu einem wichtigen Machtmittel erhoben wird. Dass man hiermit Erwachsene nachhaltig auf Trab halten kann, gehört zu den Erfahrungen, die verwöhnte Kinder häufig machen, und die es ihnen nicht immer verlockend erscheinen lassen, ihr Verhalten zu ändern.

Das Missverhältnis von Aktivität und Passivität

> *Das Kind lernt, dass jeder ihm die Arbeit abnimmt, dass es nichts mehr tun muss. Das ist nicht schön.* (Sophie)

Aktiv sind die Erwachsenen. Lisa selbst bleibt passiv. Verwöhnung kostet Zeit: Gespräche werden geführt, Klassenkonferenzen einberufen und Konflikte zu lösen versucht. Alle sind zusätzlich belastet. Natürlich ist es die Aufgabe von Eltern und Lehrkräften, sich um das Kind zu kümmern und ihm zu helfen. Das ist immer mit Zeit und Mühe verbunden, aber auch immer ein Bestandteil von Erziehung. Hier aber, im Falle von Lisa, kommt es zu einem eklatanten Ungleichgewicht zwischen Aktivität und Passivität. Was Lisa in diesem Zusammenhang lernt, ist, dass sie selbst nicht aktiv zu werden braucht. Sie muss sich in keiner Weise anstrengen. Die Dinge werden für sie erledigt, und zwar auch die, die zu ihren eigenen Verantwortungsbereichen gehören. Nun könnte man meinen, das sei bequem und angenehm für ein siebenjähriges Mädchen – etwa nach dem Motto: „Der Ernst des Lebens beginnt noch früh genug!" Ja, bequem ist es sicherlich, doch Lisa bekommt auch die unangenehmen Seiten zu spüren: Erfolge bleiben aus und damit die Zufriedenheit mit sich selbst. Auch das Gefühl, etwas zu können, etwas gelernt zu haben und darauf stolz zu sein, wird sich kaum einstellen. Ein Kind, das nicht gelernt hat, eine Schleife zu binden, weil ihm das nicht beigebracht wurde, denkt keineswegs: „Das kann ich nicht, weil mir das niemand gezeigt hat", sondern es registriert sein Unvermögen, vor allem im Vergleich zu anderen Kindern. Es hält sich für unfähig oder, wie es die Kinder im Kindergesprächskreis sagen: für *dumm.* Nichts von dem, was Eltern und Lehrerin Lisa wohlmeinend ersparen, bringt ihr irgendeinen Vorteil. Im Gegenteil: Es lässt sie passiv und unselbständig zurück, denn je schonender wir mit einem Kind umgehen, desto schwächer wird es sich fühlen.

Vertane Lernchancen durch begrabene Potenziale

> *Ich glaube auch, das Kind würde dann, wenn es in die Schule kommt, unwissend sein.* (Jonathan). *Es liegt wahrscheinlich wirklich daran, dass die Kinder so verwöhnt wurden, dass sie dann nicht wirklich wissen: „Wie gehe ich damit um? Was kann ich jetzt eigentlich? Was habe ich jetzt gelernt? Wofür bin ich da?"* (Irma)

Alles, was wir dem Kind abnehmen, kann es nicht lernen. Alles, was es nicht lernen kann, führt zu Defiziten in seiner Entwicklung. Und all diese Defizite schließlich tragen dazu bei, dem Kind die Entfaltung seines Selbstbewusstseins zu erschweren – wenn nicht sogar unmöglich zu machen. Dass die oben beschriebenen Verhaltensmuster eine Schutzfunktion haben, dass sie auf einem Kompensationsbedürfnis beruhen und dem Bestreben dienen, irgendwie mithalten und sich behaupten zu können, und vor allem: dass sich dahinter ein tief empfundenes Gefühl der Unzulänglichkeit verbirgt – all das wird kaum und oft zu spät erkannt. So bekommen diese Kinder nicht selten genau die falsche „Hilfe": Sie werden mehr und mehr geschont und viel zu wenig gefordert. Mit jeder weiteren in diese Richtung gehenden Maßnahme aber bleiben sie „klein", d.h. sie bleiben hinter ihrem potenziellen Entwicklungsvermögen zurück. Gleichzeitig jedoch – und logischerweise – wachsen ihre unreflektierten Ansprüche auf bisher gewohnte Zugeständnisse und Hilfsdienste, also auf Tätigkeiten, die keiner eigenen Anstrengung, Pflichterfüllung oder Verantwortung mehr bedürfen, weil sie von anderen Menschen – oft bereitwillig – schon erledigt werden. Am Ende ist das dominant und überheblich wirkende, nicht selten sogar fordernde Auftreten des Kindes weit mehr der Anlass für eine pädagogische oder psychologische Intervention als die diesem Auftreten zugrundeliegende Bedürftigkeit. Gerade sie aber, die durch das verschenkte Potenzial des Kindes entstandene Bedürftigkeit, müsste der eigentliche und berechtigte Grund zur Sorge sein.

Immer verwöhnt ist „immer benachteiligt"

> *Du wirst verwöhnt, aber genau so viel, wie du verwöhnt wirst, so viel gibt es auch Nachteile. Dass du so vieles nicht kannst, obwohl die Dinge oft ganz leicht sind, weil du immer verwöhnt wirst.* (Sanaa)

Ich komme hier nie dran! beschweren sich verwöhnte Kinder frustriert, auch wenn sie bereits mehrere Male aufgerufen wurden. *Unser Kind wird benachteiligt!* lautet dann der Vorwurf der Eltern. Das Gefühl, *nie dranzukommen,* ist logisch, und zwar psycho-logisch, denn es entspricht einer im Laufe der Biografie des Kindes entwickelten subjektiven und subjektiv richtigen Wahrnehmung. Ein Kind, das Privilegien gewöhnt ist, fühlt sich unter vergleichsweise normalen Umständen benachteiligt, oder, um es noch pointierter zu sagen: Wenn die Sonderrechte zur Normalität geworden sind, wird das Ausbleiben von Sonderrechten als Verlust, als Zurückweisung und vor allem als Ungerechtigkeit erlebt. So gesehen hat das Kind also „Recht". Das Problem ist nur: Diese irrtümliche, subjektiv aber begründete Annahme führt ihrerseits zu Folgeproblemen, die das Kind selbst nicht zu verantworten hat. Eine Freundin von mir brachte es auf den Punkt, indem sie sagte:

> *Verwöhnte Kinder können nicht mehr verwöhnt werden. Wenn die Verwöhnung normal geworden ist, gibt es sie nicht mehr. Es kann sie nicht mehr geben.* (Sontje Dohnke).

„Bleibe klein und leiste Großes!“

> *Es hat sich halt so angefühlt, als müsste ich nichts in meinem Leben machen. Man fühlt sich klein, man kann nicht viel machen, und dann ist das Leben nicht unbedingt schön.* (Joudi)

Viele verwöhnte Kinder sind gefangen in einer in sich widersprüchlichen Situation: Sie stehen zwischen der durch Verwöhnung gegebenen Unterschätzung und Unterforderung einerseits und dem dabei aber aufrechterhaltenen Leistungsanspruch andererseits. Es ist, als wolle man von einem Sportler Höchstleistungen verlangen, ihm aber das dafür erforderliche Training nicht zumuten, weil dieses zu anstrengend für ihn sein könnte. Das Signal dem Kind gegenüber ist: „Bleibe klein und leiste Großes!“ Dadurch, dass verwöhnte Kinder ihre Anlagen und potenziellen Fähigkeiten nicht ausschöpfen können, und dadurch, dass infolgedessen auch ihr Selbstbewusstsein hinter ihren Möglichkeiten zurückbleibt, sind sie tatsächlich überfordert, denn dann sind auch die ihnen zur Verfügung stehenden Mittel, gemessen an den zu bewältigenden Aufgaben ihres Lebens, nicht adäquat. Manch ein Kind scheitert weniger an den schulischen Leistungsanforderungen als vielmehr an der unüberwindlichen Diskrepanz zwischen Anspruch und Verwöhnung – genauer gesagt: an der Diskrepanz, die sich aus hohen Erwartungen einerseits und dem durch Verwöhnung verursachten Unvermögen andererseits ergibt. Wenn das geringe Selbstbewusstsein auf hohe Erwartungen trifft, auf Erwartungen, die ihrerseits nicht weiter hinterfragt oder relativiert werden, dann geht es den Kindern schlecht.

Oft werden Lösungen gesucht und durchgeführt, die außerhalb des Kerns eines Problems liegen. Hier, bei Lisa, geht es um eine Rückversetzung des Kindes und gleichzeitig um eine Schuldzuweisung, die die Lehrerin trifft. Beides hat mit dem zugrundeliegenden Problem nichts zu tun, kann also auch nichts zu dessen Lösung beitragen. Das Kernproblem ist in diesem Fall das Erziehungsverhalten der Eltern, das verändert werden müsste.

Zweites Beispiel: Anne

Eine schwere Entscheidung

Es ist viele Jahre her. Ich war damals Schulleiterin einer Grundschule. Zum ersten Mal stieß ich, zumindest in dieser Deutlichkeit und Unausweichlichkeit, auf das Problem der Verwöhnung. Seitdem ist dieses Thema ein Schwerpunkt meiner Beobachtungen sowie meiner Arbeit mit Kindern, Jugendlichen und Erwachsenen. Anne hatte mir zu neuen Erkenntnissen verholfen und mich für ein Problem sensibilisiert, das ich später bei Alfred Adler unter dem Begriff

„Verzärtelung“ wiederfand, und das ich im täglichen Leben mit größerer Aufmerksamkeit wahrzunehmen begann.

Anne ist neun Jahre alt. Nach der Scheidung ihrer Eltern lebt sie allein mit ihrer Mutter. Sie ist ein kluges, pfiffiges Mädchen, sehr resolut bisweilen und immer um Eigenständigkeit bemüht. Anne ist von Geburt an halbseitig spastisch gelähmt. Das linke Bein ist steif und wird nachgezogen, und der linke Arm muss bei Bedarf von der rechten Hand auf die Tischplatte gehoben werden. Anne ist zwar nicht auf ständige Hilfe angewiesen, sie kann auch alleine gehen, doch alles dauert länger, und vieles ist mühsam und umständlich. Oft müssen die anderen Kinder auf sie warten und sich in Geduld üben. Im Zusammenhang mit ihrer Behinderung beklagt sich Anne häufig über zu viel Hilfestellung vonseiten der Mutter. So sagt sie beispielsweise: *Mama macht sich immer Sorgen, dass ich hinfalle. Dabei würde ich ja bloß wieder aufstehen!*

Die Deutschlehrerin berichtet von Annes Leserechtschreibschwäche (LRS) und davon, dass sich dieses Problem trotz großen Bemühens ihrerseits offenbar nicht reduzieren lässt. Die Kollegin arbeitet stark binnendifferenziert und nimmt auf Annes Rechtschreibproblem besondere Rücksicht. Spezifische Fördermaßnahmen werden eingeleitet, doch selbst nach mehreren Wochen führen sie nicht zum Erfolg. Nun wird Anne in eine kleine LRS-Fördergruppe aufgenommen. Auch hier ist kein echter Fortschritt zu verzeichnen. Als selbst eine eigens für Anne organisierte Einzelbetreuung mit einer speziell für diese Problematik ausgebildeten Beratungslehrerin nichts bringt, entschließe ich mich zu einem Gespräch mit Anne und bitte sie, nach Schulschluss in mein Zimmer zu kommen.

Anne hat *immer Ärger mit Mama,* so berichtet sie mir, und holt mit vielerlei Beschreibungen der unterschiedlichsten Szenen weit aus. Deutlich wird sofort: Sie hat zwar ein LRS-Problem, aber ganz sicher kein Sprachproblem! Das Mädchen verfügt über einen breiten Wortschatz, zeigt sich eloquent und wortgewandt und untermalt alle Beschreibungen mit ausdrucksvoller Mimik. – Wir kommen an den Punkt „Hausaufgaben“:

Anne: *Immer beklagt sich Mama über meine schlechte Schrift. Immer soll ich alles wieder neu schreiben! Und dann auch noch extra Sachen machen! Jeden Tag zehn Wörter schreiben und so. Das will ich aber nicht!*

Letschert: *Und was passiert dann?*

Anne: *Mama regt sich dann immer auf, und ich werde auch wütend, richtig wütend. Und außerdem: Ich will das alleine machen, ohne Mama, auch wenn's dann verkehrt ist und länger dauert und ich viele Fehler habe. Die habe ich ja sowieso immer.*

Letschert: *Da ist ja richtig Stress bei euch beiden!*

Anne: *Ja! Und dabei wäre das gar nicht nötig!*

Letschert: *Wieso? Hast du denn eine Idee, wie ihr den Stress vermeiden könntet?*

Anne: *Nicht so richtig. – Vielleicht gar keine Hausaufgaben.*

Letschert: *Überhaupt keine? Oder nur in Deutsch und Sachunterricht keine? Also da, wo du was schreiben musst, meine ich.*

Anne: *Gar keine. Das wäre am besten. Dann hätten wir beide Ruhe.*

Letschert: *Ich glaube, du musst eine Entscheidung treffen, Anne. Ich glaube, es gibt zwei Möglichkeiten: Entweder du machst die Hausaufgaben allein, dann dauert das länger, sagst du, du hast vielleicht auch weniger Zeit zum Spielen, kommst später raus usw., aber es sind dann deine Hausaufgaben – und: Es gibt auch keinen Streit mit Mama.*

Anne: *Hm. Und die andere Möglichkeit?*

Letschert: *Die andere Möglichkeit wäre: Mama hilft dir, dann wärst du vielleicht schneller fertig, könntest auch eher raus, zum Spielen oder so, aber es wären dann nicht deine Hausaufgaben. Du hättest sie ja nicht allein gemacht. Und es gibt wahrscheinlich auch wieder Streit mit Mama. – Ich glaube, zwischen diesen beiden Möglichkeiten musst du dich entscheiden. Einen anderen Weg sehe ich im Moment nicht.*

Anne: *Hm. Das ist aber eine schwere Entscheidung.*

Letschert: *Ja, das ist eine schwere Entscheidung. Lass dir ruhig Zeit.*

Pause

Anne: *Das ist aber wirklich eine sehr schwere Entscheidung!*

Letschert: *Ja, das glaube ich dir, das ist es sicher.*

Als Anne das ein drittes Mal so sagt, frage ich nach.

Letschert: *Was ist denn so schwer daran, Anne? Wüsstest du nicht, was du machen solltest?*

Anne: *Doooch, ich wüsste das schon! Nur Mama, die wüsste dann nicht, was sie mit sich anfangen soll!*

Diese Antwort kommt für mich so überraschend, dass sie mich aus dem Konzept wirft. Ich weiß nicht mehr genau, was ich geantwortet habe. Ich weiß nur, dass ich mich irgendwie aus dem Gespräch gewunden habe, indem ich Anne vorschlug, nochmal darüber nachzudenken, und ankündigte, auch mit ihrer Mutter sprechen zu wollen. Anne selbst ist offenbar zufrieden. Sie wirkt ernst und nachdenklich und geht langsam zur Tür. Ich kann mich gerade noch dabei stoppen, ihr die Tür aufzuhalten.

Das Gespräch mit der Mutter macht deutlich, dass nach der Scheidung von ihrem Mann die Sorge um das Kind zum fast einzigen und auf jeden Fall bestimmenden Lebensinhalt geworden ist. Annes schwere Behinderung leistet dieser Sorge natürlich Vorschub und lässt sie für die Mutter selbst wie auch für andere Menschen berechtigt und nachvollziehbar, ja unbedingt nötig erscheinen. Dass dabei das für Anne erforderliche Maß an Hilfestellung offenbar längst überschritten ist, bekommt nur Anne selbst zu spüren. Sie ist es auch, die die Situation der Mutter genau durchschaut und mit einer von mir nicht für möglich gehaltenen intuitiven, um nicht zu sagen: analytischen Klarheit in einem einzigen Satz auf den Punkt bringt. Der Mutter empfehle ich eine psychologische Beratung, denn dieses Problem fällt nicht mehr in den schulischen Verantwortungsbereich. Einige Tage später teilt sie mir mit, dass sie eine Beratung in Anspruch nehmen wird.

Unabhängig vom Gespräch mit der Mutter setzen wir uns noch einmal zu dritt zusammen. Dabei geht es hoch her, und die Mutter muss deutlich Federn lassen. Anne nutzt die Möglichkeit – endlich einmal, so ist mein Eindruck –, sagen zu können, was sie seit langem stört. Immer wieder kommt es zu heftigen Ausbrüchen, die erkennen lassen, wie sehr sie unter der übermäßigen Sorge ihrer Mutter leidet, aber auch, wie schwer es für die Mutter sein muss, mit der trotz Behinderung so kraftvoll auftretenden und sich so vehement für mehr Unabhängigkeit einsetzenden Tochter klarzukommen.

> *Ich kann nicht rennen, in Sport kann ich ganz viel nicht mitmachen, immer bin ich langsamer als die anderen! Ich will aber trotzdem in die Mannschaft gewählt werden! Und wenn ich dies nicht darf und das nicht darf und immer so aufpassen soll, weil du immer Angst hast, dann fühle ich mich ja noch viel schwächer! Und das will ich nicht! Ich will das nicht!*

Anne redet sich fast in Rage. Offensichtlich fühlt sie sich durch die Mutter zusätzlich gebremst und leidet unter der Angst, selbst das, was ihr an körperlichem Potenzial geblieben ist, nicht ausschöpfen zu dürfen. Darüber hinaus wird die Befürchtung, aus diesem Grunde ausgeschlossen zu werden, deutlich erkennbar und für mich auch nachvollziehbar.

Im weiteren Gespräch geht es darum, so genau wie möglich zu unterscheiden zwischen Dingen, bei denen Anne auf die Hilfe ihrer Mutter angewiesen ist, und solchen, bei denen sie auf Hilfe verzichten kann. Nun wird alles Mögliche akribisch geprüft: jede Tätigkeit, jedes Ritual, jede mögliche und denkbare Situation. Ich habe eher den Eindruck, in einer Tarifverhandlung zu sitzen als in einem schulischen Beratungsgespräch. Unter der Überschrift „*Dazu brauche ich Hilfe*“ notiere ich z. B.:

- *Schuhe zumachen*
- *Bei den Hausaufgaben (aber nur manchmal in Deutsch)*
- *Den Reißverschluss zumachen*
- *Beim Rechnen*
- *Wenn ich den Schulranzen aufschnalle*

Und unter der Überschrift „*Dazu brauche ich keine Hilfe*“ steht am Ende u. a.:

- *Beim Aufstehen*
- *Zum Anziehen*

- *Beim Waschen*
- *Wenn ich ins Bett gehe*
- *Wenn ich nachdenke*
- *Wenn ich den Schulranzen trage*
- *Wenn ich meine Stiefel anziehe*
- *Nur ein bisschen in Deutsch*
- *Mülleimer rausbringen (den kleinen)*

Anne schaut sich die Listen an und triumphiert: *Siehst Du? Die zweite Liste ist nämlich länger!* Die Mutter nimmt es leicht genervt und mit einem tiefen Seufzer zur Kenntnis.

Destruktive Mittel für konstruktive Ziele

Wie nicht anders zu erwarten nach diesen intensiven Gesprächen und den Veränderungen, die sie zu Hause und in der Schule bewirkten, verbessern sich Annes Lese- und Rechtschreibfähigkeiten kontinuierlich. Die Einzelberatung braucht sie nicht mehr, und in der LRS-Gruppe bleibt sie auch nicht lange. Wenn für mich, die ich mich zum damaligen Zeitpunkt noch in der Ausbildung zur Individualpsychologischen Beraterin befand, jemals die unbewussten Ziele menschlichen Handelns sichtbar wurden, dann hier, in diesem Fall: Mit ihrer Rebellion erreichte Anne erhöhte Beachtung, mit dieser Beachtung eine stattliche Anzahl diverser maßgeschneiderter Fördermaßnahmen und schließlich dieses entscheidende Gespräch, in dem das zugrundeliegende Problem, die Verwöhnung, zu Tage trat und eine Lösung in Gang gesetzt werden konnte. Der hier eingeschlagene Weg ging in die richtige Richtung: Die Mutter musste lernen, dass die Tochter zwar weiterhin auf Hilfe angewiesen sein würde, dass sie aber ihre Möglichkeiten und Grenzen selbst und eigenverantwortlich erproben wollte und auch bereit war, die Konsequenzen selbst zu tragen. Das war für die Mutter keine leichte Aufgabe. Doch Anne war ein intelligentes Kind, eine zähe kleine Kämpferin für ihre Rechte. Es gab keinen Grund, sie zu unterschätzen, und eigentlich brauchte man sich um sie auch keine Sorgen zu machen.

Unterschätzung statt Unterstützung

> *Wenn man selbstbewusst ist, dann denkt man, man kann alles, man glaubt an sich. Und wenn man nur verwöhnt wird, dann kann man noch nicht mal Schleifen zumachen. Alle sagen: „Komm, du kannst das!". Und man kann es eigentlich nicht. Aber bei Selbstbewusstsein, da weiß man, dass man das kann. Dann glaubt man das selber, und nicht, weil man gelobt wird von den anderen.* (Yamen)

Anders als Lisa, die sich passiv in die Verwöhnung ihrer Mutter fallen lässt – aber auch deutlich jünger ist –, kämpft Anne aktiv dagegen an. Auch für sie gilt: Je schonender wir mit dem Kind umgehen, desto schwächer wird es sich fühlen. Anne formuliert das für sich auch genauso. Sie fühlt sich unterschätzt und nicht unterstützt, eingeschränkt und nicht gefordert, zusätzlich behindert und nicht gestärkt, denn die Mutter signalisiert mit ihrer übertriebenen Sorge: *Ich traue dir nicht zu, dass du ohne meine Hilfe klarkommst.* Es ist eine zusätzliche Schwierigkeit auf dem Lebens- und Lernweg eines Kindes, seine Fähigkeiten entwickeln zu sollen – und dazu gehört auch, die von ihm in der Schule erwartete Leistung zu bringen –, dabei aber gleichzeitig gepusht *und* gebremst zu werden. Verwöhnung impliziert genau diese widersprüchliche, ja paradoxe Haltung zum Kind. Sie kann eigentlich nur bewirken, dass ein Kind entweder stehen- und hinter allen Erwartungen zurückbleibt oder aber Widerstand leistet, weil es spürt, dass es den Spagat nicht aushält. Fatal – um nicht zu sagen: tragisch – wird die Situation, wenn dann auch der berechtigte Widerstand des Kindes zu falschen Deutungen führt und wiederum sinnlose Konsequenzen nach sich zieht.

Drittes Beispiel: Marcel

Handy und Transparenz auf dem Tisch

Marcel ist 13 Jahre alt und geht in die Gesamtschule. Seine Eltern haben sich zur Beratung angemeldet, weil *seit Längerem der Haussegen schief hängt.* Die schulischen Leistungen des Sohnes lassen zu wünschen übrig, und offenbar *entspricht auch sein Verhalten nicht gerade den Vorstellungen und Wünschen seiner Lehrer.* Zu Hause gibt es oft Krach, *weil Marcel unverschämte Forderungen stellt,* sagt der Vater. Die Mutter wiegelt etwas ab, widerspricht aber nicht.

> *Er setzt uns total unter Druck, und er verspricht uns dann immer, wenn er dies oder jenes bekäme, dann würde er auch mehr für die Schule tun und sich bessern. Das war aber noch nie der Fall, und wir haben keinen Grund, ihm das diesmal zu glauben,* so der Vater.

Diesmal geht es um das neue iPhone, das gerade auf den Markt gekommen ist. Mit dieser Forderung ist die Situation zu Hause vollends eskaliert. Der Vater arbeitet als Handwerksmeister auf dem Bau, die Mutter neun Stunden pro Woche als Sekretärin in einem kleinen Betrieb. Die Eltern haben ihren Sohn von Anfang an verwöhnt. Das wird schon in den ersten beiden Sitzungen deutlich. Sie vermuten das auch selbst und finden ihre Einschätzung in unseren Gesprächen bestätigt.

> *Wir haben immer gedacht, wenn wir ihm viel geben, dann machen wir es gut. Aber das war wohl verkehrt. Jetzt kriegen wir jedenfalls die Quittung für unsere Großzügigkeit.*

> *Wir haben ihm wohl zu viel gegeben. Wir wissen's nicht.* Und nun geht es darum, *da wieder rauszukommen.*

Zur nächsten Sitzung kommen Vater, Mutter und Sohn. Die Mutter geht ein wenig auf Abstand und setzt sich auch am Tisch etwas zurück. Der Sohn streckt seine langen Beine von sich, schaut nochmal auf sein Handy und legt es vor sich auf den Tisch. Dann verschränkt er die Arme und senkt den Kopf. Der Vater zieht eine alte Aktentasche hervor. Meine Frage, ob jemand Wasser oder Kaffee möchte, bleibt unbeantwortet. Nur die Mutter schüttelt leicht den Kopf. Auch der freundliche Auftakt stößt nicht auf Resonanz. *Lassen Sie mal!* sagt der Vater und zieht einen Stapel Unterlagen aus der schmalen Ledertasche. Ich habe nicht die geringste Ahnung, was er vorhat. Der Gesichtsausdruck der Mutter hat etwas von *Wenn das man gut geht!*, und Marcel verfolgt das Geschehen mit einer Mischung aus Neugier und Ablehnung, man könnte auch sagen: mit einer Mischung aus Interesse und demonstriertem Desinteresse.

Wir haben uns nämlich für heute etwas vorgenommen. Das richtet sich vor allem an dich, Marcel. Der Vater breitet sämtliche Unterlagen auf dem Tisch aus und legt sie sorgfältig nebeneinander. *Es geht um das neue Handy, was du ja haben willst, und da haben wir uns gedacht, wir zeigen dir mal, wie unsere finanzielle Situation aussieht. So.* Aus einer langen Reihe von Papieren zieht der Vater eines nach dem anderen hervor und kommentiert es.

> *Fangen wir mal an mit dem, was ich im Monat verdiene. Guck ruhig hin! Guck hin! Hier steht's. Das ist mein Gehaltsbogen. Da steht mein Lohn drauf. So. – Der nächste Zettel. Das ist das, was Mama verdient. Wir haben also zusammen so und so viel* (Summe) *Geld. Das habe ich hier ausgerechnet. Du kannst es immer mitverfolgen. Hier gibt's keine Schummelei. Dann die Miete für unsere Wohnung. Die beläuft sich auf X Euro. Hier ist die Mietabrechnung. Dazu kommen die Nebenkosten. Die werden immer für das ganze Jahr berechnet. Ich habe das mal durch 12 geteilt. Das ergibt eine Summe von X Euro pro Monat. Siehst du das? Da steht's. So. Dazu kommt jetzt noch das Haushaltsgeld, also alles, was wir so zum Leben brauchen. Da ist also noch keine Kleidung drin oder sowas …*

Marcel ist ganz bei der Sache. Die Beine sind angezogen, der Oberkörper über den Tisch gebeugt. Der Vater fährt fort und zieht einen Bogen nach dem anderen vor. Es folgt der Kredit für das Auto – ein Kontoauszug! –, dann das monatlich zurückgelegte Urlaubsgeld, die Telefonkosten, das zurückgelegte *Geld für Unvorhersehbares, also wenn z. B. mal die Waschmaschine kaputtgeht,* und einiges mehr. Alle Beträge hat der Vater zu Hause in einer Liste zusammengestellt: das, was beide zusammen verdienen, und das, was Monat für Monat ausgegeben bzw. vom Konto abgebucht wird. Der Vater beendet diese Ausführungen sichtlich geschafft, schaut Marcel direkt ins Gesicht und sagt zu ihm:

> *So, und wenn du uns jetzt sagen kannst, woher wir das Geld für das neue Handy und all die anderen Sachen, die du so haben willst, nehmen sollen, dann kannst du es haben. Wenn nicht, müssen wir uns was einfallen lassen, und zwar hier und heute. Deine Mutter und ich machen das Theater mit dir jedenfalls nicht länger mit. Es geht einfach zu viel kaputt dabei.*

Mit diesem ungewöhnlichen Vorgehen, einem Akt der Verzweiflung, hat der Vater auf jeden Fall dreierlei erreicht: Zum einen hat er seine Autorität zurückgewonnen, die im Zuge vieler Machtkämpfe gelitten hatte. Zum anderen erlaubt die von ihm dargelegte Sachlage weder Zweifel noch weitere Wünsche. Und zum dritten: Durch die Offenlegung der Finanzen wird auch dem Sohn Verantwortung übertragen. Und damit ist, so scheint es, der Verwöhnung ein Ende gesetzt.

So befinden sich alle drei, Vater, Mutter und Sohn, von einem Moment auf den anderen in einer neuen Rolle und in einer neuen Situation. Letztere ist Ende und Anfang zugleich. Kompromisse gibt es nicht. Da wird auch gar nicht erst diskutiert. Alle atmen einmal durch, es gibt Kaffee und Saft, und anschließend geht es um die Frage, was sich in Zukunft ändern muss. Das ist nicht gerade wenig. Ein Anfang wird in dieser Sitzung schon gemacht: Marcel möchte das Handy trotzdem haben und beschließt, sich sein eigenes Geld zu verdienen. Er will versuchen, einen kleinen Job zu finden, und z. B. einmal pro Woche Zeitungen austragen. Die Eltern schenken ihm eine „Starthilfe" von hundert Euro. Marcel, den die Aktion des Vaters sichtlich beeindruckt hat, weiß das – vielleicht zum ersten Mal – zu schätzen und verspricht seinen Eltern, sich *in der Schule zu bessern* und *mehr zu arbeiten.* Wie das konkret aussehen soll, was er dafür tun muss und braucht, ist Thema der nächsten Sitzung.

Doch das sind nur die äußeren Fakten, schwerwiegend genug. Hier geht es um mehr. Hier geht es auch um „Eine Frage der Ehre". Im Schutz der Gesprächssituation kämpft der Vater um seinen Stolz und seine Selbstachtung. Und damit sind wir bei weiteren Problemen einer verwöhnenden Erziehungshaltung.

Die Rolle der Eltern und die Isolation des Kindes

Wer darf Dir heute den Ranzen tragen? – Eltern im Dienst ihres Kindes

> *Also ich finde es auch besser, wenn man nicht verwöhnt wird, als wenn man verwöhnt wird, weil wenn man verwöhnt wird, dann macht ja die Mutter oder der Vater alles für dich, und dann kannst du nichts.* (Albert)

Eltern, die ihr Kind verwöhnen, machen sich klein und sind damit nicht mehr die Respektspersonen, die sie sein möchten und die ihr Kind auch braucht.

Zu spät erkennen sie oft, dass sie sich in eine schwache Position manövriert haben und ihr Einfluss schwindet, dass sie erpressbar werden und im Begriff sind, Autorität und Glaubwürdigkeit einzubüßen, dass es zu Machtkämpfen kommt, die sie meistens verlieren, und, schließlich, dass ihr eigenes Kind die Regie übernimmt. Die Beziehung zum Kind gerät aus der Balance. Nicht selten kommt es zu vertauschten Rollen: Das Kind ist der Boss, die Eltern müssen arbeiten. Doch ist der Boss nicht immer mit deren Arbeit zufrieden, und wer sich in den Dienst eines anderen stellt, der erntet nicht immer Lob und Respekt. So entsteht leicht ein ungesundes, fremdartiges Gefälle zwischen Eltern und Kind, und was unter anderen Umständen eine partnerschaftliche Beziehung hätte werden können, ist am Ende eine paradoxe und unheilvolle Hierarchie. Hinzu kommt der Wunsch der Eltern, *es sich mit dem Kind nicht zu verderben,* denn auch Eltern wollen geliebt oder doch wenigstens gemocht werden und nicht nur umgekehrt. Die Angst vor Streitereien, mieser Stimmung und auch davor, abgelehnt zu werden, spielt eine maßgebliche Rolle. Sie verleitet zum Nachgeben, und dann bietet es sich an, das Kind zu verwöhnen. Das geht schneller als fest zu bleiben und konsequent zu sein. Man bleibt auch beliebt, und es gibt keinen Ärger. Das gilt vor allem in der Öffentlichkeit, da, wo man als Eltern keine Unsicherheit zeigen will, wo aber das Kind sein Publikum hat und mitleiderregend sämtliche Register ziehen kann.

„Fütterung“ ohne Hoffnung auf „Sättigung“

> *Verwöhnung kann auch sehr frustrierend sein. Man hat nämlich das Gefühl, man kriegt nie genug. Also man ist dann auch nie zufrieden.* (Leo)

Nicht umsonst nennt der Schweizer Pädagoge und Individualpsychologe Jürg Frick sein neu aufgelegtes Buch über Verwöhnung „Die *Droge* Verwöhnung“ (Hervorhebung B. L.-G.). Verwöhnung ist in der Tat eine Droge. Es gibt keinen Sättigungspunkt. Die Hoffnung vieler Eltern – vor allem der Mütter –, dass es irgendwann *mal gut* sein könnte, erweist sich schnell als Illusion. Das Kind wird nicht kommen und sagen: *Vielen Dank! Jetzt ist es genug, jetzt habe ich alles, was ich brauche.* Im Gegenteil: Je mehr es verwöhnt wird, desto mehr will es haben, und desto mehr wachsen auch seine Ansprüche. Es gibt keine Dankbarkeit, es gibt kaum einmal Zufriedenheit. Nicht selten erleben wir Jugendliche, die später am Leben scheitern. Das hat vielerlei Gründe. Einer der Gründe ist: Sie haben zu wenig gelernt, dass das Leben sie nicht bedient, sondern dass alles erarbeitet werden muss und dafür eigene Anstrengungen erforderlich sind.

Das Leben in der Einbahnstraße – Empathie in der Sackgasse

Kinder, die mit übermäßiger Hilfe versorgt werden und gewöhnt sind, dass ihre Wünsche in Erfüllung gehen, kennen die Situation, etwas zu *bekommen,* machen aber kaum die Erfahrung, etwas zu *geben*. Ihre Blickrichtung ist eher von außen nach innen, zu sich selbst, und weniger von innen nach außen, zu den Mitmenschen, gerichtet. Abgesehen davon, dass ihnen die ermutigende Erfahrung fehlt, gebraucht zu werden, üben sie sich auch nicht in der Wahrnehmung anderer Menschen, also auch nicht darin, über deren Lebenssituation, über deren Bedürfnisse oder Gefühle nachzudenken. Die Kinder bleiben bei sich. Niederlagen dürfen nicht sein, und etwas abzugeben, fällt schwer. Sie sind, im wahrsten Sinne des Wortes, selbstbezogen. Grundlegende soziale und emotionale Kompetenzen wie zuhören zu können, sich in jemanden hineinzuversetzen oder mit jemandem zu kommunizieren, wie Rücksichtnahme, Toleranz oder Mitgefühl – diese Kompetenzen werden nur unzureichend ausgebildet. Verwöhnte Kinder haben zwei gravierende Defizite: wenig Selbstwertgefühl und einen Mangel an Empathie.

Der Mangel an Erfolgen und die Entstehung destruktiven Verhaltens

> *Und wenn man das nicht kann, dann denkt man auch: „Och, es geht nicht. Ich kann's nicht." Und dann: „Ich kann nichts!" Und dann gibt man auf, und man hat eigentlich noch nicht mal angefangen.* (Larion)

Verwöhnte Kinder bleiben unselbständig und weit hinter ihren Möglichkeiten – auch hinter ihrem Leistungsvermögen – zurück. Sie scheuen die Anstrengung, sind in hohem Maße auf Hilfe angewiesen und haben kaum Erfolge vorzuweisen. Die Konsequenzen sind so logisch wie tragisch: Ohne eigenständige Arbeit gibt es keinen Erfolg, ohne Erfolg auch keine Anerkennung, und ohne Anerkennung kann sich das Selbstbewusstsein kaum entfalten. Selbstbewusstsein ist in erster Linie das Bewusstsein für erworbene Kompetenzen, d.h. für Wissen, Kenntnisse und Erfahrungen. Ein Mangel an Selbstbewusstsein führt immer zu einem negativen Selbstbild und damit immer auch zu Problemen im sozialen Miteinander. Wie im Zusammenhang mit Lisa schon erwähnt, kennen die Kinder weder Zufriedenheit noch Stolz, und so wird mit destruktiven Mitteln kompensiert, was an Fähigkeiten nicht entwickelt werden konnte. In der Schule sprechen wir dann von „schwierigen Kindern" oder von Kindern mit „auffälligem Verhalten". Viele von ihnen sind wie gefangen in einem Teufelskreis, der nur schwer zu durchbrechen ist: Anstrengung wird verweigert aus Angst vor Misserfolgen, und Misserfolge entstehen aus einem Mangel an Anstrengung.

Verwöhnte Kinder sind immer entmutigte Kinder, selbst wenn es nicht den Anschein hat. Genau das ist ein Teil des Problems. Nicht selten wird ihr Verhalten als Ausdruck von Angeberei, ja sogar von „überhöhtem Selbstbewusstsein" gesehen, was immer das auch sein mag. Das Gegenteil ist meistens der Fall. Eine verwöhnende Erziehungshaltung treibt Kinder in das Gefühl von Unterlegenheit und setzt damit vielfältige Mechanismen der Kompensation in Gang. Diese äußern sich häufig in anmaßendem Verhalten, sind aber in Wahrheit nichts anderes als der verzweifelte Versuch, beachtet zu werden, die empfundene Unsicherheit nicht zu spüren und sie vor allem nach außen nicht sichtbar werden zu lassen.

Es gibt keine „gute Fee", die den Kindern Schwierigkeiten in die Wiege legen könnte. Es gibt nur Eltern, die das tun können, und das bedeutet: Die Eltern sollten darauf achten, dass nicht jede Anforderung und jedes Problem sofort dramatisiert und dem Kind aus dem Weg geräumt wird. Es müssen genügend Schwierigkeiten bleiben, die als Herausforderung verstanden werden können, die zumutbar sind und mit deren Überwindung die Kinder lernen, ihr Leben zu bewältigen.

Wenn man immer verwöhnt wird, dann kriegt man Sachen, die eigentlich total leicht sind, nicht mehr hin, und dann ist man damit benachteiligt den anderen Kindern gegenüber, die das können – Gedanken der Kinder

In der Mitte der Tafel steht das Wort „Verwöhnung". Sofort gehen die Finger hoch. Niemand spricht. Ein Kind nach dem anderen nimmt sich ein Stück Kreide, geht nach vorn und schreibt, mit sichtlichem Vergnügen, etwas Verwöhnendes an die Tafel. In kürzester Zeit ist dort u. a. zu lesen:

- *Ganz viel Schokolade*
- *Länger aufbleiben*
- *Von Oma und Opa viel Taschengeld kriegen*
- *Viel fernsehen*
- *Lange im Bett bleiben*
- *Viele elektrische Geräte haben* (gemeint sind elektronische Geräte)
- *Tolle Geschenke*
- *Schöne Gefühle*

Alle sind sich einig, und mündlich wird noch viel ergänzt. Plötzlich sagt ein Junge in die Schwärmerei hinein:

> *Also ich sehe das auch kritisch. Verwöhnung kann auch sehr frustrierend sein. Man hat nämlich das Gefühl, man kriegt nie genug. Also man ist dann auch nie zufrieden.*

Es ist, als wenn sich in den Köpfen der Kinder ein Hebel umgelegt hätte. Man *sieht* sie förmlich denken, und jäh gestoppt ist der Reigen an *schönen Gefühlen*. Es dauert eine Weile, und es ist mucksmäuschenstill. Dann nehmen die Kinder die Spur des Jungen auf, und es entsteht ein intensives Gespräch, das hier in etwas gekürzter Form wiedergegeben werden soll.

Leo: *Man gewöhnt sich nämlich daran, und wenn man diese Sache* (Verwöhnung) *dann nicht mehr hat, ist man frustriert, und dann flippt man vielleicht auch aus.*

Jonathan: *Ich habe zu Weihnachten so eine Spielkonsole bekommen, und ich habe schon gemerkt, dass es dadurch ein bisschen anders ist bei uns als sonst und dass das ein bisschen Verwöhnung ist.*

Leo: *Wenn man so verwöhnt ist und ganz viele Sachen hat, und man denkt: „Wenn ich ganz viele Sachen hab, dann habe ich eben ganz viele Sachen." Aber wenn du drei Handys hast, dann willst du immer noch mehr, und wenn du eins hast, ist es eigentlich schon genug, aber du willst mehr. Und es ist dann nicht so, dass es irgendwann zu Ende ist, weil man will ja immer mehr haben. Man will immer mehr haben, wenn man verwöhnt ist. Wenn man z. B. 10 000 Spielzeugsachen hat, will man 20 000, und wenn man 20 000 hat, dann will man 40 000.*

Sophie: *Das Kind lernt, dass jeder ihm die Arbeit abnimmt, dass es nichts mehr tun muss. Das ist nicht schön.*

Max: *Ich habe selbst schon mit dreieinhalb Jahren die Jacke angezogen und die Schuhe zugemacht. Also ich bin nicht verwöhnt!*

L.in: *Und wie fühlt sich das Kind, wenn es verwöhnt wird?*

Yamen: *Also wenn es noch ein Kind ist, gut. Und später so, als ob man zu dumm ist.*

Burak: *Sie hat das ja nicht selber gelernt und kann das nicht selbständig machen.*

Martha: *Wenn sie in die Schule kommt, dann muss sie ja auch ganz viele Sachen alleine machen. Und dann wird sie da einfach nur stehen und nicht wissen, wie das geht. Und dann wartet sie, bis jemand kommt und ihr hilft. Dann fühlt sie sich auch als Schulkind doof.*

Larion: *Es lernt nicht, dass das nicht gut ist, weil es ja nicht weiß, dass man selbst alles lernen muss und alles selbst machen muss.*

Joudi: *Ich weiß genau, wie sich das Kind fühlt, weil als ich klein war, wurde ich auch so verwöhnt. Da waren wir noch in einer sehr großen Familie, und da war ich die Jüngste, und ich wurde ganz viel verwöhnt. (…) Es hat sich halt so angefühlt, als müsste ich nichts in meinem Leben machen. Man fühlt sich klein, man kann nicht viel machen, und dann ist das Leben nicht unbedingt schön.*

Leo: *Vielleicht will die Mutter auch vermeiden, dass das Kind irgendwas nicht hinkriegt, weil sie will, dass das Kind alles kann und später Luxus hat und nicht Sachen nicht kann.*

Jonathan: *Ich finde auch einfach, dass das Kind auch daraus ein bisschen lernt, dass es das* (sich verwöhnen zu lassen) *lieber nicht machen sollte, weil es dann vielleicht bemerkt: „Aha, andere sind schlauer als ich!" Ich glaube auch, das Kind würde dann, wenn es in die Schule kommt, unwissend sein.*

Irma: *Um nochmal darauf zurückzukommen: Wenn ein Kind nicht weiß, wie man z. B. einen Herd anmacht, dann fühlt es sich auch einfach dumm, weil es doch eigentlich total leicht sein müsste, weil alle anderen kriegen es doch auch hin! Und dann fragt es sich: „Warum kann ich das jetzt nicht?" Ich glaube auch, wie Leo sagt, die Mutter hat Angst, dass das Kind dann durchdreht, wenn es etwas nicht hinbekommt. Ich würde dann als Mutter einfach dem Kind helfen und sagen: „Probier mal das da aus, und guck mal, ob dies funktioniert", aber es nicht gleich selber machen als Mutter. Man vertraut dann seinem Kind, dass es das hinbekommt.*

Larion: *Es könnte sein, dass das Kind irgendwann, wenn es groß ist, denkt: „Och, das kann ich nicht, und das kann ich auch nicht, und das auch nicht! Ich kann ja gar nichts." Und dann würde es vielleicht sogar denken: „Ich bin einfach nur Müll, weil man braucht mich nicht, ich bin zu nichts zu gebrauchen."*

Irma: *Es liegt wahrscheinlich wirklich daran, dass die Kinder so verwöhnt wurden, dass sie dann nicht wirklich wissen: „Wie gehe ich damit um? Was kann ich jetzt eigentlich? Was habe ich jetzt gelernt? Wofür bin ich da?"*

Marlene: *(…) Dann müssten die Eltern einfach mal sagen, so positiv sagen: „Das hast Du gut gemacht, aber guck mal: Diese kleine Aufgabe hier, die musst du noch lernen, und dann muss das Kind das auch selber tun.*

Larion: *Und wenn man das nicht kann, dann denkt man auch: „Och, es geht nicht. Ich kann's nicht." Und dann: „Ich kann nichts!" Und dann gibt man auf, und man hat eigentlich noch nicht mal angefangen.*

Linus: *Wenn man immer verwöhnt wird, bleibt man immer verwöhnt!*

Leo: *Wie ist das, wenn man sich selber quasi verwöhnt? Z. B. man hat immer schön viel Geld, und man macht immer Geld, und dann geht man irgendwann pleite. Dann ist man so frustriert. Hat man sich dann vorher selber verwöhnt?*

Marlene: *Ich glaube, das ist wirklich ein bisschen Verwöhnung, aber nicht die Verwöhnung, die man so kennt. Wenn man immer für sich selber sorgt, dann ist es ja eigentlich gut. Aber wenn man dann einmal pleite geht, dann denkt man: „Ja, mein Leben war so toll, aber jetzt nicht mehr." Es kommt halt drauf an, wie man es bezeichnet. Ich finde, es ist schon ein bisschen Verwöhnen, aber man macht ja auch was dafür. Wenn man ein bisschen weniger arbeitet, dann wäre es eher Verwöhnung.*

Linus: *Ich finde es jetzt nicht so verwöhnt, weil man erarbeitet sich das ja. Man arbeitet ja dafür. Es ist ja nicht so, dass man den ganzen Tag auf dem Sofa sitzen will und sagt: „Gib mir eine Himbeere!" Und sonst nichts macht!*

Sanaa: *Also ich glaube auch nicht, dass das Verwöhnung ist. Es ist vielleicht schon ein bisschen Verwöhnung, weil ich gehe vielleicht in einen Laden und kaufe dies und das, und dies ist schön, und das ist schön, das kaufe ich mir auch. Und dann bin ich ja auch ein bisschen verwöhnt.*

Leo: *Also dann ist das eine erarbeitete Verwöhnung, die man sich quasi selber erarbeitet hat.*

Albert: *Ich sage, das ist fifty-fifty, weil es ist ja nicht Verwöhnung, wenn man arbeitet. Wenn man dann so viel Geld hat, danach verwöhnt man sich ja selber, wenn man dann alles kauft.*

Joudi: *Ich finde, das ist keine Verwöhnung, weil Verwöhnung ist ja, wenn jemand die Sa-*

chen für dich macht, aber hier ist es ja so: Du kannst diese Sachen, und nur du hast das ja gemacht. Du hast gearbeitet, und dann hast du's gekauft. Niemand hat's für dich gemacht. Also ist es eigentlich keine Verwöhnung.

Jonathan: *Also ich finde, es ist dann auch nicht so viel Verwöhnung, wenn man durch die Firma reich wird, also richtig stinkereich, wenn man richtig viele Millionen Euros hat. Dann finde ich, ist das halb Verwöhnung. Wenn man durch die Firma nicht so viel verdient, dann ist es gar keine Verwöhnung, weil man muss ja arbeiten. Und wenn man durch das Arbeiten nicht so viel Geld bekommt, ist es auch keine Verwöhnung. Aber wenn man durch das Arbeiten richtig, richtig viel Geld bekommt, also viele Millionen Euros hat, dann geht es schon in die Richtung Verwöhnung. Ich finde, wenn man zu viel Geld verdient, dann ist es Verwöhnung, und wenn man nicht viel Geld verdient, dann ist es keine Verwöhnung.*

Irma: *Ich würde auch sagen, es ist keine Verwöhnung, weil man hat ja was dafür getan, dass man so reich wurde. Es ist einfach eine Angewohnheit. Man kommt nicht damit klar, dass man dann weniger Geld hat oder so. Aber man hat sich ja nicht verwöhnt.*

Linus: *Ich hätte dazu ein Beispiel zu sagen: Also es geht um einen Fußballspieler, den kennen vielleicht alle, der heißt Ronaldo. Der musste sich auch den Mittelpunkt erkämpfen, weil der hatte auch eine Herz-OP und sowas. Und wenn man das alles hat und dann an die Spitze kommt, dann hat er ja alles dafür getan.*

Marlene: *Ich würde gerne noch was zu Linus ergänzen. Die Autorin von Harry Potter, Joanne Rowling heißt die, die war ja auch erst richtig, richtig arm. Und jetzt ist sie Milliardärin, weil sie nämlich so gut war.*

L.in: *Gibt es einen Zusammenhang zwischen Verwöhnung und Selbstbewusstsein?*

Jonathan: *Früher, als ich noch vier, fünf war, da wurde ich auch ein bisschen verwöhnt, nicht so viel eigentlich, und früher hatte ich auch ziemlich viel Selbstbewusstsein, obwohl ich ein bisschen verwöhnt wurde. Ich glaube aber auch: Jetzt als Neunjähriger oder Zehnjähriger in der 4. Klasse, dann sagt der sich, also ich: Er hat sich schon 1000mal die Schleifen gebunden. Und dann sagen z. B. seine Freunde: „Dann mach das mal!" Und dann kriegt er das nicht hin. Also ich glaube, dass man dann erst ein großes Selbstbewusstsein hat, weil man glaubt: „Ich kann das ja alles." Und dann, wenn man es einmal falsch gemacht hat, dass man dann denkt: „Nee, ich kann das nicht alles. Ich kann das überhaupt nicht." Auch wenn man es nur so ein, zweimal nicht gekonnt hat.*

Marlene: *Also bei mir ist das so: Wenn ich z.B. etwas nicht hinkriege, dann sagt meine Mama z.B.: „Vielleicht hast du nicht die Geduld oder so. Probiere es doch morgen oder in einer Stunde. Oder hast du Hunger?" (…) Dann denkt man immer: „Ach, ich kann das nicht. Es lohnt sich gar nicht, das zu machen." Das war z.B. neulich auch so. Ich hatte richtig Kopfschmerzen, und dann hat meine Mama gesagt: „Leg dich doch mal hin!" Dann habe ich gesagt: „Nein, das hilft nicht." Und dann habe ich mich doch hingelegt, und es hat geholfen. Ich dachte erst: „Nein, das hilft überhaupt nicht, das hat doch keinen Sinn!" Und das ist auch so mit dem Selbstbewusstsein, wenn man das nicht hinkriegt: Ich glaube, man kriegt alles hin. Man muss einfach nur üben.*

Linus: *Wenn man verwöhnt wird, ich glaube, dann hat man so einen gewissen Anteil an*

Stolzheit, weil man dann denkt: „Oh, ich kann z. B. alles besser als Jeremy!" Und dabei hat das früher nur die Mutter gemacht.

Sanaa: *Bei mir ist das so, dass ganz viele sagen, dass ich auch verwöhnt werde, aber ich finde, dass ich auch, also dass ich schon ein bisschen selbstbewusst bin.*

Leo: *Ich will mal ein Gleichnis machen: Also da ist jetzt ein Mädchen, das heißt Lena, und das wurde als Kind immer komplett verwöhnt. Und wenn dann das Kind die Eltern gefragt hat, dann haben die Eltern gesagt: „Och Lena, du kannst doch alles! Du bist die ganz Große von uns allen!" Und dann, als sie in den Kindergarten gekommen ist, waren da alle und haben gesagt: „Kannst du schon das? Und kannst du schon bis 100 zählen?" Dann sagt sie: „Ja, ich kann das schon. Ich bin ja ganz selbstbewusst." So nach dem Motto. Aber dabei haben die Eltern ihr das ja immer nur gesagt, also sie eigentlich nur damit verwöhnt, dass sie gesagt haben, dass sie immer alles kann. Aber als sie es dann machen sollte, da war sie halt komplett ratlos, und dann hat sie vielleicht gedacht: „Ich kann das ja gar nicht!" Und dann ist sie vielleicht wütend geworden, weil sie dann gemerkt hat: „Oh, ich kann das gar nicht!" Und dann hat sie vielleicht gedacht: „Ich kann das gar nicht und bin die Dümmste von allen!" Ich glaube, so ähnlich könnte das dann sein.*

Yamen: *Wenn man selbstbewusst ist, dann denkt man, man kann alles, man glaubt an sich. Und wenn man nur verwöhnt wird, dann kann man noch nicht mal Schleifen zumachen. Alle sagen: „Komm, du kannst das!" Und man kann es eigentlich nicht. Aber bei Selbstbewusstsein, da weiß man, dass man das kann. Dann glaubt man das selber, und nicht, weil man gelobt wird von den anderen.*

Albert: *Also bei mir war es auch so früher. Da hat meine Mama mich immer verwöhnt, die hat mich fast nichts machen lassen. Sie hat mich nicht mal Tomaten schneiden lassen. Und danach, als ich das machen wollte, da habe ich es immer nicht hingekriegt, und dann bin ich immer voll ausgerastet, weil ich das nicht kann. (...) Dann hat es mir mein Onkel beigebracht, jetzt kann ich das.*

Jonathan: *Für eine ganz kleine Phase, ich glaube so für einen Monat, als ich so fünf, sechs war, da ist mir das halt passiert: Mein Vater hat gesagt: „Jetzt üben wir mal Schleifen." Ich hab's immer nicht hingekriegt irgendwie. Dann war ich richtig depressiv, hab ich mich einen Monat lang in meinem Zimmer aufgehalten und hab dann gar nichts gemacht meistens. Und dann, als mein Vater gesagt hat – da war ich sieben –, dann haben wir es wieder geübt, und dann habe ich es hinbekommen. Ich war traurig, weil ich es halt nicht hinbekommen habe.*

L.in: *Du hast es dir nicht zugetraut?*

Jonathan: *Ich hab's mir schon zugetraut, hab's auch viel probiert, hab's aber nicht hingekriegt, weil ich immer einen bestimmten Schritt falsch gemacht habe. Und jetzt kann ich es.*

Marlene: *Mich machen eher kleine Sachen glücklich, so z. B. neulich hat mir meine Mama einen großen Lolli gekauft, die ich richtig gerne mag, und das hat sie vorher noch nie getan. Und dann war ich richtig den ganzen Tag glücklich. Wenn man mir irgendwie sowas Großes schenkt, bin ich auch glücklich, aber nicht für so eine lange Zeit. (...)*

L.in: *„Immer verwöhnt ist immer benachteiligt", glaube ich. Könnt ihr etwas damit anfangen?*

Irma: *Benachteiligt heißt ja z. B., dass man mit den Sachen, die man lernen soll, hinterherhängt. Dass man sie nicht gemacht hat.*

Leo: *Benachteiligt bedeutet auch, so wie man es im echten Leben sehen kann: Alle dürfen Kuchen essen, nur einer ist benachteiligt, weil der kein Gluten essen darf oder so. Das ist auch Benachteiligung.*

Irma: *Ich glaube, das soll bedeuten, wenn man immer verwöhnt wird, dann kriegt man Sachen, die eigentlich total leicht sind, nicht mehr hin, und dann ist man damit benachteiligt den anderen Kindern z. B. in der Schule gegenüber oder im Kindergarten, die das können.*

Linus: *Ich glaube, es ist besser, nicht verwöhnt zu sein als verwöhnt zu sein, weil wenn man verwöhnt ist, hat man viel mehr Nachteile als wenn man nicht verwöhnt ist, z. B. man kann nicht schreiben, oder man kann nicht lesen oder sowas. Und dann ist man auch nicht selbstbewusst.*

Sanaa: *Also du bist verwöhnt, und dann hast du halt „nix dahinter" sozusagen. Du wirst verwöhnt, aber genau so viel, wie du verwöhnt wirst, so viel gibt es auch Nachteile. Dass du so vieles nicht kannst, obwohl die Dinge oft ganz leicht sind, weil du immer verwöhnt wirst.*

L.in: *Was ist jetzt der Nachteil?*

Sanaa: *Dass man die Sachen nicht kann und denkt, man ist dumm.*

Leo: *Ich wollte das Ganze nochmal umdrehen. Ich finde, dass es so ist: Wenn man verwöhnt ist, und das finde ich sehr komisch, gehört die Benachteiligung dann so ein bisschen dazu, aber sie ist auch ein bisschen das Gegenteil davon. Es gehört dazu, weil natürlich ist man benachteiligt, weil man Sachen nicht kann, weil man ja verwöhnt wurde. Aber ich finde auch, es ist das Gegenteil, weil es kann auch so sein, dass deine Eltern alles für dich machen. Und wenn sie vielleicht nichts für dich machen, dass du dann gar nicht weißt, wie man es macht, dann ist man ja quasi auch benachteiligt. Das einzig Gute ist dann, dass die Eltern es einem beibringen, aber wenn sie es einem nicht beibringen und einen stattdessen verwöhnen, dann ist es genauso schlimm.*

L.in: *Deshalb sind auch Verwöhnung und Vernachlässigung vergleichbar.*

Leo: *Was ja eigentlich das Gegenteil voneinander ist.*

Albert: *Also ich finde es auch besser, wenn man nicht verwöhnt wird, als wenn man verwöhnt wird, weil wenn man verwöhnt wird, dann macht ja die Mutter oder der Vater alles für dich, und dann kannst du nichts, und danach kriegst du keine Belohnung dafür. Dass du es nicht kannst, ist ja nicht deine Schuld. Die Eltern haben dich ja verwöhnt, und dafür kriegst du dann keine Belohnung.*

Burak: *Also ich finde, der Nachteil bei Verwöhnung ist, wenn man z. B. das Ein-mal-Eins in Mathematik als Thema hat und morgen einen Test darüber schreibt, und dann sagen die Eltern: „Alles klar?" und dann denkt man: „Ja, Mama, ich weiß jetzt alles!" Und dann am nächsten Tag: „Oh, ich hab' alles vergessen! Mist!"*

Sophie: *Also ich glaube auch, Benachteiligung heißt, dass man auch im Kindergarten gefragt wird: „Kannst du denn schon auf einem Bein stehen?" Und dann hat man das halt nie gemacht, und dann haben die Eltern das vielleicht nur gesagt, damit sich das Kind besser fühlt: „Das konntest du schon als kleines Baby!" Und dann probiert man sowas, und dann denkt man: „Jetzt kann ich es nicht, und die Eltern haben mich angelogen." Man kann sich ja selber nicht daran erinnern, was man früher alles gemacht hat.*

Marlene: *Ich finde, benachteiligt, hm, kommt drauf an, wie es ist. Wenn man „benachteiligt" meint in dem Sinne von irgendwelchen Sachen, die man eigentlich könnte, nur weil man es nie hingekriegt hat, nur weil man immer verwöhnt wurde, dann ist es so richtig benachteiligt. Aber wenn man irgendwas nicht probiert hat, dann ist es einfach so: Man kann es ja, man muss es einfach nur üben. Man kann eigentlich fast alles, man kann lesen, laufen, Klavier spielen. Man muss es nur üben.*

Irma: *Ich bin verwöhnt, wenn ich mit Kleinigkeiten verwöhnt werde, wenn man z. B. eine heiße Schokolade bekommt von der Mama. Dann ist das ja okay, wenn das mal ist. Aber wenn man jetzt z. B. immer die Jacke angezogen bekommt, dann kriegt man es irgendwann selber nicht hin. Und wenn man sich dann in der Schule die Jacke anziehen soll, dann kriegt man's nicht hin, weil man nicht weiß, wie das geht.*

7. Das übersehene Kind

Auf der Grundlage verschiedener Situationen und Gesprächsausschnitte beschreibt dieses Kapitel die Entwicklung eines Jungen von einem mehr oder weniger übersehenen Außenseiter – man könnte auch sagen: von einem arroganten Eigenbrötler – zu einem geschätzten und kooperativen Mitglied seiner Klasse. Er hat ein ungewöhnliches Hobby, von dem niemand etwas wusste und das plötzlich in einem Gespräch zu Tage tritt. Es gelingt diesem Kind, das Interesse seiner Mitschülerinnen und Mitschüler zu wecken und schließlich ein Projekt in Gang zu setzen, an dem die gesamte Klasse über einen längeren Zeitraum beteiligt ist. Nicht nur der Junge verändert sein Verhalten; auch die Lehrerin verändert ihre pädagogische Haltung. Zum Schutz des Kindes, seiner Familie und auch der Lehrerin wird der Ort, an dem sich das Geschehen abspielt, nicht genannt.

Die Mail einer Kollegin: Die Suche nach *dem richtigen Ansatz*

Nach einer ganztägigen Fortbildung in einer Grundschule erreicht mich tags darauf die Mail einer Lehrerin aus dieser Schule. Die Kollegin fragt, ob es mir eventuell möglich sei, noch einmal in die Schule zu kommen. Sie würde mir gern einen Schüler zeigen, mit dem sie nicht klarkäme: Lucas. Sie habe viel mitgenommen aus der Fortbildung, wolle nun einiges anders machen, suche aber *den richtigen Ansatz* und sei sich da unsicher.

Ich habe das Gefühl, ich habe in der letzten Zeit viel falsch gemacht und einige Chancen verpasst, wahrscheinlich auch, weil ich diesen Schüler irgendwie ablehne. Jetzt möchte ich es auf jeden Fall richtig machen, brauche aber etwas Hilfe.

Als „Gegenleistung" bietet sie meinem Mann und mir eine Stadtführung an. Sie sei in dieser Stadt aufgewachsen, schreibt sie, kenne sich hier aus und könne uns *einige Ecken und deren Geschichte zeigen, die besonders interessant sind.* Menschen, die die Stadt nicht kennen, hätten meistens nicht die Gelegenheit, das zu sehen, weil sie davon nichts wüssten.

Das habe ich noch nie gemacht. Normalerweise fahre ich am nächsten Morgen wieder nach Hause. In diesem Fall war mein Mann mitgekommen, und in der Tat hatte ich, als ich mich dem Kollegium vorstellte, berichtet, dass wir vorhätten, noch ein paar Tage zu bleiben, um uns die Stadt anzusehen. Es war Anfang Dezember, Adventszeit. Normalerweise also tue ich das nicht, aber es gibt Ausnahmen. Mich interessierte diese Grundschule sowieso noch aus anderen Gründen – das kam mir also entgegen –, und mir imponierte die Initiative der jungen Kollegin, der ein Kind offenbar so wichtig war, dass sie Kontakt mit mir aufnahm, um für einen „Neustart" um Hilfe zu bitten. Es folgte ein Telefonat, in dem ich sie bat, die Schulleiterin zu informieren, und wir vereinbarten einen Termin für den nächsten Vormittag.

Lucas: Der Schüler aus der Sicht seiner Lehrerin

Es ist die erste große Pause. Wir sitzen im Elternsprechzimmer. Es handelt sich um eine 3. Klasse, die die Kollegin im Sommer übernommen hat. Die vorige Klassenlehrerin ist Mutter geworden. In dieser Klasse geht es nun um Lucas. Wir haben nicht viel Zeit, und die Kollegin beschreibt das aus ihrer Sicht Wichtigste. Ich gebe es stichwortartig in ihren Worten wieder.

- *Lucas ist neun Jahre alt,*
- *etwas größer als seine Mitschüler,*
- *meistens ernst, jedenfalls lacht er nicht so oft,*
- *bewegt sich etwas schlaksig,*
- *ist eher ein Außenseiter,*
- *hat nicht viel Kontakt zu den anderen Kindern,*
- *ist ein kluges Kind, kann gut denken,*
- *hat besondere Fähigkeiten in Deutsch,*
- *ist für sein Alter sehr versiert im Schreiben von Texten,*
- *hat viel Fantasie.*
- *Das große Problem ist sein Sozialverhalten:*
- *Lucas ist arrogant und überheblich. Er weiß alles besser und wertet die Erfolge anderer Kinder häufig ab, indem er z. B. sagt: „War ja auch baby-eier-leicht! Das weiß doch jeder!" Er macht dann die anderen Kinder runter.*

Die Kollegin beschreibt das Kind zunächst ruhig und sachlich, kommt aber sichtlich in Rage, als es um dessen Sozialverhalten geht.

> *Das regt mich so auf! Ich habe schon so oft mit ihm darüber gesprochen, aber es hat nie was genützt. Er ist und bleibt so. Und so eine Art kann ich absolut nicht akzeptieren! Ich mag das einfach nicht. Ich hoffe, Sie kriegen was mit von dieser Haltung. Ich weiß nicht, was ich dagegen machen kann. Ich weiß seit gestern, dass ich es anders machen muss. Aber ich finde das schwierig. Ich bin da auch nicht gelassen …*

Die Deutschstunde: Der entlaufene Hund des alten Försters

Mit dem Sitzplan in der Hand erlebe ich eine Deutschstunde. Es geht um „Freies Schreiben". *Keine Schaustunde!* hatte mir die Kollegin noch lachend zugerufen. *Ganz normaler Unterrichtsalltag!* Die Kinder sitzen an Zweiertischen in U-Form. Lucas sitzt hinten rechts am äußersten Platz. Die Kollegin stellt mich kurz vor, die Kinder haben einige Fragen, die ich gern beantworte, und dann geht es los. Die Schülerinnen und Schüler werden in den Sitzkreis vor die Tafel gebeten. Dort liegt ein blauer runder Teppich, an dessen Rand alle Kinder Platz haben. Schnell wird es ruhig. Alle schauen ihre Lehrerin erwartungsvoll an. Diese erzählt nun, was ihr am Morgen zu Hause in der Küche passiert ist.

> *Nach dem Frühstück wollte ich eben noch kurz die Zeitung durchblättern und dabei noch eine Tasse Kaffee trinken. Dabei bin ich auf einen Bericht gestoßen über unseren alten Förster. Der war vorgestern am frühen Morgen mit seinem Hund im Wald unterwegs, und plötzlich ist ihm der Hund davongelaufen, einfach so. Er muss wohl irgendetwas gesehen oder gerochen haben. Jedenfalls war er plötzlich weg und kam nicht mehr zurück. Und gerade als ich lesen wollte, wie es weiterging, klingelte es an der Haustür. Ich hatte nicht damit gerechnet und mich erschrocken, und dann habe ich versehentlich den Kaffee über die Zeitung gekippt. Alles war nass. Ich habe dann schnell Küchenpapier geholt und so viel wie möglich aufgetupft und weggewischt, und zur Tür musste ich ja auch noch, das war unsere Nachbarin, … Tja, und dann war die Zeitung komplett durchnässt. Da konnte man nichts mehr mit anfangen. Ich konnte sie nur noch ausdrücken und wegwerfen, jedenfalls den unteren Teil. Nun habe ich also nicht mehr lesen können, wie alles zu Ende ging, und ob der Hund zurückgekommen ist oder nicht. Und darum wollte ich euch bitten, die Geschichte zu Ende zu schreiben. Ihr könnt so schreiben, wie ihr möchtet. Lasst eurer Fantasie freien Lauf und schreibt, wie ihr euch das vorstellt.*

Die Lehrerin schaut die Kinder freundlich-auffordernd an, doch denen gehen noch andere Fragen durch den Kopf:

Kind: *Habt ihr eigentlich Holzstühle in der Küche oder so Stühle mit Polster? Weil wenn der Kaffee auf das Polster gekommen ist, dann …*

Kind: *Stand in dem, was du gelesen hast, was das für ein Hund war? Weil nämlich der Vater von meiner Freundin, der ist auch Förster, und der hat auch einen Hund. Der hat aber so eine richtige Ausbildung gemacht, und der würde das bestimmt nicht machen, einfach so wegrennen. Was war das denn für ein Hund?*

Kind: *Warum sollen wir uns denn ein Ende ausdenken? Meistens ist es doch so, dass die anderen Leute im Haus auch eine Zeitung haben, und die kannst du doch bestimmt heute Nachmittag mal ausleihen, und dann kannst du doch lesen, was mit dem Hund passiert ist.*

Hinzu kommen einige Vermutungen:

Kind: *Vielleicht ist er ja einem anderen Tier so weit hinterhergelaufen, dass er nachher nicht wieder zurückfand.*

Kind: *Vielleicht ist er an einer Wurzel hängengeblieben und hat sich verletzt und konnte nicht mehr weiter.*

Kind: *Vielleicht ist er ja hinter dem Wald von einem Auto angefahren worden.*

Es dauert also alles etwas länger als geplant. Während einige Kinder noch bei dem Missgeschick in der Küche sind, machen sich andere über den Förster und seinen Hund Gedanken und sind ernsthaft in Sorge, und wieder andere – zu denen gehört offenbar auch Lucas – haben die Absicht der Kollegin längst durchschaut und wissen, wie jetzt der Hase laufen soll. Schließlich gehen die Kinder zurück an ihre Plätze: zum Teil motiviert, zum Teil leicht unzufrieden und einige auch lustlos. Die Lehrerin hat ein Arbeitsblatt vorbereitet, auf dem in Kurzform der erste Teil des Berichtes steht. Darunter ist noch viel Platz, und ein zweites – leeres – Blatt gibt es auch.

Die Kinder machen sich an die Arbeit. Einige legen sofort los, andere überlegen noch und schreiben ein paar Notizen. Nach einer Weile gehen die Kollegin und ich durch die Klasse, um hier und da zu helfen. Eine große Bandbreite an Schreibkompetenz wird erkennbar. Da gibt es Kinder, die haben in kürzester Zeit schon eine halbe oder ganze Seite geschrieben, und da gibt es ein paar Mädchen, die zwar einen Plan haben, aber auf der Stelle treten, weil sie bestimmte Wörter nicht schreiben können. Sie wollen nichts falsch machen und bleiben schon beim ersten Wort hängen. Leicht verzweifelte Blicke gehen nach rechts und links zu den schreibenden Nachbarn, es wird radiert, neu versucht, wieder radiert, nochmal versucht, und bei alledem haben sie schließlich vergessen, was sie hatten schreiben wollen. Ein paar Finger gehen hoch. *Ich weiß nicht weiter! – Was wolltest du denn schreiben? – Das weiß ich auch nicht mehr so genau!*

Die Kollegin bemerkt das. Sie unterbricht den Schreibprozess und schlägt vor, ein paar Wörter an die Tafel zu schreiben, die die Kinder verwenden möchten. Die Kinder sollten ihr doch einfach mal eben ein paar wichtige Wörter zurufen. Das scheint eine gute Idee zu sein. Im Handumdrehen stehen zwanzig, dreißig Wörter an der Tafel, die die Lehrerin anschließend noch einmal laut und deutlich vorliest. Erleichterung macht sich breit, und nun können alle Schülerinnen und Schüler weiterarbeiten.

Nur einer der Jungen hat es offenbar trotzdem noch schwer. Ich bin mir nicht sicher, ob er überhaupt verstanden hat, worum es geht und was er machen soll. Da kommt mir die Idee, Lucas einzuschalten. Außer dass er es ablehnt, kann eigentlich nichts passieren. Ich frage also den Jungen, ob er damit einverstanden wäre – ja, das wäre er –, und gehe anschließend zu Lucas und frage ihn, ob er dem Schüler kurz helfen könnte. Er selbst sei ja schon so weit, aber der andere Junge käme irgendwie nicht voran. *Ja klar!* antwortet Lucas. Dann schnappt er sich den Stuhl, auf dem ich gesessen hatte, stellt ihn dem Schüler gegenüber an die andere Tischseite, setzt sich hin und beugt sich über dessen Arbeitsblatt. Man hört die beiden leise miteinander reden. Lucas erklärt dem Jungen etwas und weist mit seinem Finger auf verschiedene Wörter. Mehrmals schaut er seinem Klassenkameraden ins Gesicht und wartet auf dessen Antwort. Schließlich beginnt der andere Junge langsam zu schreiben, etwas unsicher zwar, aber er fängt wenigstens an und sieht auch nicht mehr ganz so verzweifelt aus. Lucas stellt den Stuhl zurück und begibt sich wieder an seinen Platz.

Von der vorhergehenden Unterrichtsphase völlig unbeeindruckt, schreibt Lucas weiter an seinem Text. Er ist schon auf der Rückseite des leeren Zusatzblattes, und ein Ende scheint nicht in Sicht. Ich frage ihn, ob ich mal lesen dürfe, und er schiebt mir bereitwillig sein Arbeitsblatt über den Tisch. *Oh! Hier haben die „Orks" die Regie übernommen!* Lucas beantwortet meinen halblauten Ausruf mit einem Expertenlächeln. Der Hund des Försters ist nämlich den Trollen in die Hände gefallen, und unter Führung von König Tanar verteidigen sie ihn nun gegen die Vielfraße. Der Hund kann sprechen und erfasst die brenzlige Lage, in die er geraten ist. Aber er kennt den Wald und seine verborgenen Schätze. Das könnte seine Rettung sein, und so schlägt er vor: Wenn die Trolle ihn freilassen würden, dann würde er ihnen die Schätze des Waldes verraten, und mit diesen Schätzen würden die Trolle den Kampf gegen die Vielfraße auf jeden Fall gewinnen …

Die Stunde geht langsam zu Ende, und die Lehrerin möchte noch einige Geschichten hören. Fünf oder sechs Kinder lesen ihre Texte vor, was nicht immer ganz einfach ist, weil sie Mühe haben, ihre eigene Schrift bzw. Rechtschreibung zu lesen. Ein trauriger Schluss ist auch dabei – da ist der Hund nach schwerem Kampf von einem Wolf totgebissen worden –, die anderen Versionen aber haben alle ein „Happy End". Hinter dem Rücken von Lucas mache ich mich bei der Kollegin bemerkbar und bedeute ihr, den Jungen dranzunehmen.

Lucas räuspert sich und liest seine Geschichte vor. Es ist gerade noch Zeit, kurz darauf einzugehen. Die Reaktionen sind eher verhalten. Bei Lucas selbst ist keine Gefühlsregung zu erkennen. Er zeigt eine Art Pokerface: ernst, wie die

Kollegin auch sagte, cool vielleicht auch, ausdruckslos. Die Kinder haben ihm aufmerksam zugehört, doch die meisten von ihnen kennen die Orks nicht. Das sagt ihnen nichts, und mit dem, was da passiert und dem sprechenden Hund des Försters widerfährt, können sie nicht viel anfangen. In einigen Gesichtern meine ich eine Mischung aus Irritation und Neid zu sehen, vielleicht auch so etwas wie: *Ach, der nun wieder!* Und da Lucas, wie seine Lehrerin berichtete, mit den Klassenkameraden nicht gerade freundlich und wohlwollend umgeht, hält sich nun deren Anerkennung in spürbaren Grenzen. Und die Lehrerin? Sie befindet sich in einem Zwiespalt, so vermute ich. Einerseits meint sie, etwas Differenziertes, Ermutigendes sagen zu müssen, andererseits passt das, was Lucas vorgelesen hat, so gar nicht ins Konzept. Also gibt sie ihm folgende Rückmeldung:

> *Das ist ja eine spannende Geschichte, Lucas! Da hast du dir wirklich Mühe gegeben und auch viel geschafft in der kurzen Zeit. Aber ich glaube nicht, dass die Zeitung deinen Schluss so veröffentlichen könnte, und ich glaube, das weißt du auch.*

Das Gespräch mit Lucas: *Ich find's manchmal langweilig*

Gern würde ich mit Lucas sprechen, und ich überlege das auch kurz. Aber das geht nicht: Der Junge kennt mich nicht, und ich habe ihn nur in einer einzigen Unterrichtsstunde erlebt. Außerdem wüssten die Eltern nicht Bescheid, die Schulleiterin wäre nicht informiert, und ich selbst bin nur einige Tage vor Ort. Das geht also wirklich nicht. Aber die Kollegin möchte mit Lucas reden, und sie bittet mich, dazuzukommen. Dagegen ist nichts einzuwenden. Sie hat in der nächsten Stunde frei, die Kinder sind im Musikraum, und den Jungen will sie aus dem Unterricht rausholen. Das ist mit der Musiklehrerin auch schon so besprochen, und mit dieser Entscheidung habe ich nichts zu tun. Didaktisch und methodisch ließe sich einiges zu der Stunde sagen, aber dafür bin ich nicht da, und das ist jetzt auch nicht das Thema. Mich beeindruckt ein weiteres Mal, dass sich die Kollegin dieser Situation stellt, dass sie ganz offensichtlich lernen und weiterkommen will und nun auch vorhat, ein Gespräch mit Lucas zu führen. Da es, wie sie sagt, früher nichts gebracht hat, mit dem Jungen zu reden, wird dieses Gespräch wohl anders ablaufen als bisher. Ich bin gespannt. Wir haben vereinbart, dass ich mich jederzeit einschalten kann und der Kollegin am Ende eine Rückmeldung gebe.

Wir sind wieder im Elternsprechzimmer. Es klopft, und die Musiklehrerin führt Lucas herein. Dieser scheint nichts Gutes zu erwarten – zumal nicht nach dem Kommentar seiner Lehrerin, denn der war letztlich nichts anderes als eine freundlich verklausulierte Ablehnung seines Textes. Ein Kind wie Lucas weiß das genau. Der Junge setzt sich und starrt mit gesenktem Kopf auf die Tischplatte.

L.in: *Ich freue mich, dass du das Angebot, mit mir zu reden, angenommen hast, Lucas, zumal du ja Frau Letschert auch gar nicht kennst. Wir beide, also du und ich, wir haben uns ja nicht immer so gut verstanden, gerade nicht in letzter Zeit. Ich habe Frau Letschert davon erzählt. Ich möchte das gern ändern und es nochmal versuchen. Das können wir nur zusammen, sonst geht das nicht. Ich habe Frau Letschert gebeten, dabei zu sein. Sie kennt uns beide nicht, und wenn man so unbefangen von außen kommt, dann hat man manchmal auch gute Ideen. Bist du damit einverstanden, dass sie bleibt und zuhört?*

Lucas: *Ja.*

L.in: *Nehmen wir mal die Stunde von eben. Wie ging es dir damit? Also ich meine – wie soll ich das sagen: Wie hast du die Stunde erlebt?*

Lucas: *Ehrlich jetzt?*

L.in: *<u>Ganz</u> ehrlich jetzt. Sonst kommen wir nicht weiter.*

Lucas: *Also ich finde es eigentlich, na ja, es sind alle sehr nett, und ich finde es ja auch eigentlich gut …*

L.in: *Raus mit der Sprache! Drucks hier nicht so rum!*

Lucas: *Ich find's manchmal <u>langweilig</u>. Mich interessiert's nicht so. Nicht so doll jedenfalls.*

L.in: *Heute auch nicht?*

Lucas: *Nee. Das mit dem Hund und so. Ich weiß nicht.*

L.in: *Wieso nicht?*

Lucas: *Na diese ganze Geschichte da. Ich finde, da ist nichts dran. Ein Hund ist weggelaufen. Und? Was soll ich da gut finden? Der kommt irgendwann zurück oder auch nicht. Ich glaube auch nicht, dass das in der Zeitung stand.*

L.in: *Wie kommst du darauf?*

Lucas: *Klingt wie ausgedacht. Damit wir was schreiben und uns was ausdenken. Auch das mit dem Kaffee. Man erschrickt sich doch nicht so, bloß wenn's klingelt!*

L.in: *Stimmt. War ausgedacht. Ich dachte, ihr findet das interessant.*

Lucas: *Einige vielleicht. Ich nicht.*

L.in: *Hm. Und deine Orks? Warum setzt du deine Geschichte mit diesen Orks fort? Die passen ja nun auch nicht gerade in die Realität, oder?*

Lucas: *Du hast aber gesagt, wir dürfen fantasieren, und das habe ich dann auch gemacht. Das fand ich gut. Sonst wär's ja <u>noch</u> langweiliger! Damit ist es wenigstens ein <u>bisschen</u> spannend! Ich lese sowas gern. Ich lese auch Harry Potter und so. Es ist mir sonst zu langweilig!*

Es entsteht eine Pause. Lucas kommt langsam aus sich heraus, die Kollegin wirkt nachdenklich.

L.in: *Ich glaube, ich verstehe, was du meinst. Ich werd' mir mal Gedanken machen. Vielleicht müssen wir was ändern.*

Eine Weile plätschert das Gespräch so dahin. Es geht um Unterrichtsinhalte, darum, wie schwierig es war, diese Klasse zu übernehmen, es geht um Ereignisse aus dem vergangenen Halbjahr und schließlich um einzelne Kinder und die Frage, mit wem Lucas eigentlich Kontakt habe. Und ob er überhaupt mit irgendjemandem spielen würde.

Lucas: *Nicht so richtig. Ich lese lieber.*

L.in: *Lucas, hättest du denn gern ein paar Freunde? Du kannst doch schließlich nicht nur lesen! Ich sehe dich auch kaum mal mit anderen Kindern zusammen …*

Lucas: *Ja schon, hätte ich eigentlich schon gern, aber ich weiß dann nicht so genau, worüber man reden könnte. Ich mag auch nicht immer nur so spielen.*

L.in: *Hm. Wir hatten ja schon einige Male über deinen Umgangston gesprochen, dass du manchmal ziemlich überheblich bist anderen Kindern gegenüber. Weißt du noch? Hängt das vielleicht auch damit zusammen?*

Lucas: *Womit jetzt?*

L.in: *Naja, dass du eher liest statt zu spielen, dass du vielleicht gar nicht so viel Wert darauf legst, mit anderen Kindern zusammen zu sein und so. Lehnst du sie denn ab?*

Nun ist es Lucas, der still wird und nachdenkt.

Lucas: *Nee, das eigentlich nicht. Ich versuche mir das ja auch schon 'n bisschen abzugewöhnen, also auch netter zu sein irgendwie. Aber ich glaube, es liegt halt auch daran, also ich kann hier auch nicht mal so von mir erzählen. Ich glaube, das interessiert niemanden, was ich mache oder so.*

L.in: *Und deshalb lehnst du die anderen Kinder ab?*

Lucas: *Nein, ich lehne die nicht ab! Ich lasse nur manchmal meinen Frust an denen aus. Das stimmt. Weil das, was ich spannend finde oder weiß, weil sich kein Mensch dafür interessiert!*

L.in: *Na ja, du teilst uns das aber auch nicht mit! Wie sollen wir das dann wissen?*

Kirchen: Das interessiert mich!

Letschert: *Wofür interessierst du dich denn noch so?*

Lucas: *Für Kirchen.*

L.in: *Für Kirchen?*

Lucas: *Ja, für die große Kathedrale zum Beispiel. Kennen Sie die?*

Letschert: *Nein, noch nicht. Wir wollten sie uns morgen mal ansehen.*

L.in: *Die 3. Klassen führen morgen die Weihnachtsgeschichte in der Kathedrale auf. Mit Weihnachtsliedern und so. 16.00 Uhr, eine ganze Stunde Programm, etwas mehr sogar! Sie und Ihr Mann sind herzlich eingeladen, Frau Letschert! Die 3. Klassen machen das jedes Jahr.*

Lucas: *Also die ist ganz schön. Das ist eine gotische Kathedrale. Das interessiert mich. Wie die gebaut haben, vor 800 Jahren! Das muss man sich mal vorstellen! Die hatten noch keine Computer, die alles berechnen! Die mussten das alles selber machen! Selber berechnen, selber bauen … Vorher war das ja eine romanische Kirche.*

Lucas schaut mich forschend an.

Lucas: *Kennen Sie den Unterschied zwischen gotischen und romanischen Kirchen?*
Letschert: *Ja, den kenne ich.*

Ich glaube eine leichte Enttäuschung in Lucas' Gesicht erkennen zu können. Er überlegt kurz und setzt nach.

Lucas: *Und wissen Sie denn auch, was Strebebögen sind? Und wofür die genau gut sind?*
Letschert: *Nein, das weiß ich nicht.* Treffer!
Lucas: *Also soll ich Ihnen das mal erklären? – Hast Du mal einen Zettel?* fragt er seine Lehrerin.

Während ich einigermaßen erstaunt bin und auch noch darüber nachdenke, dass Lucas zu seiner Lehrerin „du" sagt und zu mir „Sie", kramt die Kollegin ein Heft aus ihrer Tasche hervor und reißt eine Seite raus. Lucas macht eine Zeichnung: ziemlich schnell, fast mühelos. Er hat alles im Kopf.

Lucas: *Also es ist nämlich so: Das hier, das sind die Strebebögen, sehen Sie? Und die müssen den Druck ableiten, den Druck vom Dach. Bei den romanischen Kirchen konnte man noch nicht so hoch bauen, nur dick. Da hatten sie ganz dicke Mauern und kleine Fenster. Bei den gotischen Kirchen haben die Menschen gedacht, sie wollten Gott noch näher sein. Die haben dann höher gebaut und wollten einfach mehr Höhe haben. Und dann wollten die auch mehr Licht haben. Also haben sie große Fenster da reingebaut. Aber dann würden die Mauern das Dach nicht mehr tragen können, haben sie sich dann überlegt. Und dann hat man bedacht, dass man außerhalb der Kirche, also*

draußen, außerhalb vom Kirchenraum, noch solche Bögen bauen könnte, damit die den Druck aufnehmen und ableiten. Die sollten dann den Druck, der von dem Dach kommt, auffangen und nach außen ableiten über solche Strebepfeiler. So nennt man die. Strebepfeiler. Von außen sieht das so aus, als wenn die Kirche Rippen hätte oder Schmuck. Kann man ja auch denken. Aber eigentlich ist das nur dafür da, den Druck aufzufangen und nach außen abzuleiten. Sonst wäre das Dach zu schwer, und dann würde die ganze Kirche zusammenkrachen unter dem Dach. Neulich waren mein Papa und ich im Kölner Dom. Da ist das auch ein bisschen so …

Obgleich Lucas über derart anspruchsvolle und für ein neunjähriges Kind ungewöhnliche Zusammenhänge spricht, wirkt er jetzt, mit all seinem Enthusiasmus, wirklich wie ein Kind, während er eben noch, lustlos und gelangweilt, viel älter aussah – und in der Tat auch überheblich. Seine Stimme ist heller und lebhafter, und er wirkt authentisch, kraftvoll und sehr präsent. Die Lehrerin schaut verstohlen auf die Uhr, legt ihre Hand auf Lucas' Arm und unterbricht ihn vorsichtig. Der Junge ist inzwischen ganz und gar in seinem Element und hätte uns vermutlich noch lange Zeit etwas über gotische Kathedralen berichten können.

L.in: *Sag mal, Lucas, ich habe eine Idee: Was hältst du davon, dass du uns allen mal ein Referat hältst über gotische Kathedralen oder, besser, über unsere Kathedrale? Was meinst du: Könntest du das? Und hättest du Lust dazu?*

Lucas stimmt sofort zu.

L.in: *Kannst du mit Power Point umgehen? Wir haben das mal ein bisschen gemacht, aber noch nicht viel.*

Lucas: *Nicht so richtig, aber dabei würde mir mein Papa helfen. Wir könnten ja auch richtig in die Kirche reingehen! Da kann ich das dann alles noch viel besser erklären und auch ganz viel zeigen und so!*

L.in: *Okay. Darüber denken wir nach. Dann lass uns das bald mal besprechen. Ein Referat hältst du auf jeden Fall. Jetzt muss ich noch einen Moment mit Frau Letschert reden. Findest du den Weg in den Musikraum? Komm, ich gehe eben ein Stück mit. Du kennst dich hier ja nicht aus.*

Zurück im Elternsprechzimmer lässt sich die Kollegin auf den Stuhl fallen und schlägt die Hände vors Gesicht.

Oh Gott, nein! Das ahnt man doch nicht! Den Burschen kann man mit dem Hund vom Förster nun wirklich nicht hinterm Ofen vorlocken! – Und viele andere Kinder wahrscheinlich auch nicht. Es dauert eine Weile, bis sie sich beruhigt. *Ich glaube, ich muss alles anders machen!*

Na ja, antworte ich, *dann hätten wir ja schon mal einen Anfang!* Wir müssen beide lachen.

Das Gespräch auf Augenhöhe: Eine Richtungsänderung mit neuen Schwerpunkten

Es folgt ein intensives Gespräch mit Lucas' Lehrerin. Die Kollegin hatte ja – deswegen auch ihre Mail an mich – *nach dem richtigen Ansatz* im Umgang mit dem Jungen gesucht, und diesen Ansatz hat sie eigentlich schon gefunden. Die vorhergehenden Gespräche, die sie mit Lucas wegen seines Verhaltens führte, habe ich nicht miterlebt. Ich vermute aber, sie waren anders. Hier, in diesem Dialog jedenfalls, ist die Kollegin auf das Kind zugegangen, und diesen Ansatz, diesen neuen Zugang zu ihm, schauen wir uns gemeinsam an:

- Die Lehrerin hat Lucas ein Gesprächsangebot gemacht, das er auch hätte ablehnen können. Er ist also freiwillig gekommen und hatte damit von Anfang an einen anderen Status – und übrigens auch Stand –, als wenn er herbeizitiert und vielleicht auch zurechtgewiesen worden wäre.
- Auch eine Formulierung wie: *Ich freue mich, dass du das Angebot, ..., angenommen hast, Lucas,* wird ihre positive Wirkung nicht verfehlen – wie übrigens auch nicht die Tatsache, dass der Name des Jungen in einem positiven Zusammenhang fällt.
- Der Ton ist also wertschätzend, freundlich und einladend. Das ist in der Tat der *richtige Ansatz.* Es ist der erste Schritt auf einem anderen Weg.
- Die Kollegin hat mich dem Jungen nicht einfach „vor die Nase gesetzt", sondern gefragt, ob er mit meiner Anwesenheit einverstanden ist. Auch das hätte Lucas ablehnen können, und da es um *ihn* gehen sollte und ich ihm fremd bin, wäre das auch sein gutes Recht gewesen.
- Sie hat Lucas auch danach gefragt, wie er die Deutschstunde erlebt hat. Dies ist durchaus als Aufforderung zur Kooperation zu verstehen, d. h. dazu, ein Problem als *gemeinsames* Problem zu betrachten und es gemeinsam zu lösen.
- Die Lehrerin spricht das überhebliche Auftreten des Jungen zwar an, bewertet es aber nicht, sondern fragt nach möglichen Ursachen. Dies hat zur Folge, dass Lucas gar nicht erst überlegen muss, wie er sich am besten verteidigen kann, sondern die Chance hat – und nutzt –, seinerseits darüber nachzudenken. So kommt er zu einer ehrlichen Antwort, ja fast zu einem Bekenntnis. Es ist das Interesse am Kind, mit dem die Kollegin dieses auch erreicht.
- *Langweilig* findet Lucas den Unterricht. Es interessiert ihn alles *nicht so doll.* Das ist ein hartes, ja geradezu vernichtendes Urteil. Und nun ist es die Lehrerin, die darauf verzichtet, in die Defensive zu gehen. Sie versucht, dieses Urteil nachzuvollziehen. Das zeigt sich vor allem, nachdem Lucas gegangen ist.

- Und schließlich der Vorschlag: ein Referat über gotische Kirchen. Mit diesem Vorschlag würdigt die Kollegin Lucas' besondere Kompetenzen und gibt ihm Beachtung. Dazu im Folgenden mehr.

Es ist ungewohnt, auch hier, ähnlich wie bei der Fortbildung oder Kollegialen Unterrichtsreflexion, die positiven Aspekte detailliert herauszuarbeiten, und es hat auch hier, bei dieser jungen Kollegin, eine ermutigende Wirkung. Denn all dies ist mehr als ein Ansatz, und die Kollegin erkennt das auch. Es ist eine akzeptierende, konstruktive Haltung, die sie dem Jungen entgegenbringt, und auf dieser Haltung lässt sich problemlos aufbauen. Im Rahmen unseres Gesprächs entwickeln wir drei weitere Schwerpunkte für den Umgang mit Lucas.

Der 1. Schwerpunkt: Das Recht auf Beachtung

Die Kollegin hatte sich bisher wenig Zeit für Lucas genommen. Abgesehen von seinem arroganten Auftreten, das ihm, wie auch im Gespräch erwähnt, mehrfach angekreidet wurde, bekam der Junge wenig Aufmerksamkeit. Die Begründung war:

> *Ich wusste ja, dass er das kann. Ich wusste, er macht das schon. Das gab mir die Möglichkeit, mich verstärkt um die leistungsschwächeren Kinder zu kümmern, und dabei habe ich ihn wohl etwas vernachlässigt.*

Hinzu kam, dass sie das Kind wegen seines Verhaltens ablehnte.

Überheblich, so mein Eindruck, werden Menschen manchmal, wenn sie das Gefühl haben, nicht genügend gesehen zu werden. Dann machen sie verstärkt auf sich aufmerksam. In der Schule kann dies u. a. zwei Gründe haben: zum einen den Grund, dass die Leistungen in bestimmten Bereichen den schulischen Anforderungen nicht entsprechen. Die Kinder sind sich dessen durchaus bewusst. Nicht selten fühlen sie sich dadurch unzulänglich und laufen prahlend durch die Gegend, damit niemand ihre Schwächen erkennt oder auch nur vermutet. In solchen Fällen handelt es sich primär um ein Kompensationsverhalten. Zum anderen kann es aber auch so sein – und das trifft offenbar auf Lucas zu –, dass die Kinder besondere Fähigkeiten besitzen und sich mit diesen Fähigkeiten „unter Wert" gesehen fühlen. Solche Kinder sind also nicht aufgrund von Defiziten *unter*legen, sondern aufgrund von ungewöhnlichen Talenten *über*legen. Gelegentlich kommt erschwerend hinzu, dass sie nicht darüber sprechen und kaum jemand davon weiß.

Prahlerei, Angeberei, Überheblichkeit – wie immer es bezeichnet werden mag – ist nicht nur ein fragwürdiges Sozialverhalten, sondern für die Mitmenschen auch schwer zu ertragen – soll es doch bewirken, dass sie sich unterlegen und „klein" fühlen. Aus diesem Grund wird solch ein Verhalten vor allem in der Schule fast immer zurückgewiesen, und ein Kind, das sich so benimmt, macht sich selten beliebt. Lehrkräfte, die hier sanktionieren – oder eben auch gar nichts tun –, erreichen damit oft das Gegenteil, denn das Kind erlebt die Zurückweisung seines Verhaltens nun seinerseits als eine Form der Abwertung und wird alles daran setzen, den auf diese Weise noch größer gewordenen Mangel an Akzeptanz und Beachtung durch noch stärkeren Einsatz der gleichen Mittel auszugleichen.

Lucas ist in erster Linie ein *Kind* – ein Kind mit einem *Bedürfnis* nach Beachtung und einem *Recht* auf Beachtung. Er ist erst in zweiter Linie ein *Schüler*, dessen Leistungen gefördert und bewertet werden (Luc Stevens: „Erst das Kind, dann der Schüler!"). Gute Leistungen des *Schülers* dürfen nicht dazu führen, dass das *Kind* vernachlässigt wird. Bei Lucas kommen sogar zwei Dinge zusammen: Er wird vernachlässigt, weil er gute Leistungen bringt, und er wird abgelehnt, weil er sich überheblich zeigt. Er ist also genau genommen doppelt benachteiligt. Vor allem wird die Bewertung der schulischen Leistung über die grundsätzliche Beachtung des Kindes gestellt. Folglich erfährt der Junge auch keinerlei Ermutigung. Diese wäre gegeben, wenn er seine besonderen Kenntnisse der Klasse zur Verfügung stellen oder mit ihr teilen könnte. Insofern war der Vorschlag der Lehrerin – ein Referat über die Kathedrale – eine gute Idee. Doch kaum wird dieser Vorschlag in unserem Gespräch wieder aufgegriffen, kommen der Kollegin Zweifel: *Oder gebe ich ihm mit dieser Angeberei dann erst recht eine Bühne? Ich will das Problem ja nicht noch verschärfen! Oh Gott, ich glaube, ich bin wieder zu schnell gewesen. Das passiert mir oft, dass ich zu schnell vorpresche und dann wieder zurückrudern muss.*

Zurückrudern kann die Kollegin nicht mehr. Sie hat dem Jungen den Vorschlag ja schon gemacht, und Lucas hat freudig zugestimmt. Mit welcher Begründung sollte sie ihn also wieder zurücknehmen? Nun befindet sie sich in einer Zwickmühle, wie sie sagt, und zwar in doppelter Hinsicht. Zum einen ist es eben genau dieses pädagogische Dilemma: Die Lehrerin hat Lucas eine Idee unterbreitet und kann das nicht mehr rückgängig machen. Lucas wäre wohl sehr enttäuscht, und sie selbst würde an Glaubwürdigkeit und Verlässlichkeit verlieren. Zum anderen zeigt sich hier etwas, was, wenn es der Kollegin häufig in dieser Form passiert, d.h. wenn es sich tatsächlich um ein Verhaltensmuster handelt, als eine Besonderheit des „Lebensstils" bezeichnet werden könnte (zum Begriff „Lebensstil" siehe Adler, 2009, z.B. S. 170 und 173ff.): In dem Bemühen, einen Fehler möglichst schnell wiedergutzumachen, prescht sie vor und trifft – vielleicht zu impulsiv oder zu überschwänglich – eine Entscheidung. Dabei unterläuft ihr ein weiterer Fehler, der seinerseits wieder korrigiert werden muss. Solch eine Erfahrung kann sehr entmutigend sein, weil ihr ein hohes Maß an gutem Willen und Engagement vorausgegangen war. Die Kollegin wirkt in der Tat etwas verzweifelt, und von dem Elan, mit dem sie die Sache in Angriff genommen hatte, ist, zumindest im Moment, nicht mehr viel zu spüren.

Darum entwickelt sich an dieser Stelle ein Gespräch, in welchem wir, unabhängig von der Tatsache, dass an der Entscheidung nichts mehr zu ändern ist, das Für und Wider des Referats erörtern. Im Folgenden möchte ich die wichtigsten Argumente überblicksartig vorstellen. Dabei werden unsere Formulierungen zum Teil übernommen.

Gegen ein Referat würde sprechen:

- Lucas könnte den Eindruck gewinnen, mit seiner Angeberei auch noch „Erfolg" zu haben, d. h. er könnte sich belohnt oder zumindest bestätigt fühlen.
- Mit einem Referat über ein (zu allem Überfluss auch noch) ungewöhnliches und anspruchsvolles Thema könnte der Abstand zwischen Lucas und der Klasse noch größer werden.
- Lucas könnte mit dem Referat auf Ablehnung und vielleicht auch auf Neid stoßen. Beides würde ihn noch weiter zurückwerfen und vor allem nicht gerade zu seiner Integration beitragen.
- Lucas könnte das Gefühl entwickeln, etwas Besonderes zu sein und dann *erst recht abheben* und überheblich werden.

Für ein Referat spricht:

- Lucas verhält sich – unter anderem – deshalb so, *weil ich ihn lange vernachlässigt habe, ehrlich. Ich habe mich viel zu wenig um ihn gekümmert. Darum macht er jetzt auch so auf sich aufmerksam. Und unter der Art und Weise, wie er das macht, haben wieder andere Kinder zu leiden. Das muss ich stoppen.*
- Der Grund für diese Angeberei ist ein *Defizit*, und dieses Defizit muss ausgeglichen werden. Lucas braucht eine Art Ventil, und er braucht ein anspruchsvolles Ziel, das ihm angemessen ist, und das haben wir ja nun auch.
- Lucas soll zeigen, was er kann. Er braucht für seine besonderen Fähigkeiten auch die adäquate Anerkennung. *Er will sich produzieren, also soll er sich produzieren, aber dann richtig und vernünftig, ohne Theater! Ich glaube, dann hört das auch auf.*
- Lucas muss lernen, die anderen Kinder in ihrer Art und mit ihren Leistungen zu respektieren. Umgekehrt müssen *die* (anderen Kinder) aber auch lernen, einen Schüler wie Lucas mit *seinen* Interessen und Fähigkeiten zu respektieren. Es geht also um einen Lernprozess in *beide* Richtungen.

Es bleibt dabei. Die Kollegin findet ihre Entscheidung nun auch im Nachhinein – und das heißt hier: nach sorgfältiger Prüfung – richtig. Sie steht dazu. Lucas soll sein Referat halten.

Der 2. Schwerpunkt: „I can do it, and I can contribute – that's the fundamental process: I can contribute!"

Ich kann das, und ich kann damit einen Beitrag leisten – das ist der grundlegende Prozess! Dieses Zitat stammt von Eva Dreikurs Ferguson. Sie ist die Tochter des österreichisch-amerikanischen Individualpsychologen Rudolf Dreikurs und ihrerseits eine in den USA lebende und mit 91 Jahren hochbetagte Individualpsychologin. Im Rahmen eines Vortrags sagt Eva Dreikurs Ferguson weiter, „that they feel good as members of the community to which they contribute" – „dass sie sich gut fühlen als Mitglieder einer Gemeinschaft, zu der sie etwas beitragen" (www.adlerpedia.org: The Application of Adlerian Principles – Encouragement). Genau das entspricht auch meiner Beobachtung: Kinder bleiben so lange bei ihrem wie auch immer gearteten destruktiven Verhalten, wie sie nicht in die Gemeinschaft integriert sind, sich nicht als Teil der Gemeinschaft fühlen und glauben, nichts dazu beitragen zu können. So gesehen hat die Kollegin Lucas gleich in mehrfacher Hinsicht einen Dienst erwiesen – das umso mehr, als es sich bei dem Referat nicht um eine exponierte Einzelaktion handeln soll, die ihn in seiner Haltung vielleicht noch bestärkt hätte, sondern um ein Projekt, für das der Junge den Anstoß gibt. (Dazu am Ende dieses Kapitels mehr.) Lucas' Lehrerin erreicht damit, dass …

- Lucas gesehen wird,
- seine besonderen Kenntnisse gewürdigt werden,
- er Anerkennung bekommt,
- die Klasse teilhaben kann an etwas, was ihm wichtig ist,
- die Kinder mehr über Lucas erfahren und ihn genauer kennenlernen,
- die Mitschülerinnen und Mitschüler von seinem Wissen profitieren können.

Später, im Laufe des Projekts, kommen weitere Aspekte hinzu. Auf diese Weise – um hier auf das Referat zurückzukommen – wird aus einer unproduktiven Haltung eine vielversprechende Herausforderung, aus der Demonstration von Überlegenheit die Aufgabe, das eigene Wissen unter Beweis zu stellen, und aus einer Attitüde, die ins Leere bzw. über die Köpfe der Kinder hinwegging, die Verpflichtung, alle Mitschülerinnen und Mitschüler anzusprechen und sie in ein interessantes Thema einzubeziehen. Kinder, die solche Aufgaben übernehmen, stellen ihre destruktiven Verhaltensweisen ein, weil sie mit konstruktiven Anliegen beschäftigt sind.

Der 3. Schwerpunkt: Die Mitarbeit im „Helfersystem"

Mit dem „Helfersystem" hatte die Kollegin schon begonnen: Wenn die Kinder z. B. während der Stillarbeit Fragen haben oder nicht weiterkommen, sollen sie sich zunächst an die Mitschüler/innen wenden und nicht sofort die Lehrerin rufen. Das klappt aber noch nicht reibungslos, und manchmal gibt es Unruhe. Absprachen werden kaum eingehalten, und einigen Kindern sind diese offensichtlich auch nicht klar. In der letzten Zeit hatte die Kollegin *die Dinge etwas schleifen lassen,* wie sie sagt. Doch nun soll das „Helfersystem" erneut in Angriff genommen werden. Die Lehrerin hat sich vorgenommen, bestimmte Regeln einzuführen – z. B. die „Tischampel": Rot = *bitte nicht stören!* Grün = *ich kann helfen!* –, um mit den Schülerinnen und Schülern das gegenseitige Helfen gezielt zu üben. Außerdem möchte sie transparenter machen, was die einzelnen Kinder besonders gut können. Für die Klasse hat das „Helfersystem" eine Reihe von Vorteilen:

- Sozialverhalten wird geübt.
- Voneinander zu lernen, wird als Chance gesehen.
- Selbstvertrauen wird gefördert.
- Fähigkeiten werden beachtet und gewürdigt.
- Verantwortung wird übertragen.
- Kompetenzen werden zur Verfügung gestellt.
- Teamgeist und Gemeinschaftsgefühl werden gestärkt.

Für ein Kind wie Lucas, das als Außenseiter eher am Rande der Gemeinschaft steht und dort isoliert seinen ungewöhnlichen Interessen nachgeht, ist so ein „Helfersystem", wenn es einmal etabliert und eingeübt ist, besonders wertvoll. Denn gerade für ihn ist all das eine Brücke zur Integration, d. h. eine Möglichkeit, sich mit seinen individuellen Fähigkeiten in die Gemeinschaft einzuordnen und auf diese Weise nicht nur an Sicherheit zu gewinnen und ein Gefühl der Zugehörigkeit zu entwickeln, sondern auch zum Zusammenhalt und vielleicht sogar zur Bereicherung der Gemeinschaft beizutragen. In diesem Kontext möchte ich auf die Gedanken der Kinder hinweisen. In Kapitel 2, „Das schaffst du schon!", äußern sie sich über die Bedeutung der Gemeinschaft für jedes einzelne Kind.

Lucas hat in der Deutschstunde schon einen Anfang gemacht. Er hätte dem anderen Jungen über die Schulter schauen und ihm kurz weiterhelfen können. Stattdessen hat er sich einen Stuhl geholt, sich ihm gegenübergesetzt und sich Zeit genommen, er hat zugehört, gewartet und einige Hinweise gegeben: sichtbare Zeichen dafür, dass er verstanden hatte, wie wichtig in diesem Moment seine Hilfe für den Mitschüler war. All das geschah ohne jede Arroganz, sondern, ganz im Gegenteil, auf der sprichwörtlichen Augenhöhe. Außerdem konnte Lucas nicht ahnen, dass ihm die Möglichkeit gegeben würde, ein Referat über gotische Kathedralen zu halten. Er tat, was er tat, weil er gesehen, angesprochen und um Hilfe gebeten worden war.

Die Weihnachtsgeschichte in der Kathedrale: Vom Experten zum Statisten

Bevor mein Mann und ich die Kirche betreten, schauen wir uns außen die Strebebögen und -pfeiler an. Ich hatte diese bei anderen gotischen Kathedralen noch nie so bewusst wahrgenommen. Jetzt fühle ich mich gut informiert und der Kirche schon hier auf besondere Weise verbunden. Der gewaltige Innenraum ist an vielen Stellen mit Kerzen ausgeleuchtet und mit weißen Amaryllis geschmückt. An dem großen Weihnachtsbaum hängt Schmuck, der von Kindern gebastelt wurde. Rund siebzig Kinder sitzen in mehreren Reihen auf den Stufen vor dem Altar. Die Jungen und Mädchen sind in einfache Jute-Umhänge gekleidet, unter denen recht zeitgenössische Jeans und Schuhe hervorlugen. Um die Taille ist eine Kordel geschlungen und an der Seite geknotet.

Mit Beginn der Aufführung betreten die Kinder den Altar und stellen sich auf. Eine lange Holzbank sorgt dafür, dass die hinteren Kinder zu sehen sind. Natürlich bin ich gespannt, Lucas zu entdecken. Da ist er: obere Reihe, ganz rechts. Auch hier hat er den Eckplatz. Nun gut, denke ich, irgendein Kind *muss* da ja stehen. Doch fällt mir auf, dass dieser Junge sowohl im Klassenraum als auch hier in der Kirche so ganz am Rande steht.

Die Schulleiterin begrüßt die Gäste. Weit über hundert Menschen, darunter viele Kinder, haben auf den Holzbänken Platz genommen. Die Musiklehrerin stellt die drei Klassen vor und weist darauf hin, dass ein Junge aus der 4. Klasse die Kinder bei einigen Liedern auf der Orgel begleiten wird. Mehrere Weihnachtslieder werden gesungen und kleine szenische Impressionen dargeboten. Nach einiger Zeit formiert sich eine Gruppe von Kindern und tritt nach vorn. In der Mitte des Altars wird nun die Weihnachtsgeschichte aufgeführt, und hier agieren Mädchen und Jungen in Kostümen. Rechts und links wird die Gruppe durch Kinder mit Blockflöte begleitet, und aus dem Chor im Hintergrund kommt hin und wieder ein Weihnachtslied.

Gespannt warte ich auf Lucas. Doch der bleibt, wo er war: am äußersten Ende rechts. Manchmal schaut er nach oben oder in andere Bereiche der Kathedrale. Zu sagen hat er nichts. Ich bin mir sicher, dass er dem Publikum einiges über diese Kirche hätte berichten können. Nicht, dass die Menschen, die hier leben, nichts über sie wüssten. Aber es wäre vielleicht eine überraschende und besondere Idee gewesen, wenn ein Kind anlässlich einer von Kindern dargebotenen Weihnachtsaufführung interessante Details über diese Kathedrale erklärt hätte, und zwar ganz zu Anfang, noch vor der Veranstaltung. Doch Lucas ist kaum zu sehen, und er hat hier auch nichts zu sagen.

Das geplante Referat … und ein Dialog über Pädagogik und Kirchen

Am nächsten Morgen bin ich nochmal in der Schule. Die Rektorin macht mit mir einen Rundgang und erklärt mir die spezielle Bauweise der Schule sowie das damit verbundene schulische Konzept. In der großen Pause treffe ich die Kollegin.

> *Wir machen das noch anders mit Lucas,* fällt sie mit der Tür ins Haus. *Ich möchte, dass er doch erst im Klassenraum ein Referat hält, dass die Kinder dann Fragen dazu stellen und entsprechende Gruppen bilden und dass wir danach in die Kirche gehen. Ich will das gleich noch mit den Kindern besprechen. Es soll ein Projekt werden, habe ich mir überlegt, ein richtiges Projekt über diese Kathedrale.*

Mehr Zeit ist nicht. Die Kollegin hat Hofaufsicht und muss anschließend in die Turnhalle. Aber wir bleiben per Mail in Verbindung, und hin und wieder werde ich über den neuesten Stand der Dinge informiert. So entwickelt sich ein spannender Dialog, und zwar sowohl in Bezug auf pädagogische Fragen als auch hinsichtlich der Baugeschichte der Kathedrale. Über diese habe ich mir ein Buch gekauft, um meinerseits besser informiert zu sein. Das, was ich im Folgenden beschreibe, konnte ich nicht live miterleben, sondern nur aus der Ferne mitverfolgen.

Das Projekt startet im zweiten Schulhalbjahr, also im Februar des nächsten Jahres, aber eigentlich beginnt es schon in der Adventszeit. Auf meine Frage, wie die Kollegin die Klasse für das Projekt hat gewinnen können, erhalte ich folgende Antwort:

> *Ich glaube, ich habe das gut eingefädelt. Ich wusste ja nun, dass Lucas über unsere Kathedrale gut Bescheid weiß, aber ich wusste auch, dass die Kinder ihn nicht besonders leiden können und umgekehrt. Da habe ich nach etwas gesucht, was die Kinder auf den Geschmack bringen könnte, und diese Strebebögen fielen mir dann wieder ein. Ich habe Lucas gefragt, ob er uns nicht vor der nächsten Aufführung die Funktion der Strebebögen erklären könnte. Drei Tage nach der Weihnachtsaufführung, die Sie gesehen haben, fand die zweite Aufführung statt. (Wir haben jedes Jahr insgesamt drei.) Lucas war einverstanden. Ich glaube, er hat sich gefreut, und er war auch stolz. Wir haben uns dann zehn Minuten eher getroffen und sind auf die andere Straßenseite gegangen, denn die Kinder müssen ja ziemlich hoch gucken. Lucas hat das dann erklärt, richtig fachmännisch, wie ich fand, und übrigens auch nicht arrogant. Die Kinder haben da schon viele Fragen gestellt und fanden das total interessant. Dabei wurde es ja schon dunkel, und man konnte gar nicht mehr so viel sehen. Aber es reichte so gerade. Die Kathedrale ist ja auch angestrahlt. Die Kinder haben auf jeden Fall „Blut geleckt". Also wir machen das!*

Das Projekt: Vom Statisten zum Experten

Auf der Grundlage einer Power-Point-Präsentation hält Lucas im Februar ein Referat über die Kirche. Wie schon damals, unmittelbar vor der Aufführung der Weihnachtsgeschichte, sind die Kinder sehr interessiert. Hier haben sie Zeit für Fragen, und es ist auch nicht dunkel oder kalt. Die Lehrerin notiert sich die wichtigsten Fragen, und, an diesen orientiert, werden nun fünf Gruppen gebildet. Für jede Gruppe gibt es einige Leitfragen.

Gruppe 1: *Wie konnten die Menschen so hoch bauen? Wie kamen sie nach oben, um die Bögen zu bauen, und wie transportierten sie das Material nach oben?*

Gruppe 2: *Woher hatten die Menschen das Material, vor allem die Steine, das Blei und das Glas? Und wie hat man das transportiert?*

Gruppe 3: *Welche Ausbildung hatten die Arbeiter? Waren sie überhaupt ausgebildet, und wer hat sie bezahlt? Wo waren die Arbeiter untergebracht?*

Gruppe 4: *Welche Bedeutung haben die vielen Figuren, also z. B. die Löwen, Affen, Dämonen usw.?*

Gruppe 5: *Wie haben es die Menschen geschafft, die Decken zu bemalen, und wo haben sie das gelernt? Woher hatten sie die Farben?*

Die Gruppen nehmen ihre Arbeit auf. Sie werden von der Lehrerin mit Informationsmaterial versorgt, sollen aber auch selbst im Internet forschen und können sich darüber hinaus auch jederzeit an Lucas wenden. Der Junge ist also in höchstem Maße gefordert. Einmal in der Woche, im Sachunterricht, berichten die Gruppen, wie weit sie gekommen sind, d. h. welche Ergebnisse sie erzielt haben und auf welche Fragen oder Probleme sie gestoßen sind. Erst sechs Wochen später gehen die Kinder gemeinsam in die Kathedrale. Dort berichten dann die einzelnen Gruppen. Lucas, dessen umfangreiches Wissen die Kinder inzwischen ernsthaft bewundern, stellt themenbezogene Verbindungen her, ergänzt und äußert sich zu speziellen Fragen. Nicht alle Fragen kann er beantworten, aber er ist der unangefochtene und von den Kindern auch menschlich anerkannte Experte.

Erfolg und Sozialverhalten: Ein fundamentaler Zusammenhang

Vor einiger Zeit, im Rahmen eines Schulbesuchs (der mit der Schule aus diesem Kapitel nichts zu tun hat), äußerte sich ein Kollege völlig begeistert über eine bestimmte Klasse und sagte: *Also das ist wirklich eine tolle Klasse. Die hätte ich auch gern. Die Kinder sind nicht nur leistungsmäßig top, sie haben auch noch ein fantastisches Sozialverhalten!* Ich verstehe, was der Kollege meint, aber erst umgekehrt wird ein Schuh daraus. Genau genommen müsste es heißen: *Weil die Kinder so gute Leistungen haben, ist ihr Sozialverhalten so positiv.* Andersherum, wenn sich Lehrkräfte über Kinder beklagen, ist oft zu hören: *Die Kinder sind schlecht in ihren Leistungen, und dann zeigen sie auch noch ein problematisches Sozialverhalten!* Auch da müsste es heißen: *Weil die Kinder in ihren Leistungen schlecht sind, ist auch ihr Sozialverhalten problematisch.* Es geht hier nicht um etwas Additives, sondern um einen Kausalzusammenhang.

Eigentlich ist es logisch, aber wir machen es uns nicht immer klar: Das, was wir „positives Sozialverhalten“ nennen, setzt Selbstbewusstsein voraus. Selbstbewusstsein wiederum ist – unter anderem – abhängig vom persönlichen Erfolg, und dieser bedarf der Anerkennung. Lehrkräfte, die den Kindern zum Erfolg verhelfen, berichten fast immer von angemessenem oder sogar besonders positivem Sozialverhalten. Es müssen keine großen Erfolge sein. Kleinste Lernfortschritte werden zum großen Erfolg, wenn sie bewusst gemacht werden, und wenn die Schülerinnen und Schüler die jeweils erworbene Fähigkeit in ihr Selbstbild einordnen können. Kinder, die erfolgreich sind, und deren Erfolge Beachtung finden, sind in der Regel großzügig, hilfsbereit und verantwortungsbewusst. Kinder dagegen, die keine Erfolge vorzuweisen haben oder deren Erfolge nicht gewürdigt werden, zeigen *darum* dann *auch noch* ein negatives Sozialverhalten.

Kunststück! könnte man nun bei einem Kind wie Lucas sagen. *Ein Kind mit solch einem Ausnahmetalent!* Aber genau dieses Kind mit solch einem Talent wurde nicht gesehen. Es fehlten zu seiner Ermutigung die wichtigsten Schritte: die Beachtung seiner Person, die Anerkennung seiner Kompetenz und die Nutzung dieser Kompetenz für die Gemeinschaft. Eva Dreikurs Ferguson würde sagen: „Dieses Kind ist nicht ermutigt.“ Und damit hätte sie recht.

Schluss: Die veränderte pädagogische Haltung

Nein, die Deutschstunde war nicht gerade ein pädagogisches Glanzstück, obgleich die Lehrerin an einigen Stellen eingegriffen und korrigiert hatte. Sie war eher Routine, schnell geplant und wenig durchdacht. Aber das Gespräch mit Lucas war ein Erfolg, und zu diesem Erfolg wäre es ohne die Stunde nicht gekommen. Ich selbst habe kaum dazu beigetragen. Ich bin einer Bitte nachgekommen und habe versucht, der Kollegin – und später dem Jungen – eine aufmerksame Zuhörerin zu sein. Vielleicht lag darin eine gewisse Unterstützung, und vielleicht erfuhr das Gespräch auf diese Weise eine zusätzliche Würdigung. Die Leistung der Lehrerin aber ist beachtlich, und diese Leistung liegt hierin:

- Sie hat eine Fortbildung zum Anstoß genommen.
- Sie spürte, dass sie ihre Haltung einem Kind gegenüber ändern wollte.
- Sie hat die Initiative ergriffen und um Hilfe gebeten.
- Sie hat sich ihrer eigenen Erkenntnis gestellt und die Dinge umgehend, aktiv und selbstkritisch in Angriff genommen.
- Sie hat die Einschätzung des Schülers eingeholt und sich auch dessen Urteil gestellt.
- Sie hat sich diesem Schüler offen, ernsthaft und interessiert zugewandt.
- Sie hat nicht allein ihm die Verantwortung für das schlechte Verhältnis in die Schuhe geschoben.
- Sie hat ihre Haltung zu dem Jungen überprüft und verändert.

- Sie hat sich von seinen Interessen und Fähigkeiten leiten lassen und sie zur Unterrichtsgestaltung genutzt.
- Sie hat auf diese Weise auch ihrem Unterrichtsstil eine andere, nämlich stärker am Kind orientierte und ermutigende Richtung gegeben.

Keine Schaustunde, Frau Letschert! hatte mir die Kollegin noch zugerufen. Nein, natürlich nicht. Wir sind hier nicht im Staatsexamen, und selbst da war ich auf Schaustunden nicht sonderlich erpicht. Andererseits sollten aber auch *im ganz normalen Unterrichtsalltag* der pädagogische Anspruch und die pädagogische Arbeit nicht auf der Strecke bleiben, und auch die notwendige Routine bedeutet nicht, dass ein so wichtiges Unterrichtsprinzip wie die Differenzierung völlig ausgeklammert werden dürfte.

Ebenso wenig sollte das unangemessene Sozialverhalten eines Kindes einfach nur zurückgewiesen werden – ein Leitgedanke, der auch hier, wie an verschiedenen Stellen dieses Buches, ein weiteres Mal zum Tragen kommt. Nicht in der Zurückweisung liegt die Lösung des Problems, auch bei Lucas nicht. Diese Erfahrung hatte die Lehrerin auch selbst schon gemacht. Die Lösung liegt in der Aktivierung des Kindes, in der gezielten Ansprache und vor allem in der Berücksichtigung seiner Fähigkeiten. Bei Lucas sind diese Fähigkeiten spektakulär. Das müssen sie nicht sein. Nicht die Fähigkeit selbst muss etwas Besonderes darstellen: Die Tatsache, dass sie gesehen und genutzt wird – sichtbar, erkennbar, nachvollziehbar –, macht sie im Bewusstsein der Kinder zu etwas Wertvollem. Es sollte uns so wenig wie möglich passieren, dass wir Kompetenzen von Kindern übersehen, weil wir auf die im Lehrplan vorgegebenen Lerninhalte fixiert sind. Vieles von dem, was Kinder wissen, was sie mehr oder weniger latent mit sich „herumtragen“ und durchaus einbringen könnten, hat das Potenzial, für das Kind selbst wie auch für die Kinder seiner Klasse ein wertvoller Lernimpuls zu sein. Übersehen wir diejenigen Fähigkeiten eines Kindes, die schulischerseits nicht unbedingt gefragt sind, übersehen wir – zu einem Teil – auch das Kind selbst.

Lucas hatte den Stein ins Rollen gebracht. Es war das erste große Projekt dieser 3. Klasse. Andere Projekte, von denen mir die Kollegin hin und wieder berichtete, folgten. Stärker als zuvor wurden Begabungen oder Talente, Kenntnisse oder besondere Interessen der Kinder berücksichtigt und die Schülerinnen und Schüler aktiv in die Unterrichtsgestaltung mit einbezogen. Auch die Sitzordnung änderte sich: Tischgruppen wurden eingeführt und Tischgruppensprecher*innen gewählt. Das alles klingt nach einem Happy End, aber eigentlich war es ein glücklicher Anfang, fast ein Zufall. Dazwischen liegen Selbstreflexion, Mut und viel Arbeit.

8. *Unser Großer und der Kleine*

Nein, das Rad der „Geschwisterkonstellation“ soll hier nicht neu erfunden werden. Dieses Thema ist so alt wie die Menschheit selbst, und viel wurde darüber geschrieben. Schon in den biblischen Geschichten von Kain und Abel, Esau und Jakob geht es um die Thematik. Ich möchte mich in diesem Kapitel auf die Beziehung zwischen dem erstgeborenen und zweitgeborenen Kind konzentrieren und dabei einen bestimmten Aspekt besonders beleuchten: Mir geht es um Reaktionen von Eltern auf Konflikte zwischen Geschwistern und in diesem Zusammenhang primär um die Frage, welche Bedeutung die Reaktion der Eltern für die Qualität und Entwicklung des Geschwisterverhältnisses haben kann.

Das Kapitel hat drei Teile, in denen jeweils einige miteinander zusammenhängende Situationen im Mittelpunkt stehen. Zunächst geht es um das erstgeborene und zweitgeborene Kind und in beiden Fällen um zwei Brüder. Während im ersten Teil die Perspektive des Erstgeborenen besonders berücksichtigt wird, steht im zweiten Teil die subjektive Sichtweise des Zweitgeborenen stärker im Vordergrund. In beiden Teilen äußern sich auch die Kinder im Gesprächskreis. Am Ende des Kapitels gebe ich Eltern einige Empfehlungen für den Umgang mit Geschwisterkindern.

Ich beginne mit einer Szene, die mein Mann und ich vor einigen Wochen erlebt haben. Meiner Erfahrung nach handelt es sich um eine geradezu klassische Situation. Sie dient der Einstimmung auf dieses Kapitel.

In der Allee

Zwei Brüder, etwa sechs und acht Jahre alt, fahren mit ihren Rollern durch eine Allee. Vorn ist das jüngere Kind, einige Meter dahinter das ältere. Plötzlich kommt der Ältere mit erhöhtem Tempo von hinten angeschossen und ist im Begriff, den Jüngeren rechts zu überholen. Auf dessen Höhe angekommen, streckt er plötzlich sein linkes Bein aus und wischt ihm mit der Schuhsohle über die rechte Hand. Der Jüngere erschrickt, stoppt und fängt an zu weinen. Als der Vater herbeieilt, wird aus dem Weinen ein Brüllen. Der Ältere, inzwischen weit vorn und nun etwas betreten zurückschauend, wird herbeizitiert und ausgeschimpft. Während sich der Vater noch mit dem älteren Bruder befasst, fährt der jüngere Bruder weiter und ist nun dort, wo sich eben noch der Ältere befunden hatte.

Nie kann ich mal was vormachen! – Das Hauskonzert

Das erstgeborene Kind

Alfred Adler hat in seinen „Schriften zur Erziehung und Erziehungsberatung“ die Situation des Erstgeborenen treffend beschrieben:

> „Das erste Kind ist in der einzigartigen Lage, zu Anfang allein gewesen zu sein. Weil es zunächst im Mittelpunkt des Interesses steht, ist es meist verwöhnt. (…) Das erste Kind erleidet jedoch eine entscheidende Änderung der Lage, sobald es durch die Ankunft des zweiten Babys entthront wird. Das Kind … glaubt, es habe seine Stellung im Mittelpunkt der Liebe und Aufmerksamkeit eingebüßt. In seinem Innenleben entstehen dann starke Spannungen, und es strengt sich an, die verlorene Gunst wiederzugewinnen. Dazu benutzt es alle Mittel, durch die es bisher Aufmerksamkeit erregen konnte. Natürlich würde es gern den besten Weg einschlagen und dafür geliebt werden, dass es brav ist. Aber das fällt meist nicht weiter auf, weil alle mit dem Neuankömmling beschäftigt sind; daraufhin wird das Erstgeborene wahrscheinlich seine Taktik ändern und auf alte Aktivitäten zurückgreifen, die negative Aufmerksamkeit erregen und diese mehr und mehr steigern“ (Adler, 2009, S. 186/187).

In dem, was Adler hier beschreibt, liegt der Kern des Problems in der Beziehung zwischen den beiden Geschwistern, ein Problem, das nicht selten ein Leben lang anhält und in unterschiedlichen Facetten und Zusammenhängen zu Tage tritt. Es gelingt dem Älteren durchaus, die Aufmerksamkeit zu erregen, doch es ist oft, wie Adler auch sagt, eine „negative Aufmerksamkeit“, und das bedeutet: Da das Erstgeborene mit positiven Mitteln nicht annähernd die Beachtung bekommen kann wie das Zweitgeborene allein schon durch seine Geburt und die intensive Versorgung, lernt es, negative Mittel anzuwenden und diese zu kultivieren. So holt sich das erste Kind zwar einen Teil der verlorengegangenen Beachtung zurück, mit dieser jedoch auch den Zorn seiner Eltern. Vater und Mutter sind oft ratlos und enttäuscht, und sie durchschauen nicht immer die zugrundeliegenden Zusammenhänge. *Unser Großer,* wie Eltern den Erstgeborenen oft nennen, ist *ein schwieriges Kind,* und damit meinen sie: *Er hört nicht, er gibt Widerworte, er fühlt sich ungerecht behandelt, er ist super empfindlich* usw.

Das Kind handelt eigentlich aus einem *Gefühl* heraus. Es handelt aus Angst oder sogar empfundener Not. Viele Eltern aber, die das nicht wissen oder sich nicht vorstellen können, reagieren nur auf das *Verhalten:* Sie schimpfen, belehren oder strafen, sie sind ungehalten, gereizt oder sogar abweisend. Mit solchen Reaktionen wiederum sieht sich das Erstgeborene in seiner Annahme bestätigt, verdrängt worden zu sein. Oft fühlt es sich benachteiligt, und vor allem fühlt es sich weniger geliebt. So wird schließlich aus der anfänglichen Befürchtung eine – vermeintliche – Sicherheit, und nicht selten nimmt an genau dieser Stelle ein verhängnisvoller Mechanismus seinen Lauf.

Eine Überraschung für die Großmutter

Wir sind bei einem befreundeten Ehepaar eingeladen. Unsere Freundin hat einen runden Geburtstag, und der soll gebührend gefeiert werden. Das Paar hat zwei Enkelkinder: zwei Jungs. Der eine, Mark, ist zu diesem Zeitpunkt neun Jahre alt, der andere, Sven, wird sieben. Während sich der Ältere für Technik interessiert und sich zu einem echten Computer-Experten zu entwickeln scheint, spielt der Jüngere Geige und ist vor kurzem von der Achtelgeige auf eine Viertelgeige umgestiegen. Der Vater spielt Klavier und begleitet ihn gelegentlich.

Eine gute Stunde ist vergangen – es gab Kaffee und Kuchen –, als der Vater der beiden Kinder, also der Sohn unserer Freunde, ankündigt, dass es nun für seine Mutter eine kleine Überraschung geben solle, und er bittet die Gäste ins Wohnzimmer. Dort stehen mehrere Stühle in einem Halbkreis dicht nebeneinander. Davor, in der Mitte, befindet sich ein Notenständer mit zwei Notenblättern darauf. Die Gäste ahnen natürlich, was kommt, und nehmen freudig Platz. Der Vater hält eine kurze Ansprache und berichtet uns, bestens gelaunt und sichtlich stolz, dass die Großeltern sich glücklich schätzen könnten, zwei solche Experten in der Familie zu haben: Mark, den Techniker, und Sven, den Musiker. Mark habe der Oma einen Gutschein geschenkt: „Erste Hilfe bei Problemen mit dem PC", und Sven spiele seit zwei Jahren Geige und habe sich nun vorgenommen, der Oma zu ihrem Geburtstag ein Ständchen zu spielen. Drei Stücke sollten es sein. Sven sei ein bisschen aufgeregt, aber er wolle das unbedingt, und er, der Vater, werde ihn am Klavier begleiten. Die Gäste applaudieren.

Die Tür, die angelehnt war, öffnet sich, und Sven betritt das Zimmer: in der linken Hand seine kleine Geige, in der rechten den Bogen. Etwas verlegen bedankt er sich für den Applaus und tritt vor den Notenständer. Dann wartet er, bis der Vater am Klavier sitzt. Ruhe kehrt ein. Aller Augen sind nach vorn gerichtet. In dem Moment, als Sven seine Geige an den Hals legt und der Vater auffordernd nickt, kommt Mark, den niemand so recht beachtet hatte, und der links am äußersten Ende des Halbkreises saß, mit großen, staksigen Schritten und verkniffenem Gesicht nach vorn und tritt mit voller Wucht gegen den Notenständer. Dieser fällt um, die Notenblätter flattern auf den Boden, und Sven lässt den Bogen fallen. Während einige Gäste erschrocken aufspringen, läuft Mark aus dem Zimmer. Der Vater, der nicht hatte sehen können, was hinter seinem Rücken passiert war, dreht sich um, entschuldigt sich kurz und geht dem Jungen eilig hinterher. Die Großmutter, um Haltung bemüht, wendet sich an die Gäste und sagt: *Wir machen eine kleine Pause. Nehmt Euch nochmal zu essen und zu trinken. Es geht bestimmt gleich weiter.* Auch die Mutter verlässt mit Sven das Wohnzimmer.

Die virtuelle Fortsetzung …

Vermutlich hätten es viele Gäste gutgeheißen – und haben es sogar erwartet –, wenn Mark eine ordentliche Standpauke bekommen hätte, denn Gründe dafür gab es genug:

- Er hat massiv gestört und Sven die Show gestohlen.
- Er hat alle Beteiligten – und am meisten seinen Bruder – gehörig erschreckt.
- Er hat die schöne Überraschung für seine Großmutter vereitelt.
- Er hat die festliche Stimmung verdorben.
- Er hat seinem jüngeren Bruder *alles kaputtgemacht.*

So gesehen wäre es nur verständlich gewesen, wenn die Szene folgendermaßen weitergegangen wäre – eine virtuelle Variante:

Mark hat den Notenständer umgestoßen und läuft aus dem Wohnzimmer. Kaum dass der Vater realisiert hat, was passiert ist, eilt er dem Jungen hinterher. Er packt ihn am Arm und bringt ihn zum Stoppen. Es fallen Sätze wie:

> *Was fällt dir ein? Bist du denn von allen guten Geistern verlassen? Du hast deinem Bruder den ganzen Auftritt versaut! Und der Oma die Überraschung! Schämst du dich nicht? Wie kannst du nur so gemein sein und deinem Bruder das antun? Du weißt genau, wie sehr er dafür geübt hat!* Und dann: *Jetzt geh in dein Zimmer! Wir wollen dich hier nicht mehr sehen! Und denk darüber nach, was du getan hast! Wir sprechen uns noch!*

Mark versucht sich vom Griff des Vaters zu befreien und wird immer wütender. Er tritt den Vater gegen das Schienbein und kriegt einen Klaps auf den Po. Laut heulend rennt er schließlich in sein Zimmer und schlägt laut die Tür hinter sich zu. Der Vater und Sven versuchen sich zu beruhigen und das kleine Konzert für die Großmutter neu zu beginnen. Mark hört in seinem Zimmer, wie sein Bruder die drei kleinen Stücke spielt, und er hört auch, wie die Gäste ausgiebig Beifall klatschen.

... und mögliche Folgen

Mit dem energischen Regeln der Situation ist das Problem keineswegs behoben. Kaum mehr als eine Art „Waffenstillstand“ wäre dabei herausgekommen. Es ist nicht immer das harte Durchgreifen, das in Zukunft für normgerechtes oder angemessenes Verhalten sorgt – wenn überhaupt, dann nur vorübergehend und nicht langfristig, und auch nur aus Angst oder Gehorsam und nicht aus Einsicht. Alles, was der Vater seinem Sohn in dieser Variante sagt, weiß der Junge selbst. Er weiß, dass sich nicht gehört, was er getan hat, er weiß, dass das gemein war, und er weiß natürlich auch, dass er seinem Bruder den Auftritt verpatzt hat. Der Vater hätte ihm also nichts Neues gesagt. Aber darum geht es auch nicht.

Es geht nicht – jedenfalls an dieser Stelle noch nicht – um das Fehlverhalten als solches, sondern darum, dass dieses Fehlverhalten aus einem offenbar nicht mehr zu kontrollierenden und damit übermächtig gewordenen Gefühl heraus entstanden ist. Aus Marks Perspektive sieht die Szene nämlich so aus:

- Sven steht im Rampenlicht.
- Die Geige ist etwas Besonderes, sie hebt auch den Bruder besonders hervor.
- Oma, Eltern und viele Gäste schauen ihm zu, *ihm* allein.
- Der kleine Bruder steht also im Mittelpunkt der Beachtung.
- Eltern und Großmutter sind stolz auf ihn.
- Alle scheinen sich zu freuen und haben es sich auf ihren Stühlen bequem gemacht.

Angesichts dieser – wenngleich nur vermuteten – Wahrnehmung ist auch nicht zu erwarten, dass Mark in seinem Zimmer über das, was er getan hat, *nachdenkt.* Wahrscheinlicher ist, dass er auf Rache sinnt. Nun ist diese Variante nur virtuell, doch halte ich sie für eine recht gebräuchliche. Viele Kinder werden es so oder ähnlich erleben, und viele von ihnen kennen wohl auch die Folgen. Hier ein kurzer Überblick über Merkmale, Wirkung und mögliche Konsequenzen dieser Reaktionsweise.

Merkmale:

- das machtvolle Auftreten der Eltern und die Härte des Tons,
- die massiven Vorwürfe und Schuldzuweisungen,
- der Ausschluss aus der Gemeinschaft.

Wirkung:
- eine Zunahme der Streitereien und, im wahrsten Sinne des Wortes, der Unverträglichkeiten zwischen den Geschwistern,
- Wiederholungen des Versuchs, den jüngeren Bruder auszuschalten oder kleinzuhalten,
- eine wachsende Inanspruchnahme der gesamten Familie durch das Konkurrenzverhalten der Kinder.

Konsequenzen:
- die Entstehung einer destruktiven Eigendynamik, in der jeder Beteiligte eine aktive Rolle spielt und gleichzeitig Opfer ist,
- Machtkämpfe, die sich an den unterschiedlichsten Stellen des Familienlebens als störende Rituale entzünden,
- negative Gefühle, die gegen das Geschwisterkind gerichtet sind, und die vor allem daher rühren, dass das jüngere Kind per se den Liebesverlust verkörpert.

Die Wut gegenüber dem jüngeren Bruder wird sich also verstärken und keineswegs abnehmen. Besonders schwer wiegt bei alledem der Ausschluss aus der Gemeinschaft – selbst dann, wenn diese klein ist und, wie hier, nur aus einer vierköpfigen Familie besteht. Zu einer Gemeinschaft dazuzugehören und, mehr noch, *in* ihr oder *für* sie Verantwortung zu übernehmen, ist einer der stabilisierendsten Faktoren für das Selbstwertgefühl eines Kindes überhaupt. Stark entmutigte Kinder fassen wieder Mut und Selbstvertrauen, wenn es uns gelingt, sie in eine Gruppe zu integrieren und ihnen dort, z. B. durch das Übertragen von Verantwortung, zu Beachtung und Bedeutung zu verhelfen. Das wissen nicht viele Eltern. Ich selbst weiß es erst, seit ich mich mit der Individualpsychologie befasse, habe es aber mein gesamtes berufliches Leben lang unzählige Male bestätigt gefunden. Je *er*mutigter ein Kind ist, desto mehr sieht es sich als wichtigen Teil der Gemeinschaft, in der es arbeitet und lebt. Es fühlt sich ihr zugehörig. Umgekehrt: Je *ent*mutigter ein Kind ist, desto mehr sieht es sich am Rande oder außerhalb der Gemeinschaft. Es fühlt sich nicht wichtig genug, um dazuzugehören (vgl. hierzu auch Kapitel 5: „Fremdbilder und Selbstbilder entmutigter Kinder"). Letztlich muss es also immer um die *Einbeziehung* des Kindes gehen und nicht um seinen *Ausschluss*. Nur dann, wenn man sich diese Zusammenhänge einmal klar macht, wird das Ausmaß des möglichen Schadens erkennbar, der bei einem unbedachten „Rauswurf" aus einer für das Kind wichtigen Gemeinschaft entstehen kann, ja sogar wahrscheinlich ist.

Die tatsächliche Fortsetzung …

Es dauert eine Weile, bis es weitergeht. In der Zwischenzeit sind Stimmen aus dem Hintergrund zu hören: mal energisch, mal ruhig, mal aufgebracht, mal weinerlich, aber im Wortlaut nicht zu verstehen. Schließlich kommt die Familie zurück ins Zimmer, und die Gäste nehmen wieder Platz. Alle sind um gute Stimmung bemüht, doch ist die Anspannung fühlbar. Der Vater setzt sich ans Klavier, Sven nimmt Geige und Bogen. Mark sitzt neben der Mutter im Halbkreis. Er wirkt bedrückt und etwas geschafft, aber er hört dem Spiel seines Bruders zu und applaudiert am Ende auch.

Nach dem Ständchen wenden sich einige Gäste auch dem älteren Bruder zu. Sie sprechen ihn auf seine Computerfähigkeiten an und geben ihrer Bewunderung Ausdruck, vor allem die älteren von ihnen: So jung und dann schon solche Fähigkeiten! *Wir in deinem Alter haben gerade mal gelernt, mit dem Telefon umzugehen!* Deutlich erkennbar ist die Absicht, auch den älteren Bruder wieder mit einzubeziehen und ihm vor allem keine Vorhaltungen zu machen. Mark selbst aber ist nicht wirklich bei der Sache. So ganz kann er sich nicht darauf einlassen. Nach und nach widmen sich unsere Freunde und die Gäste wieder den eigenen Themen.

… und das Geschehen hinter den Kulissen

Was hinter den Kulissen geschah, berichten uns unsere Freunde einige Tage später:

Die beiden Jungs hatten immer mal wieder Probleme miteinander, aber so etwas war noch nie passiert. Mark hat bitterlich geweint und immer wieder gerufen: *Nie kann ich mal was vormachen! Nie hab ich mal so 'ne Bühne! Immer nur Sven!* Er war außer sich vor Wut, *und vor allem war er total unglücklich,* so unsere Freundin. Und der Vater? Der Vater hat ihn in den Arm genommen und getröstet. Getröstet? Ja, getröstet. Bis er sich beruhigt hatte, und das dauerte einige Zeit. Der Vater hat dem Jungen gesagt, dass er ihn auch ein bisschen verstehen kann, und vorgeschlagen, mit allen zusammen mal in Ruhe darüber zu reden, um nach einer Lösung zu suchen. Er hat aber auch deutlich gemacht, dass diese Aktion absolut nicht in Ordnung war und dass sich Mark bei Sven entschuldigen muss. Das hat Mark dann auch getan, später.

Sven war traurig und enttäuscht. Sein älterer Bruder wollte ihm *alles verderben,* wofür er so lange geübt und worauf er sich so sehr gefreut hatte. Und damit war der Junge natürlich im Recht. Auch bei Sven dauerte es lange, bis er sich beruhigte, und auch er brauchte Trost und Zuspruch. Er war sauer auf seinen Bruder und hätte ihn *am liebsten verkloppt.* Alle vier konnten dann in der Nacht kaum schlafen. Am nächsten Morgen, am Sonntag, hat sich die Familie zusammengesetzt und versucht, das Problem zu besprechen. Den Eltern war wichtig, dass jeder der beiden Jungen sich wenigstens darum bemühte, auch das Geschwisterkind zu verstehen. Das war schwer, und das wiederum ist verständlich. Doch zumindest ansatzweise ist es offenbar gelungen. Jedenfalls gab es keine Prügelei, auch später nicht.

Eine erfolgversprechende Weichenstellung im entscheidenden Moment

Das, was wohl jeder erwartet hätte, und was wohl auch jeder mal in irgendeiner Form erlebt hat, ob als Kind oder Elternteil, genau das tut der Vater hier nicht. Er macht das Gegenteil und geht in eine andere, vielleicht sogar in die entgegengesetzte Richtung bzw., um eine Metapher zu gebrauchen: Er nimmt eine andere Weichenstellung vor und gibt im entscheidenden Moment den Weg für eine vergleichsweise unbelastete Beziehung zwischen den Geschwistern frei. Ob er sich das im Einzelnen überlegt hatte, weiß ich nicht, und ob er sich der möglichen Folgen bewusst war, ebenso wenig. Sicher ist, dass er eingegriffen hat – nicht jedoch mit dem naheliegenden Ziel, die Situation zu retten und wieder Ruhe und Ordnung herzustellen, sondern offenbar mit dem tieferliegenden Ziel, die beiden Kinder, vor allem Mark, emotional zu erreichen. Er hat zunächst einmal versucht, den Älteren zu verstehen und ihm sein Verständnis auch gezeigt.

In dieser Form zu reagieren, erfordert ein hohes Maß an Souveränität und Überblick, vor allem auch Herzensbildung und Einfühlungsvermögen. Das klingt zunächst nach hehren Zielen und scheint nicht immer erreichbar zu sein. In der Tat handelt es sich hier um eine besonders herausfordernde und ungewöhnliche Situation. Genau darum wurde sie für dieses Kapitel ausgewählt. Auf der anderen Seite lässt sich die Reaktionsweise des Vaters aber auch so erklären: Der Vater hat innegehalten. Er ist, so vermute ich, nicht unreflektiert einem spontanen Impuls gefolgt, sondern hat die Situation entzerrt und entschleunigt. Und, auch das ist hier entscheidend: Er hat sich nicht um das gekümmert, was möglicherweise im Sinne einer üblichen Erziehungsreaktion von ihm erwartet wurde, d. h. er hat sich nicht unter Druck setzen lassen.

Oft ist es umgekehrt: Zuerst wird über das Fehlverhalten geschimpft, oder das Kind wird bestraft, und erst danach, wenn überhaupt, kümmert man sich um dessen Befinden – vielleicht, weil es nun weint, und sich in den Zorn der Eltern ein wenig Mitgefühl mischt, vielleicht auch, weil der eigene Ärger verflogen ist. Das Kind selbst jedoch, das Kind mit seinen Bedürfnissen und Gefühlen, die ja letztlich zu dem fragwürdigen Verhalten geführt haben, ist nur noch schwer zu erreichen. Manchmal lässt sich im Gespräch mit Eltern die Problematik im Zusammenhang mit dem erstgeborenen und zweitgeborenen Kind bis zu einem Punkt zurückverfolgen, wo die Eltern das Verhalten ihres Kindes nicht verstanden haben oder glaubten, unverzüglich zurückweisen zu müssen, was zunächst eines empathischen Verstehens bedurft hätte. Dort wurden die Weichen dann anders gestellt – mit anderen Konsequenzen vermutlich.

Die Entschuldigung

Trotz allen Verständnisses für die Gefühlslage des Kindes bleibt das Fehlverhalten ein Fehlverhalten und darf als solches nicht übersehen werden. Mark hat sich bei seinem jüngeren Bruder entschuldigt, und zwar aufrichtig und ehrlich. Auch dazu haben wohl die Bereitschaft und besonders die Fähigkeit des Vaters, sich auf seinen Sohn einzulassen und dessen Kummer zu verstehen, erheblich beigetragen. Die Wahrscheinlichkeit, dass sich ähnliche Vorfälle in der Zukunft wiederholen, wäre ohne diese Reaktion und das sich anschließende Familiengespräch mit Sicherheit größer gewesen.

Sich entschuldigen zu können, setzt Einsicht in das eigene Verhalten und besonders in unsoziales oder gar zerstörerisches Verhalten voraus, und diese Einsicht wiederum ist nur möglich, wenn sich das Kind in der zugrundeliegenden Gefühlswelt gesehen und letztlich auch akzeptiert fühlt. Häufig setzen wir die Kinder an dieser Stelle unter Druck. Möglichst schnell sollen Ruhe und Frieden wiederhergestellt werden und die Dinge des täglichen Lebens weitergehen. Ohne das dazugehörige Gespräch und die daraus gewonnene Einsicht aber tun die Kinder nur, was wir ihnen auftragen: Sie geben dem anderen die Hand, missmutig meistens, murmeln ein „Schuldigung", ohne denjenigen dabei anzusehen, und stehen nicht wirklich dazu. Anschließend geht es weiter im Takt des Geschehens. Das Kind selbst aber hat nicht immer eine echte Chance: Weder hat es die Zeit, darüber nachzudenken, noch kann es die nicht wirklich authentische – da ihm eher abgerungene – Entschuldigung verweigern. Die Situation scheint zwar vorläufig geregelt, und die Erwachsenen atmen durch; das eigentliche Problem aber bleibt meistens bestehen.

... und wollte auch mal quasi ins Bühnenlicht kommen ... Gedanken der Kinder

Bei dem Versuch, die Gedanken der Kinder in irgendeiner Weise zu kürzen, bin ich gescheitert. In dem gesamten Gespräch mit dieser Klasse gibt es keine Stelle, auf die ich hätte verzichten mögen bzw. die ich den Leserinnen und Lesern hätte vorenthalten wollen. So folgt hier der Kindergesprächskreis in seiner vollen Länge.

Ich habe den Kindern von der Situation berichtet und ihnen dann folgende Fragen gestellt:

1. *Was geht Eurer Vermutung nach in dem Kind vor, das den Notenständer umstößt? Wie fühlt sich dieses Kind?*
2. *Wie würdet Ihr als Eltern/Vater/Mutter in dieser Situation reagieren?*

Linus: *Also entweder Eifersucht auf den anderen, dass der Vater ihm geholfen hat und ihm Aufmerksamkeit geschenkt hat. Also dass die den ersten Sohn mit nach hinten genommen haben und den zweiten Sohn dann auch mitgenommen, obwohl der ja eigentlich nichts gemacht hat – hm.*

Max: *Für mich fühlt es sich so an: Der Große hat ja einfach nur einen Gutschein geschenkt, und da waren alle überhaupt nicht aufgeregt. Und jetzt, wo der Jüngere reinkam, waren alle so aufgeregt und waren auch die ganze Zeit still. Und dann war der Ältere wahrscheinlich eifersüchtig, dass die bei ihm nicht genauso gespannt waren.*

Larion: *Ich glaube, es ist so: Der Ältere denkt: „Ja, ich hab ihr ja einen Gutschein geschenkt, und er* (der Jüngere) *spielt ihr was vor und macht also was selbst und gibt nicht einfach nur einen Gutschein ab." Und dann dachte er: „Ich will nicht, dass er das macht!" Und dann hat er den Notenständer umgehauen. Er wollte also nicht, dass er ihr was vorspielt und hat den Notenständer umgehauen. Er konnte nicht aushalten, dass er ihr was vorspielt und selbst macht, und er selbst hat ja nur einen kleinen Gutschein gegeben.*

Marlene: *Also ich glaube das auch. Der Kleinere hat ja Aufmerksamkeit gekriegt von allen beim Geburtstag der Großmutter. Das war dann ein Geschenk, das haben sie bestimmt auch geprobt vorher, und dann fühlte sich der andere wohl auch ein bisschen vernachlässigt, jedenfalls in dem Moment. Und wahrscheinlich hat er sich auch so gefühlt, also so ein bisschen in den Schatten gestellt, als ob er nicht da wäre, als ob er Luft wäre. – Und was ich gemacht hätte, wenn ich jetzt Mutter oder Vater wäre, dann hätte ich auch nur den einen Sohn nach hinten genommen und nicht beide Jungen, denn dann ist das so, dann konzentriert sich immer alles nur auf ihn, dann wird der kleine Junge immer gefragt: „Was findest du schlimm daran, und was hat dir jetzt nicht gefallen oder so?" Dann wird auch der Größere noch mehr beschimpft, also der kriegt dann eine falsche Aufmerksamkeit. Dass er eine negative Aufmerksamkeit kriegt, meine ich.*

L.in: *Was wäre die positive Aufmerksamkeit?*

Marlene: *Die positive wäre, wenn man ihn nach hinten genommen hätte, also alleine, und gefragt hätte: „Was ist in dir vorgegangen?" Und das dann auch mit ganz ruhiger Stimme, also nicht so: „Was soll das jetzt? Das ist ja total doof von dir! Du hast deinen kleinen Bruder total in Not gestellt!"* (Marlene spricht mit scharfer, lauter Stimme.) *Also das würde ich auf gar keinen Fall machen, denn dann ist man beachtet, aber falsch! Dann fühlt man sich noch schlechter als vorher. Nachher muss er sich dann entschuldigen.*

Albert: *Also wenn ich der größere Bruder wäre, hätte ich das wahrscheinlich auch gemacht, weil ich hätte mich dann auch so gefühlt: Tja, ich hab nur was Kleines gegeben, er spielt was vor, und danach sind alle begeistert und klatschen für ihn* (den Jüngeren), *und für ihn* (den Älteren) *klatscht keiner oder sagt: „Wooow!" oder so.*

Sanaa: *An dem Tag, glaube ich, fühlte der Große sich einfach nicht besser. Er hat das Kleine, und er* (der Jüngere) *hat halt dieses Große, diesen Wow-Effekt! Und dieser kleine Junge kann schon so etwas! Und die anderen gucken da einfach nur zu, wie sie das Geschenk auspackt: auch schön, aber hm. Tja, könnte aber mehr sein!*

Leo: *Es gibt so einen Ehrgeiz zwischen den Brüdern. Vielleicht waren sie ja auch zu Hause, und dann hat der Vater z.B. mit dem Jüngeren geübt, und dann haben die so'n gutes Verhältnis aufgebaut. Und vielleicht hatte der Größere ja nicht so ein gutes Verhältnis, und der Größere wollte dann auch mal was mit seinem Vater machen und wollte auch mal quasi ins Bühnenlicht kommen. Und als sie dann da waren, der kann ja was in Technik, der ist gut in Technik, aber es ist eben nicht so'n Aufwand. Und vielleicht hatte er ja auch nicht so viel Lust, und vielleicht war das für die Oma jetzt nicht sooo viel. Ich* (der Ältere) *möchte eigentlich auch mal, dass das jemand zu mir sagt, aber jetzt gucken alle nur auf meinen kleinen Bruder, alle beklatschen ihn, und wenn ich was machen würde, würden sie sagen: „Ja, ganz gut!", oder sowas. Und der würde sich dann ein bisschen vernachlässigt fühlen, also mit so einem Gefühl: „Wieso bin ich hier überhaupt?" Und dann hat er das umgeschmissen, auch weil er ein bisschen neidisch war und vielleicht auch, damit die Leute ihn auch mal angucken und nicht nur den kleinen Bruder, also dass sie ihn auch mal angucken und beachten. Ich glaube, er denkt sich: „Dann hätte ich ja gleich zu Hause bleiben können. Was soll ich hier eigentlich?"*

Sophie: *Also ich denke, der große Bruder denkt dann: „Jetzt habe ich so ein kleines blödes Geschenk für meine Oma abgegeben, und mein kleiner Bruder, der hat richtig eins mit Aufwand, und ich habe ihr nur einen Gutschein geschenkt", und dann fühlt man sich richtig doof. Und wenn man dann traurig ist und gleichzeitig wütend, schmeißt man dann auch die Sachen des anderen einfach um. Weil man das eben auch gern gemacht hätte und das aber nicht gemacht hat. Und dann ist man auch auf sich selber sauer, weil man das nicht gemacht hat.*

L.in: *Wäre das denn berechtigt? Ist denn der Gutschein das, was weniger wert ist?*

Sophie: *Ja, das kann man immer, da kann man einfach so eine Karte schreiben: „Liebe Großmutter, hier hast Du einen Gutschein. Du kannst mich immer anrufen, dann helfe ich Dir." Der kleine Bruder hat ihr aber ein richtig aufwändiges, großes Geschenk gemacht. – Und das mit den Eltern, das würde ich so machen, wie Marlene das gesagt hat: auch nur den großen Jungen mitnehmen und mit dem Kleinen erst nachher reden. Und dann sagt man dem großen Bruder: „Es ist nicht schlimm, was du jetzt gemacht hast, du entschuldigst dich aber trotzdem."*

Hanna Yara: *Ich glaube auch, er war auch eifersüchtig ein bisschen, weil der kleine Bruder ein aufwändiges Geschenk gemacht hat und er einfach nur einen Gutschein. – Und ich würde auch erst mit beiden einzeln reden, damit es nicht noch mehr Streit gibt. Zu dem Größeren würde ich auch sagen: „Es war nicht so schlimm, aber du sagst auch Entschuldigung."*

Burak: *Also ich verstehe beide sehr gut, weil der ältere Bruder kann ja auch nicht so etwas machen wie der jüngere Bruder, weil sie haben jetzt beide ihre Spezialitäten aufgeführt. Der jüngere Bruder kann halt die Sache direkt zeigen, und der Ältere muss dann erst so warten.*

Joudi: *Der Jüngere hat Publikum!*

Sanaa: *Die haben halt beide ihre Hobbies und nicht das gleiche. Und so hat der Ältere den Gutschein, weil er diese Sache sehr gut kann. Und der Jüngere hat was vorgespielt. Und der Jüngere hat halt mehr Aufmerksamkeit bekommen, und der Ältere nur wenig. Am Computer bekommt man nicht so viel Aufmerksamkeit. Man macht es nicht im Bühnenlicht, sondern hinter der Kulisse.*

L.in: *Mit dieser Erkenntnis – du bis jetzt Mama: Was würdest du dem älteren Kind jetzt sagen?*

Sanaa: *Ich würde dem älteren Kind sagen: „Es war schon schlimm von dir, aber du kannst halt das, und der andere kann das." Und ich würde sagen: „Er möchte ja nicht immer nur zu Hause spielen, sondern er möchte ja auch mal etwas für die Oma tun, und das musst du jetzt auch aushalten, dass der kleinere Bruder jetzt im Bühnenlicht steht." Das ist gute Aufmerksamkeit. Ich würde dann auch sagen: „Vielleicht kannst du mir ja z. B. mal beibringen, wie ich besser mit meinem Computer umgehe, und dann zeigt mir dein kleiner Bruder etwas, und dann ist doch die Sache glatt! Aber erstmal musst du dich entschuldigen." – Eigentlich wird es nur schlimmer, wenn die Eltern ihn anschreien und sagen: „Warum hast du das gemacht?" Dann wird's nur schlimmer, und dann verbessert sich gar nichts. Denn dann wird er sauer auf den Jüngeren sein, und dann wird sich nichts verbessern. Es wird nur schlimmer werden.*

Yamen: *Ich glaube, der Ältere war bestimmt so eifersüchtig, weil der Kleine glaubt, dass er sehr viel kann. Aber wenn er Geige spielen kann, und er ist noch so klein, dann guckt man ihn bestimmt so aufgeregt und gespannt an, und der Große glaubt dann, was er für die Oma getan hat, das war langweilig, also das war nichts. Und dann muss er ja irgendwie sauer sein auf sich. – Und die Eltern, wenn sie mit dem Kleinen erstmal gesprochen hätten: „Was findest du nicht so gut daran, was er getan hat?", und dann auch den Großen gefragt hätten: „Warum hast du das getan? Warst du eifersüchtig oder so?" Das hätte auch weitergeführt.*

Irma: *Ich würde mich als Kind, also als Ältere, irgendwie vernachlässigt fühlen. Es ist ja jetzt aber auch nicht so, dass das Geschenk vom Größeren nicht weniger gut war, weil ja beides in seiner eigenen Form ist, war das richtig toll. Nur der Größere fand das vielleicht auch einfach unfair, weil der Vater höchstwahrscheinlich auch viel Zeit mit dem Kleinen genommen hat, damit die das einüben konnten. Und bei dem Großen hat er vielleicht einfach nur gesagt: „Hast du das fertig?" Und dann hat der „ja" gesagt, und dann war es das. Und dann kann ich das auch nachvollziehen, dass der Große dann wütend wird. Und dann würde ich auch erstmal mit dem Älteren irgendwo hingehen, in eine Ecke gehen, wo nicht so viele Leute sind, und dann erstmal fragen: „Warum hast du das denn gemacht? Was hast du da gefühlt? Was fandest du nicht gut daran?"*

Jonathan: *Also der Junge hat ja der Oma einen Gutschein gegeben, weil er das halt gut kann. Und der* (Ältere) *weiß ja wahrscheinlich, dass der* (Jüngere) *schon seit zwei Jahren Geige spielt, und der hat ja vielleicht auch schon mal vorgespielt. Und der* (Ältere) *weiß ja dann, dass der* (Jüngere) *das gut kann, und muss ja eigentlich nicht sofort wütend sein. Er* (der Ältere) *hat seine Sache gut gemacht, und er* (der Jüngere) *hat seine Sache gut gemacht. Und wenn der* (Jüngere) *das dann macht, dann muss der* (Ältere) *nicht nur an sich denken, dass er die Aufmerksamkeit bekommt, sondern auch an den anderen. – Und wenn ich Vater oder Mutter wäre, dann hätte ich auch ein bisschen aufgepasst auf den Jungen, dass der nicht aufsteht. Ich hätte einfach aufgepasst auf ihn und nicht ihn gewähren lassen. Sonst denkt der sich auch: „Habe ich denn jetzt von überhaupt keinem Aufmerksamkeit? Nicht mal von meiner Mutter? Ja, dann mache ich das jetzt kaputt!" Und trotzdem muss er eigentlich auch wissen, dass, wenn er was kaputt macht, dass er dann nicht positive Aufmerksamkeit bekommt. Die sagen: „Du hast den Auftritt von deinem Bruder zerstört!" Aber das hätte ihm nicht viel genützt eigentlich. Das wäre ja nur negative Aufmerksamkeit gewesen.*

Nein, so geht das nicht! – Das Alphabet

Das zweitgeborene Kind

Auch diesen Teil des Kapitels möchte ich mit einem Zitat von Alfred Adler aus seinen „Schriften zur Erziehung und Erziehungsberatung" beginnen:

> „Weil das zweite Kind meint, das Leben sei ein Wettrennen, trainiert es härter, und wenn es Mut beweist, hat es gute Chancen, das älteste auf seinem eigenen Gebiet zu schlagen. (...), und er zeigt großen Widerspruchsgeist. (...) Der Zustand des zweiten Kindes ist mit dem einer Maschine vergleichbar, die ständig unter Volldampf steht. Das wurde durch einen kleinen vierjährigen Jungen treffend ausgedrückt, der weinend schrie: ‚Ich bin so unglücklich, weil ich nie so alt sein kann wie mein Bruder.' (...) In der weiteren Entwicklung ist das zweite Kind selten in der Lage, die strenge Führung durch andere zu ertragen oder die Idee von ‚ewigen Gesetzen' zu akzeptieren. Ob zu Recht oder Unrecht, neigt es eher dazu, anzunehmen, dass es keine Macht auf Erden gibt, die nicht gestürzt werden könnte" (Adler, 2009, S. 192/193).

Die Situation des Zweitgeborenen ist dadurch gekennzeichnet, dass es den Erstgeborenen vor der Nase hat, und zwar ständig und meistens uneinholbar. Andererseits ist das jüngere Kind in vielerlei Hinsicht auch im Vorteil. Wenn es beispielsweise Streit gibt zwischen ihm und dem älteren Bruder, kann es damit rechnen, dass herbeieilende Erwachsene, meistens die Eltern, eher geneigt sind, *ihm* zu helfen als dem Geschwisterkind. Sie halten das jüngere für unerfahrener und schwächer und darum automatisch für schutzbedürftiger. Außerdem kommen die jüngeren Kinder, obgleich sie die Zweiten sind, oft als Erste an die Reihe: Sie werden eher gesehen, angesprochen oder in den Arm genommen. Man muss nur einmal die Begrüßungsszenen am Flughafen beobachten, um die Bevorzugung des jüngeren Kindes zu erleben. Wartet z. B. eine vierköpfige Familie auf den Besuch, so wird nicht selten das Zweitgeborene – etwas weiter vorn stehend, vielleicht auch lebhafter und extrovertierter – zuerst begrüßt. Nach einer kleinen Weile erst scheinen sich die Erwachsenen daran zu erinnern, dass da noch ein anderes Kind ist, das Erstgeborene, das nun ebenfalls begrüßt wird: zurückhaltender, eher pflichtbewusst und mit leichtem, aber spürbarem Abstand. Die erste spontane und uneingeschränkte Herzlichkeit wird oft dem jüngeren zuteil. Was ich in ähnlichen Situationen auch manchmal sehe, ist, dass das jüngere Kind umarmt wird, während man dem älteren Kind nur über den Kopf streicht. Nun mag das auch damit zusammenhängen, dass die älteren Kinder, vor allem die Jungs, eine Umarmung nicht mehr so „cool“ finden, und die Erwachsenen dies spüren und respektieren. Wie dem auch sei: Die Vorteile des Zweitgeborenen sind hier die Nachteile des Erstgeborenen.

Für das jüngere Kind wiederum ist es schwer zu akzeptieren, dass es zwar mehr Beachtung bekommt und gelegentlich auch bevorzugt wird, dass ihm aber das ältere Geschwisterkind an Lebenserfahrung, Fähigkeiten und Kenntnissen immer voraus ist. Aus diesem Grund versucht das Zweitgeborene häufig, das Erstgeborene einzuholen oder besser: zu überholen. Viele Kinder investieren unfassbar viel Energie und Ehrgeiz in diesen Versuch, und fast immer gelingt es ihnen, das Geschwisterkind zumindest gehörig unter Druck zu setzen. Mein Mann und ich konnten beobachten, dass eines unserer Enkelkinder, damals sieben Jahre alt, seinem zwei Jahre jüngeren Bruder beim Lesenlernen helfen wollte. So saßen die beiden einträchtig nebeneinander vor einem großen Lesebuch, und es war rührend zu sehen, mit wie viel Geduld und übrigens auch Talent der Ältere dem Jüngeren die Buchstaben und Silben erklärte. Womit der Erstgeborene allerdings nicht gerechnet hatte, war, dass sein „kleiner Bruder“ ihn binnen kürzester Zeit in der Lesekompetenz überholen würde und fließend lesen konnte, bevor er in die Schule kam. So war das eigentlich nicht gedacht!

Das Gebärden-Alphabet

Das Lesenlernen scheint in Bezug auf die Beziehung zwischen den Geschwistern eine besondere Rolle zu spielen. Das ist insofern nicht verwunderlich, als ein Kind mit Beginn des Leselernprozesses den vorschulischen Status endgültig hinter sich lässt und einen im eigentlichen Sinne des Wortes merklichen Schritt nach vorne tut. So handeln auch die nun folgenden miteinander zusammenhängenden Situationen von dieser Thematik. Es geht um die beiden Brüder Justin und Kilian. Justin ist sechs Jahre alt und wurde im Sommer eingeschult. Er hat gerade das Gebärden-Alphabet in Kombination mit einem kleinen Gedicht gelernt. Kilian ist zweieinhalb Jahre jünger als sein Bruder. In der folgenden Szene werden die oben aufgeführten Überlegungen plötzlich recht konkret und für jeden in der Familie deutlich spürbar.

Es ist ein warmer Sommernachmittag. In einem Biergarten bei Kaffee, Saft und Kuchen beginnt Justin, einige Buchstaben aus dem in der Schule gelernten Alphabet aufzusagen und mit seinen Händen zu formen. Seine Eltern und Kilian schauen zu. Dabei spielt sich folgende Szene ab, die glücklicherweise mit dem Handy aufgenommen wurde, und die ich in diesem Kapitel (mit Namensänderungen) verwenden darf:

Justin: *E wie Eule,*
Ei wie Eis,

Kilian: *Nein!*

Justin: *Au wie Auto,*
Ja, ich weiß.
Ü wie Überholverbot,
Ölsardinen sind längst tot.
Kilian: *Das ist gar nicht toll!*
Justin: *Ä wie Äpfel,*
Kilian: *Nein, nein, neeeiiin!*
Nein, so geht das alles nicht!
Justin: *O, das ist ne heiße Spur!*
Kilian: *Nein, so geht das nicht!*
Justin: *Und I und E und A …*
Kilian: *Jetzt halte ich mir die Ohren zu, aber wirklich!*

Die letzten Worte von Justin sind nicht mehr zu verstehen, weil Kilian immer lauter wird und schließlich anfängt zu weinen. Zum Schluss hält er sich tatsächlich die Ohren zu. Die Eltern loben Justin, dieser entdeckt etwas Leckeres zu essen, und Kilian beruhigt sich langsam.

Einige Tage später

„Weil das zweite Kind meint, das Leben sei ein Wettrennen, trainiert es härter, und wenn es Mut beweist, hat es gute Chancen, das älteste auf seinem eigenen Gebiet zu schlagen." Adler hat recht. Einige Tage später, gemeinsam mit dem Vater in der Wohnung, kann man dieses Training live erleben.

Kilian: *Au wie Auto,*
Ei wie Eis,
Ja, ich weiß.

Kilian spricht langsam, mit weit geöffnetem Mund, atmet hörbar zwischen den einzelnen Worten und Buchstaben und artikuliert so deutlich wie irgend möglich. Ehrgeiz und Anstrengung sind ihm förmlich ins Gesicht geschrieben, aber auch die Freude am Erfolg ist zu erkennen. Der Vater lächelt zustimmend und beginnt mit seinem Sohn zu spielen.

Die Angst vor Abwertung

Das Training wird weitergehen, und es wird nicht lange dauern, dann beherrscht auch Kilian das Alphabet und das kleine Gedicht, denn auch er, ähnlich wie Mark im vorigen Beispiel, gerät hier regelrecht in Not. Alles was er zeigt – das sich in Lautstärke und Eindringlichkeit wiederholende *Nein,* die Abwertung in Form von *Das ist gar nicht toll,* die zurückweisende Korrektur: *So geht das alles nicht,* bis hin zu der Ankündigung, sich die Ohren zuhalten zu wollen – alles ist ein einziger Aufschrei und nichts anderes als Ausdruck massiven Widerstands. In dem kleinen Videofilm ist deutlich zu sehen, dass Kilian keineswegs sauer ist auf seinen älteren Bruder. Er sieht ihn auch nicht böse oder wütend an. Er wirkt nur völlig verzweifelt und kann einfach nicht ertragen, dass Justin etwas beherrscht, wozu er selbst (noch) nicht in der Lage ist. Kilian stößt zwar keinen Notenständer um, aber er begegnet dem Auftritt seines Bruders mit der gleichen vehementen Ablehnung, und wäre Justins Präsentation in Form gegossen, würde er sie wohl umstoßen. Auch sich die Ohren zuzuhalten, bedeutet nichts anderes als das sprichwörtliche „Ich *kann* es nicht mehr hören!" der Erwachsenen.

Überhaupt kommt an dieser Stelle etwas ins Spiel, was auch uns Erwachsenen nicht fremd ist: die Angst vor Unterlegenheit und der Wunsch nach Überlegenheit. In der Regel sind es die Erwachsenen, die dieses Phänomen bei den Kindern beobachten und dann mit erzieherischen Maßnahmen darauf reagieren. Im Grunde genommen aber betrifft es sie selbst in ähnlicher Form. Auch sie können den Kompetenzvorsprung anderer Menschen nur schwer ertragen, und auch sie erleben dies häufig als Bedrohung und Abwertung der eigenen Person. Der Drang, sich gegenseitig zu überflügeln, ist manchmal so stark, dass er sogar beim Thema „Krankheit" nicht Halt macht. War beispielsweise der Krankenhausaufenthalt bei dem einen schon schrecklich genug, so ist damit zu rechnen, dass er sich bei dem anderen weit unangenehmer gestaltete. *Das kenne ich auch!* ist dann die erste Botschaft, und die zweite folgt sofort: *Ich kann das noch überbieten! Bei mir war es nämlich noch viel schlimmer!* Nicht umsonst ist das Phänomen „Unterlegenheit – Überlegenheit" ein zentrales Thema in der Individualpsychologie. Es ist eben der gleiche Wunsch nach Beachtung und Anteilnahme, nach Bewunderung oder Mitgefühl, der uns Erwachsene bewegt – wie auch die gleiche Sorge, davon weniger zu bekommen als andere Menschen. Die Angst, im Schatten zu stehen oder übersehen zu werden, ist nicht nur bei Kindern präsent, sondern eben auch bei Erwachsenen.

So ist die besondere Kompetenz von Justin eine Bedrohung für Kilian. Dieser versucht sie mit allen ihm zur Verfügung stehenden Mitteln abzuwehren. Am liebsten würde er sie auslöschen oder ungeschehen machen. Da das aber nicht geht, versucht er schließlich, sich die gleiche Kompetenz selbst anzueignen. Welch ein Druck muss hinter diesem Ziel stehen!

Die virtuelle Fortsetzung …

Auch diese Situation lässt sich nach einem im Familienalltag und in der Öffentlichkeit häufig zu beobachtenden Erziehungsmuster weiterspinnen, etwa so:

Kilian: *Nein!*
Mutter: *Kilian, sei still!*
Kilian: *Das ist gar nicht toll!*
Vater: *Nun unterbrich ihn doch nicht dauernd! Du siehst doch, dass er das aufsagen will!*

Kilian: *Nein, nein, neeeiiin!*

Vater: *Kilian, hör auf jetzt! Nun ist gut! Wenn du in die Schule kommst, lernst du das auch!*

Kilian: *Nein, so geht das nicht!*

Die Mutter hält ihre Hand vor Kilians Mund. Der Junge versucht mit aller Kraft, die Hand seiner Mutter wieder wegzuziehen, und trötet nun, lauter als vorher und halb lachend halb weinend, durch ihre Finger hindurch. Der Vater schaltet sich ein. Justin hat nun kein Publikum mehr und bricht seine kleine Vorstellung ab. Bei dem Versuch, sich von der Hand der Mutter zu befreien und dem dadurch entstehenden Gezappel fällt der Eisbecher um, und das zum Teil schon flüssig gewordene Eis tropft auf die Jeans der Mutter.

Vater: *Es reicht. Warum musste das nun wieder sein? Guck, was du angerichtet hast! Vielen Dank, Kilian, hast du super gemacht! Das war ein schöner Nachmittag, aber nun ist er zu Ende. Komm, wir zahlen und gehen nach Hause.*

Justin schaut ratlos und traurig drein. Kilian heult, Vater und Mutter sind sichtlich wütend und frustriert. Auch andere Menschen im Biergarten haben die Szene beobachtet.

... und mögliche Folgen

Für Kilian wäre das alles wohl kaum zu verstehen gewesen. Er hätte vermutlich eher das Gefühl gehabt, dass etwas mit ihm geschieht, als sich selbst als Verursacher dieses traurigen Abgangs zu sehen. Das Vormachen des Gebärden-Alphabets durch den Bruder war schon kaum – eigentlich gar nicht – zu ertragen. Nun soll er auch noch an allem schuld gewesen sein? Auch der ironische Unterton, den Eltern in solchen Situationen manchmal durchklingen lassen, weil auch sie natürlich enttäuscht sind und sich in ihrem guten Willen nicht gesehen fühlen, hätte die Verwirrung des Kindes nur zusätzlich verstärkt.

Für ein kleines Kind – Kilian wird in einigen Wochen vier Jahre alt – kommt erschwerend hinzu, dass es sich nicht verständlich machen kann, jedenfalls nicht so, dass die Eltern ausreichend verstehen könnten, was in ihm vorgeht und wie sich die Situation aus seiner Perspektive anfühlt. Wie sollte das auch gehen? Wie soll es sich äußern? Das Kind hat weder Erklärungen noch Argumente. Auch hat es sich nicht verändert, sondern ist, wer es ist. Wie sollte es die Eltern von seinen Empfindungen überzeugen, wie diese beschreiben, und wie die Eltern überhaupt erreichen? Es kann sich nur verhalten und mit seinem Verhalten zum Ausdruck bringen, wie es sich fühlt. Eltern, die hier vor allem mit Strafe und Schuldzuweisung reagieren, können sich vermutlich nur schwer vorstellen, wie ihr Kind die Situation erlebt. Für sie – wie für das Kind – ist nicht leicht zu begreifen, was gerade passiert.

Die tatsächliche Fortsetzung …

Sie ist schnell beschrieben: Justin bringt sein Gebärden-Alphabet mit dem kleinen Gedicht zu Ende, Kilian weint noch eine Weile, beruhigt sich dann aber wieder. Das Kaffeetrinken bzw. Eisessen geht weiter, und währenddessen wenden sich beide Eltern beiden Kindern zu, freundlich und unaufgeregt. Keiner der Jungen hat übergebührliche Aufmerksamkeit bekommen: weder Justin mit seinem Alphabet noch Kilian mit seinem Protest. Justin hat gelernt, dass er das Gebärden-Alphabet beherrscht und auch präsentieren darf, und Kilian hat gelernt, dass sein Bruder das kann und auch tut, selbst wenn es ihm, Kilian, so gar nicht in den Kram passt. Die Eltern haben sich nicht aus der Fassung bringen lassen und auch nicht für eines der Kinder Partei ergriffen. Gerade Letzteres hätte durchaus nahe gelegen. Sie haben ihrerseits ausgehalten, was mit hektischem Eingreifen hätte schiefgehen können, und auf diese Weise, trotz des schwierigen Anfangs, letztlich doch beruhigend auf die Kinder gewirkt.

… und Kilians Geburtstag

Kilian aber bleibt verbissen dran und gibt nicht auf. Was sich hier anbahnt, werden die Eltern so schnell nicht verhindern können, und so bestimmen immer noch Verständnis und Geduld, individuelle Zuwendung und weitgehende Zurückhaltung bei Streitigkeiten ihre Haltung. Die Eltern hoffen, dass beide Kinder, vor allem der Jüngere, irgendwann die mit der Geschwisterposition einhergehenden Gegebenheiten akzeptieren und verkraften werden. Einige Wochen später jedoch eskaliert die Situation völlig unerwartet und mit beträchtlichen Folgen, und sie macht diese Hoffnung vorerst zunichte.

Es ist Sonntag. Kilian hat Geburtstag. Er ist vier Jahre alt geworden. Einige Kinder sind eingeladen, aber auch andere Familienmitglieder sind mit von der Partie. Kilian ist ausgelassen und fröhlich – nicht verwunderlich an solch einem Tag und darum für jedermann auch nachvollziehbar. Der eigentliche Grund dafür entpuppt sich aber erst in einem Gespräch mit Kilians Tante.

Tante: *Du meine Güte, dass Du nun schon vier Jahre alt bist, Kilian! Und so ein großer Junge bist du geworden!*

Kilian: *Jahaaa! Und im nächsten Jahr werde ich schon fünf!*

Tante: *Genau!*

Kilian: *Und danach sechs!*

Tante: *Stimmt!*

Kilian: *Und wenn ich dann sieben bin, dann habe ich Justin eingeholt!*

Tante: *Wie meinst du das?*

Kilian: *Na, dann bin ich doch so alt wie er! Und <u>noch</u> ein Jahr später bin ich dann sieben, dann bin ich sogar <u>älter</u> als Justin!*

Kilians Tante stutzt. Nicht ahnend, in welch schwieriger Geschwistersituation sich die beiden Brüder befinden, antwortet sie lachend:

Tante: *Na, daaas hättest du wohl gern, was? Aber so ist das ja nicht!*
Kilian: *Doch! Ist es wohl! Dann bin ich nämlich der Ältere!*
Tante: *Aber Justin wird doch auch älter! Der hat doch auch jedes Jahr Geburtstag und wird doch auch jedes Jahr um ein Jahr älter!*

Kilian sieht seine Tante entgeistert an.

Tante: *Der Abstand zwischen euch beiden, der Altersunterschied, der ändert sich doch nicht! Der bleibt doch der gleiche!*

Kilian bricht in Tränen aus. Das hatte er nicht bedacht. Dieser kleine schlaue Kerl hat in seiner subjektiven, für die eigenen Sehnsüchte zurechtgelegten Realität genau *das* völlig verdrängt. Er hat es schlichtweg ausgeblendet. Als die Tante den Sachverhalt erklärt, wird ihm der Irrtum schlagartig klar, und damit bricht die beruhigende Aussicht, Justin irgendwann einholen und schließlich auch überholen zu können, diese für ihn so tröstliche, um nicht zu sagen: rettende Hilfskonstruktion, komplett in sich zusammen. Kilian verliert sein Fundament. Er wirft sich auf den Boden und brüllt den ganzen Schmerz aus sich heraus. In höchstem Maße erschrocken, ruft seine Tante die Eltern herbei. Der Vater trägt das schreiende Kind ins Haus, die Mutter geht mit. Die Tante und zwei andere Erwachsene bleiben bei den Kindern.

Von der subjektiven Logik zur harten Realität

Wir wissen nicht immer, was in den Köpfen unserer Kinder vorgeht. Einerseits ist das gut, denn es geht uns auch nicht alles an, andererseits kann es nicht nur für das Kind selbst, sondern eben auch für uns Erwachsene erschreckend sein, wenn sich plötzlich Bahn bricht, was lange im Verborgenen lag. Dass es für Kilian immer ein Problem war, der Zweitgeborene zu sein, hatte sich in vielen Facetten gezeigt. Das war bekannt. Dass dieses Problem ein solches Ausmaß annehmen könnte und Kilian sich über einen ihm durchaus bekannten Sachverhalt in einer derart konsequenten und tiefgreifenden Weise hinwegsetzen würde – und das auch noch mit der ihm eigenen Zielstrebigkeit: Damit hatte niemand gerechnet. Hier hat die Realität selbst die Weichen gestellt und Kilians Eltern unversehens mit der schwierigen Aufgabe konfrontiert, ihren Sohn auf einem für ihn fremden und bedrohlich wirkenden Weg zu begleiten, ja, ihn überhaupt auf diesen Weg zu *bringen*. Kilian hatte seinem Streben eine völlig andere Richtung gegeben und es seiner eigenen subjektiven Logik angepasst – von außen nicht erkennbar und für ihn selbst mit Erfolg, bis zu diesem Moment.

Hier gilt es Trost zu geben, und das ist angesichts dieser bestürzenden Erkenntnis nicht leicht. Argumente gehören nicht hierhin, Belehrungen schon gar nicht, und der Hinweis darauf, dass viele Kinder dieser Welt das gleiche Problem haben wie er, wäre alles andere als ermutigend. Die Eltern tun das wohl einzig Hilfreiche in dieser Situation: Sie lassen dem Jungen Zeit, sie lassen ihn weinen und versuchen ihm das Gefühl zu geben, dass sie ihn in seinem Kummer verstehen. Das ist schon deshalb nicht einfach, weil die Verzweiflung ihres Kindes natürlich auch für sie als Eltern eine schmerzliche Erfahrung ist und auch sie an die eigenen emotionalen Grenzen führt. Es sind die Momente, in denen Eltern eine Stärke aufbringen müssen, von der sie selbst nicht wissen, ob sie sie haben. Und dennoch gibt es in solchen Augenblicken keinen anderen Weg.

Kilian hatte lange daran zu knacken, wie der Vater sagt. *Es war eine bittere Erfahrung für ihn, und es war für uns alle eine sehr schwere Zeit.* Wieder und wieder kam es zu Konflikten, zum Teil sogar zu harten Kämpfen, bei denen die Eltern einschreiten mussten. Justin hatte es von einem Tag auf den anderen mit einem „kleinen Bruder“ zu tun, der die Überlegenheit des Älteren in bestimmten Bereichen nicht nur nörgelnd, weinerlich oder mit lautem Protest aus der Welt zu schaffen suchte, sondern plötzlich auch aggressiv wurde und wütend auf ihn losging. *Es flogen die Fetzen,* und dann musste der ältere Bruder vor dem jüngeren geschützt werden. Das wiederum bedeutete für Justin eine neue und auch schlimme, verunsichernde Erfahrung. Die Eltern waren in höchstem Maße gefordert und hatten ihrerseits Mühe, diese Phase durchzustehen.

Inzwischen ist etwa ein halbes Jahr vergangen, und die Situation hat sich etwas beruhigt. Es gibt zwar immer mal wieder schwierige Momente, es flammen auch immer mal wieder Konkurrenzkämpfe auf, in denen sich vor allem *Justin nicht die Butter vom Brot nehmen lässt,* aber im Großen und Ganzen scheint das Schlimmste überstanden. Die beiden Brüder spielen in letzter Zeit vermehrt zusammen, oder sie bauen Burgen und Höhlen in ihren Zimmern, wo sie sich anschließend Geschichten erzählen oder sogar zusammen übernachten, auf dem Boden. Die Eltern unterstützen diese Entwicklung, indem sie verstärkt darauf eingehen und an vielen Stellen versuchen, ihren Kindern den Gewinn und die positiven Seiten der Geschwisterbeziehung bewusst zu machen.

Vor einigen Tagen berichtete mir der Vater, dass Justin seinem Bruder folgende Idee unterbreitet hat:

> *Du kannst es auch mal so sehen: Wenn ich 100 Jahre alt geworden bin, dann werde ich wahrscheinlich sterben. Dann lebst du aber noch zwei Jahre länger!*

Eltern zwischen Verständnis und Grenzen

In allen hier thematisierten Situationen war das Verständnis der Eltern die Grundlage dafür, dass Probleme zwischen den Geschwistern gelöst werden konnten – zumindest weitgehend. Doch auch die wohlwollende und höchst einfühlsame Haltung vermag das Ausbleiben heftiger Machtkämpfe nicht zu garantieren. Dazu ist das Problem der Geschwisterrivalität zu umfassend. Kinder trifft es besonders hart. Sie sind in ihren frühen Lebensjahren noch im Begriff, sich ein Bild zu machen von der Welt, in die sie hineinwachsen, und das, was ihnen im Konfliktfall helfen könnte – Routine etwa, reflektierte Erfahrungen oder vielleicht auch Gewöhnung –, das ist noch nicht vorhanden, d. h. geeignete Mittel zu verstehen und zu verkraften, was ihnen im Umgang mit Geschwistern widerfährt, die gibt es noch nicht. Die Tatsache, dass es sich bei Kindern um junge Menschen handelt, macht also das Problem für sie nicht kleiner.

So sind die Eltern gerade hier besonders wichtig und ihre Reaktionen von langfristiger, vielleicht sogar prägender Bedeutung. Die Kinder *lernen* daraus. Sie lernen, wie „man" das macht: wie man miteinander umgeht, wie man reagiert, was man sagt, in welchem Ton, mit welchen Gesten usw. Sie lernen aus dem Machtwort, das manchmal sein muss, wie aus der liebevollen Zuwendung, die beruhigend wirken kann. Eltern sind für ihre Kinder in jeder Situation ein Vorbild, auch und gerade dann, wenn die Kinder unmittelbar betroffen sind, wenn es also um sie selbst und ihre grundlegenden Bedürfnisse geht. Darum ist in diesem Zusammenhang die Verantwortung auch so groß.

Für die Eltern ist das sich entwickelnde Geschwisterverhältnis nicht weniger neu. Auch sie müssen lernen, ihre Haltung und Erziehungshaltung zu finden, und auch für sie ist das nicht immer nur eine beglückende Erfahrung, sondern manchmal eine mit erheblichem Stress verbundene Herausforderung. Wenn das Gezänk nicht aufhört und einer dem anderen das liebste Spielzeug wegnehmen will, oder wenn die Situation zu eskalieren droht, weil sich die Kinder gegenseitig wehtun, dann ist Zurückhaltung nicht mehr das Mittel der Wahl. Meiner Erfahrung nach wird dies aber umso weniger passieren, je mehr sich das einzelne Kind von seinen Eltern verstanden fühlt, und je mehr sich diese im Vertrauen auf ihre Kinder zurückhalten. Je schneller sich die Eltern einschalten, desto häufiger wird es zu Konflikten kommen. Irgendwann gewöhnen sich die Kinder daran, dass nicht sie selbst, sondern ihre Eltern die Verantwortung für Streitigkeiten übernehmen, und folglich lernen sie nicht oder zu wenig, diese in eigener Regie zu klären (vgl. dazu auch Punkt 1 im letzten Teil dieses Kapitels).

Und doch ereignen sich gelegentlich Situationen, in denen das Eingreifen der Eltern unumgänglich ist, auch zum Schutz des einzelnen Kindes. Es gibt keine Regeln für die Frage, wo die Grenze ist, d. h. wann es die Kinder allein schaffen können, und wann sie auf Hilfe angewiesen sind. Nur die Eltern selbst können das letztlich beurteilen und entsprechend reagieren. Wo immer es möglich erscheint, ist die aufmerksame, aber zurückhaltende Begleitung der Kinder und die dabei aufrechterhaltene Gesprächsbereitschaft die langfristig erfolgversprechendere Variante. In diesem Sinne sind auch die Empfehlungen am Ende des Kapitels zu verstehen.

Aber ich möchte doch auch beachtet werden! Gedanken der Kinder

Im zweiten Teil des Gesprächskreises steht das jüngere Geschwisterkind im Mittelpunkt. Kilian und der Protest gegen das Gebärden-Alphabet seines älteren Bruders ist Ausgangspunkt der Diskussion.

Jonathan: *Da war ich noch nicht in der Schule und wusste das noch nicht so richtig, und dann habe ich das selber auch einmal gemacht: Ich habe dauernd gefragt, was das ist und so. Und dann denkt der sich wahrscheinlich, also der Jüngere: „Oh, das kann ich nicht! Das muss ich alles noch lernen, und der kann das ja auch schon mit dieser Handsprache!" Und der* (Jüngere) *wusste ja wahrscheinlich noch gar nicht, was das eigentlich ist, und dann hat er wahrscheinlich gedacht: „Ja, wenn ich das jetzt mal mache und das gut kann, dann kann der bestimmt wieder was ganz anderes ganz toll, was ich wieder nicht kann", und dann hat der sich wahrscheinlich gedacht: „Nee, der darf das jetzt nicht aufsagen! Wenn ich das noch nicht kann, dann darf der das auch nicht! Erst wenn ich das darf, dann darf der das auch." Und dann hat er wahrscheinlich so dazwischengebrabbelt, weil er das einfach nicht kann, und er will es dem größeren Bruder dann auch nicht erlauben. Dabei kann man ihm ja bloß mal zuhören, und dann ist ja alles wieder gut!*

Sophie: *Das macht auch im Moment meine kleine Schwester so. Aber das ist bei uns ein bisschen anders. Also wenn ich jetzt mal mit meiner Mama rede, dann quasselt die da auch immer die ganze Zeit dazwischen, weil sie das halt nicht möchte, und dann sagt sie immer zur Ausrede: „Das wusste ich aber nicht, dass du mit ihr redest!" Und dann fühlt sich das kleine Kind* (Kilian) *auch immer so vernachlässigt, und dann fühlt sich das bestimmt doof, weil der Große, der kann das schon alles, und ich kann das nicht. Und später kann der mir ganz viel helfen, und ich will aber das ganz alleine machen! Dann kann er mir auch in sooo vielen Sachen helfen, aber ich bin ein ganz kleiner Rebell, und ich will das alleine!*

Leo: *Also ich muss sagen, ich habe das früher eigentlich immer so gemacht. Ich habe das schon ein bisschen automatisch gemacht. Immer wenn mein Bruder von der Schule erzählt hat, auch als ich noch im Kindergarten war, hat der immer von der Schule erzählt, weil meine Eltern haben ihn immer gefragt, und ich wollte das irgendwie verhindern, automatisch schon so ein bisschen, weil er dann so tolle Sachen machen konnte. Und auch wenn ich im Kindergarten richtig toll spielen konnte und gar nicht so gern in die Schule wollte, war es immer noch so, dass er dann größer als ich wird und dass er dann so größer als ich war und immer noch größer wird und immer noch besser und so wird. Und dann wollte ich das eben verhindern. Ich mache das jetzt immer noch teilweise so, z. B. wenn mein Bruder irgendwelche Projekte macht und Plakate und sowas, dann ist auch immer meine Mutter mit ihm zusammen und hilft ihm auch bei Mathe und so. Und sie hilft ihm immer ganz viel, was ich eigentlich verstehen kann, aber irgendwie dann auch nicht, weil ich dann auch Sachen machen will, z. B. mit meiner Mutter irgendwas. Und ich kann es dann so halb verstehen, dass sie dann mal was mit dem macht, aber irgendwie vom Gefühl her will ich dann, auch wenn ich gar nichts zu tun habe, oder wenn ich gar nichts mit meinem Bruder machen will, will ich nicht, dass die zusammen was für die Schule machen, weil ich das eben noch nicht mache. Er kann auch manchmal bessere Sachen machen als ich, die ihm auch Spaß machen, und das will ich dann irgendwie verhindern.*

Yamen: *Ich glaube, der kleine Bruder war so richtig eifersüchtig, weil er was konnte, was der kleine Bruder noch nicht konnte. Dann wollte er, dass der große Bruder nichts kann. Er wollte nur, dass er Sachen kann und der große Bruder nicht. Und deswegen hat er ihn die ganze Zeit so gestört. Er wollte bestimmt, dass der große Bruder das Alphabet wieder vergisst. (…)*

Irma: *Das ist ja sozusagen dasselbe wie eben, nur dass dieses Mal der kleine Bruder ein bisschen vernachlässigt wird, dass alle auf den großen gucken. Und dann denkt er sich: „Aber ich möchte doch auch beachtet werden!" Das war auch bei mir früher so. Ich kannte das noch nicht so richtig, dass alle auf die Älteren geachtet haben, weil die meist geguckt haben, was ich mache und auch mit mir gespielt haben. Und dann war das bei mir auch manchmal so, dass ich das nicht wollte und dass ich das auch nicht verstehen konnte, dass die jetzt so viel mit den anderen machen. Und bei dem Kleinen ist das höchstwahrscheinlich auch so, dass er denkt: „Ich kann doch auch Sachen gut! Aber wenn ich irgendwelche Sachen machen würde, dann gucken halt nicht so viele Leute zu. Sie ignorieren mich dann ein bisschen."*

Hannah Yara: *Ich dachte auch, dass der kleine Bruder eifersüchtig ist, weil er einen großen Bruder hat, der schon das Alphabet und die Sprache besser kann. Das macht mein kleiner Bruder auch manchmal. Also z. B. wenn ich ein Gedicht aufsage, dann stört er auch so.*

Marlene: *Mein kleiner Bruder, der redet immer. Immer redet er so laut da rein! Man kann ihm einfach nicht sagen: „Jetzt sei mal still, jetzt macht Marlene etwas!" oder so. Wenn man sagt: „Moritz, sei mal leise!", dann sagt er ganz laut: „Leise?" Und deshalb bin ich das auch gewöhnt, dass jemand bei mir reinquakt. Deshalb rede ich auch ein bisschen lauter immer und setze mich auch durch. Ich lass mich nicht unterbrechen, ich bin einfach stark. Ich würde dann auch als Mutter das Kind auf den Schoß nehmen. Meine Mama macht das auch immer so. Sie nimmt ihn auf den Schoß, spielt ein bisschen mit ihm* (Marlene macht Moritz nach und zeigt, wie er lacht und sich freut), *und dann guckt sie mir dann aber auch zu. Und das finde ich dann auch okay, wenn wir beide so gleich sind.*

Larion: *In der 1. Klasse, als wir eingeschult wurden, da hat meine Mutter gefragt, wie es in der Schule war am ersten Tag, und dann hat meine kleine Schwester immer dazwischengequakt, weil sie noch nicht in der Schule war. Und sie war dann auch ein bisschen eifersüchtig und sagte immer: „Och, ich will auch!" Jetzt ist sie selbst auch schon in der Schule und ist in der 1. Klasse. Und als wir „Herrn von Ribbeck" geübt haben und ich das meiner Mutter und meinem Vater vortragen wollte, hat sie das auch so gesagt* (Larion imitiert sie), *obwohl die das gar nicht konnte, hat sie so getan als ob, und dann hat das schon ein bisschen gestört, aber es ging dann so.*

Empfehlungen für die Eltern

1. Sich möglichst wenig in die Streitigkeiten der Kinder einschalten: Beide Kinder rechnen damit, dass die Eltern in Konfliktsituationen eingreifen, und jedes von ihnen hofft auf Solidarität, denn mit dieser wäre die angestrebte Überlegenheit, wenigstens für den Moment, so gut wie gesichert. Sie hätte so etwas wie einen durch die Eltern legitimierten Status. Meistens geht es um den Wunsch nach Unterstützung durch Vater oder Mutter und nicht immer um die Klärung eines bestimmten Problems. Der nervenaufreibende Versuch vieler Eltern, den Hergang eines Streits zu rekonstruieren, um am Ende zu einer – vermeintlich – gerechten Lösung zu gelangen, erweist sich oft als erfolglos und frustrierend, denn solch ein Versuch läuft fast immer auf die Parteinahme für eines der Kinder hinaus. Solange nicht „Gefahr für Leib und Leben" besteht, ist die Intervention der Eltern meist zwecklos. Sie löst nicht das Problem, sondern verschärft es nur, denn sie bedeutet den vorübergehenden Sieg des einen über den anderen und schafft damit die Voraussetzungen für neue Rivalitäten. Langfristig müssen die Kinder lernen, ohne die Eltern und die ihnen zugewiesene Schiedsfunktion auskommen.

2. Extra-Zeiten für jedes Kind einrichten: Beide Jungen wollen die Eltern auch mal *ganz für sich allein* haben und ohne erst um deren Aufmerksamkeit zu kämpfen. Gerade bei einer stark ausgeprägten Geschwisterrivalität kann es für alle Familienmitglieder entlastend sein, hin und wieder feste Zeiten zu vereinbaren, in denen Vater und/oder Mutter sich ausschließlich dem einzelnen Kind widmen und etwas mit ihm gemeinsam unternehmen (vgl. hierzu auch die Äußerungen der Kinder in Kapitel 1: „Der will doch nur Beachtung!"). Das muss weder zeitaufwändig noch etwas Besonderes sein. Was zählt, ist die Verlässlichkeit des Rituals und vor allem die ungeteilte Beachtung und Zuwendung der Eltern.

3. Begriffe wie „unser Großer", „der Große" und „unser Kleiner", „der Kleine" vermeiden: Beide Begriffe sind etikettierend und statisch. Der Jüngere kann sich anstrengen wie er will: Er bleibt immer „der Kleine“. Und auch der Ältere wird dazu verleitet, die Fortschritte des Bruders zu übersehen, wenn von diesem stets als „dem Kleinen“ die Rede ist. Ebenso festlegend und irreführend ist die Bezeichnung „unser Großer“ oder „der Große“. Die älteren Geschwisterkinder sind nicht „die Großen“. Bei beiden Begriffen schwingt eine ungünstige inhaltliche Konnotation mit, nämlich die des „Klein-Seins“ bzw. „Groß-Seins“. Nicht selten vergrößern diese Bezeichnungen die Kluft zwischen den Geschwistern zusätzlich. Unproblematischer ist es, von dem jüngeren bzw. älteren Geschwisterkind zu sprechen.

4. Vergleiche meiden: Es soll den Ehrgeiz des älteren Geschwisterkindes anstacheln, wenn Eltern zu ihm sagen: *Das wirst du doch wohl hinkriegen! Das schafft doch schon dein kleiner Bruder!* Doch das tut es nicht, im Gegenteil: Sätze wie diese sind immer entmutigend. Sie verletzen Ehre und Stolz des erstgeborenen Kindes, und da sie meistens in Situationen zum Einsatz kommen, wo dieser sowieso schon an sich zweifelt oder mit sich zu kämpfen hat, schwächen sie sein Selbstvertrauen nur noch mehr. Vergleiche sind nie hilfreich. Entweder tragen sie dazu bei, dass der Konkurrenzdruck unter den Geschwistern überhaupt entsteht, oder sie verstärken diesen zusätzlich. Außerdem verbirgt sich dahinter nicht immer nur der Versuch, dem Erstgeborenen zu helfen, sondern manchmal auch der persönliche Ehrgeiz der Eltern.

5. Gegenseitige – und nicht nur einseitige – Rücksichtnahme erwarten: Die Erstgeborenen sind es gewöhnt, dass sie Rücksicht nehmen sollen auf ihr Geschwisterkind, denn das Zweitgeborene ist jünger und braucht mehr Fürsorge und Verständnis. Das ist im Prinzip auch richtig. Nicht selten aber führt das dazu, dass die ältesten Kinder aus dieser Rolle nicht mehr rauskommen und sich irgendwann grundsätzlich benachteiligt fühlen. So berichtete ein Vater, ältester Sohn einer geschwisterreichen Familie, in der Beratung: *Ich war bei uns der Älteste und immer der Große, und ich hatte immer viel Verantwortung. Dabei ist mir irgendwann meine eigene Kindheit abhandengekommen.* Rücksichtnahme unter Geschwistern ist wichtig. Sie darf aber nicht einseitig erwartet werden. Verfestigen sich entsprechende Rollenzuweisungen, bleibt der Jüngere tendenziell der Schwächere und Schutzbedürftige und muss der Ältere tendenziell der Stärkere und Vernünftige sein. Auch das jüngere Kind muss lernen, auf den älteren Bruder oder die ältere Schwester Rücksicht zu nehmen und z. B. die altersbedingten Vorrechte respektieren.

6. Unterschiedliche Hobbys ermöglichen: Meistens sind gerade die „benachbarten“ Geschwister recht unterschiedlich veranlagt. Da gibt es den Lebhaften und den Stillen, den zurückgezogenen Tüftler und den geselligen Wortführer, den technisch Interessierten und den musisch Begabten, den pflichtbewussten

Perfektionisten und den nonchalanten Genießer. Natürlich sind dies Klischees, doch häufig bewegen sich die „ersten“ und „zweiten“ Geschwister tatsächlich in höchst unterschiedliche Richtungen. Wesenszüge, Interessen und Begabungen liegen oft weit auseinander. Nicht selten sind Eltern erstaunt darüber; psychologisch aber lässt sich dieses Phänomen durchaus erklären: Die Geschwister gehen sich mit ihren unterschiedlichen Neigungen und Talenten aus dem Weg und vermeiden auf diese Weise eine Konkurrenzsituation, in der einer von beiden unterliegen könnte. Die Eltern tun also gut daran, ihre Kinder in unterschiedlichen Hobbys zu bestärken und ihnen folglich auch in unterschiedlichen Bereichen Anerkennung zu geben – da nämlich, wo die Kinder eigene Fähigkeiten entwickeln, d. h. andere als das Geschwisterkind.

7. Gerechtigkeit üben, aber Gleichbehandlung vermeiden: Die sprichwörtliche „ausgleichende Gerechtigkeit“ gibt es unter Geschwistern nicht. Das Bemühen um Gerechtigkeit bedeutet für die Eltern Dauerstress und für die Kinder, besonders wenn deren Verhältnis durch Rivalität geprägt ist, ein Quell ewiger Unzufriedenheit. Vor allem die Gleichbehandlung – *um ganz sicher zu gehen und bloß nichts falsch zu machen!* – ist gut gemeint, aber die Kinder sind eher frustriert als zufrieden. Oft stehen Eltern in der Defensive, geraten unversehens in Rechtfertigungsnot, und das Debattieren und Verhandeln bringt dann herzlich wenig. Natürlich müssen sich Art und Intensität der Zuwendung durch die Eltern, ob in ihrem Verhalten oder materiell, in einer fairen Balance bewegen, und natürlich darf nicht das eine Geschwisterkind dem anderen vorgezogen werden. Die eigentliche Gerechtigkeit jedoch liegt eher darin, dem einzelnen Kind mit seinen Interessen und Vorlieben „gerecht“ zu werden und die Art der Zuwendung darauf abzustimmen.

8. Den ältesten Kindern keinen Erziehungsauftrag geben: Auf diesen Punkt möchte ich näher eingehen, denn auffallend häufig berichten erstgeborene Kinder, dass sie während der Abwesenheit ihrer Eltern einen regelrechten Erziehungsauftrag haben und schon mit neun oder zehn Jahren die Verantwortung für ihre jüngeren Geschwister übernehmen müssen. Das ist in vielerlei Hinsicht problematisch. Hier kommen zwei Kinder zu Wort: Alina und Nico. Beide waren mit ihren Eltern in einer Familienberatung. Alina war zum damaligen Zeitpunkt zehn und Nico neun Jahre alt. Angesprochen auf die Situation als ältestes Kind, antworten die beiden wie folgt.

Alina: *Ich bin ja die Größte, und es ist halt so: Man hat sehr viel Verantwortung. Man muss auf die Geschwister aufpassen, und da wird einem gesagt: „Jetzt pass mal auf sie auf!“ Und dass die Eltern dann denken, man ist dann schon groß und sicher. Und manchmal ist das dann auch so, dass die Kleinen ein bisschen mehr Rechte haben, weil die sind ja noch jünger, und dann ist das anscheinend nicht so schlimm, wenn die mal so Ärger bauen. Aber von den Großen wird immer erwartet: „Du darfst das jetzt nicht machen, du musst jetzt groß und vernünftig sein und darfst keinen Mist bauen." Wenn ich der Boss bin, fühlt sich das erwachsen für mich an, aber auch: Ich will nicht so doll rumkommandieren und mit meiner Schwester schimpfen, weil jeder hat ja seine Familie auch lieb, und ich möchte nicht so mit denen streiten. Und doch muss man manchmal in irgendwelche Situationen eingreifen, und dann ist das auch richtig doof.*

Nico: *Ich darf immer nicht machen, was mein kleiner Bruder macht. Aber auch wenn der ausflippt, kann der so böse werden, dann schmeißt der viele Sachen durch die Gegend und gegen das Fenster. Dann fühle ich mich überfordert. Auch wenn ich alleine bin mit ihm, dann weiß ich gar nicht, was ich machen soll. Meine Mutter hat mir aufgegeben, was ich mit ihnen machen soll und was ich nicht mit ihnen machen soll. Ich muss dann oft sagen: „Gerrit, geh in dein Zimmer! Es gibt nichts Schönes." Mama hat vielleicht noch gesagt, wir sollen die Wohnung ein bisschen sauber machen. Sie hat viel Arbeit, und dann kann ich zu Benny sagen, wenn er nicht mitmacht: „Benny, wenn du jetzt nicht mit sauber machst, dann kriegst du auch nichts Schönes. Nie wieder Bonbons!"*

Es sind vor allem drei Probleme, die hier zum Ausdruck kommen: Zum einen sind die Kinder mit der Situation schlicht überfordert und sagen das auch so. Zum anderen kopieren sie das Erziehungsverhalten ihrer Eltern, das, an sich schon fragwürdig und wenig hilfreich, nun ungefiltert und wiederum vereinfacht auf den Umgang mit den Geschwisterkindern übertragen wird. Natürlich kann das nicht „funktionieren", denn der/dem Erstgeborenen fehlen Status, Erfahrung, Autorität und Durchsetzungsvermögen, um hier nur einiges zu nennen. Und schließlich geraten die Kinder mit dem „Boss-Sein" in eine Doppelrolle, die sie in Konflikte bringt: Einerseits gehören sie nicht mehr zu ihren Geschwistern – haben sie doch in diesen Momenten nicht mehr deren Status –, andererseits können sie aber auch noch nicht die Aufsicht übernehmen – sind doch die damit verbundenen Konsequenzen für sie nicht immer überschaubar. Es ist also eine in jeder Hinsicht unbefriedigende und sicher auch verunsichernde Situation. Kinder sollten in diesem Alter nicht mit ihren Geschwistern allein gelassen werden und schon gar nicht die Aufsicht und volle Verantwortung übertragen bekommen.

9. Mit den Kindern sprechen und ihnen „die guten Momente" bewusst machen: In vielen Familien kommt das Gespräch zu kurz bzw. geht über die Frage: *Wie war's in der Schule?* kaum hinaus. Gerade im Zusammenhang mit dem Thema „Geschwister" aber können Gespräche sehr hilfreich sein. Hier sind es besonders „die guten Momente", auf die es hinzuweisen gilt. Doch oft fallen gerade sie nicht weiter auf und spielen darum auch in Gesprächen kaum eine Rolle. Thematisiert werden eher die problematischen Situationen, und nicht immer geschieht das in angenehmer Atmosphäre. Kommen die Kinder dagegen gut miteinander aus – spielen oder reden sie miteinander, helfen sich oder unternehmen etwas zusammen –, bleibt dies häufig unbemerkt und unerwähnt. Das ist dann scheinbar selbstverständlich. Dabei wären gerade diese Dinge eine gute Gelegenheit, den Kindern die Vorteile, die das Geschwisterverhältnis eben auch zu bieten hat, vor Augen zu führen. So ein Hinweis würde wohl nicht nur die Beziehung zwischen den Geschwistern verbessern, sondern auch dem einzelnen Kind mehr Sicherheit geben.

10. Zuwenden statt zurückweisen: Diese Empfehlung gilt vor allem für das älteste Kind, das, wie auch in diesem Kapitel beschrieben, nicht selten die Erfahrung macht, als Erstgeborener hinter dem Zweitgeborenen zurückzustehen. Das Erstgeborene braucht Zuwendung, nicht Zurückweisung. Destruktive Verhaltensweisen gerade des ältesten Kindes sind fast immer ein Signal dafür, dass es sich unverstanden und zurückgesetzt fühlt – *vernachlässigt,* wie es die Kinder im Gesprächskreis sagen. Dieses Signal sollten Eltern beachten und ernst nehmen. Das Verhalten muss nicht toleriert werden, das Kind selbst aber muss sich trotz allem geliebt fühlen können.

11. Für gegenseitiges Verständnis werben: Eltern können ihren Kindern dabei helfen, das Verhalten von Bruder oder Schwester besser zu verstehen. Nicht immer ist es z. B. ein Zeichen böser Absicht, wenn sich das eine Kind dem anderen unerwartet schnell nähert, wenn es nach etwas greift oder laut wird. Nicht immer will es etwas wegnehmen oder das andere Kind hauen. Manchmal sind Geschwisterkinder prophylaktisch „auf Abwehr gepolt", weil sie mit übergriffigem Verhalten rechnen, oder weil sie ihre Sachen für sich behalten wollen. Fast automatisch wird dann das Verhalten des Geschwisterkindes, vor allem, wenn es noch klein ist, entsprechend negativ gedeutet. Hinweise wie: *Ich glaube, er will dir nur was zeigen – sie will dir nichts wegnehmen – schau mal: Das war eigentlich ganz freundlich gemeint – er will mit dir spielen und weiß nicht, wie er das machen soll – sie will nur Kontakt haben mit dir und mitmachen – er ist nur neugierig und will wissen, was du da machst usw.* – solche Hinweise können deeskalierend wirken und zur Entspannung der Situation beitragen.

12. Beiden Kindern Anerkennung geben: Der sicherste Weg, Konflikte zwischen den Geschwistern zu vermeiden, ist die Anerkennung und Beachtung des einzelnen Kindes. Je ermutigter die Kinder sind, desto weniger werden sie den Vorsprung des Älteren bzw. die Bevorzugung des Jüngeren als eigenes Defizit und damit als Bedrohung oder Abwertung erleben. Entmutigt zu sein, ist der Nährboden für Missgunst und Streit. Doch selbst Zuwendung und Ermutigung, gerecht verteilt und liebevoll gegeben, sind kein Garant für den „ewigen Frieden". Sie sind aber die wichtigste Voraussetzung dafür, Frieden zu schaffen und ihn gegebenenfalls auch wiederherzustellen.

9. *Gelernt ist gelernt!*

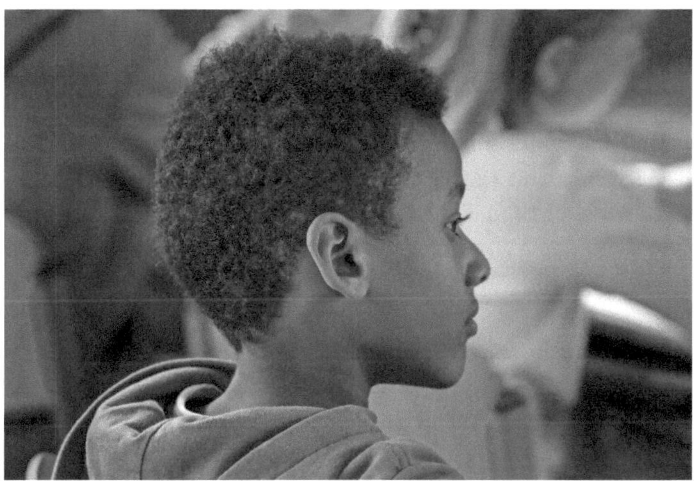

„Nicht die Erlebnisse diktieren unsere Handlungsweisen, sondern die Schlussfolgerungen, die wir aus diesen Erlebnissen ziehen."
(Alfred Adler)

Das Selbstwertgefühl des Kindes ist Thema in diesem Kapitel: wie wertvoll es ist, aber auch wie zerbrechlich. Zwei Beispielsituationen stehen im Fokus. In beiden geht es darum, dass Kinder in ihrem Bedürfnis nach Beachtung und Dialog von ihren Eltern – in diesem Falle Müttern – nicht gesehen und nicht verstanden sowie für dieses Unverständnis zusätzlich bestraft werden. Mögliche Folgen für die Entwicklung und das Selbstwertgefühl der Kinder sind, vor allem im ersten Teil, Gegenstand der Reflexion. Aber auch die Chance, solche Erfahrungen mit „schöpferischer Kraft" (Adler) zu überwinden, wird am Ende des Kapitels thematisiert. Die Kinder aus dem Gesprächskreis äußern sich zu beiden Situationen. Leider ist es nicht mehr dazu gekommen, ihre Meinungen zu dem oben aufgeführten Zitat von Alfred Adler einzuholen. Die Schülerinnen und Schüler befassen sich jedoch sehr ernsthaft mit der Frage, wie Kinder diese frühen Erfahrungen des Unverstandenseins und des lieblosen Umgangs möglicherweise empfinden werden, und welche Folgen solche Erfahrungen für sie und ihre Zukunft haben könnten.

Erste Beispielsituation: Im Zug

An einem späten Vormittag sitze ich im Zug, einem Interregio in Richtung Niederrhein. Da der Berufsverkehr noch nicht eingesetzt hat, ist es relativ leer im Abteil. Mir schräg gegenüber auf der anderen Seite sitzt eine junge Mutter mit ihrer drei- oder vierjährigen Tochter. Die beiden sitzen an der Fensterseite einander gegenüber.

Während die Mutter auf ihr Handy schaut, guckt die Tochter aus dem Fenster und macht hin und wieder auf etwas aufmerksam. *Guck mal, Mama, die Kühe da!* Oder: *Das ist ja ein großes Haus!* Mehrmals weist sie auf etwas, was sie gerade sieht. Die Mutter reagiert jedoch nicht, höchstens mal mit einem *Hmmm,* ohne aber ihre Tochter dabei anzusehen. Dann kramt das Kind eine Stoffpuppe aus seinem kleinen rosafarbenen Rucksack hervor, hält sie der Mutter vor das Gesicht, bewegt sie ein bisschen hin und her und versucht mithilfe der Puppe, der sie eine helle, piepsige Stimme gibt, die Mutter zu einer Antwort zu bewegen – wiederum ohne Erfolg. Nun rutscht die Tochter mit etwas Mühe von ihrem Sitz und geht, leicht hin und her wankend und sich hier und da festhaltend, einige Meter zurück in den Gang, um anschließend, etwas künstlich lachend und mit lautem Getrappel, auf die Mutter zuzulaufen. Auch hier gibt es lediglich ein kurzes Aufschauen, doch keine nennenswerte Reaktion. Die Mutter ist nach wie vor mit ihrem Handy beschäftigt.

Schließlich entdeckt das Mädchen den Abfallbehälter unter dem Fenster und beginnt mit dessen Deckel zu spielen. Das Geräusch des immer wieder herabfallenden Deckels ist kaum zu ertragen, macht dem Mädchen aber sichtlich Spaß. Jedes Herabfallen scheint ein kleines Erfolgserlebnis zu sein, und so wird spielerisch das Tempo erhöht. Jetzt reagiert die Mutter. *Lass das nach!* zischt sie ihre Tochter an. Da diese aber nun endlich die Aufmerksamkeit der Mutter erreicht hat, will sie nicht aufhören. Sie lacht und macht weiter. *Kannst du nicht hören?* schimpft die Mutter und schaut ihre Tochter böse an. Als der Deckel dann noch einmal mit lautem Knall auf den Abfallbehälter fällt, gibt es was auf die Finger. Und nun nehmen die Dinge ihren Lauf: Das Kind fängt an zu brüllen, die Mutter ist genervt, zieht es am Arm und haut ihm auf den Po. Das Mädchen brüllt noch lauter. Die Mutter packt es an der Taille, hebt es hoch und setzt es mit voller Wucht auf den Sitzplatz. *Hör auf zu heulen!* ruft sie. *Und schrei nicht so! Schluss jetzt! Hör endlich auf!*

Die junge Frau nimmt die kleine Stoffpuppe, stopft sie lieblos in den Rucksack und quetscht diesen, unerreichbar für das Kind, zwischen sich und die Fensterseite. Das Mädchen sitzt nun jämmerlich weinend der Mutter gegenüber – klein, verzweifelt und hilflos.

Reflexion der ersten Beispielsituation

Eine Strukturierung dessen, was hier passiert bzw., weit mehr, was hier nicht passiert, ist schwierig, denn vieles bedingt sich wechselseitig. So sind die im Folgenden aufgeführten Reflexionsschwerpunkte zu verstehen als ineinandergreifende Aspekte eines komplexen Geschehens. Zwei Anmerkungen möchte ich diesen Aspekten voranstellen. Die erste: Keine dieser Beispielsituationen ist selten. Jede von ihnen steht für viele andere, die ich im Alltag beobachte. Die Fülle vergleichbarer Situationen ändert aber nichts am Ausmaß der Tragik, die jeder einzelnen innewohnt. Und die zweite: Es stellt sich hier, auch bei allem Unverständnis für das Verhalten der Erwachsenen, nicht die Frage nach deren Schuld, sondern die Frage nach deren Verantwortung und dem dafür erforderlichen Erziehungsvermögen. Mit dieser Haltung soll auch ihr Handeln betrachtet werden.

Lernen von Vorbildern

Kinder lernen aus Vorbildern. Je jünger sie sind, desto stärker ist die Wirkung. Vor allem junge Kinder verfügen nur bedingt über Erklärungs- oder Verarbeitungsmöglichkeiten, und sie können Erlebtes nur schwer einordnen oder relativieren. Sie nehmen für wahr, was ihnen widerfährt, und müssen damit umgehen. Im Rahmen meiner Beratungstätigkeit habe ich oft erlebt, dass Situationen wie die oben dargestellte bei erwachsenen Menschen als Kindheitserinnerung wiederauftauchten, und der Schmerz, nicht verstanden worden zu sein und sich schutzlos zu fühlen, mit unverminderter Heftigkeit empfunden wurde. Das in dieser Situation – wie auch in der zweiten – fehlende Verständnis für das Kind und die in keiner Weise vorhandene Grundhaltung von Achtung, Wertschätzung und Einfühlung ändern jedoch nichts daran, dass das Kind am Verhalten seiner Eltern, hier der Mutter, lernt. Was genau es lernt, wissen wir nicht. Was es später mit dem Gelernten tut, d. h. welche Konsequenzen es für sich und sein Leben daraus ziehen wird, wissen wir auch nicht. Wir können aber davon ausgehen, dass es eine Lernerfahrung *macht* und dass diese sein Verhalten beeinflussen wird.

Hat das Kind die Wahl, unbeachtet zu bleiben oder beachtet zu werden – wenngleich mit negativen Mitteln –, entscheidet es sich in der Regel für das Zweite. Nichts ist schlimmer, als nicht beachtet zu werden. Und was heißt das für das Mädchen im Zug? Es hat drei verschiedene Versuche unternommen, die Aufmerksamkeit der Mutter zu erzielen, und erst beim vierten Mal, als es den Abfallbehälter entdeckte, hatte es Erfolg. Dabei ist hervorzuheben, dass die letzte Variante für das Kind selbst nichts Destruktives war. Es hatte vermutlich gar nicht vor, die Mutter zu stören oder zu ärgern, im Gegenteil: Es schien sogar Spaß an der Sache zu haben. Nur für die Mutter bedeutete das Klappern des Deckels eine so massive Belästigung, dass sie sich nun doch zu einer Reaktion gezwungen sah: für das Mädchen also einerseits ein Erfolg, andererseits und gleichzeitig aber auch eine leidvolle Erfahrung. Es könnte daraus gelernt haben:

> *Wenn ich möchte, dass meine Mutter mich beachtet, dann muss ich etwas tun, was sie nicht mag oder nicht will* – und weiter: *Dabei nehme ich in Kauf* oder *muss ich in Kauf nehmen, dass sie mit mir böse ist.*

Gehen wir einmal davon aus, dass die Reaktion der Mutter keine Ausnahme ist, sondern Teil eines bestehenden oder beginnenden Musters, dann ist zu erwarten, dass sich auch das Verhalten ihrer Tochter zu einer Strategie entwickelt und sie lernt, genau diese Strategie in ähnlichen Situationen anzuwenden. Und nehmen wir weiter an, dass sich das Verhalten der Mutter und mit diesem die Strategie des Kindes im Laufe der Zeit verfestigen, dann kann sich daraus eine gestörte Mutter-Kind-Beziehung entwickeln, die in erheblichem Maße von gegenseitigem Nicht-Verstehen und wohl auch Machtkämpfen geprägt sein wird. Da möglicherweise niemand etwas von dem unheilvollen Anfang, der durchaus auch *vor* dieser Situation liegen könnte, mitbekommen hat, wird auch niemand darauf zurückgreifen können, wenn es z. B. gilt, die entstandene Problematik zu erklären oder zu lösen.

Die hier vorgenommene Prognose ist Spekulation. Diese ist aber nicht unrealistisch, denn schon die im Zug erlebte Szene ist bedrückend und im wahrsten Sinne des Wortes trostlos. Sie lässt keinen erquicklichen Fortgang vermuten. Es ist ein Reichtum an Chancen und wohltuenden Erfahrungen, der beiden Menschen, der erwachsenen Frau *und* dem kleinen Mädchen, in dieser Situation verloren geht.

Lernen aus dem, was nicht ist

Auch die Mutter hatte eine Wahl: ihr Kind oder das Handy? Sie hat das Handy gewählt. Das kann verschiedene Gründe haben. Vielleicht gab es auf dem Handy eine wichtige Nachricht, vielleicht war sie im Begriff, etwas zu suchen, zu beantworten oder zu erledigen. Wie dem auch sei: Sie hätte es ihrer Tochter signalisieren können. Aber manchmal trauen sich Eltern in der Öffentlichkeit nicht, einen Kontakt mit ihrem Kind herzustellen und diesen in irgendeiner Form zu gestalten. Sie wissen nicht, wie sie das machen sollen.

> *Was muss ich sagen? Wie muss ich reagieren? Wo bin ich streng und wo nicht?* Und: *Wie geht das überhaupt?* Das fragte mich vor einiger Zeit eine Mutter in der Erziehungsberatung und fügte hinzu: *Ich hab auch einfach Schiss, dass mein Sohn irgendwelche Fragen stellt, die ich nicht beantworten kann, und die Leute das dann auch noch mitkriegen. Und dann tue ich lieber so, als hätte ich sie gar nicht gehört.*

Manchen Eltern fehlt es an Vorbildern und Erfahrung. Sie sind unsicher, und vielleicht haben sie, als sie selbst noch Kind waren, das Verhalten ihrer Eltern auch nicht anders erlebt. In einer Situation wie der hier beschriebenen – um auf das Mädchen im Zug zurückzukommen – wird dann das Handy zum willkommenen Mittel, das Gesicht zu verbergen und beschäftigt zu tun, den Wunsch zu signalisieren, ungestört zu bleiben und sich der Erziehungsverantwortung zu entziehen – so lange, bis es nicht mehr geht, bis die Situation eskaliert und ein Reagieren unvermeidlich ist. Es kann durchaus sein, dass die Mutter am Ende ähnlich verzweifelt war wie ihre Tochter.

Der Verlust ist hoch auf beiden Seiten – geht es doch um Grundlegendes und Prägendes, um die Beziehung zwischen Mutter und Kind und um die Haltung, die die Mutter darin einnimmt. In dem Versuch, mich in das Mädchen einzufühlen, möchte ich einiges von dem benennen, was es möglicherweise empfindet und hier entbehren könnte. Das Kind agiert in einer Situation, in der es spürt, …

- ausgeschlossen zu sein aus der Kommunikation zwischen Mutter und Handy,
- nicht an die Mutter herankommen zu können,
- nicht beachtet zu werden,
- sich abgewiesen zu fühlen,
- keine Antwort zu erhalten,
- sich unverstanden zu fühlen,
- nicht wichtig zu sein,
- das eigene Verhalten als wirkungslos zu erleben,
- sich hilflos zu fühlen,
- keinen Schutz zu haben,
- sich alleingelassen zu fühlen.

Nichts Freundliches, nichts Ermutigendes bekommt dieses Kind, nichts, was ihm in irgendeiner Weise helfen oder seiner Entwicklung dienen könnte. Nun mögen die von mir vermuteten Gefühle des Mädchens vielleicht etwas überzogen klingen, und manch einer könnte die Ansicht vertreten, so eine Situation gehöre zum Alltag dazu, jedes Kind erlebe so etwas, und das müsse es auch mal aushalten. Man könnte sich sogar auf den Standpunkt stellen, dass das Mädchen die Mutter hätte in Ruhe lassen sollen, als es merkte, dass diese auf seinen Wunsch nach Kontakt nicht eingehen mochte. Mag sein. Andererseits jedoch sind es Erlebnisse wie dieses, die in Gesprächen mit Kindern – übrigens auch in den Äußerungen der Schülerinnen und Schüler aus der 4. Klasse – immer wieder auftauchen, wenn es um die Frage geht, ob sie sich gesehen und verstanden wissen, ob sie sich wohlfühlen und glauben, geliebt zu werden. Das Mädchen im Zug, so ist sicher, wird weder gesehen noch verstanden, und Zuneigung erhält es hier schon gar nicht. Dabei geht es keineswegs darum, dass die Mutter ununterbrochen für ihr Kind da sein müsste. Selbstverständlich hat sie, auch in Gegenwart ihrer kleinen Tochter, ein Recht darauf, gelegentlich ungestört zu sein und sich mit dem Handy zu befassen. Es geht vielmehr um die Achtlosigkeit, mit der sie ihr Kind darüber im Unklaren lässt, sowie vor allem um die Ausgrenzung ihres Kindes aus der Beziehung, die sie mit ihm hat bzw. haben sollte. Sie lässt es allein, sie kümmert sich nicht um das Mädchen, und dieses wiederum hat keine Chance zu verstehen, was hier passiert und mit ihm geschieht – etwas, was letztlich auch nicht zu verstehen *ist*.

Die Kinder lernen aus solch einer Situation genauso wie aus positiven, erfreulichen Situationen. Dabei ist unerheblich, ob uns Erwachsenen die Szenen, die wir beobachten, banal oder wichtig erscheinen, ob wir sie bemerkenswert finden oder nicht. Das Erleben des Kindes entscheidet über deren Bedeutung. Im Kontakt mit ihm wird an vielen Stellen, nicht nur im Gespräch, sondern manchmal auch in unverhofften Augenblicken erkennbar, welche Konsequenzen es für sich daraus zieht oder gezogen hat – in Bezug auf sein Selbstbild vor allem, aber auch in Bezug auf sein Verständnis vom Zusammenleben im Elternhaus oder auf die Regeln in der Schule. Dann z. B. könnte sich zeigen, dass sich das Kind verlassen fühlt, wenn es nicht beachtet wird, oder dass es glaubt, nicht wichtig oder nichts wert zu sein, wenn es keine Antwort erhält.

Was die Mutter nicht sieht ...

Es ist nicht nur das Kind, das in dieser Situation viel entbehren muss und zu verkraften hat. Es ist auch die Mutter, die leer ausgeht und sich um wertvolle Erfahrungen bringt:

- Erfasst sie das Interesse ihres Kindes an dem, was es alles sieht?
- Spürt sie sein Mitteilungsbedürfnis?
- Bemerkt sie den Einfallsreichtum ihres Kindes, das mit unterschiedlichsten Mitteln versucht, einen Kontakt mit ihr herzustellen?
- Nimmt sie die Beharrlichkeit wahr, mit der es sein Ziel verfolgt?
- Sieht sie, wie viel Fantasie und Kraft es dabei aufbringt?
- Versteht sie sein dringendes Bedürfnis nach Zuwendung und Nähe?
- Nimmt sie wahr, dass das Kind geradezu darum wirbt?
- Und kann sie sich vorstellen, wie es ihrer Tochter dabei gehen mag?

All das wahrzunehmen, geht ihr verloren, und damit auch die Chance, sich zu freuen oder stolz zu sein auf ihre Tochter. Weitere Fragen ließen sich stellen, denn die Liste ist unvollständig.

Eine sich mir bei der Beobachtung der Szene aufdrängende Frage war: Weiß die Mutter, wie wichtig sie für ihre Tochter ist? Und, unmittelbar damit zusammenhängend: Würde sie so reagieren, wenn sie es wüsste? Ich komme hier an

Überlegungen, die nicht auf Kenntnissen beruhen, schon gar nicht auf gesicherten oder überprüfbaren, sondern auf einem Gefühl oder einer Intuition. Diese leitet mich zu der Annahme, dass eine Reaktion, die dem Kind angemessen wäre, ein Bewusstsein für den *eigenen* Wert – als Mensch und hier vor allem als Mutter – voraussetzen würde, mit anderen Worten: Die Mutter handelt nicht nur in Unkenntnis eines angemessenen Erziehungsverhaltens, sondern möglicherweise auch in Ermangelung eines eigenen und hierfür nötigen Selbstwertgefühls. Dann ginge es nicht nur um das Selbstbild des *Kindes,* das an dieser Stelle vielleicht Schaden nimmt, sondern unter Umständen auch um das Selbstbild der *Mutter,* das im Laufe ihrer Biografie nicht hinreichend gestärkt wurde. Wäre es so, würde das bedeuten, dass *beide* bedürftig sind: nicht nur das Kind in seinem unbefriedigten Wunsch nach Kontakt, sondern eben auch die Mutter in ihrer Unfähigkeit, diesen Kontakt herzustellen.

Ich möchte an dieser Stelle noch einmal auf den Anfang der hier thematisierten Situation zurückkommen. Eltern denken oft – wie ja auch die oben zitierte Mutter in der Beratungssituation glaubt –, sie müssten *die richtige Antwort parat haben* oder sich in einer bestimmten Weise verhalten, um *es richtig zu machen.* Und da sie sich nicht sicher sind, verweigern sie vorsichtshalber den Kontakt, besonders in der Öffentlichkeit, etwa nach dem Motto: Lieber gar nichts machen, als etwas falsch machen und dabei auch noch gesehen werden. Es ist also auch die Angst vor Fehlern – erkennbaren, nachweisbaren Fehlern –, die eine Rolle spielt, und das ist einerseits verständlich. Andererseits jedoch ist nichts so wichtig wie die Zuwendung zum Kind – Zuwendung, deren vordringlicher Anspruch es ist, gegeben zu werden. Eine falsche Antwort zu sagen, wäre nicht so schlimm. Dem Kind die Zuwendung zu verweigern, wäre dagegen falsch: „falsch“ im Sinne von vergebenen Chancen, das Selbstbild und die Zufriedenheit des Kindes zu stärken. Dass genau darin der weitaus schwerer wiegende „Fehler“ läge – wenn man denn die beiden Reaktionsweisen in ihrem Wert überhaupt vergleichen will –, das wissen manche Eltern nicht, oder sie können es sich nicht vorstellen.

… und was das Kind nicht weiß

Einmal gemachte Erfahrungen haben ihre Wirkung: mal stärker, mal schwächer, mal kürzer, mal länger und auch mal mehr oder weniger bewusst. Wie auch immer: Sie wirken. Und sie wirken auch bei dem Mädchen, das bald in die Kita kommt oder da schon ist, und das irgendwann zur Schule gehen wird. Dabei ist Folgendes zu bedenken:

1. Dieses Kind von drei oder vier Jahren kennt, was das Verhalten seiner Mutter im Zug anbetrifft, vermutlich noch keine Alternativen. Es wird nicht denken: *Das hätte meine Mutter anders machen können. Es war nicht gut, wie sie auf mich reagiert hat.* Ich halte es für unwahrscheinlich, dass dieses

Mädchen in der Lage sein wird, über Alternativen und deren Konsequenzen nachzudenken. Wahrscheinlicher ist, was ich eingangs schon erwähnte: Das Kind nimmt für wahr, was ihm widerfährt. Es stellt nicht in Frage und zweifelt nicht daran. Eher wird es für sich die Erkenntnis daraus ableiten: *So geht das. So macht man das.* Uns genau das bewusst zu machen und in unserem Verhalten dem Kind gegenüber zu berücksichtigen, darin liegt eine besondere Verantwortung.

2. Das Kind fühlt den Schmerz und die Enttäuschung, aber es hat vermutlich noch kein Unrechts- oder Schuldbewusstsein. Es ist traurig und verzweifelt, aber es weiß nicht, dass ihm unrecht getan wird, und es kennt auch nicht das Gegenteil davon, nämlich sein Recht auf Beachtung und Antwort.
3. Das Kind macht hier zwar eine Lernerfahrung, es unterscheidet aber noch nicht zwischen „gut“ und „schlecht“. Es hat noch kein ausgeprägtes Gefühl für Moral und moralische Werte. Was für das Kind zählt, ist etwas anderes, nämlich dies: *Ich hatte Erfolg oder nicht, es hat funktioniert oder nicht, das, was ich gemacht habe, hat gewirkt oder nicht,* und folglich: *Ich wende an, womit ich mein Ziel erreichen konnte.* Es ist also die Erfahrung, die zählt. Aus der Erfahrung entsteht eine Strategie, und diese wiederum gehört ab sofort zum Instrumentarium, d.h. zum Handwerkszeug der Lebensbewältigung, und als solches wird sie in Zukunft auch eingesetzt.

Prägende Erfahrungen der Kinder werden im Laufe ihrer Biografie auch auf andere Lebensbereiche übertragen, wo sie in unterschiedlichen Facetten zu Tage treten, und wo auch andere Menschen damit konfrontiert sind und ihrerseits reagieren müssen. Diesen Menschen, Lehrkräften beispielsweise, erschließen sich nicht immer die ausschlaggebenden Hintergründe, und das Kind selbst wird wohl kaum, jedenfalls nicht in diesem Alter, erklären: *Ich habe dieses oder jenes gelernt, weil meine Eltern sich mir gegenüber so oder so verhalten haben.*

Das Kind mit seiner Lernerfahrung in der Schule: Eine realistische Fantasie

Was bedeutet dies für das Mädchen in der Schule? Was bedeutet dies für das Kind an einem Ort, wo viele andere Kinder leben und arbeiten, und wo es gilt, auf sich aufmerksam zu machen und sich durchzusetzen? Es liegt auf der Hand: die Anwendung des Erlernten und damit unter Umständen ein weiteres Mal die Erfahrung abweisender und entmutigender Reaktionen.

Nehmen wir einmal an, das Schuljahr hat begonnen. Vierundzwanzig Erstklässler sitzen zum ersten Mal in ihrem Klassenzimmer. Die Lehrerin, die diese Klasse übernimmt, ist ihrerseits etwas aufgeregt. Sie hat sich lange auf den Einschulungstag vorbereitet und alles sorgfältig geplant. Sie hat den Raum geschmückt und ein kleines Lied vorbereitet, sie hat große Namensschilder geschrieben und mit Blumen- und Tierbildern verziert und vieles mehr. Nun stellt sie das Klassenmaskottchen vor und erklärt mit ihm zusammen, was es im Klassenraum so alles zu entdecken gibt: spielerisch im Dialog, mit kleinen Rätseln und Liedern. Die Lehrerin möchte den Kindern und sich selbst einen fröhlichen und schwungvollen Start in dieses Schuljahr ermöglichen, und sie möchte auf jeden Fall erreichen, dass sich alle Kinder auf den nächsten Schultag freuen und gerne wiederkommen.

Unter den Kindern befindet sich nun dieses Mädchen: in einer neuen Umgebung, an einem Gruppentisch mit fünf anderen Kindern und mit einer Lehrerin, die auf lange Zeit ihre Klassenlehrerin sein wird. Für die Kollegin ist es nicht leicht, die Kinder zur Ruhe zu bringen. Alle sind aufgeregt und gespannt, und alle haben das gleiche Ziel: Sie wollen sich bemerkbar machen. Sie wollen nicht untergehen in der großen Gruppe, sondern beachtet werden, und das scheint wichtiger zu sein als Lieder, Spiele oder Tafelbilder. Auch das Mädchen möchte gesehen werden. Also macht es, was es gelernt hat: Es macht Lärm. Und es erreicht, was es dann immer erreicht: Aufmerksamkeit. Die Strategie wird funktionieren, auch hier.

Aber das Mädchen zahlt auch hier einen hohen Preis. Die Lehrerin ist beunruhigt. *Es gibt doch immer wieder Kinder, die von Anfang an auffallen,* hört man sie im Lehrerzimmer sagen. Ihr Gefühl schwankt zwischen Frustration einerseits, denn einige Kinder haben ihr gehörig in die Suppe gespuckt, und Verständnis andererseits, denn *für die Kinder ist ja auch alles noch neu.* Also versucht sie mit pädagogischen Mitteln das Problem in den Griff zu bekommen. Sie wendet sich einzelnen Kindern verstärkt zu, geht beruhigend auf sie ein und spricht sie häufiger an. Doch so schnell lernen diese Kinder nicht um, und auch die anderen Schülerinnen und Schüler fordern ihr Recht. Schon bald kommen die ersten Beschwerden besorgter Eltern. Die Lehrerin steht unter Beobachtung und gehörigem Druck.

Der Ton wird strenger. Die Lehrerin hat Angst, dass sie die Kontrolle verlieren könnte, und handelt nach dem Prinzip „Wehret den Anfängen!". Nach etwa vier Wochen ruft sie die Mutter des Mädchens an – für die Bitte, diese zu einem Gespräch in die Schule zu bestellen, ist es noch zu früh, findet sie – und berichtet über die Schwierigkeiten, die das Kind ihr macht. Sie habe alles versucht, aber leider ohne Erfolg. Die Mutter solle doch mal mit ihr reden. Sie sei ja eigentlich ein liebes, nettes Mädchen, und schlau sei sie mit Sicherheit auch, da läge gewiss nicht das Problem. Nur das Verhalten ginge so nicht. Sie würde den Unterricht einfach zu oft stören und brächte *zu viel Unruhe da rein.* Die Mutter reagiert verständnislos und empört. Das könne sie sich gar nicht vorstellen. Zu Hause sei ihre Tochter ganz friedlich, sagt sie. Tatsächlich aber erkennt sie das Verhalten ihrer Tochter in den Worten der Lehrerin wieder, und sie nimmt sich vor, zu Hause härter durchzugreifen.

So oder so ähnlich sieht das Schicksal vieler Kinder aus: In dem Bedürfnis, beachtet zu werden, sind sie plötzlich allein. Niemand weiß – und auch die Mutter wird ihren Anteil an der problematischen Situation möglicherweise nicht sehen –, wie alles seinen Anfang nahm. Dann wird ein „Verkehrsheftchen" eingeführt, das die Tochter in ihrem großen, bunten Ranzen zwischen Elternhaus und Schule hin- und herträgt, in dem alles unterschrieben werden muss und selten etwas Gutes steht. Das Kind selbst, hier beispielsweise das Mädchen aus dem Zug, ist dann doppelt bestraft: sowohl durch die Mutter als auch durch die Lehrerin – ganz abgesehen von den Schwierigkeiten, die es vermutlich im sozialen Miteinander der Klasse geben wird (vgl. hierzu auch Kapitel 5: „Fremdbilder und Selbstbilder entmutigter Kinder").

Was anhand dieses Beispiels von mir weitergesponnen wurde, ist reine Fantasie. Diese aber speist sich aus Beobachtungen in der schulischen Realität sowie aus etlichen Elterngesprächen, Supervisionssitzungen mit Lehrkräften und vor allem aus Schilderungen der Kinder und Jugendlichen selbst. Erziehung in Elternhaus und Schule wird aus vielerlei Gründen immer schwieriger. Das soll nicht in Abrede gestellt werden. Sicher ist aber auch, dass wir Erwachsene manchmal zu wenig gelernt oder auch *ver*lernt haben, die Kinder zu verstehen. Weniger das, was häufig unter „Erziehung" verstanden wird, hat die Wirkung, die wir uns erhoffen, sondern vielmehr das, was es heißt, Gesprächspartner zu sein, Interesse am Kind zu haben und ihm dieses auch zu zeigen.

Da fühlt man sich lästig und unwillkommen! Gedanken der Kinder

Als ich den Kindern die Situation im Zug geschildert hatte, standen, nach einem Augenblick der Betroffenheit, sofort einige Fragen im Raum, und zwar ohne dass irgendein Impuls gegeben worden wäre. Ich glaube, das hätte die Kinder in ihren Gedanken auch eher gestört. Jonathan war es schließlich, der mit unüberhörbarer Empörung in Richtung Mutter die Frage stellte: *Und was haben die nun davon? Also ich meine: Was lernen die daraus?* Bei den Antworten, die dann aus dem Gesprächskreis kamen, ist zu bedenken, dass einige Kinder das Wort „lernen" nur mit einer positiven Konnotation verbinden. Sie wissen (noch) nicht, dass der Begriff als solcher wertfrei ist.

Sanaa: *Also ich finde, die lernen nichts daraus. Sie* (das Mädchen) *möchte ja Beachtung bekommen, und sie macht immer weiter und immer weiter. Und wenn die Mutter sie dann einfach so auf den Stuhl donnert, dann haben beide nichts davon. Sie haben nichts davon!*

Irma: *Das Kind fühlt sich dann auch ein bisschen alleingelassen und unbeachtet.*

Nupal: *Also wenn meine Mutter das z. B. so machen würde, das fände ich richtig doof. Niemand wünscht sich so eine Mutter in Wirklichkeit. Niemand möchte das.*

Linus: *Ich finde, da fühlt man sich ja auch allein, und das Kind hätte ja alles mögliche machen können. Das hätte die Mutter ja nicht bemerkt, weil sie nur auf das Handy guckt.*

Leo: *Also ich finde, eine Mutter ist ja eigentlich da, um das Kind zu erziehen. Aber wenn sie die ganze Zeit mit ihrem Handy rumdaddelt, was soll das Kind dann daraus lernen? Das Kind lernt dann: „Okay, dann mache ich auch, was ich will.“ (…) Eigentlich hat im Zug die Mutter ja damit angefangen, dass sie gar nicht auf das Kind achtet, und eigentlich will ja das Kind etwas Gutes tun. Und außerdem tut es ja der Mutter auch gut, wenn sie irgendetwas mit dem Kind macht und nicht nur auf ihr Handy guckt. Und jetzt denkt das Kind, es hat jetzt endlich mal die Aufmerksamkeit nach den ganzen Versuchen, und hat sie aber doch nicht. Wenn man sich Aufmerksamkeit wünscht von seiner Mutter, dann muss man sich auch die richtige Art von Aufmerksamkeit wünschen, und das hier ist eine andere. Da hat das Kind zwar Aufmerksamkeit, aber halt nicht die Aufmerksamkeit, die es sich gewünscht hat.*

Max: *Also ich würde mich auch so richtig doof fühlen, weil das Kind wollte ja die Aufmerksamkeit von der Mutter haben, und die Mutter hat das halt die ganze Zeit ignoriert, und das finde ich fies. Das Kind will ja vielleicht mit der Mutter sprechen. Daraus lernt das Kind auch nichts. Es lernt vielleicht, dass es sich so verhält. Und vielleicht macht das Kind, wenn es älter ist, das auch. Oder es lernt daraus, es vielleicht lieber nicht zu machen.*

Leo: *(…) Die machen das dann total falsch, weil wenn das Kind dann keine Aufmerksamkeit kriegt, wenn es der Mutter was sagen will, und wenn es weiß, die Mutter achtet darauf eh nicht, dann gibt es das Problem, dass es der Mutter dann gar nichts mehr sagt, und dann denkt die Mutter: „Warum sagt mir das Kind denn gar nichts?“ Und dann baut sich auch ein schlechtes Verhältnis zwischen denen auf.*

Sanaa: *Wenn das Kind der Mutter wirklich was Wichtiges sagen wollte und vielleicht auch etwas, was für die Mutter wichtig ist, und wenn die Mutter das dann abwehrt und wieder wütend ist auf das Kind, dann könnte das Kind ja auch einfach abhauen, aus dem Zug steigen oder sowas.*

Linus: *Es fühlt sich nicht wichtig, weil man beachtet einen ja eh nicht. Warum sollte man sich dann wichtig fühlen? Ich würde mich dann nicht wichtig fühlen.*

Leo: *Auch wenn es dann älter wird, dann wird es nie* – Einwurf eines Kindes: *ein gutes Spiel haben –, also dann wird es nicht von großer Wichtigkeit für die Menschheit sein. Wenn man einmal lernt, dass man eh nicht wichtig ist, dann wird man auch nie versuchen, irgendetwas Wichtiges zu machen. (…) Und manche Kinder merken das dann, glaube ich, wenn sie noch kleiner sind, gar nicht. Oder sie denken, dass das ganz normal ist.*

Albert: *Also meine Mutter macht das auch manchmal immer noch: Ich sage meiner Mutter dann was, und dann guckt sie nur aufs Handy und nicht auf mich. Und dann fühle ich mich meistens auch nicht so wichtig.*

Albert wirkt sehr traurig, als er das sagt. Er lässt den Kopf hängen und fängt fast an zu weinen. Es entsteht eine kleine Pause, in der die Kinder ihn betroffen anschauen.

L.in: *Mögt Ihr Kinder Euch denn mal zu der Frage äußern, ob Albert für Euch wichtig ist?*

Kinder: *Ja!*

Irma: *Weil Albert ja auch zur Klasse gehört, und weil ganz viele auch sehr viel Spaß mit Albert haben.*

Joudi: *Albert ist für mich auch sehr wichtig. Er sitzt auch bei mir am Tisch, und man hat Spaß mit ihm. Und wenn er hier nicht wäre, dann wäre es hier so leer.*

Jonathan: *Er ist immer super witzig und richtig nett. Darum ist er wichtig. Ohne Albert kann ich mir fast gar keine Klasse mehr vorstellen.*

Kaja: *Ich finde, dass Albert ein sehr netter Junge ist und dass man echt immer mit ihm Spaß hat, auch wenn er manchmal schlecht gelaunt ist, dann kann man ihn ganz schnell wieder aufmuntern.*

Wiederum nach einer kleinen Pause kommen die Kinder zurück auf das Mädchen im Zug.

Sanaa: *Ich würde, wenn ich das Kind wäre, würde ich mich nicht wichtig fühlen, weil ich dann denke: „Meine Mama findet nur ihr Handy und sich wichtig, nicht mich." Und dann würde ich denken: „Dann gehe ich doch weg von Zuhause – fertig. Dann mache ich jetzt genau das gleiche."*

L.in: *Das ist das, was Leo meint: Du lernst das dann auch. Und wenn du z. B. nicht diesen Gesprächskreis hier hättest, dann wüsstest du nicht, dass es auch anders geht und dass es anders eigentlich richtig ist.*

Linus: *Und dass es hier besser ist.*

L.in: *Denkt nochmal über die Mutter nach …*

Linus: *Ich denke, dass deren Mutter das auch so gemacht hat und deren Mutter auch. Also die haben das auch so gelernt.*

Kaja: *Aber das ist doch ihr Fleisch und Blut!*

Irma: *Das Kind fühlt sich dann auch einfach lästig. Das heißt ja auch: Geh weg! Ich brauch dich nicht! Du nervst!*

Jeremy: *Da fühlt man sich lästig und unwillkommen.*

Zweite Beispielsituation: Im Kurpark

Jedes Jahr Ende August gibt es im Kurpark von Bad Salzuflen die „Nacht der 10 000 Kerzen". Teelichter und Kerzen, einzeln oder in Gruppen, sind über den gesamten Kurpark verteilt. Lampions hängen in den Bäumen, und Laternen und Fackeln sind am Wegesrand angebracht. Alles hüllt den Park in ein warmes, flackerndes Licht. Eine Attraktion für Erwachsene und Kinder.

Während mein Mann und ich einen der Wege entlang gehen, sehen wir vor uns einen Jungen, der vielleicht sechs oder sieben Jahre alt ist und uns wegen der für sein Alter ungewöhnlichen Kleidung auffällt. Er trägt eine schwarze

Bomberjacke mit silbernen, v-förmigen Applikationen auf der Vorderseite. Auf dem Kopf hat er eine rote Baseballkappe: die Sonnenblende im Nacken und den verstellbaren Verschluss auf der Stirn. Mit seiner rechten Hand umklammert er eine große Stoffpuppe. Die langen Beine hängen vor den silberglänzenden Applikationen der Jacke herunter, die Arme sind schon leicht ausgefranst.

Der Junge steht am Rand des Weges und schaut auf eine Gruppe roter Teelichter, die etwa zwei Meter von ihm entfernt ihm Gras stehen. Eine Weile steht er da so – mit seiner schwarzen Bomberjacke, der Stoffpuppe davor, den Blick auf die Kerzen gerichtet.

> *Mama guck mal! Die hier sind vielleicht schön!* Keine Antwort. *Sowieso ist Rot ja meine Lieblingsfarbe, und die hier sind aaalle rot! Mama guck mal!* Keine Antwort. Der Junge wechselt die Ausdrucksweise. *Boah ey, sind die cool! Die sind ja echt cool, ey!*

Wieder keine Antwort. Mein Mann und ich schauen uns um und suchen nach der Mutter. Als der Junge nach einer Weile immer noch allein dort steht und niemand kommt, überlegen wir, ob wir uns um das Kind kümmern sollten. Es könnte ja sein, dass sich die beiden aus den Augen verloren haben und die Mutter ihr Kind sucht.

Als wir noch darüber nachdenken, tritt der Junge – seine Stoffpuppe fest an den Oberkörper gedrückt – über die Kante des Weges auf die Grasfläche und geht zu den roten Kerzen. Er beugt sich über sie und scheint völlig versunken zu sein in den Anblick der kleinen flackernden Lichter. Ruhig, fast andächtig betrachtet er sie. Genau in diesem Moment kommt die Mutter. Mit großen, schweren Schritten nähert sie sich dem Jungen von hinten, packt ihn, der sie offenbar weder gehört noch gesehen hat, am Kragen und zerrt ihn wie einen Müllsack von der Rasenfläche. Wieder auf dem Weg, stellt sie sich großspurig vor ihn hin, die Fäuste in die Hüften gestemmt, und herrscht ihn an. Sie überschüttet das Kind mit Vorwürfen: dass er *nicht hören* könne, dass er *da nicht hingehen* dürfe, dass man *überhaupt nichts mit ihm machen* könne, dass sie *nie wieder etwas Schönes mit ihm unternehmen* wolle usw. Wie es weiterging, haben wir nicht mehr mitbekommen.

Reflexion der zweiten Beispielsituation

Leben in zwei Welten?

Schaut man sich den Jungen an, könnte man glauben, er lebe in zwei Welten: Mit der wuchtigen Bomberjacke und der verkehrt herum aufgesetzten Baseballkappe liegt er im Trend vieler Jugendlicher. Mit der alten Stoffpuppe ist er ein kleines und schutzbedürftiges Kind. Auch seine Sprache, wenngleich wir nur wenige Sätze mitbekommen, scheint aus zwei Welten zu kommen: Aus dem *Guck mal, Mama!* wird, als die Mutter nicht reagiert, ein *Boah ey* und *cool!*. Doch weder mit der einen noch mit der anderen Variante vermag er die Mutter zu erreichen. Diese schreitet erst ein – und zwar im wahrsten Sinne des Wortes –, als der Junge den Weg verlässt und auf die Rasenfläche tritt.

Neugier oder Ungehorsam?

In ihrem Ablauf und vorläufigen Ende ähneln sich die beiden Situationen. Auch die Mutter im Zug reagierte erst, als die Tochter eine Grenze überschritten hatte. Bei dem Jungen jedoch kommt noch etwas anderes hinzu: Zwar wünscht auch er sich die Beachtung seiner Mutter, doch ihn *interessiert* auch etwas, nämlich die kleine Gruppe roter Kerzen. Die Mutter aber bekommt das nicht mit oder will es nicht mitbekommen, und so bleibt er sich selbst überlassen und geht schließlich allein seiner Entdeckung nach. Der Junge quengelt nicht, er nervt nicht, und er beschädigt auch nichts. Er macht sich einfach selbständig und verhält sich eigentlich sogar kooperativ. Zweimal hat er es versucht, jetzt geht er allein und, so könnte man sagen, lässt seine Mutter in Ruhe.

Die Mutter jedoch, die seine Versuche überhört oder ignoriert hat, hält nun für Ungehorsam, was eigentlich Neugier ist, und darauf reagiert sie hart und lieblos, ja geradezu demütigend. Genau genommen wird der Junge bestraft für die Unachtsamkeit seiner Mutter, die sich vielleicht nur erschrocken hat, ihren Sohn plötzlich da zu sehen, wo sie glaubte, dass er nicht sein durfte. Für das Kind aber war kein Verbot zu erkennen: Weder gab es ein entsprechendes Hinweisschild, das er sowieso nicht hätte lesen können, noch ein rotes Band, wie ein Kind im Gesprächskreis (Larion) vermutet. Das Fatale und unter Umständen Folgenschwere ist nun, dass die Mutter mit ihren massiven Vorwürfen den vermeintlichen Ungehorsam meint, also das aus ihrer Sicht unerlaubte Betreten der Rasenfläche, während sich der Junge wohl eher dafür bestraft fühlen wird, dass er sich die Kerzen anschauen wollte, also letztlich für seine Neugier. Die Mutter will ihren Sohn erziehen. Dabei übersieht oder verkennt sie dieses elementare Bedürfnis.

Was wird beachtet?

Unabhängig von der groben Unfreundlichkeit der Mutter, und unabhängig von der Tatsache, dass auch diese Mutter für dieses Kind ein Vorbild ist – selbst in einer solchen Situation –, stellt sich hier, wie in dem ersten Beispiel, die Frage nach der Beachtung des Kindes. Wahrgenommen wird allein die „Grenzüberschreitung", unbeachtet dagegen bleibt das Interesse, dem der Junge nachgeht. Interesse und Neugier aber sind für die Entwicklung eines Kindes von zentraler Bedeutung. Sie sind die treibende Kraft, das Leben zu erkunden und zu verstehen, und damit auch Voraussetzung für die Bereitschaft, Fähigkeiten auszubauen und Kenntnisse zu erwerben, kurz: zu lernen. Bleibt die Neugier nicht nur unbemerkt und ohne Resonanz – um hier von einer Förderung gar nicht zu reden –, sondern wird sie auch noch bestraft, dann kann die Entwicklung eines Kindes beeinträchtigt werden, und nicht selten gerät es damit auch in der Schule in einen Rückstand. So gesehen ist auch dieser Junge, wie das kleine Mädchen, doppelt bestraft: zum einen durch die Lieblosigkeit der Mutter, und zum anderen dadurch, dass er in seinem Bedürfnis, etwas zu entdecken, sich mit etwas zu befassen oder einfach nur etwas auf sich wirken zu lassen, auf unvorhersehbare und auch nicht nachvollziehbare Weise gestoppt wird.

Also ich würde sagen, dass sein Leben dann auch nicht so rosig wird – Gedanken der Kinder

Kevin: *Ein sechsjähriger Junge weiß ja nicht, ob er da reindarf, und dann kann die Mutter doch sagen: „Kind, geh da nicht rein!", als ihn zu ziehen und ihn anzuschimpfen.*

Yamen: *Also ich find's schon traurig. Der Junge ist ja auch noch klein, (…).*

Larion: *Ich finde auch, die Mutter hatte Unrecht, weil wenn sie zu ihm gesagt hätte, dass er dort nicht drübergehen darf, dann würde er das ja auch nicht machen. Er kann ja auch nichts dafür. Er ist ja noch klein und kennt die Welt noch nicht so richtig und weiß noch nicht, was man nicht machen darf. Und er kennt auch ein rotes Band und sowas noch nicht. Dann muss man ihn, wenn er das schon gemacht hat, nicht so packen. Dann kann man sagen: „Ey, nicht machen!" Und ihn dann wieder an die Hand nehmen und dann mit ihm weitergehen.*

Phil: *Ich finde das auch sehr traurig, weil, wie gesagt, der Junge ist sechs oder sieben, und er kann halt noch nicht denken wie erwachsene Leute oder wie wir.*

Jonathan: *Ich finde, die Mutter könnte ja auch ihr Kind, wenn da sowas ist, an die Hand nehmen, damit sie sich nicht verlieren und auch ein bisschen besser auf ihn aufpassen und nicht einfach mal so gucken, ob der noch da ist oder so, und einfach weitergehen und gar nicht richtig aufpassen, was passiert, und dann erst viel später auf ihn aufpassen und dann direkt mit ihm böse werden. Ich finde, das geht so nicht.*

L.in: *Wenn ihr jetzt mal über die Zukunft dieses Kindes nachdenkt: Stellt euch vor, der Junge wird älter – 13, 14, 15 –, und er wird erwachsen. Könnt ihr euch vorstellen, was aus diesem Jungen als junger Mann wird?*

Sophie: *Man weiß ja nicht, wie die Mutter das Kind dann sonst so behandelt. Aber wenn sie die ganze Zeit so zu ihm ist, dann kann aus dem Kind nicht wirklich ein richtiger erwachsener Mann werden, weil sie ihn nicht lernen lässt und ihn halt schlecht behandelt. Und dadurch wird er aggressiv vielleicht, und dann wird er nicht lieb.*

Jonathan: *Vielleicht, wenn die Mutter immer so grob zu ihm ist, dann könnte er auch später kein guter Schüler auf der weiterführenden Schule werden, weil er vorher in seinem Leben nichts Schönes erlebt hat, und weil man ihn nicht richtig erzogen hat. Und deswegen könnte er sich auch viel prügeln und so, weil er das Gefühl hat, dass er schlecht behandelt wurde und das rauslassen möchte.*

Burak: *Also ich würde sagen, dass sein Leben dann auch nicht so rosig wird. Es hängt ja alles von der Kindheit ab. Und wenn man da schon schlecht behandelt wird, dann wird das Leben auch nicht so großartig, wie es eigentlich bei uns sein könnte. Weil er sich dann sehr oft prügelt und aggressiv wird.*

Larion: *Also meine Meinung ist ein bisschen anders, weil ich glaube, wenn er so behandelt wird, dann lernt er daraus und wird dann auch, glaube ich, kein großer Mensch (…). Also er wird dann vielleicht so irgendwo arbeiten und dann weiter nichts machen und nicht den Mut haben, irgendwas Wichtiges und Besonderes zu machen.*

Yamen: *Ich glaube, aus ihm wird nichts, wenn er so schlimm behandelt wurde. Dann wird er nur andere Leute hauen und ist voll fies zu allen anderen. Dann wird aus ihm nichts.*

Kevin: *Er will ja auch was in seinem Leben machen, also nicht angeschrien werden. Und dann könnte er auch vom Jugendamt mitgenommen werden, und dann könnte die Mutter das Kind nicht mehr lange sehen.*

Und ein letztes Beispiel

Am Anfang dieses Kapitels habe ich von der „Fülle vergleichbarer Situationen in unserem Alltag" gesprochen und auch von „der ihnen innewohnenden Tragik". Ich möchte an dieser Stelle eine weitere Situation hinzufügen, obgleich das eigentlich nicht vorgesehen war und das Kapitel an dieser Stelle beendet sein sollte. Doch gerade vor zwei Tagen habe ich erlebt, was ich im Folgenden noch schildern möchte. Da über mögliche Wirkungen auf das Wohlbefinden und die Entwicklung der Kinder schon einiges gesagt wurde, auch von den Schülerinnen und Schülern aus dem Gesprächskreis, möchte ich lediglich ein paar Fragen aufwerfen. Das Beispiel selbst soll nicht weiter reflektiert werden.

Auf dem Markt

Der Obst- und Gemüsestand ist gut besucht. Neben mir steht eine Mutter mit ihrem etwa siebenjährigen Sohn. *Oh, die Äpfel sind lecker, Mama! – Kannst du haben*, antwortet die Mutter. *Wie viele willst du?* Während sich die Mutter mit prüfendem Blick über das Gemüse beugt, beginnt der Junge laut zu zählen. *Also einen für mich, einen für dich, einen für Papa, einen für Kerstin und einen für Opa.* Dabei tippt er mit dem Zeigefinger seiner rechten Hand auf jeden Finger seiner linken Hand und verkündet schließlich das Ergebnis: *Fünf brauche ich, fünf Äpfel, Mama!* Die Mutter wendet sich dem Jungen entrüstet zu und herrscht ihn an: *Sag mal, bist du verrückt geworden? Du hast sie wohl nicht mehr alle!* Dann kauft sie *einen* Apfel, gibt ihn dem Kind und sagt: *Hier, den kannst du haben! Und nicht mehr!*

Der Junge ist offenbar im 1. Schuljahr. Er braucht seine Finger, um bis fünf zu zählen. Wie wird er in der Schule reagieren, wenn es darum geht, auch andere Kinder zu berücksichtigen? Was wird er tun, wenn er etwas abgeben soll? Und wie wird sich bei ihm weiterentwickeln, was Alfred Adler „Gemeinschaftsgefühl" nennt, und was der Junge hier schon so deutlich gezeigt hat? Was also lernt dieses Kind in dieser Situation?

Gelernt ist gelernt … und doppelt bestraft

Dass es in allen drei Beispielen um das Verhalten einer Mutter geht und nicht um das eines Vaters oder beider Eltern, ist Zufall. Dass das Verhalten in allen Situationen derart unfreundlich ist, scheint mir dagegen, wenn ich mich im Straßenbild umsehe, schon fast ein Stück Normalität zu sein. Stress und Hektik sind zu festen Bestandteilen unseres Lebens geworden. Nicht nur die Kinder leiden darunter, auch für Eltern wird die Bewältigung des täglichen Lebens immer schwieriger und anstrengender. Und manchmal scheint dann das Kind, wie es Jeremy im Gesprächskreis ausdrückt, nur noch *lästig* und *unwillkommen* zu sein. Die Zeit ist knapp, der Ton wird hart, die Beziehung zum Kind wirkt oberflächlich und flüchtig. Insofern ist dieses Kapitel das sprichwörtliche „traurige Kapitel". Wenn ich meine eigenen Worte lese, bin ich selbst erschrocken und zweifle fast an deren Richtigkeit, denn natürlich sehe ich auch Mütter, Väter und Eltern, die sich liebevoll um ihre Kinder kümmern. Andererseits erlebe ich einfach zu oft, dass Kinder bestraft werden für das Unverständnis und Unvermögen ihrer Eltern. Sie lernen von ihnen den harten, respektlosen Ton, sie lernen das Anschreien und damit den Mangel an Verständnis und Einfühlung. Meine Befürchtung ist, dass die Eltern diese Haltung an ihre Kinder weitergeben, dass auch diese daraus lernen und später, wenn sie selbst Eltern sind, das Gelernte auf die Erziehung ihrer eigenen Kinder übertragen.

> *Ich denke, dass deren Mutter das auch so gemacht hat und deren Mutter auch. Also die haben das auch so gelernt* (Linus).

„…, sondern die Schlussfolgerungen, die wir aus diesen Erlebnissen ziehen." – Die Bedeutung der „schöpferischen Kraft"

Wenn wir Szenen wie die oben beschriebenen erleben und uns klar machen, dass es sich dabei keineswegs um Ausnahmesituationen handelt, besteht die Gefahr, dass wir uns selbst entmutigen lassen. So etwas mitzuerleben, ja fast involviert zu sein in solch ein Geschehen, ohne etwas tun zu können, kann auch die eigene Lebensfreude und den eigenen „Glauben an das Gute im Menschen" beeinträchtigen. Auch die Schülerinnen und Schüler aus der 4. Klasse sehen das ihnen Geschilderte eher skeptisch und prophezeien beiden Kindern keine glückliche Zukunft.

Gerade angesichts dieser verständlichen, naheliegenden und dem einen oder anderen vielleicht auch unstrittig erscheinenden Einschätzung ist es eines der großen Verdienste Alfred Adlers, jeglichem Determinismus entgegengetreten zu sein und in diesem Zusammenhang zweierlei deutlich gemacht zu haben: Zum einen sind Kinder, die es in ihrer familiären Umgebung besonders schwer haben und eigentlich Grund genug hätten, ihren Lebensmut zu verlieren oder nicht auszuschöpfen, auf unsere Hilfe angewiesen, z. B. in der Schule. „Hilfe“ bedeutet hier, an ihre Fähigkeiten zu glauben und die Kinder in die Gemeinschaft der Klasse zu integrieren, ihnen Verantwortung zu übertragen und Erfolge sichtbar zu machen. Einer der Gründe, Beispielsituationen wie die obigen für dieses Kapitel auszuwählen, ist, nachvollziehbar zu machen, dass es *solche* Erfahrungen sein können, die dem destruktiven Verhalten von Kindern zugrundeliegen. Es ist unsere Aufgabe, diesen Kindern wenigstens im schulischen Lebensraum positive Beziehungserfahrungen zu ermöglichen und sie mit den vielfältigen Mitteln, die uns die Pädagogik – und vor allem die individualpsychologische Pädagogik – zur Verfügung stellt, zu ermutigen. Die Kinder brauchen also zweifellos unsere Unterstützung.

Zum anderen weist Adler auf die „schöpferische Kraft“ des Menschen. Damit meint er dessen Fähigkeit und, stärker noch, dessen Willen, sich den Lauf seines Lebens nicht durch negative, entmutigende Erfahrungen diktieren zu lassen, sondern diese mit individueller schöpferischer Kraft zu überwinden. Nun gibt es sicher Grenzen dieses Optimismus. Es gibt Erlebnisse, die nicht oder nur mit professioneller Hilfe, z. B. einer Beratung oder Psychotherapie, bewältigt werden können. Andererseits jedoch wird die Möglichkeit, auch schwerwiegende Erlebnisse aus eigener Kraft zu überwinden, vielleicht nicht immer genügend gesehen und genutzt, und manchmal neigen Menschen auch dazu, sich in Gegebenheiten, die vielleicht verändert werden könnten, eher passiv hineinfallen zu lassen. Dann wird die entwickelte Mutlosigkeit zu einer für das eigene Leben akzeptierten Grundhaltung.

Alfred Adler appelliert an den entscheidungswilligen und handlungsfähigen Menschen, der häufiger als angenommen die Chance hat, mit den Ereignissen seines Lebens anders umzugehen als diese es ihm nahezulegen scheinen. Die Individualpsychologie ist eine auf Zuversicht und die Möglichkeit der Veränderung ausgerichtete Psychologie – Veränderung durch selbstverantwortete Entscheidungen und Aktionen. „Mitmenschlichkeit“, so Adler, „entwickelt sich nicht von selbst. Wir haben mit schöpferischer Kraft danach zu trachten“ (Adler, 2009, S. 151). Und in Richtung auf das Kind, ebenfalls gesehen als Verantwortlicher und aktiver Gestalter seines eigenen Lebens, heißt es weiter: „Wir können das nur so verstehen, dass die schöpferische Kraft das Kind zwingt, über die Schwierigkeiten hinauszuwachsen“ (Adler, 2009, S. 157).

Wenn wir im täglichen Leben beobachten, wie Erwachsene manchmal mit Kindern umgehen, können wir uns des Eindrucks nicht erwehren, diese Kinder seien chancenlos. Viele von ihnen sind es vielleicht wirklich. Häusliche Gewalt und Kindesmissbrauch beispielsweise lassen kaum andere Perspektiven zu. Und doch wäre es vermessen zu glauben, sie alle seien ihrem Schicksal erlegen. Das Schicksal dieser Kinder, so schwer es auch sein mag, ist keineswegs immer und unbedingt besiegelt – sind es doch nicht die Erlebnisse, die ihre Handlungsweisen diktieren, „sondern die Schlussfolgerungen, die sie (wir) aus diesen Erlebnissen ziehen."

10. Ermutigung der Lehrkraft und Ermutigung des Kindes

Schulinterne Lehrerfortbildung und Kollegiale Unterrichtsreflexion

In diesem Kapitel werden zwei verschiedene Arten der Fortbildung für Lehrkräfte vorgestellt: Im ersten Teil geht es um eine ganztägige Fortbildung in einer Grundschule, im zweiten Teil um eine halbtägige Fortbildung, die so genannte Kollegiale Unterrichtsreflexion (K.U.R.). Ich beschreibe hier die wichtigsten Prinzipien und Arbeitsweisen eines von mir seit vielen Jahren angewandten Konzepts, das sich mit seinem Grundgedanken der Ermutigung an der individualpsychologischen Pädagogik Alfred Adlers orientiert. Die Veranstaltungen folgen zwar unterschiedlichen Abläufen und Methoden, haben aber den gleichen inhaltlichen Schwerpunkt, nämlich den Umgang mit Kindern, die im Unterricht destruktives Verhalten zeigen. Da sowohl die große Fortbildung als auch eine K.U.R. die Kolleginnen und Kollegen zu einer kontinuierlichen Selbstermutigung befähigen soll, ist der dritte vergleichsweise kurze Teil des Kapitels diesem Anliegen, also der Notwendigkeit der Selbstermutigung als Grundlage der pädagogischen Arbeit, gewidmet.

Im Zentrum des Kapitels steht der enge Zusammenhang zwischen der Ermutigung der Lehrkraft und der des Kindes. Das Wort „Ermutigung“ wird im Text also immer wieder genannt, und damit stellt sich die Frage nach einer

Definition. Es ist nicht verwunderlich, dass selbst Alfred Adler diesen Begriff an keiner Stelle seines umfangreichen Werkes klar definiert hat, und auch prominente Schüler wie Rudolf Dreikurs (vgl. hierzu auch das Vorwort) und Don Dinkmeyer, Bronia Grunwald, Floy C. Pepper und Vicki Soltz haben den Versuch einer Definition meines Wissens nirgends erkennbar und ausdrücklich unternommen. Ermutigung ist eine umfassende und komplexe erzieherische und pädagogische Grundhaltung. Darum entzieht sie sich auch einer klaren und griffigen Definition. Am ehesten kann ich mich Rudolf Dreikurs u. a. anschließen, die in dem von Hans Josef Tymister herausgegebenen Buch „Lehrer und Schüler lösen Disziplinprobleme" schreiben:

> „Ermutigung ist ein komplexer Vorgang; seine Entwicklung hängt von vielen Umständen ab, die ständig wechseln. Deshalb ist eine präzise Definition unmöglich. Die treffendste Erläuterung ist, daß Ermutigung eine Handlung und eine Haltung ist, die dem Kind vermittelt, dass der Erwachsene es achtet, ihm vertraut, an es glaubt und überzeugt ist, daß sein gegenwärtiger Mangel an Fertigkeiten in keiner Weise seinen Wert als Person beeinträchtigt" (Tymister, 2003, S. 90).

Ich möchte aus meiner Sicht zwei Ergänzungen vornehmen, die gerade in diesem Kapitel eine besondere Rolle spielen: Menschen zu ermutigen, bedeutet, ihnen ihre Stärken – ihre Fähigkeiten, Kompetenzen, Kenntnisse – bewusst zu machen und ihnen dazu zu verhelfen, diese Stärken für sich selbst und für die Gemeinschaft, in der sie arbeiten und leben, einzusetzen. Dafür ist es wichtig, Stärken nicht pauschal und bewertend zu loben, sondern ihren Wert durch differenzierte Rückmeldungen zu verdeutlichen und in bestimmten, für den betroffenen Menschen relevanten Zusammenhängen erlebbar zu machen.

Eine Schulinterne Lehrerfortbildung zum Thema „Umgang mit Kindern mit destruktivem Verhalten"

Lehrkräfte und Kinder: Entmutigung auf beiden Seiten

Dass es einen Zusammenhang gibt zwischen der Entmutigung des Kindes und der Entmutigung der Lehrkraft, wusste ich. Nicht umsonst ist in der individualpsychologisch orientierten Pädagogik die These, dass nur ermutigen kann, wer selbst ermutigt ist, hinreichend bekannt (vgl. z. B. Tymister, 2003). Wie eng aber diese Verbindung ist, und dass man hier fast von einer Symbiose sprechen kann, das wurde mir erst vor einigen Jahren bewusst, als es im Kollegium einer Grundschule um den Umgang mit Kindern mit destruktivem Verhalten ging. Gut zwanzig Lehrkräfte saßen hier zusammen. Wir sprachen darüber, dass viele dieser Kinder kaum in der Lage sind, ihre Fähigkeiten zu benennen, dass sie aber über das, was sie glauben *nicht* zu können, sehr wohl und detailliert Bescheid zu wissen scheinen. Um dieses Phänomen zu veranschaulichen, zeigte ich den Kolleginnen und Kollegen das negative Selbstbild eines Kindes aus der Beratung: eine auf Flipchart-Papier notierte lange Liste von Mängeln und Unfähigkeiten, der eine kleine Anzahl eher unbedeutender Fähigkeiten entgegenstand, also ein eklatantes Missverhältnis zwischen Stärken und Schwächen, Kompetenzen und Defiziten – von dem Kind so empfunden und mir entsprechend diktiert (vgl. hierzu auch Kapitel 5: „Fremdbilder und Selbstbilder entmutigter Kinder"). Nachdem die Lehrkräfte dies gelesen hatten, sagte eine Kollegin mit verlegenem Lachen halblaut vor sich hin: *Sowas könnte man auch von mir machen. Sähe nicht viel anders aus.* Einige Kolleginnen nickten, und plötzlich waren Frustration und Mutlosigkeit deutlich zu spüren.

Lehrkräfte sind zunehmend mit destruktivem Verhalten von Kindern und Jugendlichen konfrontiert. Sie geraten spürbar unter Druck und dabei mehr und mehr an ihre Grenzen. Das Interesse an Fortbildungen, die sich dem Umgang mit Kindern mit schwierigem Verhalten widmen, ist groß, und in Gesprächen mit Schulleitungen, die eine solche Veranstaltung für ihre Schule vereinbaren möchten, heißt es dann oft:

> *Wir haben so viele verhaltensauffällige Kinder an unserer Schule. Die Aggressionen nehmen zu, und manchmal wissen wir nicht mehr weiter. Wir brauchen einfach mal Hilfe von außen.*

Ziel und Konzept der Fortbildungsveranstaltung

In jeder Veranstaltung zu dieser Thematik sitzen genau genommen *zwei* Gruppen und, wie es aussieht, manchmal auch zwei *entmutigte* Gruppen: zum einen die Lehrkräfte und zum anderen, indirekt und virtuell, aber außerordentlich präsent, die Kinder. Beide Gruppen gilt es zu ermutigen. Um aber Letztere erreichen zu können, müssen sich Erstere als professionell und fähig erleben, und zwar in höherem Maße, als es zum Zeitpunkt der Fortbildung der Fall zu sein scheint. So ist das Ziel der Veranstaltung zum einen die Ermutigung der Kolleginnen und Kollegen, zum anderen aber auch – und über diesen Weg – die Ermutigung der Schülerinnen und Schüler. Das bedeutet im Einzelnen:

- Die Fortbildung soll die Lehrkräfte ermutigen und auf diese Weise deren professionelles Selbstbewusstsein stärken.
- Daraus soll die Bereitschaft erwachsen, verhaltensauffällige Kinder mit ihrem Bedürfnis nach sozialer Anerkennung besser zu verstehen und ermutigend mit ihnen umzugehen.
- Auf diese Weise soll für die Lehrkräfte erfahrbar werden, dass die Ermutigung des Kindes nicht nur das zentrale Anliegen der Pädagogik ist, sondern gleichzeitig eine der wichtigsten Voraussetzungen für die eigene Zufriedenheit im Lehrerberuf.

Im Folgenden geht es nicht um den Fortbildungshergang. Wichtiger als Ablauf und Struktur erscheinen mir die zentralen Elemente des mit der Fortbildung verbundenen Konzepts. Diese sind:

1. Der Ansatz am Gelungenen und die Suche nach der pädagogischen Qualität im Handeln der Lehrkraft
2. Der Perspektivwechsel: die Beschreibung des Kindes und der Weg von der Abwehr zur Einfühlung
3. Die Arbeit an einem ermutigenden Konzept für das Kind und die anspruchsvollen Konsequenzen für die Lehrkraft

Das Konzept dieser Fortbildung folgt dem Prinzip „Praxis – Reflexion – Theorie". Das bedeutet: Ausgangspunkt der gemeinsamen Arbeit ist immer die konkrete Praxis der einzelnen Kolleginnen und Kollegen, also keine Theorie, die es zu lernen und anzuwenden gelte. Die theoretische Einbindung ist wichtig. Sie erfolgt aber erst am Ende der Veranstaltung.

1. Der Ansatz am Gelungenen ...

Das allen Kollegen bekannte und in epischer Breite darstellbare negative Verhalten einzelner Kinder steht nicht im Vordergrund. Es wird zu Beginn der Veranstaltung in Ausschnitten illustriert und hat dort die Funktion, sich einer gemeinsamen Erfahrungsgrundlage zu vergewissern. Statt also problematisches Sozialverhalten lange zu beschreiben, werden die Kolleginnen und Kollegen gebeten, sich eine Situation mit einem Kind mit destruktivem Verhalten in Erinnerung zu rufen, die sie selbst als *positiv* – also als gelungen, deeskalierend, entlastend, konfliktlösend usw. – erlebt haben. Diese nach dem Gefühl vieler Lehrkräfte nur selten vorkommenden „positiven Situationen", wie wir sie kurz nennen, sollen anschließend in zweierlei Hinsicht reflektiert werden: zunächst in Bezug auf wichtige Handlungsweisen der Lehrkraft und sodann, auf der Metaebene, in Bezug auf die in diesen Handlungsweisen enthaltene und benennbare pädagogische Qualität.

Auf diesen ersten Arbeitsauftrag – *Versuchen Sie bitte, sich an eine gelungene Situation im Umgang mit einem Kind mit destruktivem Verhalten zu erinnern und notieren Sie diese ...* – reagieren die Kollegen meist verhalten und skeptisch, und nicht selten dauert es bei der einen oder anderen Lehrkraft eine Weile, bis sie sich an etwas Positives im Zusammenhang mit einem verhaltensauffälligen Kind erinnert. Eine Mischung aus Anreiz und Abwehr kennzeichnet die Atmosphäre. Ich habe noch nie erlebt, dass einer Lehrkraft keine „positive Situation" eingefallen wäre, und sei diese in ihren Augen auch noch so *klein* und *eigentlich nicht so wichtig*. Es scheint jedoch befremdlich oder zumindest ungewohnt, darüber nachzudenken, was als gelungen erlebt wurde, und vor allem: warum.

Die Arbeitsergebnisse der Kolleginnen und Kollegen werden zunächst in

Partnerarbeit besprochen, dann stichwortartig auf Karten oder Bögen notiert und schließlich an die Pinnwand geheftet. Bei rund zwanzig Lehrkräften kommt einiges an Handlungsqualität zusammen. Die Fülle und Vielfalt gelungener Reaktionen scheint ungewohnt und muss erstmal „verdaut" werden. Sie ist für sich genommen schon ermutigend und weckt augenblicklich das Interesse aller Teilnehmer. Vor den Pinnwänden bilden sich kleine Gruppen, und die Lehrkräfte haben Zeit zum Lesen und Diskutieren. Der sich anschließende Dialog im Plenum über ausgewählte Beispielsituationen – im Rahmen einer Veranstaltung können erfahrungsgemäß zwei bis drei Situationen ausführlich besprochen werden – sowie das gemeinsame Herausarbeiten und Benennen der darin angewandten pädagogischen Fähigkeiten führen zu einem intensiven Austausch über eigene Erfahrungen und damit zu einem verstärkten Bewusstsein für eigene Kompetenzen.

... und die Suche nach der pädagogischen Qualität im Handeln der Lehrkraft

Im folgenden Beispiel geht es um *Benjamin,* einen Jungen aus dem 2. Schuljahr. Die Kollegin schreibt und berichtet über eine Situation, die sie auf dem Schulhof erlebt hat:

Sie hatte Pausenaufsicht und beobachtete, wie Benjamin einen Zweig aus einem Gebüsch riss. Benjamin ist ein für sein Alter etwas kleiner, drahtiger Junge, sehr schnell, oft unberechenbar und *immer auf Abwehr gepolt.* Vor allem neigt er dazu, andere Kinder zu beleidigen, sie zurückzustoßen und manchmal auch *wie aus dem Nichts zu hauen.* Dieser Junge also hielt nun den Zweig in der Hand und war erkennbar im Begriff, andere Kinder damit zu jagen und, so die Kollegin, vielleicht auch zu hauen, als sie sah, dass am unteren Ende des Zweigs noch ein paar Wurzeln hingen. Sie rief dem Jungen zu: *Pass auf, Benjamin! Da sind noch Wurzeln dran! Warte mal!* Während der Junge innehielt, stutzte und sich den Zweig ansah, ist die Kollegin auf ihn zugegangen. Dann haben sich die beiden den Zweig genauer angeschaut, und die Lehrerin hat dem Jungen erklärt, um welche Pflanze es sich handelt und dass es schwierig sein werde, sie wieder einzupflanzen, weil dafür zu viel kaputtgegangen sei, dass sie aber versorgt werden müsse und man versuchen könne, sie in ein Gefäß mit Wasser zu stellen.

> *Eigentlich ging es mir erst nur um die Pflanze. Die war nämlich kurz vor dem Erblühen. Und dann, als ich das dem Jungen so erklärte, habe ich überhaupt erst auf ihn reagiert. Und dann bin ich auf die Idee gekommen, dass er das ja machen könnte, und habe ihm das vorgeschlagen. Er war sofort Feuer und Flamme. Plötzlich, als wir da so standen, kamen andere Kinder aus der Klasse angelaufen, die neugierig geworden waren und wissen wollten, was los war. Plötzlich waren wir umringt von Klassenkameraden. Was mir dann auffiel, war, dass für Benjamin aus dem Zweig, mit dem er,*

> *glaube ich jedenfalls, andere Kinder hatte jagen wollen, etwas wurde, was unbedingt geschützt werden musste. Jedenfalls durfte niemand an den Zweig rankommen, und er ist sehr behutsam damit umgegangen. Er hat ihn mit der einen Hand gehalten und mit der anderen die Wurzeln geschützt.* Die Kollegin macht das vor. *Es war dann seine Aufgabe, für diesen Zweig zu sorgen. Er hat Watte unten in das Glas gelegt, damit die Wurzeln nicht gleich so abknicken, immer mal für frisches Wasser gesorgt, den Zweig am Wochenende mit nach Hause genommen und vor allem immer genau beobachtet, wo sich eine Blüte öffnete. Wir haben dann in der Klasse fast jeden Tag kurz darüber gesprochen. Aber er hatte die Verantwortung, die ganze Zeit. Irgendwann war es dann vorbei. Dann war auch alles ausgeblüht, aber bis dahin hat er sich darum gekümmert. Na ja, vielleicht hätte man den Zweig dann doch wieder einpflanzen können. Haben wir aber nicht gemacht.*

Aus dem Plenum kommen sofort zwei Fragen: Ob es danach besser geworden sei mit dem Jungen und seinem Verhalten und, die zweite Frage, ob die Kollegin denn an keiner Stelle mit dem Kind geschimpft hätte, denn das, was er gemacht habe, einen Zweig so aus dem Gebüsch zu reißen, das könne man doch nicht einfach so auf sich beruhen lassen. Da hätte doch etwas kommen müssen, etwas, das dem Kind klar macht, dass das nicht geht. Auch die Signalwirkung für die anderen Kinder sei schlecht, denn diese bekämen den Eindruck, dass dergleichen erlaubt sei und man damit sogar noch interessante Sonderaufgaben kriegen könnte. – Doch, antwortet die Kollegin, das habe sie durchaus.

> *Aber erst später, im Klassenraum, als wir ein Gefäß gesucht und mit Wasser gefüllt haben, da habe ich ihm das nochmal deutlich gesagt. Aber eigentlich wusste er das auch, und ich glaube, es ist dann dadurch auch ein bisschen untergegangen.* Und sein Verhalten? *Na ja, er ist einfach schwierig, und man muss ihn im Auge behalten. Aber diese Übergriffe, diese plötzlichen Aggressionen, die sind zurückgegangen. Aber ob das nun direkt mit dieser Situation zusammenhängt, das kann ich nicht sagen. Darüber habe ich auch noch nicht so nachgedacht.*

Es entwickelt sich an dieser Stelle ein intensives Gespräch, in dem die Kollegin mit ihrer „positiven Situation“ fast in die Defensive gerät. Etwas so Destruktives zu machen, etwas zu zerstören sogar, und daraufhin noch eine Sonderaufgabe zu bekommen: Das geht *gar* nicht! Das sei ja geradezu eine „Belohnung“ für den Jungen!

> *Ich glaube, ich hätte ihn auf jeden Fall zurechtgewiesen, und zwar ziemlich scharf,* sagt ein Kollege. *Ich finde die Reaktion zu weich, ehrlich gesagt.* – Das ist die eine Seite. *Das Kind ist doch nicht umsonst so! Strafen kennt der doch wahrscheinlich rauf und runter. Vielleicht ist er ja gerade deswegen so! Wenn man mit ihm schimpft, na ja, das kennt er, das beeindruckt ihn nicht mehr so. Außerdem ist auch das Schimpfen*

eine Form von Aggression. Und hier reagiert jemand mal ganz anders und macht was draus. Das ist mal eine ganz andere Richtung! – Das ist die andere Seite.

Unabhängig von der Frage, welche Reaktion letztlich die sinnvollere und für den Jungen ermutigende ist – denn darum soll es ja letztlich gehen –, werden nun die wichtigsten Handlungsweisen der Kollegin herausgearbeitet.

- *Die Kollegin ist ruhig geblieben und hat auch ruhig mit Benjamin gesprochen.*
- *Sie hat bewirkt, dass er „zur Besinnung" kam.*
- *Sie hat ihm Informationen über die Pflanze gegeben.*
- *Sie hat ihm keine Vorwürfe gemacht.*
- *Sie hat ihn von seinem ursprünglichen Plan abgebracht.*
- *Sie hat sein Vorhaben und damit auch seine Aggression gestoppt.*
- *Sie hat sein Interesse auf die Pflanze gelenkt.*
- *Sie hat sein Interesse für etwas Gutes und Sinnvolles geweckt.*
- *Sie hat ihm eine Aufgabe übertragen.*
- *Sie hat seine destruktiven Absichten vereitelt und ihm etwas Positives angeboten.*
- *Sie hat etwas für ihn Unerwartetes getan.*

Als pädagogisch wertvoll, da für den Jungen ermutigend, werden folgende Handlungsweisen betrachtet:

- *Die Kollegin hat auf Machtausübung verzichtet.*
- *Sie hat Benjamin nicht klein aussehen lassen.*
- *Sie hat seine Neugier geweckt.*
- *Sie hat ihn mit einem konstruktiven Angebot aus seinem destruktiven Muster herausgeholt.*
- *Sie hat ihm Verantwortung übertragen und ihm Bedeutung gegeben.*
- *Sie hat ihm einen anderen Weg aufgezeigt und ihm eine neue Chance eröffnet.*
- *Sie hat eine – bisher unbekannte? – fürsorgliche Saite zum Klingen gebracht.*
- *Sie hat ihm Respekt vor pflanzlichem Leben vermittelt.*
- *Sie hat sein Interesse für etwas Schützenswertes und Lebenserhaltendes geweckt.*
- *Sie hat ihm bei der „Schadensbegrenzung" geholfen und ihre Kooperation angeboten.*
- *Sie hat für eine andere, mehr positive Art der Beachtung in der Klasse gesorgt.*

An dieser Stelle folgt, was meistens folgt: Die Kollegin schaut sich das alles an und ist fast erschrocken über so viel Handlungskompetenz. *Oh, das war mir alles gar nicht so bewusst!*

Eine Aufwertung der Lehrerpersönlichkeit

Alles, was die Kolleginnen und Kollegen an Ergebnissen zusammentragen, ob in Partnerarbeit, Gruppenarbeit oder im Plenum, betrifft gelungenes professionelles Handeln. In fast jedem Beispiel wird der Zusammenhang zwischen der Ermutigung der Lehrkraft und der Ermutigung des Kindes erkennbar. Die pädagogische Aufgabe, das Kind zu ermutigen, trifft auf das eigene Bedürfnis, ermutigt zu werden, und nun auf die eigenen, bewusst gemachten Kompetenzen. Weitere Faktoren kommen hinzu:

- Der Ansatz liegt bei den eigenen Stärken. In einer Situation, in der viele Lehrkräfte frustriert oder gar verzweifelt sind und ihre Probleme deutlicher vor Augen haben als ihre Fähigkeiten – ähnlich wie die Kinder, über die wir hier reden –, gelangen die Fähigkeiten vermehrt ins Blickfeld und gewinnen wieder an Bedeutung. Eine Kollegin formulierte es am Ende so: *Ich hatte das beruhigende Gefühl, dass ich es mir leisten kann, an dem, was mir in letzter Zeit nicht so gut gelungen war, oder wo ich mich noch unsicher fühle, dass ich daran noch arbeiten kann. Ich meine: Da ist ja offensichtlich schon was da!*
- Die Lehrkräfte erleben hier etwas, was sie nicht häufig bekommen, was ihnen aber eigentlich zusteht: Beachtung und Anerkennung. Das heißt nicht, dass alle immer alles „gut“ finden müssen; die Anerkennung liegt auch hier keineswegs im ständigen Loben. Sie liegt in dem zum Ausdruck gebrachten Interesse jedes Einzelnen und zeigt sich in der ernsthaften Auseinandersetzung mit individuellen Sicht- und Arbeitsweisen. Die Diskussion ist das Ermutigende, d. h. das Nachfragen und Konkretisieren, das Begründen und Erklären, das Überprüfen und Präzisieren – kurz: das Würdigen der Herausforderungen und Fähigkeiten, die jedes einzelne Beispiel enthält.
- Die Reflexion der Arbeitsergebnisse durch die Kolleginnen und Kollegen hebt nicht nur die Authentizität der einzelnen Lehrkraft hervor. Sie schafft auch den Abstand, der nötig ist, um das eigene pädagogische Handeln kritisch zu betrachten. Jedes Ergebnis wirkt wie ein Spiegel: Es reflektiert Kompetenzen. Diese waren zum Teil unterschätzt und zum Teil verschüttet, zum Teil nicht mehr wahrgenommen oder einfach nur unbekannt.
- Es mag die Erwähnung nicht wert erscheinen und ist es doch: der freundliche Umgangston. Gerade Lehrkräfte, die gewöhnt sind oder zumindest die Erfahrung kennen, dass ihnen im Unterricht nicht alles gelingt oder dass das, was gelingen könnte, durch destruktives Verhalten einzelner Kinder vereitelt wird, gerade sie genießen den respektvollen Umgang mit ihrer Arbeit. Allen Kolleginnen und Kollegen sind die in der Veranstaltung zur Sprache kommenden Schwierigkeiten in irgendeiner Form bekannt, gerade auch in ihrer frustrierenden Wirkung. Darum sind in der Regel auch alle um eine zwar kritische, aber doch wertschätzende Haltung bemüht.

In dieser Arbeitsphase werden den Kolleginnen und Kollegen individuelle professionelle Fähigkeiten attestiert. Kaum jemand, so zeigen die Feedbacks am Ende der Veranstaltung, hatte damit gerechnet, und kaum jemand wäre auf die Idee gekommen, ausgerechnet einen kompetenzorientierten Ansatz mit seinem Problem in Verbindung bringen. Einige Lehrkräfte gewinnen etwas Sicherheit zurück und erleben diese Phase, zumindest ansatzweise, als Aufwertung ihrer Lehrerpersönlichkeit. Oft sagen sie es auch so. Nur wenn das Kind ermutigt ist, wird es in seinem Reichtum an Eigenarten und Fähigkeiten „gesehen", aber nur dann wird auch die Lehrkraft für das Kind wieder „sichtbar". Viel Energie und viel unverstelltes authentisches Lehrerverhalten geht in Machtkämpfen unter.

2. Der Perspektivwechsel: Die Beschreibung des Kindes …

Ein Kerngedanke des Individualpsychologen Michael Felten zur individuellen Förderung des Kindes lautet: „Nur wer die inneren Barrieren versteht, kann bei deren Überwindung helfen" (Felten, 2013, S. 124). Genau das ist das Ziel der nun beginnenden Fortbildungsphase. Es geht um Einfühlung, darum, solche „inneren Barrieren" zu erkennen und ihren Sinn für das Kind zu erspüren sowie – primär um des Kindes willen, aber auch um der Lehrkraft willen – „bei deren Überwindung zu helfen" oder sie doch zumindest zu verkleinern. Auch in dieser Arbeitsphase gehen wir in zwei Schritten vor. Zunächst soll das Verhalten eines Kindes mit „Barrieren" – d.h. hier: mit destruktivem Verhalten – beschrieben werden. Danach, in einem zweiten Schritt, erfolgt ein Perspektivwechsel und mit diesem der Versuch, sich in das Kind hineinzudenken.

Einfühlung ist immer schwierig: Sie bleibt subjektiv und beruht auf Annahmen, sie ist vage und ungenau. Eigene Wertvorstellungen und Lebenserfahrungen spielen eine Rolle, Ängste und Wünsche kommen zum Tragen, und eigene Empfindlichkeiten schwingen mit. Dennoch ist Einfühlung unverzichtbar und ein wesentliches Instrument der pädagogischen Arbeit. Sie dient dem Versuch, ein Kind zu verstehen, und beruht meistens auf einer grundlegend wohlwollenden Haltung.

Bei einem Kind jedoch, das z.B. ständig provoziert, wird es schwer mit der wohlwollenden Haltung. Zu dominant sind Wut und Hilflosigkeit und manchmal auch persönliche Kränkungen. Dann ist der Widerstand zu groß und die Bereitschaft, sich zu allem Überfluss auch noch in *so ein Kind* hineindenken zu sollen, entsprechend gering. Nach dem Herausfiltern und Benennen der verschiedenen pädagogischen Kompetenzen aber, und durch das, was an gelungenem Handeln auf den Pinnwänden zu lesen ist, fühlen sich die Kolleginnen und Kollegen in ihrem Können gesehen und sichtlich gestärkt. Bei dem einen oder anderen ist das professionelle Selbstbild korrigiert, und das empfundene Unvermögen konnte zugunsten nachweisbarer Kompetenzen in den Hintergrund treten. Darüber hinaus haben die Kollegen in der Fortbildung genügend Abstand, um über Kinder nachzudenken, die ihnen im Unterricht zu nahe treten und oft die Grenzen überschreiten.

Auch an dieser Stelle möchte ich auf ein Beispiel zurückgreifen: *Leonie,* eine Schülerin aus dem 2. Schuljahr. Alle kennen sie, darum wird sie ausgewählt. Ein Kind *mit außerordentlich schwierigem Sozialverhalten,* sagt die Klassenlehrerin und fügt hinzu: *Sie hat alles zu bieten, woran man sich die Zähne ausbeißen kann.* So viel hat das Mädchen mit seinen acht Jahren also schon erreicht: Nicht nur in ihrer Klasse steht es mit seinem Verhalten im Mittelpunkt der Aufmerksamkeit, sondern auch hier in der Fortbildung!

Wie oben erwähnt, geht es zunächst einmal darum, die Verhaltensweisen des Kindes zu beschreiben. Die Klassenlehrerin macht den Anfang und gibt mit einem übergreifenden Statement die Richtung vor: *Sie hat eigentlich gute Absichten, verhält sich damit aber total unsozial. Sie ist wissbegierig, aber kann sich absolut nicht benehmen.* Die Kollegen stimmen zu. Eine Lehrerin schreibt das Wichtigste in Stichworten auf dem Whiteboard mit, alle anderen Lehrkräfte ergänzen mit eigenen Eindrücken und Erfahrungen. Nach und nach entsteht folgendes Bild:

Leonie:

- *eine Nervensäge: nicht zu überhören oder zu übersehen*
- *laute, helle Stimme, sehr aufdringlich*
- *handelt impulsiv, reißt alles an sich*
- *vielseitig interessiert*
- *sehr extrovertiert, aber auch zügellos und übergriffig*
- *entweder sie klammert sich an andere Kinder, oder sie stößt sie von sich weg*
- *sehr wissbegierig, will alles erkennen und ergründen*
- *dominant, mit guten Absichten*
- *will helfen, entscheidet aber selbstherrlich, wem, wann und wie*
- *muss überall die Erste sein, vor allem beim Aufstellen, will auch immer den besten Ball haben*
- *ruft Antworten in die Klasse*
- *kommandiert gern und sagt der Lehrerin, was diese machen soll*
- *läuft mitten im Unterricht durch die Klasse, um Dinge zu erledigen, aber in den unpassendsten Momenten und ohne Absprache mit der Lehrerin*
- *lief beim „Waldtag“ die ganze Zeit neben dem Förster her, wollte alles wissen und hat ihm viel von sich erzählt*
- *bringt Dinge mit in den Unterricht, die zum Thema passen, z. B. ein Igelbuch*

Das, so versichern die Lehrkräfte, ist nur eine Auswahl. Es passt auch längst nicht alles auf das Whiteboard. Aber *das macht nichts,* denn, wie gesagt, alle kennen das Mädchen, und außerdem sind die Probleme schon jetzt mehr als deutlich.

… und der Weg von der Abwehr zur Einfühlung

Obgleich für die Kolleginnen und Kollegen nichts Neues auf dem Whiteboard und, in der Fortsetzung, auf dem Flipchart steht, ist diese Sammlung doch sehr hilfreich, und das nicht allein, um mich als Außenstehende zu informieren. Denn zu lesen sind hier nicht nur die Beschreibungen des Kindes, sondern auch die Empfindungen der Lehrkräfte, d. h. wir erfahren nicht nur, was das Mädchen tut, sondern auch, wie dessen Verhalten auf die Kolleginnen wirkt. Bevor es nun darum gehen soll, „mit den Augen des Kindes zu sehen, mit den Ohren des Kindes zu hören und in den Schuhen des Kindes zu gehen", wie Alfred Adler sagt, war es wichtig, dass erst einmal die eigenen Augen und Ohren zum Einsatz kamen und die eigenen Sichtweisen erkennbar machten. Deutlich wird: Es ist nicht nur Leonie, die in ihrem Sozialverhalten „Barrieren" hat, sondern es ist auch das Kind selbst, das für seine Klassenlehrerin – wie offenbar auch für einige ihrer Kolleginnen – zu einer „Barriere" geworden ist.

Der Perspektivwechsel erfolgt nun in Form einer, wie ich es nenne, „Ich-Übung". Die Lehrkräfte werden gebeten, sich in Leonie einzufühlen und die Situation aus ihrem Blickwinkel zu betrachten. Um sich nicht gegenseitig zu beeinflussen, sondern bei der eigenen Wahrnehmung zu bleiben, bitte ich sie, in Einzelarbeit ein paar kurze Sätze, beginnend mit *„Ich, Leonie …"*, zu notieren, und zwar so, wie sie glauben, dass Leonie denkt und fühlt. Wünsche und Ängste des Kindes, Ziele, Befürchtungen und Erwartungen sollen also eine besondere Rolle spielen.

Im Anschluss an die Einzelarbeit geht es im Plenum weiter, und jede Lehrkraft liest ein, zwei Sätze vor. Alles bleibt unkommentiert. Hier ist eine (von mir mitgeschriebene) Auswahl:

- *Ich, Leonie, will mehr beachtet werden.*
- *Ich möchte auf mich aufmerksam machen.*
- *Ich möchte, dass alle sehen, was ich kann und weiß.*
- *Ich möchte bewundert werden.*
- *Ich muss schnell sein, um nichts zu verpassen.*
- *Ich will helfen, damit hier alles gut läuft.*
- *Es ist nicht leicht, immer alles im Auge zu haben.*
- *Ich will meiner Lehrerin helfen, weil ich will, dass sie mich mag.*
- *Ich habe Angst, übersehen zu werden, wenn ich mich nicht bemerkbar mache.*
- *Wenn ich schreie, dann merken alle, dass ich da bin, und meistens kriege ich dann auch, was ich will.*
- *Ich gebe immer mein Bestes.*
- *Ich muss gut sein, damit alle mich mögen.*
- *Ich weiß nicht, warum es manchmal Ärger gibt.*
- *Ich verstehe nicht, wenn sich die anderen nicht von mir helfen lassen wollen.*

- *Ich will ganz viel wissen, aber hier ist nicht so viel Zeit, und man kriegt auch zu wenig Antworten.*
- *Ich hätte gern mehr Freunde, aber die sind entweder doof, oder die wollen mich nicht haben.*

Die Gegenüberstellung der beiden Perspektiven löst immer Betroffenheit aus. Es ist nicht üblich, die schwierige Situation auch aus den Augen des Kindes zu betrachten. Mithilfe der „Ich-Übung" gelingt ein Zugang zum Kind, und dieser scheint insofern anders, als er nicht von vornherein durch negative Gefühle überlagert ist. Weniger die Frustration der *Lehrkraft* und deren manchmal ausweglos erscheinende Situation stehen jetzt im Vordergrund, sondern vielmehr die Wünsche und Verzweiflung des *Kindes* sowie die Ausweglosigkeit, die es selbst empfindet. Die Frage, ob die Kolleginnen und Kollegen mit ihrer Einschätzung richtig liegen, ist von untergeordneter Bedeutung. Entscheidend ist vielmehr, aus einer anderen Richtung zu denken, einen anderen Ansatz zu finden und alte, nicht immer weiterführende Deutungsmuster durch neue, stärker kindbezogene zu ergänzen oder zu ersetzen.

Es ist ein Unterschied, ob eine Lehrkraft im Gespräch mit anderen Kollegen oder beispielsweise in einer Klassen- oder Zeugniskonferenz über die Probleme eines Kindes sachlich berichtet, ob sie diese diagnostiziert, erklärt oder vielleicht auch Gründe dafür anführt und Verständnis dafür hat, oder ob sie den dahinterliegenden Gefühlen des Kindes und den möglicherweise daraus abgeleiteten unbewussten Zielen durch Einfühlung greifbar – fühlbar – nahe kommt. Bei dem Versuch, mit Empathie zu reagieren, verliert das Kind seine Macht über die Lehrkraft, und an die Stelle von Abwehr und Unverständnis treten wieder mehr Verantwortung und Fürsorge. Solange sich die Lehrkraft glaubt verteidigen zu müssen, weil sie sich angegriffen fühlt, kommen ihre Reaktionen primär aus der Defensive, und damit verlieren sie ihre potenzielle pädagogische Qualität und Wirkung.

Die veränderte Sicht auf das Kind

Manchmal wirken Kinder auf Lehrkräfte fast übermächtig. Die langen Listen negativer Verhaltensweisen zeugen davon. Alle Aussagen mögen zutreffend sein, und mit Sicherheit stimmt jedes Detail. Doch gleicht die Summe einem Schutzschild, je umfangreicher, desto stärker: Schutz vor Angriffen, Schutz vor der eigenen Hilflosigkeit. *Ich kann nichts dafür!* Das scheint, unausgesprochen und vielleicht auch uneingestanden, die Botschaft und Funktion zu sein. Ist eine solche Aufzählung im Entstehen, oder wird sie von Lehrkräften präsentiert, gibt es verschiedene Signale, die mich – so jedenfalls ist mein Gefühl – erreichen sollen. Das erste Signal ist: *Ich brauche dringend Hilfe, aber für diesen Fall ist jede Hilfe unmöglich.* Das zweite Signal liegt in der Defensive. Es bedeutet: Die Fülle der aufgelisteten Verhaltensweisen macht nachvollziehbar und entschuldbar, dass pädagogische Maßnahmen hier entweder nicht wirken konnten oder gar nicht erst in Betracht und zum Einsatz kamen. Und das dritte Signal wirkt auf mich so: In meiner Rolle als Fortbildungsleiterin fühle ich mich dazu verleitet, auch meinerseits kapitulieren zu sollen. Manchmal kann ich mich des Eindrucks kaum erwehren, dass mit einer Reaktion wie: *Tja, in diesem Fall kann man nun wirklich nichts mehr machen! Hier ist auch die Pädagogik an ihrem Ende!* gerechnet wird, dass damit allen „geholfen" wäre und alle nach Hause gehen könnten.

Die Übermacht des Kindes aber hat zwei maßgebliche Komponenten: Zum einen entsteht sie aus dem Wunsch nach Geltung, und dieser erwächst aus dem Gefühl, nicht wichtig zu sein und darum nicht genügend gesehen zu werden. Sie hat also zu tun mit dem Bedürfnis, sich bemerkbar zu machen, und ist letztlich ein Mittel der Kompensation. Zum anderen ist es aber auch eine Macht, die wir Erwachsene, in diesem Falle Lehrkräfte, dem Kind manchmal ungewollt einräumen – so abwegig dies angesichts der oft massiven und zum Teil verletzenden Verhaltensweisen auch klingen mag, und so schwer es im einzelnen auch ist, dem „verhaltensauffälligen Kind" etwas wirkungsvoll entgegenzusetzen. Meistens, so meine Erfahrung, ist destruktives Verhalten ein Ausdruck empfundener Unzulänglichkeit – ob nun in eigener Regie entwickelt oder von außen suggeriert. Darum kann die Lösung des Problems auch nicht im Zurückweisen, sondern nur im Erreichen des Kindes liegen. Denn dieses ist häufig genauso unter seinem unerwünschten Handeln „verborgen" wie sich die Lehrkraft mit ihrem pädagogischen Potenzial hinter dem Schutzschild seines Benehmens „verschanzt".

Einfühlung verändert nicht nur die Sicht auf das Kind. Sie nimmt auch die „Deckung" weg, und zwar auf *beiden* Seiten. Den Anfang kann nur die Lehrkraft machen, und dabei ist Einfühlung ihr wichtigstes Instrument. Sie ist der erste Schritt, doch dieser Schritt ist entscheidend, denn er lässt die Ebene der Symptomatik hinter sich.

3. Die Arbeit an einem ermutigenden Konzept für das Kind …

Genau genommen liegt auch in der nun beginnenden Fortbildungsphase der Ansatz bei den Stärken. Diesmal jedoch sind es nicht die Stärken der Lehrkraft, sondern die Stärken des Kindes. Auch sie sollen aus der Zusammenstellung seiner Verhaltensweisen herausgearbeitet und benannt werden, und auch bei ihm geht es letztlich um die gleiche Idee: Es geht um die Anerkennung und, aus der eher defizitorientierten Perspektive einer frustrierten Lehrkraft gesehen, um die Aufwertung der Persönlichkeit des Kindes.

Drei Fragen leiten die Arbeit der Kolleginnen und Kollegen:

1. Was wünscht sich das Kind, und welche – ihm vermutlich nicht bewussten – Ziele verfolgt es?

2. Was *kann* das Kind? Wo liegen seine besonderen Fähigkeiten und Talente, Kenntnisse und Interessen?
3. Wie kann es gelingen, diese Fähigkeiten so einzusetzen, dass sie sowohl den Bedürfnissen des Kindes gerecht werden als auch der Gemeinschaft der Klasse dienen?

Die ersten beiden Fragen werden im Plenum bearbeitet. Sie lassen sich relativ schnell beantworten, und die Ergebnisse sollen hier nur in Auszügen wiedergegeben werden.

Zu 1.:
- *Leonie wünscht sich mehr Beachtung und Anerkennung.*
- *Sie möchte Verantwortung übernehmen.*
- *Sie möchte Freunde haben.*

Zu 2.:
- *Leonie ist lernfreudig und interessiert.*
- *Sie überblickt die Arbeitssituation und möchte helfen.*
- *Sie kann sich Wissen schnell aneignen und besitzt z. B. im sachkundlichen Bereich umfangreiche Kenntnisse.*

Für die Arbeit an der dritten Frage gehen die Lehrkräfte in die Gruppenarbeit. Es bilden sich insgesamt fünf Gruppen. Nach etwa einer Stunde sollen die Ergebnisse vorgestellt und diskutiert werden.

Die Kolleginnen und Kollegen kommen mit höchst unterschiedlichen Konzepten ins Plenum zurück. Diese werden nacheinander präsentiert, und dabei tritt eine Fülle wertvoller Ideen zu Tage. Allen Konzepten gemeinsam ist die Überlegung, dass in Bezug auf den *sozialen* Bereich des Unterrichts vorläufig nur solche Aufgaben für Leonie in Frage kommen, bei denen sie einen angemessenen Umgang mit den anderen Kindern üben kann. Eine Kollegin schlägt vor: *Kurze Aufträge von A nach B mit klaren Anweisungen für Stimme und Ton.*

Leonie braucht sowohl Beachtung als auch Anweisung: Das ist das übergreifende Ziel der Arbeitsgruppen. Sie braucht Beachtung für ihr im wörtlichen Sinne beachtliches Können, vor allem im mathematischen und sachkundlichen Bereich, und sie braucht Anweisung für die zu entwickelnde Fähigkeit, ihre Bedürfnisse zu kontrollieren. Das ist für beide, für die Lehrerin wie für das Mädchen, viel verlangt. Für die Lehrerin bedeutet es, im Unterrichtsalltag immer wieder daran zu denken, d. h. Leonie im Blick zu haben, vorauszuschauen und schnell zu sein. Und das Mädchen muss lernen, eine Situation in ihrer Art und Funktion zu erfassen – das allein stellt hohe Anforderungen – und sein Verhalten darauf abzustimmen. Letzteres bedeutet für das Kind nicht weniger, als seine buchstäblich stärksten Mittel, nämlich den Willen, die Impulsivität und die Stimme, zu kontrollieren und zu steuern. Grob umrissen ist das der Leitgedanke aller fünf Gruppen.

Im Folgenden möchte ich das pädagogische Konzept einer Gruppe herausgreifen und genauer vorstellen. Die Gruppe hat vier verschiedene Schwerpunkte ausgewählt und am Ende das Wichtigste noch einmal kurz zusammengefasst. Sie präsentiert folgende Ideen:

1. Ein Gespräch mit Leonie führen
   - *Mit Leonie besprechen: Was macht sie gut, was muss sie noch lernen/ändern?*
   - *Gemeinsame Grundlage schaffen für Lehrerin und Leonie (und schriftlich fixieren).*
   - *Eine Sache herausgreifen, auf die sie sich erstmal besonders konzentrieren soll.*
   - *Vereinbarungen treffen, z. B. Leonie macht etwas, Lehrerin gibt Rückmeldung.*
   - *Ankündigen: Ab sofort hat Schreien und Kreischen keine Wirkung mehr.*
2. Beim Helfen helfen
   - *Hilfestellung lenken, z. B. Kinder auswählen, die ihre Hilfe gebrauchen können.*
   - *Für kurze, überschaubare und machbare Hilfsaufträge sorgen, evtl. beaufsichtigen.*
   - *Art der Hilfestellung besprechen, z. B. warten, fragen, genau schauen, nicht vorsagen.*
   - *Kurze Rückmeldung/Bestätigung geben: Was war gut? Was sollte beim nächsten Mal anders laufen?*
   - *Gemeinsam überlegen: Was könnte allen Kindern helfen? Beachtung geben mithilfe von Fähigkeiten, die allen zugutekommen.*
3. Leonie als Expertin ansprechen (Mathematik und Sachunterricht)
   - *Referat halten lassen (vier, fünf Minuten), z. B. über den Igel, aber vorher die Rahmenbedingungen besprechen: wann, wie lang usw.?*
   - *Mit ihr besprechen/üben: Ich bin im Vordergrund, ich bleibe im Hintergrund: Wie geht das eine, wie geht das andere?*
   - *Im Schulwald als Expertin zu Rate ziehen, Dinge erklären und vormachen lassen.*
   - *Nicht von Verantwortung abhalten, weil sie es falsch machen könnte, sondern Verantwortung übertragen, aber genaue Anweisungen geben.*
4. Beachtung geben
   - *Ruhiges Verhalten oder normale Stimme bewusst machen.*
   - *Leonies laute und leise Stimme gezielt einsetzen. Mit ihr besprechen: Wo laut? Wo leise? Wie geht leise? (Sport: darf auch mal laut, „Stille Post“: muss leise)*

- *Ansätze situationsangemessenen Verhaltens möglichst schnell bewusst machen, wenn möglich, auch die positiven Konsequenzen.*
- *In Sport: An wen möchtest du den Ball abgeben? Auftrag + Beachtung + Übung von Sozialverhalten.*

Grundsätzlich

- *Anerkennung geben wo immer möglich.*
- *Anweisungen geben: oft, kurz, deutlich, z. B.: Was ja? Was nein?*
- *Auf kurze, schnelle Bestätigung/Rückmeldung achten.*
- *Fortschritte deutlich machen.*

Was also zunächst ohne Wissen und Zutun von Leonie geplant war, soll nun mit ihr gemeinsam in einer für sie angemessenen und verständlichen Form besprochen werden – das ist der erste Schritt, und dieser ist eigentlich ein Thema für sich. Im Rahmen der Fortbildung können wir nur begrenzt darauf eingehen. Es ist viel, was die Gruppe hier vorschlägt, und auch die anderen Gruppen haben eine Menge zu bieten. Einerseits ist alles hilfreich, andererseits geht die Klassenlehrerin auch ein wenig in die Knie. So intensiv auf ein Kind zu achten, und das, ohne die anderen Kinder dabei zu vernachlässigen, stellt hohe Ansprüche nicht nur an ihre Zeit und Kraft, sondern auch an die didaktische und methodische Feinarbeit.

… und die anspruchsvollen Konsequenzen für die Lehrkraft

Die Wirkung ist nicht sofort ermutigend, denn die Ergebnisse der Gruppen setzen unter Druck, sie werfen Fragen auf und machen auch Defizite sichtbar. Deutlich wird: Ermutigung, jedenfalls im Falle von Leonie, ist mit Arbeit verbunden. Nicht immer rechnen die Lehrkräfte damit. Manchmal erwarten sie Handreichungen mit „Tricks und Tipps“, schnell und ohne viel Aufwand umsetzbar, und nicht selten werden Veränderungen weit mehr und manchmal auch allein vom Kind erwartet und weniger von der Lehrkraft. Hier, in dieser Veranstaltung, steht nun die Klassenlehrerin im Zentrum von Anspruch und Erwartung, und das wird ihr umgehend klar. Sie bekommt jede Menge guter Ideen geliefert, muss aber nun ihrerseits „liefern“, d. h. Leonies Verhalten muss sich ändern. Gelingt das, wird man es hören, und gelingt es nicht, hört man es auch, denn dann, wie ein Lehrer fröhlich und unbefangen sagt: *Dann kreischt sie weiter!* Das ist für die Klassenlehrerin alles andere als eine leichte Situation, und amüsiert ist sie schon gar nicht.

Die Kolleginnen und Kollegen spüren das. Sie zeigen ihre Solidarität – ist doch jeder von ihnen in irgendeiner Form vom Verhalten dieses Kindes betroffen – und sind unterstützend zur Stelle. Anders als in der Eingangsphase, in der mehr oder weniger unbewusst angewandte Kompetenzen aus vergangenen Situationen herausgearbeitet wurden, soll es jetzt darum gehen, diese pädagogischen Kompetenzen in unmittelbarer Zukunft anzuwenden und in die eigene Arbeit zu integrieren. Das ist ein großer Unterschied, denn jetzt müssen geeignete Situationen gesehen, angebahnt oder herbeigeführt werden. Es geht nicht mehr um spontanes und intuitives Reagieren, sondern um geplantes und gezieltes Handeln – gezielt im Sinne der angestrebten Ermutigung des Kindes. Genau darin liegt die Chance, den nötigen Lernprozess bei dem Mädchen in Gang zu setzen und gleichzeitig seinem teilweise unerträglichen Verhalten zu entgehen, denn dieses ist auch für die Mitschülerinnen und Mitschüler ein schlechtes Vorbild und eine Zumutung.

Genau genommen sind die Lehrkräfte an dieser Stelle mit einer ihrer wichtigsten Aufgaben konfrontiert, wenn nicht sogar mit ihrer Kernaufgabe. Dieses Kind, Leonie, hat einen ausgeprägten Drang zu lernen und sich Wissen anzueignen. *Sie will alles erkennen und ergründen,* hatten die Kolleginnen berichtet und mehrfach seine vielfältigen Interessen betont. Diesen Wissensdrang und diese Neugier sowie die zugrundeliegende Motivation zu erhalten und möglichst noch zu stärken, ist die vordringliche Aufgabe der Kollegen. Was das Mädchen noch lernen muss, ist, in komplexen Situationen, zu denen nicht nur andere Kinder mit ihren wiederum individuellen Wünschen gehören, sondern auch verschiedene Lehrkräfte, Medien, Regeln und Strukturen, in solchen Situationen mit dem eigenen Bedürfnis umzugehen und zurechtzukommen, d. h. sich, je nach Situation, mit diesem Bedürfnis einzubringen oder anzupassen, unterzuordnen oder in den Vordergrund zu stellen.

Manchmal sind Verhaltensauffälligkeiten nicht allein Ausdruck für ein Problem oder Defizit des Kindes, sondern unter Umständen auch ein Zeichen dafür, dass im Unterricht etwas verändert werden sollte. Kinder in den Eingangsklassen können nicht benennen, was sie am Lernen hindert. Sie sind noch nicht in der Lage zu sagen: *Ich durchschaue nicht die Struktur der Stunde, mir ist die Arbeitsanweisung zu lang oder die Erkundungsphase zu kurz, mir fehlt die Differenzierung, ich habe etwas nicht verstanden, und ich weiß nicht, wozu ich dieses oder jenes machen soll.* Sie drücken ihre Unzufriedenheit aus und entwickeln unerwünschtes Verhalten. So gesehen ist das destruktive Verhalten eines Kindes immer auch ein Grund, etwas genauer auf den eigenen Unterricht zu schauen, seine Qualität zu überprüfen und gegebenenfalls an irgendeiner Stelle etwas zu verändern. Leonie ist ein Kind, das seine Klassenlehrerin über Monate *schrecklich genervt* hat. In der Fortbildungsveranstaltung hat sie sie verunsichert, und in der kommenden Zeit wird sie dafür „sorgen“, dass der bei ihrer Lehrerin in Gang gesetzte Lernprozess noch eine Weile andauert. In Bezug auf ihr Sozialverhalten hat Leonie noch viel zu lernen. Hier braucht sie die pädagogische Kompetenz der Kollegin. Insofern sind Lehrerin und Schülerin in einem für beide produktiven Geschehen aufeinander angewiesen.

Ermutigende Rückmeldungen für die Kolleginnen und Kollegen

Bevor in der letzten Fortbildungsphase einige Kerngedanken der individualpsychologischen Pädagogik vorgestellt werden und die Lehrkräfte viele ihrer Überlegungen und Erfahrungen in dieser Theorie auch wiedererkennen können, geht es noch einmal um Ermutigung – in einer anderen Form und auf einer anderen Ebene. Da die Ergebnisse aller Gruppen vorliegen, werden die Kolleginnen und Kollegen nun gebeten, aus dem Plenum heraus jeder einzelnen Gruppe eine ermutigende Rückmeldung dazu zu geben. Das kann in Einzel-, Partnerarbeit oder in kleinen Gruppen geschehen. Deutlich wird auch hier: Es ist nicht leicht, andere Menschen zu ermutigen, und mit einem *Das habt ihr klasse gemacht!* ist es keineswegs getan. Man muss genau überlegen und vieles bedenken, z. B.: Worum hat sich die Gruppe besonders bemüht? Was war ihre spezifische Leistung, und warum konnte sie gelingen? Es gibt kein Schema, an dem man sich orientieren, und keine Liste, die man abarbeiten könnte. Die Teilnehmer selbst müssen entscheiden, was für die einzelne Gruppe wichtig und vor allem ermutigend sein könnte. Außerdem gilt es, verständlich zu formulieren, konstruktiv natürlich auch, und möglichst nicht zu bewerten! Die Lehrkräfte nehmen es mit Humor und haben auch ein bisschen Spaß daran.

Am Ende einer intensiven Arbeitsphase haben die Kolleginnen und Kollegen hier die Möglichkeit, die Kunst und die Notwendigkeit der Ermutigung an sich selbst zu erleben. Manchmal wird dabei erkennbar – und manchmal auch ausgesprochen –, dass, bedingt vor allem durch Hektik und Stress des schulischen Alltags, den Kindern vorenthalten bleibt, was ihnen, den Lehrkräften, so guttut, was sie stärkt und motiviert. Das kurze *Super* kommt zu oft. Die individuelle Anerkennung dagegen kommt oft zu kurz.

Die Kollegiale Unterrichtsreflexion

Ahmet: Ein Anfang wie bestellt

Der Musikraum ist klein, er liegt im Untergeschoss der Schule. Die Kinder einer 3. Klasse sitzen im Kreis. In der Mitte sind einige Xylophone aufgestellt. Die Lehrerin holt noch ein paar Utensilien aus dem Nebenraum und setzt sich zu den Kindern. Acht Kolleginnen und Kollegen betreten den Raum und nehmen auf den für sie bereitgestellten Stühlen hinter den Kindern Platz. Eine freundliche Begrüßung, ein kurzes Lied mit Gitarrenbegleitung, und die Stunde beginnt. Trotz des Besuchs und der Enge im Raum, trotz sichtbarer Anspannung bei der Kollegin und der attraktiven Instrumente in greifbarer Nähe der Kinder ist der Auftakt fröhlich und vielversprechend.

Kaum ist diese kleine Zeremonie beendet, und gerade will die Musiklehrerin ansetzen zu erklären, was sie vorhat in dieser Stunde, da meldet sich Ahmet. Er wartet aber nicht, bis er drankommt, sondern ruft laut in die Klasse:

Frau X, du hast zwei Schlägel vergessen! Hier sind sechs von diesen Dingern, aber nur vier Schlägel! Wie soll das gehen? Sollen wir das bei zwei von denen nur mit den Fingern machen?

Ahmet schlägt mit seinen Zeigefingern in die Luft, imitiert dazu ein paar Töne – *ting, tang, tang, tang* –, und dann nimmt er bei seiner rechten Hand den Mittelfinger dazu. Aus dem *Ting, tang, tang, tang* wird ein *Peng, peng, peng, peng!* Ahmet lacht, schaut Beifall heischend in die Runde, feixt in Richtung Lehrerin und stellt unmissverständlich klar, wer seiner Meinung nach der Chef im Ring ist.

Die Rahmenbedingungen: Wertschätzung für die Kolleginnen und Kollegen

Der äußere Rahmen ist für den Erfolg einer Kollegialen Unterrichtsreflexion (K.U.R.) von besonderer Bedeutung. Er beeinflusst die Atmosphäre und kann den Wert der Veranstaltung beeinträchtigen oder betonen. Wir treffen uns im „Kleinen Lehrerzimmer“. Außen an der Tür hängt ein Schild mit der Aufschrift: „K.U.R.! Bitte nicht stören!“. Tische und Stühle sind der jeweiligen Anzahl der Teilnehmerinnen entsprechend angeordnet. Da ich die Kolleginnen noch nicht kenne, liegen Namensschilder bereit. Neben den Tischen stehen auf der einen Seite zwei Pinnwände und ein Flipchart. Auf der anderen Seite sind Getränke, Brötchen und Obst bereitgestellt. Auf einem Extratisch liegen Moderatorenkarten und Filzstifte.

All das und natürlich die Tatsache, dass mehrere Kolleginnen für mehrere Stunden aus dem Unterricht herausgelöst werden und für deren Vertretung gesorgt ist, hat eine deutliche Signalwirkung. Das erste Signal ist: Wertschätzung, und das zweite bedeutet: Die K.U.R. ist wichtig. So wundert es nicht, dass die Teilnehmer pünktlich erscheinen und niemand schnell noch irgendetwas zu erledigen hat. Um 9.30 Uhr geht es los, und die Sicherheit, bis zum Ende der Veranstaltung nicht gestört zu werden, gibt angesichts des meist unruhigen und lauten Schulalltags ein beruhigendes Gefühl. Sie lädt zum intensiven Arbeiten ein.

Organisation und Ablauf: Raum für erlebte und reflektierte Praxis

Die Veranstaltung erstreckt sich über insgesamt dreieinhalb Stunden. Sechs bis maximal zehn Kolleginnen und Kollegen nehmen teil. Dabei handelt es sich nicht nur um Lehrkräfte, sondern auch um Erzieherinnen und Sozialpädagogen, mit denen in der Schule eng zusammengearbeitet wird. Auch die Schulleitung ist bei jeder K.U.R. anwesend.

Im Gegensatz zur Ganztagsfortbildung handelt es sich bei der K.U.R. um eine kleine Gruppe, in der auf einer vertrauensvollen Basis auch etwas intimer gearbeitet werden kann. Anders jedoch als z.B. bei einer Supervision oder kollegialem Fallberatung sind es bei der K.U.R. stets wechselnde Kolleginnen und Kollegen, die teilnehmen, und anders ist auch die Tatsache, dass alle die gleiche Ausgangssituation haben, nämlich die Unterrichtsstunde. Meistens findet die Veranstaltung zwei- bis dreimal pro Halbjahr statt, so dass am Ende des Schuljahres jede Lehrkraft und Erzieherin mindestens einmal dabei gewesen ist. Manchmal bilden sich aus den K.U.R.-Gruppen auch feste Fallberatungsgruppen, die dann über einen längeren Zeitraum in dieser Konstellation weiterarbeiten.

Die Kollegiale Unterrichtsreflexion umfasst drei Teile. Im ersten Teil informiert die Lehrkraft, die unterrichten wird – im Folgenden kurz „Lehrkraft" genannt – über die Stunde und die Klasse sowie vor allem über ein von ihr ausgewähltes Kind. Dieses soll aus bestimmten Gründen, häufig wegen seines auffälligen Verhaltens, im Fokus unserer Arbeit stehen. Im zweiten Teil findet der Unterricht statt. Anschließend ist zwanzig Minuten Pause. So bleiben rund zweieinhalb Stunden für den dritten Teil. Dessen Schwerpunkt ist die Arbeit an der Lehrerpersönlichkeit sowie, in Ansätzen, die Entwicklung eines pädagogischen Konzepts für das von der Lehrkraft ausgewählte Kind – im Folgenden kurz „das Kind" genannt.

Beobachtungsaufgaben für den Unterricht: Das Kind aus verschiedenen Perspektiven sehen

Zu diesem Kind teilt die unterrichtende Lehrkraft nur einige grundlegende Informationen mit. Die Wahrnehmung der hospitierenden Kolleginnen und Kollegen soll nicht zu stark beeinflusst werden. Stattdessen gibt es verschiedene Beobachtungsaufgaben, z. B. diese:

- Das Verhalten des Kindes möglichst genau und dabei möglichst interpretations- und wertfrei beschreiben.
- Die Perspektive des Kindes einnehmen und mit seinen Augen den Unterricht sehen:
  Wie erlebe ich diese Stunde? Finde ich es langweilig oder interessant? Wo fühle ich mich sicher, und wo habe ich Probleme? Wie gehe ich mit Schwierigkeiten um? Was brauche ich dann? Habe ich die Arbeitsanweisungen verstanden, und weiß ich, was ich machen soll? Kann ich mit den Tischnachbarn zusammenarbeiten, und tue ich das gern? usw.
- Die Perspektive des Kindes einnehmen und mit seinen Augen die Lehrkraft sehen:
  Verstehe ich, was sie sagt? Sieht sie mich auch? Kümmert sie sich um mich? Hilft sie mir? Mag sie mich leiden? Woran kann ich das erkennen? Was wünsche ich mir von ihr? Was hätte ich gern anders? Wo fühle ich mich beachtet und mitgenommen, und wo fühle ich mich alleingelassen?
- Das Kind mit einer spezifischen Fragestellung beobachten:
  Wo liegen seine Stärken? Was kann es gut? Wo werden seine Schwächen und Unsicherheiten erkennbar, und wie geht es damit um?

- Das Kind mit einem bewusst offen gehaltenen Auftrag aus der Perspektive des professionellen Experten beobachten:
  Wie erlebe ich als Kollegin/Kollege das Kind? Was fällt mir besonders auf?

Dies sind einige Beispiele. Allen gemeinsam ist die genaue Beobachtung des Kindes, und alle zusammengenommen erweitern das Wahrnehmungsspektrum der Lehrkraft erheblich.

**Die Lehrerpersönlichkeit:
Erarbeitung und Visualisierung eines umfangreichen Instrumentariums**

In der Ausbildung kommt die Beschäftigung mit der Lehrerpersönlichkeit häufig zu kurz, und später, im beruflichen Alltag, ist nicht immer genügend Zeit dafür vorhanden. Die Kollegiale Unterrichtsreflexion ist hervorragend geeignet, sich der Lehrerpersönlichkeit ausführlich zu widmen, sie fassbar zu machen und auch in irgendeiner Form zu visualisieren. Besonders wenn es darum geht, ein Kind gezielt zu ermutigen, ist die Lehrerpersönlichkeit mit ihrer individuellen Art der Zuwendung von unschätzbarem Wert. Doch sind nicht alle vorhandenen, potenziell einsetzbaren oder noch stärker zu nutzenden Fähigkeiten den Lehrkräften auch immer bewusst. Sie können aber, ähnlich wie in der Ganztagesfortbildung, gemeinsam mit den Kolleginnen aus dem Handeln der Lehrkraft abgeleitet und für die Zukunft als Instrumente verfügbar gemacht werden.

Sobald das Gespräch über den Unterricht beginnt, sobald die Kolleginnen und Kollegen einzelne Situationen herausgreifen oder Verhaltensweisen der Lehrkraft beschreiben, werden parallel dazu die darin zum Ausdruck kommenden Eigenschaften und Fähigkeiten benannt. Sie werden auf Moderatorenkarten geschrieben und an die Pinnwand geheftet – so, wie es gerade kommt, und ohne in irgendeiner Weise zu ordnen. Gemeinsam werden unterschiedliche Begriffe und Formulierungen erörtert: Kurz müssen sie sein, informativ und möglichst prägnant. Während der gesamten Zeit, d.h. solange wir über die Lehrkraft sprechen, füllt sich die Pinnwand kontinuierlich mit pädagogisch relevanten Informationen über die Lehrerpersönlichkeit. Manchmal gibt es leichte Überschneidungen, hier und da vielleicht auch inhaltliche Wiederholungen; das Gesamtbild aber, das sich dem Betrachter am Ende bietet, ist umfangreich, von hoher Aussagekraft, detailliert und in der Summe professionell.

Da gibt es beispielsweise Karten, auf denen steht: *L. ist freundlich* oder: *L. zeigt Geduld,* und beides ist wichtig. Es gibt aber auch Karten, auf denen zu lesen ist: *L hält Blickkontakt aufrecht, wenn Kind überlegt/nicht weiter weiß* oder: *L. achtet bei indiv. Lernerfolg auf Nutzung für Tischgruppe* oder auch: *L. spricht Sch. nach Zurechtweisung wieder freundlich an.* Die einzelnen K.U.R.-Mitglieder finden in Bezug auf ihre eigene Arbeit vieles bestätigt, lernen aber auch einiges dazu. Die Lehrkraft, deren Spiegelbild das alles ist, profitiert in der

Regel am meisten, denn sie lernt hier gleichsam von sich selbst. Wie wichtig die Lehrerpersönlichkeit ist, und vor allem, welch breites Spektrum an Fähigkeiten oft zur Verfügung steht – Fähigkeiten, die in ihrer Bedeutung für die pädagogische Arbeit mit Kindern zum Teil unterschätzt und entsprechend vernachlässigt werden –, das ist für die betreffende Lehrkraft fast immer überraschend. Ähnlich wie bei der Ganztagsfortbildung zeigt sich auch hier: Einerseits wirkt es entlastend zu erleben, dass das eigene Instrumentarium umfassender ist als angenommen, andererseits liegt darin aber auch eine neue Herausforderung: Gilt es doch, dieses Potenzial in Zukunft noch gezielter einzusetzen.

Vor diesem Hintergrund – „Hintergrund" ist hier durchaus wörtlich zu verstehen, denn gemeint ist die Pinnwand mit den Fähigkeiten der Lehrerpersönlichkeit – fällt es nicht schwer, auch an Fehlern, Versäumnissen oder verpassten Chancen zu arbeiten, die in der Unterrichtsstunde vielleicht ebenso sichtbar geworden sind wie gelungenes, wirksames Handeln. Sie werden hier keinesfalls ausgeblendet, im Gegenteil: Deren Analyse geschieht mit der gleichen Sorgfalt, und der hier vorgestellte Ansatz birgt dafür drei nennenswerte Vorteile:

1. Kritische Rückmeldungen der Kolleginnen und Kollegen im Zusammenhang mit Misserfolgen oder mit erkennbaren Defiziten in der Lehrerpersönlichkeit können leichter angenommen und als Hilfe oder sogar Arbeitsgrundlage verstanden werden.
2. Die Lehrkräfte trauen sich eher zu, an Schwächen oder Unzulänglichkeiten zu arbeiten und dafür vielleicht auch kollegiale Unterstützung – z. B. durch gegenseitiges Hospitieren – in Anspruch zu nehmen.
3. Die Arbeit an Defiziten steht, solange es sich nicht um eine völlig missratene Stunde handelt, in einem realistischen Verhältnis zur Reflexion des Gelungenen. Ist das nicht der Fall, und rückt die Fehleranalyse zu stark in den Vordergrund, besteht die Gefahr, dass auch Lehrkräfte, ähnlich wie Schülerinnen und Schüler, ihre Schwächen stärker gewichten als ihre Stärken. Das könnte langfristig entmutigend wirken und die Fähigkeit, wiederum die Kinder zu ermutigen, erheblich beeinträchtigen.

Sich Zeit nehmen, genau hinschauen und Rückmeldungen geben: Das ist nicht nur in Bezug auf Kinder wichtig. Es bleibt auch für Lehrkräfte eine unverzichtbare, qualitätssichernde und -fördernde Aufgabe, und zwar solange, wie sie den Lehrerberuf ausüben.

Das pädagogische Konzept: Schritte und Schwerpunkte

Nach der Reflexion der Lehrerpersönlichkeit geht es um erste Schritte in Richtung eines pädagogischen Konzepts für das Kind. Die Ausgangssituation für dieses Vorhaben ist nun geprägt durch …

- eine Lehrkraft, die sich in ihrem pädagogischen Handeln gesehen und gewürdigt fühlt und mit gestärktem professionellen Selbstvertrauen an diese Aufgabe herangeht,
- Kolleginnen und Kollegen, die alle den Unterricht gesehen haben und sowohl das Agieren der Lehrkraft als auch das Verhalten des Kindes beobachten konnten,
- eine Kollegin, die stellvertretend für das hier nicht anwesende Kind dessen Bedürfnisse vertritt,
- das Ziel, dieses Kind dadurch zu ermutigen, dass seine Stärken bewusst gemacht und genutzt werden.

Die Ergebnisse aus den Beobachtungsaufgaben werden nicht einzeln oder nacheinander vorgestellt. Sie fließen in das nun folgende gemeinsame Gespräch mit ein. Dieses wird auch nicht in irgendeine Richtung gelenkt. Die übergeordnete Fragestellung ist weit gefasst und lässt alle Eindrücke zu: *Wie habe ich als Kollegin bzw. Kollege dieses Kind erlebt?* Es geht also um einen ersten Austausch, um eine Sichtung und Sondierung, doch werden schon hier einige Schwerpunkte und meistens auch übereinstimmende Sichtweisen erkennbar. Für die Lehrkraft, die sich ja nicht nur dem einen Kind widmen und darum vieles nicht mitbekommen konnte, sind die Rückmeldungen an dieser Stelle besonders erhellend. Den Kolleginnen und Kollegen dienen sie als Grundlage und Ausgangspunkt für die nächsten Arbeitsschritte.

Ausgehend von der Überzeugung, dass ein Kind ermutigt werden kann, indem seine Kenntnisse und Fähigkeiten stärker wahrgenommen und für die Gemeinschaft genutzt werden, und ausgehend auch von der Annahme, dass das Bedürfnis nach Beachtung dem destruktiven Verhalten zugrundeliegt, werden drei Leitfragen formuliert. Es sind die Fragen, die auch bei der Ganztagsfortbildung den Arbeitsprozess leiten. Sie sollen hier noch einmal in verkürzter Form aufgeführt werden:

1. Was sind die Bedürfnisse des Kindes?
2. Wo liegen seine besonderen Stärken?
3. Wie können diese deutlich gemacht und eingesetzt werden?

Die K.U.R.-Gruppe teilt sich in kleine Untergruppen auf. Meistens bilden sich drei oder vier Partnerteams. Da die Lehrkraft das Kind besser kennt als die Kolleginnen und Kollegen, auch wenn diese in der betreffenden Stunde mehr beobachten konnten, gibt sie noch einige Informationen zu der zweiten Frage. Anschließend geht es in die Partnerarbeit. Die Teams haben etwa eine halbe Stunde Zeit.

Nach der Partnerarbeit werden die Ergebnisse, also die verschiedenen Ansätze eines pädagogischen Konzepts, auf Flipchart-Bögen präsentiert. Dabei kommen trotz der oft weitgehenden Übereinstimmung in der Wahrnehmung des Kindes viele unterschiedliche Aspekte zum Tragen, und eine Fülle von Ideen, vor allem in Bezug auf die Nutzung seiner Fähigkeiten für die Klasse, steht zur Diskussion. Die Lehrkraft modifiziert und nimmt entgegen, hinterfragt oder bestätigt, überprüft die Umsetzung oder bittet um Beispiele. So vielschichtig und facettenreich das Gespräch auch ist: Im Kern dient jede Überlegung der Frage, was genau für dieses Kind ermutigend sein könnte und warum. Dabei darf es aber nicht passieren, dass die Lehrkraft die Mitschülerinnen und Mitschüler aus dem Auge verliert, und darum spielen auch Fragen wie die folgenden eine wichtige Rolle:

- Wie kann sichergestellt werden, dass der Einsatz bestimmter Fähigkeiten des Kindes von ihm selbst und von anderen Kindern nicht als Privilegierung infolge destruktiven Verhaltens verstanden wird?
- Worauf ist zu achten, wenn dem Kind in bestimmten Bereichen Verantwortung übertragen wird?
- Welche Konsequenzen ergeben sich aus der Ermutigung dieses Kindes für die Klasse insgesamt?

Es geht also nicht nur um das Kind selbst, sondern immer auch um das Kind als Mitglied einer Lerngemeinschaft, und beides muss berücksichtigt werden. Doch selbst unter optimalen Bedingungen und mit den engagiertesten Kollegen wird es kaum möglich sein, in der knappen Zeit einer K.U.R. so etwas wie ein umfassendes pädagogisches Konzept auf die Beine zu stellen. Es ist aber sehr wohl möglich zu erkennen, dass die Arbeit daran unbedingt nötig ist, nicht nur für dieses Kind. Die Frage der Umsetzung – das zeichnet sich meist schon während der Veranstaltung ab – ist auch hier eine Herausforderung, dies umso mehr, als nicht alle Lehrkräfte darin geübt sind, ein Kind mit dieser Intention und unter dieser übergeordneten Fragestellung zu sehen, es trotz der Schwierigkeiten, die es allen bereitet, anzunehmen und ihm neue Chancen durch konstruktive Wege zu eröffnen.

Trotz der unterschiedlichen Beobachtungsaufgaben und der in der Regel engagierten Diskussion ist es letztlich nicht so entscheidend, ob sich eine bestimmte Sichtweise als zutreffend erweist oder nicht. Alle Kolleginnen und Kollegen *lernen* aus diesem gemeinsamen Reflexionsprozess, alle nehmen etwas mit, und die Lehrkraft hat am Ende ein reichhaltiges Angebot an Ideen, Erkenntnissen und Empfehlungen. Sie hat in jedem Fall genug, um in ihrem Unterricht an einem pädagogischen Konzept weiterzuarbeiten, es im Laufe der Zeit zu überprüfen und zu modifizieren. Wichtiger als die Frage, ob eine Einschätzung stimmt, ist es, die Blickrichtung zu schulen, die im Rahmen der K.U.R. geübt wurde, und das bedeutet: pädagogisch-konzeptionell zu denken und nach Alternativen zu suchen, die Instrumente der eigenen Lehrerpersönlichkeit bewusst zum Einsatz zu bringen und damit das Kind zu ermutigen.

Das ist eine einzige Provokation! Der kleine Exkurs: Eine Übung zum Umgang mit provozierendem Verhalten

Provokationen sind bei Kindern mit destruktiven Verhaltensweisen ein beliebtes Mittel, Beachtung sicherzustellen oder Überlegenheit zu demonstrieren. Oft, so sagt ein Kollege, *erwischt es einen eiskalt.* Im Rahmen der K.U.R. haben Lehrkräfte und Erzieherinnen die Möglichkeit, den Umgang mit Provokationen zu üben. Eine dieser Übungen möchte ich vorstellen:

Für die Übung sind zwei verschiedenfarbige Bälle erforderlich. Besonders gut eignen sich ein roter und ein grüner Schaumstoffball aus dem Sportunterricht. Der rote Ball steht für die Provokation, der grüne für den in der Äußerung übermittelten Inhalt.

- Zwei Kollegen, Koll. A und Koll. B, stehen einander in einem Abstand von ein bis zwei Metern gegenüber. Koll. A hält die beiden Schaumstoffbälle in seinen Händen.
- Koll. A provoziert den Koll. B mit einer Äußerung und wirft ihm unmittelbar danach beide Schaumstoffbälle gleichzeitig entgegen.
- Koll. B lässt den roten Ball an sich abprallen oder über sich hinwegfliegen. Er fängt den grünen Ball auf, hält inne und nimmt sich Zeit zum Überlegen.
- Er filtert den inhaltlichen Kern aus der provokativen Botschaft heraus und antwortet nun dem Koll. A möglichst ruhig und sachlich auf der inhaltlichen Ebene. Parallel dazu – oder unmittelbar danach – wirft er dem Koll. A den grünen Ball wieder zurück.

Fast formelhaft komprimiert und für die Kolleginnen und Kollegen gut zu merken, ließe sich sagen:

- Provokation ignorieren
- Inhalt herausfiltern
- Innehalten und nachdenken
- ruhig und sachlich reagieren

Die beabsichtigte Wirkung auf das Kind ist:

- *Ich lasse mich nicht auf die gleiche destruktive Ebene ein.*
- *Ich erlaube dir nicht, mich zu treffen.*
- *Ich gehe nicht mit dir in einen Machtkampf.*
- *Ich entscheide selbst, was ich tue, und lasse mich nicht verleiten.*

- *Ich respektiere dich und dein Bedürfnis, aber ich ignoriere deinen Ton.*
- *Ich zeige Stärke und bleibe mir und meinem Stil treu.*

Der Schutz für die eigene Person ist:

- *Ich lasse mich nicht treffen.*
- *Ich schütze mich vor etwas, was ich nicht will und dem Kind nicht erlaube.*
- *Ich lasse mich nicht zu einem Weg verleiten, den ich nicht gehen will.*

Mit anderen Worten: Die Provokation „landet nicht", sie hat nicht die gewünschte Wirkung. Für das Kind muss zweierlei deutlich werden:

1. *Ich, das Kind, werde beachtet,*
2. *Meine Provokation geht ins Leere.*

Es gibt kaum eine größere und wirkungsvollere *Miss*achtung als *Nicht*beachtung, und diese gilt der Provokation. Es gibt aber auch kaum eine wirkungsvollere Form der Akzeptanz als *Be*achtung, und diese gilt dem Kind.

Die Übung ist einprägsam und hat sich schon oft als hilfreich erwiesen, doch ist sie nicht für jede Situation die rettende Idee. Wenn beispielsweise die Provokation ausschließlich in der Beleidigung der Lehrkraft liegt und keinen Inhalt transportiert, ist eine inhaltliche Reaktion auch nicht möglich. Selbst dann aber kann sie dazu beitragen, den in der Übung trainierten Moment des Innehaltens kurz zu nutzen und, wenn möglich, die Distanz herzustellen, die nötig ist, um nicht nur reflexartig und verärgert zu reagieren. Denn Letzteres wäre das, worauf das Kind es anlegt und womit es rechnet, was ihm Sicherheit gibt, was es aber auch in gewohnten Bahnen hält.

Am Ende der K.U.R.: Ermutigung durch Verständnis, Empathie und Fachkompetenz

So ergiebig die K.U.R. für die unterrichtende Lehrkraft auch sein mag: Die Situation ist alles andere als einfach. Da sind mehrere Kolleginnen und Kollegen, denen sie täglich begegnet, die Schulleitung ist anwesend und eine Moderatorin ebenfalls. Es ist eine große Chance und gleichzeitig ein großes Risiko, gerade bei diesem Thema. Alles kann schiefgehen, nichts ist letztlich kontrollierbar oder vorhersehbar. Zeigen sich die Kinder mit destruktivem Verhalten von ihrer destruktiven Seite, dann wird das Problem zwar gut erkennbar, aber die Machtlosigkeit der Lehrkraft vielleicht auch. Dann gerät sie unter Druck, und das Unterrichten wird schwierig.

Wer dieses Risiko eingeht, macht sich angreifbar und ist leicht zu verletzen. Vertrauen ist also wichtig und das Gefühl der Sicherheit ebenso. Alle Kolleginnen wissen das, alle haben – mehr oder weniger – das gleiche Problem, denn verhaltensauffällige Kinder gehören fast überall zur Normalität des schulischen Alltags. So ist allein die Tatsache, dass mehrere Kollegen mit der Absicht zusammenkommen, genau zu beobachten und ihre Eindrücke und Sichtweisen einzubringen, schon ermutigend genug. Sie sind den organisatorischen Aufwand und die emotionale Belastung offenbar wert.

Die Äußerungen der Kolleginnen und Kollegen am Ende der Veranstaltung zeigen das noch einmal deutlich: Alle Rückmeldungen, die die Lehrkraft bekommt, honorieren in irgendeiner Form deren Mut. Alle sind ehrlich und authentisch, und alle basieren auf der jeweils individuellen Kombination aus eigenen Erfahrungen, dem Verständnis für die Lehrkraft und der Empathie für das Kind, aus welcher Perspektive auch immer. Die Ergebnisse sind gewinnbringend und für die Lehrkraft ermutigend, auch dann – oder besser: gerade dann –, wenn problematische Bereiche reflektiert und Verbesserungsmöglichkeiten erarbeitet wurden. Die K.U.R.-Gruppe ist eine kleine schützende Gemeinschaft mit hohem Einfühlungspotenzial und dem nötigen professionellen Abstand, der auch Kritik zulässt und unterschiedlichen Sichtweisen Raum gibt.

Ich möchte diesen Abschnitt beenden mit einer Einsicht, zu der mir das Feedback eines jungen Kollegen am Ende einer K.U.R. verhalf. Er hatte eine Stunde in einem 1. Schuljahr gezeigt und dabei viel Mut bewiesen: eine relativ große K.U.R.-Gruppe in einer ziemlich großen Klasse, in der längst noch nicht alle Kinder mit dem schulischen Leben zurechtkamen. Der Kollege bedankte sich für die intensive Mitarbeit der Gruppe und beschrieb, wie er die Veranstaltung erlebt hatte. Dabei betonte er, wie gut es ihm getan habe, über so lange Zeit im Zentrum der gemeinsamen Arbeit gewesen zu sein.

> *Fast vier Stunden lang drehte sich ja alles praktisch nur um mich und meinen Umgang mit den Kindern. Dabei habe ich viel Hilfe und Rückhalt bekommen, viel Verständnis, Anerkennung, Zuspruch und auch ganz viele Anregungen. Ich weiß, wo ich weiterarbeiten muss. Das hat mich vorangebracht und mich sehr gestärkt.* Nach einer kleinen Pause fügte er hinzu: *Ich glaube, so etwas gönnen wir unseren Kindern viel zu wenig. Dabei sind wir doch Erwachsene. Die Kinder könnten das noch viel mehr gebrauchen als wir.*

Die Zusammenfassung der Arbeitsergebnisse: Aus der Praxis für die Praxis

Es gibt von jeder Kollegialen Unterrichtsreflexion eine Zusammenfassung der Arbeitsergebnisse. Sie wird von der Lehrkraft, die unterrichtet hat, und mir verfasst und dann an das gesamte Kollegium weitergeleitet. Ihre Funktion ist nicht nur das Festhalten der Ergebnisse für die jeweiligen K.U.R.-Teilnehmer und besonders natürlich für die Lehrkraft selbst. Sie macht auch die Arbeit in den einzelnen K.U.R.en transparent, informiert die Kolleginnen und Kollegen über aktuelle Schwerpunkte der jeweiligen Lehrkraft und trägt damit sukzessive zur Weiterentwicklung eines pädagogischen Profils der Schule bei.

Die Zusammenstellung der Arbeitsergebnisse berücksichtigt vor allem zwei Bereiche: erstens allgemeine schulpädagogische Aspekte und zweitens die Bedeutung der Lehrerpersönlichkeit für die Lernbereitschaft und Ermutigung der Kinder. Gelegentlich, wenn es besonders aussagekräftig ist, wird auch ein Ausschnitt aus dem Perspektivwechsel, also ein kleiner Teil aus der „Ich-Übung" (vgl. den ersten Teil dieses Kapitels), mit aufgenommen. Bei den im Folgenden aufgeführten Beispielen handelt es sich um Zitate aus verschiedenen Zusammenstellungen von K.U.R.-Arbeitsergebnissen.

Beispiele für den ersten Bereich – allgemeine schulpädagogische Aspekte:

- „Die Kinder werden in die Unterrichtsgestaltung einbezogen.
  Wirkung: Die Kinder fühlen sich mitverantwortlich für Ablauf und Gelingen des Unterrichts und halten sich eher an Regeln und Vereinbarungen."
- „Ein neu hinzugekommenes Kind wird ausdrücklich angesprochen, es bekommt Hilfe und Aufmerksamkeit. Einige Kinder übernehmen die Aufgabe, sich um die Schülerin zu kümmern.
  Wirkung: Kinder lernen die Bedeutung der Zugehörigkeit und entwickeln Verantwortung und Teamgeist."
- „Die Lehrerin hat übersichtliches, anschauliches und binnendifferenziertes Arbeitsmaterial.
  Wirkung: Die Kinder kommen mit ihren Arbeitsaufträgen zurecht, können sofort beginnen und sind nicht über- oder unterfordert."

Beispiele für den zweiten Bereich – die Bedeutung der Lehrerpersönlichkeit:

- „Der Lehrer vermittelt die Haltung: ‚Keine Angst vor Fehlern! Du darfst Fehler machen, denn die gehören zu deinem Lernen dazu.'
  Wirkung: Die Kinder sind entspannt, obgleich sie sich sehr konzentrieren und es gut machen wollen."
- „Der Lehrer ist anspruchsvoll und fordernd, aber auch beruhigend und entlastend.
  Wirkung: Die Kinder trauen sich, auf ein für sie hohes Leistungsniveau zu gehen."
- „Der Lehrer schafft von Anfang an Transparenz in Bezug auf Unterrichtsstruktur und Arbeitsphasen.
  Wirkung: Die Kinder wissen, wo sie gerade ‚sind' und warum sie was machen. Es gibt keine Unterbrechungen oder Störungen durch Nachfragen."

Ausschnitte aus der Übung zum Perspektivwechsel:

- „Du hast gesehen, dass es mir nicht gut geht.

- Du hörst mir zu und hilfst mir.
- Du kennst mich und weißt, was ich kann."

Die Zusammenfassungen der Arbeitsergebnisse aus den einzelnen K.U.R.en sind wichtige Dokumente. Sie unterstreichen die Bedeutung der pädagogischen Arbeit jeder einzelnen Lehrkraft und würdigen diese als wertvollen Teil der Gemeinschaft des Kollegiums. Damit dokumentieren sie sowohl die eigene pädagogische Entwicklung als auch den Beitrag, den jede Lehrkraft und Erzieherin für die Schulentwicklung insgesamt leistet.

Die Kollegiale Unterrichtsreflexion: Chancen und Konsequenzen

Die hier vorgestellte Kollegiale Unterrichtsreflexion ist ein mehrperspektivisches Geschehen, in dessen Mittelpunkt die Lehrerpersönlichkeit steht, genauer: die Lehrerpersönlichkeit in ihrer Beziehung zum Kind. Anders als in der großen, meist einmalig stattfindenden Ganztagsfortbildung besteht hier die Möglichkeit, sich im Rahmen einer kleinen, vertrauten Gruppe, aber unter der Leitung einer von außen kommenden Moderation im Hinblick auf selbstgewählte Schwerpunkte weiterzuentwickeln. Während die K.U.R. gemeinhin wohl am ehesten zur Reflexion didaktischer und methodischer Aspekte von Unterricht genutzt wird, konzentriert sich dieses Modell besonders auf die Entwicklung und Förderung der Lehrerpersönlichkeit. Die Kombination aus der distanzierten, sachlich-kritischen Beobachtung einerseits und dem einfühlenden Verstehen aus unterschiedlichen Blickrichtungen und Fragestellungen andererseits schärft die Wahrnehmung der eigenen Verhaltensmuster und deren mögliche Wirkung auf das Kind. Sie sensibilisiert für die Notwendigkeit, die pädagogische Haltung und das pädagogische Handeln in einem kontinuierlichen Reflexionsprozess zu überdenken.

So widersprüchlich es zunächst klingen mag: Die K.U.R. – und besonders ihr Schwerpunkt „Lehrerpersönlichkeit und Umgang mit Kindern mit destruktivem Verhalten" – bietet die Möglichkeit einer *begleiteten* Selbstreflexion, d. h. einer kritischen Betrachtung des eigenen Handelns im Spiegel der Wahrnehmung und Rückmeldungen von Kollegen. Da alle Lehrkräfte und Erzieherinnen die Probleme kennen, kann die Lehrkraft mit einer akzeptierenden Grundhaltung rechnen und immer auch mit Verständnis und dem ausdrücklichen Bemühen zu ermutigen. Gerade darum aber sind auch kritische Sichtweisen möglich, wird gelegentlich kontrovers diskutiert und können herausfordernde Ideen angenommen werden. Die gemeinsame Reflexion, dicht am eigenen Erleben, ist eine große Anstrengung, und die Erfahrung der eigenen Empfindsamkeit in der Zusammenarbeit mit wohlwollenden Kollegen kann dazu führen, dass auch manche Reaktionsweisen von Kindern in anderem Licht gesehen werden.

Im Rahmen der K.U.R. ist Zeit und Raum, sich unbewusste Reaktionsmuster bewusst zu machen und deren Eignung für den Umgang mit Kindern zu überprüfen. Nicht selten sind bestimmte Reaktionsweisen in der eigenen Biografie verankert und Teil des individuellen Lebensstils. Manchmal, so eine Erzieherin, *bedarf es da der Feinjustierung*, und diese kann in der K.U.R. versucht werden, denn „biografisch bedingte Schwächen der Lehrerpersönlichkeit können das pädagogische Anliegen leicht konterkarieren" (Felten, 2013, S. 146). Sind unbewusste Reaktionsmuster aber einmal erkannt – und in ihrer ursprünglichen Funktion vielleicht sogar durchschaut –, ist es möglich, sie zu verändern oder durch andere zu ersetzen, und dabei wiederum können die Kolleginnen helfen. Dies ist umso wichtiger, als Kinder in der Grundschule in einem Alter sind, in dem sich, laut Adler, ihr eigener Lebensstil entwickelt und sie besonders empfänglich sind für das, was ihnen die Lehrkraft entgegenbringt. Hier kommt die „Denkpause" (Barth, Stevens) ins Spiel: Wenn in der K.U.R. das Innehalten geübt wurde, können sich die Lehrkräfte leichter daran gewöhnen, bei der Interaktion mit Kindern den kurzen Moment des Überdenkens zwischenzuschalten. So laufen sie nicht Gefahr, unreflektiert und lebensstiltypisch zu reagieren, sondern reflektiert und mit pädagogischem Blick auf das Kind.

Die Kollegiale Unterrichtsreflexion ist ein Instrument der Schulentwicklung, zumindest ebnet sie den Weg dorthin. Sie hinterlässt ihre Spuren, sie nimmt die Kolleginnen und Kollegen methodisch mit und führt sie über Stationen der gegenseitigen Hospitation, des Selbstcoachings und der Selbstermutigung zu einem übergreifenden schulischen Konzept, dessen Teil sie sind. Viele Anregungen liegen auf diesem Weg: Hospitationen lassen sich, in kleineren Gruppen oder zu zweit, vor dem gleichen Hintergrund gestalten, und auch das Selbstcoaching kann sich an den gleichen pädagogischen Fragen orientieren. Dabei ist Vernetzung wichtig, um die gemeinsame Grundlage für ein gemeinsames pädagogisches Verständnis zu erweitern, Öffnung ist erforderlich, um Transparenz zu schaffen, und der kontinuierliche Austausch ist die Voraussetzung dafür, sich gegenseitig zu ermutigen.

Ahmet: Ein Richtungswechsel

Die Musiklehrerin stutzt. *Ach Gott! Das stimmt! Ich hab die kleinen Holzschlägel total vergessen und nur die großen geholt! Die muss ich gleich noch holen. Wie gut, dass du das gesehen hast, Ahmet!* Dann wendet sie sich den anderen Kindern zu.

L.in: *Und wie heißen „diese Dinger da"?*
Kinder: *Xylophone.*
L.in: *Das ist richtig. Und wisst ihr auch, wie man das Wort schreibt?*

Die Kollegin geht in Richtung Tafel. Einige Kinder rufen: *X, y …*

L.in: *Wie wär's mit melden? – Fritzi!*
Fritzi: *Also großes X, dann y, daaann …*

Die Lehrerin schreibt an der Tafel mit, aber nun gerät die Sache ins Stocken. Verschiedene Angebote kommen aus dem Kreis: *Ein l! Nein zwei! Zwei l!*

L.in: *Also X und y, das war schon mal richtig. Und danach geht es so weiter: Xylofon. Ahmet, lies das Wort bitte nochmal vor: Xy-lo-fon.*
Ahmet: *Xylofon.*
L.in: *Und jetzt nochmal alle Kinder!*
Kinder: *Xylefon.*
L.in: *Aufpassen: Xylofon! Hier steht ein o, kein e. Ahmet, sag es nochmal ganz deutlich: Xylofon!*
Ahmet: *Xylofon.*
L.in: *Genau. Und jetzt nochmal alle!*
Kinder: *Xylofon.*

Die Lehrerin beginnt mit dem geplanten Stundenverlauf und klatscht verschiedene Rhythmen vor, die die Kinder nachklatschen. Sie behält Ahmet im Auge und nimmt ihn häufig dran. Sie hatte den roten Ball von sich abprallen lassen.

Die Bedeutung der Selbstermutigung für die pädagogische Arbeit

Durch Fortbildung und Kollegiale Unterrichtsreflexion zum Thema „Umgang mit Kindern mit destruktivem Verhalten" erhält die Ermutigung für viele Lehrkräfte eine neue Qualität, ja fast einen neuen Status. Was zuvor als etwas betrachtet wurde, was möglichst *auch* berücksichtigt und erreicht werden sollte, also gleichsam als etwas Fakultatives, erhält im Bewusstsein nicht weniger Kollegen den Status des Unverzichtbaren. Die Dringlichkeit dieses Anliegens haben die Lehrkräfte auch an sich selbst gespürt. Ermutigung ist die zentrale Komponente, von der alles andere abhängt und ausgeht. Nur Kinder, die sich ermutigt fühlen, sind bereit und fähig zu lernen. Das übersehene Kind ist meistens das entmutigte Kind. Seine destruktiven Verhaltensweisen, mit denen es glaubt, stärker gesehen zu werden, untergraben es nur. Was sie sichtbar machen, sind seine Schwierigkeiten, nicht aber das Kind selbst.

Viele Lehrkräfte sind nur in geringem Maße, wenn überhaupt, daran gewöhnt, sich gelungenes, wirksames Handeln zu vergegenwärtigen. Oft berichten vor allem junge Kolleginnen und Kollegen, sie hätten dies in ihrer Ausbildung kaum gelernt. Wenn aber gelungenes pädagogisches Handeln und Lernerfolge nicht mit der gleichen Sorgfalt analysiert werden wie Schwächen und Misserfolge, wird auch ein Kompetenzbewusstsein nicht ausreichend wachsen, und dann entsteht, gerade angesichts zunehmender Verhaltensauffälligkeiten in Schule und Unterricht, ein zunehmendes Bedürfnis nach Sicherheit. Diese soll dann von außen kommen und wird spürbar in Fragen wie: *Und was mache ich, wenn …? Und was mache ich dann? Und was mache ich, wenn er das trotzdem nicht tut?* Nicht selten wünschen sich Lehrkräfte mehr Sicherheit in Form von Empfehlungen, und mit diesem Wunsch sind sie schnell bereit zu glauben, dass ein Mehr an Empfehlungen ein Mehr an Sicherheit geben könnte. Doch das ist nicht so. Und gerade darum ist es auch das ausdrückliche Ziel der oben beschriebenen Fortbildung und Kollegialen Unterrichtsreflexion, Lehrkräfte dabei zu unterstützen, die nötige Sicherheit von innen – und das heißt hier: durch kritische, aber wohlwollende Selbstreflexion – zu erreichen.

Ist also die Analyse des Erfolgs vielleicht das Geheimnis des Erfolgs? Wenn wir im Sinne der Individualpsychologie bedenken, dass nur ermutigte Lehrkräfte ihre Schülerinnen und Schüler ermutigen können, gewiss. Und wenn wir weiter bedenken, dass nur ermutigte Lehrkräfte sowohl den nötigen Abstand zum Kind als auch die erforderliche Empathie für das Kind aufbringen können, um ein individuelles pädagogisches Konzept zu entwickeln, umso mehr. Denn dann ist die Analyse des Erfolgs nicht nur ein Instrument, das Auskunft gibt darüber, ob das pädagogische Handeln gelungen war oder doch einer Modifizierung bedarf. Sie wird sich auch zu einer jederzeit überprüfbaren Quelle der Selbstermutigung entwickeln – Selbstermutigung verstanden als einen Prozess, der nicht irgendwo beginnt und irgendwann endet, sondern kontinuierlich die einzelnen Phasen der Reflexion durchläuft und jede von ihnen zur Ausprägung des eigenen pädagogischen Stils zu nutzen weiß. So gesehen ist die Analyse des Erfolgs – und eben nicht nur des Misserfolgs – tatsächlich eine häufig vernachlässigte und unterschätzte Kompetenz von zentraler Bedeutung.

- Pädagogik im Unterricht beginnt mit der Selbstermutigung der Lehrkraft. Je ermutigter die Lehrkraft ist und je stärker sie sich selber fühlt, desto eher wird es ihr gelingen, auch die Lernfortschritte ihrer Schülerinnen und Schüler zu sehen und sie ihnen – wie sich selbst – bewusst zu machen.
- Selbstermutigung ist darauf gerichtet, die pädagogische Qualität im eigenen Handeln wahrzunehmen und in ihr die eklatante Bedeutung für das Lernen der Kinder zu erkennen.
- Selbstermutigung hilft der Lehrkraft, auf der Basis reflektierter Praxis ein persönliches Qualitätsbewusstsein und mit diesem auch einen unverwechselbaren persönlichen Unterrichtsstil zu entwickeln.
- Die selbstermutigende Betrachtung des eigenen Handelns ist eher auf die Lehrkraft als *A*gierende und weniger auf sie als *Re*agierende gerichtet. Sie schützt die Lehrkraft davor, sich in ihrer pädagogischen Verantwortung

und dem dafür erforderlichen Entscheidungsspielraum unnötig einschränken oder manipulieren zu lassen.

- Selbstermutigung hat wenig mit Absicherung zu tun. Sie liegt in der grundlegenden Stärkung der Persönlichkeit und deren Haltung. Diese Stärkung wird nicht dadurch erzielt, dass die Lehrkraft Gelungenes pauschal zur Kenntnis nimmt, sondern dadurch, dass sie sich die dabei angewandten Fähigkeiten bewusst macht und diese als verfügbare Teilkompetenzen in ihr pädagogisches Selbstbild einordnet.
- Selbstermutigung schließt die Fehler- und Defizitanalyse nicht aus. Sie nutzt aber vor allem die Erfolgsanalyse, um mithilfe des Gelernten das Noch-nicht-Gelernte als Herausforderung annehmen zu können.
- Ermutigend ist nicht so sehr die kurzfristige Hilfe von außen, sondern vor allem die langfristige „Hilfe von innen“, nämlich die kontinuierliche und wohlwollend-kritische Reflexion des eigenen Handelns.
- Bei der Selbstermutigung geht es letztlich um die Arbeit an der Lehrerpersönlichkeit als dem wichtigsten Instrument für Unterrichtsqualität.

Sowohl die Fortbildung als auch die Kollegiale Unterrichtsreflexion, die K.U.R., kann Kolleginnen und Kollegen bei dieser Arbeit unterstützen. In beiden Veranstaltungen geht es letztlich um die Lehrerpersönlichkeit. Diese muss fähig sein, Kinder beim Lernen zu ermutigen, und sie muss „innere Barrieren“ (Felten) erkennen können, die ihnen das Lernen erschweren. Lehrkräfte sind primär praktisch agierende Menschen, besonders im Primarbereich. Ihr Handeln ist flexibel, spontan und direkt, und es prägt in dieser Form den beruflichen Alltag. Für eine ruhige und konzentrierte Reflexion dieses Handelns nehmen sich Kolleginnen und Kollegen nicht immer die Zeit. Zu wenig scheint sie in die Struktur des schulischen Alltags eingebunden oder in irgendeiner Form ritualisiert zu sein, und zu oft auch wird sie als zusätzliche Belastung empfunden. Gerade die Reflexion aber, der Moment des Innehaltens und Über-sich-Nachdenkens, kann Belastung deutlich reduzieren. Sie ist einer der wichtigsten Bausteine für die Entwicklung fundierten und zielgerichteten pädagogischen Handelns.

Schluss

„Man liebt so sehr, wie man bereit ist, einem Menschen Zeit zu widmen." (Erwin Ringel)

Es war eine Freude, mit den Kindern zu arbeiten. Sowohl die Aufrichtigkeit und Ernsthaftigkeit ihrer Worte haben mich beeindruckt als auch die Sicherheit, mit der sie den Finger in manch eine Wunde legten. In der Summe ihrer Argumente und ohne Alfred Adler und seine Individualpsychologie zu kennen oder von mir darüber informiert worden zu sein, bestätigen sie den Sinn und Wert einer ermutigenden Erziehungshaltung. Das gilt für den Umgang der Eltern mit rivalisierenden Geschwistern wie für den Umgang von Lehrkräften mit destruktiv sich verhaltenden Kindern, für die Problematik der Verwöhnung wie für die Fragwürdigkeit des pauschalen Lobs, und für die Notwendigkeit, beachtet zu werden, wie für das Bedürfnis, Anerkennung zu bekommen. Es ist besonders dies – der Wunsch nach Beachtung und Anerkennung –, der sich wie ein Leitfaden durch ihre Gedanken zieht.

Der intensive Austausch im Rahmen der vertrauten und jedem Kind Rückhalt gebenden Klassengemeinschaft hat mein eigenes Denken bereichert und dazu geführt, dass ich Probleme in Elternhaus und Schule deutlicher sehe als zuvor – deutlicher, weil die Perspektive der Kinder meine eigene Sichtweise ergänzt. *Lösch die Nummer!* sagt ein Junge, als es um das Thema „Trost und

Beachtung“ geht, und meint damit: *Sprich mit mir und nicht mit jemandem per Handy! Kümmere dich um mich und nicht um das iPhone!* (vgl. Kapitel 2: „Das schaffst du schon!“). Es kann nicht sein, dass ein Handy wichtiger ist als das Kind, und dass dessen Bedürfnis nach Aufmerksamkeit und Zuwendung bei jeder Gelegenheit und manchmal auch grundsätzlich hinter diesem Gerät zurückzustehen hat. Nicht wichtig zu sein und sich nicht genügend beachtet zu fühlen, kann zur Folge haben, dass Kinder sich wichtig *machen*, und dafür wiederum stehen ihnen in den Medien und im Internet genügend Vorbilder zur Verfügung. Der Wunsch, zu gelten, lässt sich in keiner Weise „löschen“, und bleibt er ohne Resonanz, bedienen sich manche Kinder destruktiver Mittel oder bleiben still im Hintergrund. Dann sind sie gefährdet und machen sich Machtmittel zunutze, dann sind sie verführbar und lassen sich u. U. auf gewaltbereite Gruppen ein. Und dort schließlich finden sie, was sie suchen: Gemeinschaft und Konformität, Orientierung und Vorbilder, das Gefühl von Bedeutung, die Annahme von Sicherheit und die Gewissheit, Macht zu besitzen – und das alles, ohne selbst Verantwortung übernehmen zu müssen.

Der österreichische Individualpsychologe Erwin Ringel hat oft darauf hingewiesen, dass kein Kind neurotisiert zur Welt kommt, dass es aber sehr wohl psychische Störungen entwickelt, wenn es sich nicht geliebt fühlt. Ringel fügt hinzu: „Das Kind ist das am schwersten zu täuschende Wesen; man kann ihm kaum etwas vormachen“ (Ringel, 2010, S. 53). Nein, die Kinder sind nicht so leicht zu täuschen. Sie spüren, ob sie ihren Eltern wichtig sind, ob sie geliebt werden oder nicht. Das entspricht auch meinen Erfahrungen aus Gesprächen mit Kindern. Aber sie sind zu *ent*täuschen, und zwar nachhaltig. Enttäuschte, frustrierte Kinder haben wir viele in unseren Schulen: Kinder, denen Grenzen gesetzt werden, bevor sie ihrer Neugier nachgehen durften, die gehorchen müssen, bevor sie mit ihrem Verhalten verstanden wurden, und die nach den Vorstellungen der Eltern geformt werden sollten, bevor ihre eigenen Neigungen erkannt und ernst genommen wurden.

Nicht wenige von ihnen haben die Motivation bereits verloren, wenn sie in die Schule kommen. Das gilt z. B. für verwöhnte Kinder, hingebracht vom Vater, der sich den Ranzen über die Schulter hängt, von der Mutter, die die Schultüte im Arm hält, und vielleicht auch vom jüngeren Geschwisterkind, das seine eigene Tüte selber tragen darf. Der Möglichkeit, ihre Selbständigkeit zu entwickeln, in erheblichem Maße beraubt, sind sie fast immer im Nachteil. Manchmal entwickeln sie Chefallüren und wundern sich, dass sie abgelehnt werden. Verwöhnung ist eine Form von Vernachlässigung. Das durchschaut schon der damals neunjährige Leo im Kindergesprächskreis, wenn er sagt: *dann ist man ja quasi auch benachteiligt* (vgl. Kapitel 6: „Wer darf dir heute den Ranzen tragen?“). Hinzu kommen die im Stich gelassenen Kinder – Kinder, für die sich, wie es eine Sozialpädagogin ausdrückte, *kein Mensch interessiert.* Sie haben es schwer, so etwas wie Selbstwertgefühl aufzubauen, und manchmal sind Lehrerinnen und Lehrer die einzigen Menschen, die das erkennen und ihnen dabei helfen können.

Lehrkräfte müssen keine Psychologen sein – obgleich ich ihnen die Ausbildung zum/zur individualpsychologischen Berater*in dringend ans Herz legen möchte und gerade in Bezug auf den Lehrerberuf für außerordentlich hilfreich halte –, aber sie sollten Grundkenntnisse über psychologische Abläufe besitzen, die sich aus entwicklungshemmenden Erziehungshaltungen ergeben können und sich in destruktiven Verhaltensweisen äußern. Sie sollten diese Abläufe erkennen, verstehen und in der Lage sein, professionell darauf zu reagieren. Genau das aber, die „Psychologie im Klassenzimmer", wie Rudolf Dreikurs sein Buch zur angewandten Individualpsychologie in der Schule genannt hat, genau das führt in der schulischen Realität nach wie vor ein Schattendasein, und es ist auch längst noch nicht in erforderlichem Maße Teil der Ausbildung (Letschert-Grabbe, 2019, S. 26). Infolgedessen reagieren viele Lehrkräfte auf problematisches Verhalten ihrerseits destruktiv: Sie wehren ab und handeln impulsiv, sie nennen „Grenzen-Setzen", was manchmal Verteidigung ist, und sie tragen ungewollt dazu bei, dass die Situation eskaliert. Grenzen zu setzen, ist häufig unverzichtbar, aber es muss begründet und Teil eines ermutigenden Gesamtkonzepts sein, und dieses darf die Ablehnung eines Kindes nicht zulassen.

Es erfordert die in der Ausbildung zu erwerbende Fähigkeit, das Kind mit seinem Bedürfnis nach sozialer Anerkennung zu sehen – auch und gerade in seinem unangepassten, sperrigen Verhalten – und es eben nicht erneut zurückzuweisen. Eigene Stabilität ist dafür erforderlich, Widerstandskraft, Sicherheit und nicht zuletzt ein Selbstwertgefühl, das den Provokationen des Kindes standhält und den außerordentlichen Herausforderungen dieses Berufes gewachsen ist. Lehrkräfte sollten in der Lage sein, den destruktiven Aktionen des Kindes mit konstruktiven Alternativen zu begegnen, zum Schutz des Kindes und zu ihrer eigenen beruflichen Zufriedenheit. Diese Kompetenz darf nicht durch ein Gefühl der Verunsicherung oder des Verletztseins gefährdet werden. Darum muss in der Ausbildung wie in der späteren Berufsausübung neben der didaktisch-methodischen Planung immer auch die Arbeit an der Lehrerpersönlichkeit im Fokus stehen. Diese Arbeit ist weder planbar noch im Vorfeld einzuschätzen. Und sie ist anspruchsvoll, denn sie berührt die Lehrkraft als Instrument der Unterrichtsqualität und als Teil der dafür so maßgeblichen Beziehung zum Kind.

Die aufgrund der oben dargestellten Problematik täglich schwankenden und oft unberechenbaren Herausforderungen des schulischen Alltags machen deutlich, warum es nicht nur um die Ermutigung der Kinder, sondern auch um die Ermutigung der Lehrkräfte gehen muss. Dazu gehört die kritische Selbstreflexion genauso wie die Bewusstmachung und Analyse von Erfolgen, das ehrliche Gespräch mit Kolleginnen und Kollegen in gleicher Weise wie die

Rückmeldungen der Kinder. Fällt das weg, verlieren Lehrkräfte schnell ihre eigene Sicherheit und ihren persönlichen Schutz, und dann werden auch die Kinder leicht übersehen. Wird dagegen der Notwendigkeit ihrer Ermutigung Rechnung getragen – verlässlich, kontinuierlich und möglichst strukturell verankert –, ist damit zu rechnen, dass sie stark genug bleiben, auch ihre Schülerinnen und Schüler zu ermutigen. Ein schwieriger Balanceakt ist dafür erforderlich: Einerseits muss die Authentizität gewahrt werden und die Lehrkraft mit ihren Persönlichkeitsmerkmalen der vertraute und einschätzbare Mensch bleiben. Andererseits kann es nötig sein, gewohnte Reaktionsmuster zu verlassen und vielleicht sogar spontane Gefühle zugunsten einer reflektierten pädagogischen Entscheidung zu kontrollieren. Die Bereitschaft der Lehrkraft, kontinuierlich an sich zu arbeiten, bedeutet letztlich, in der Lage zu sein – und es zu bleiben –, das einzelne Kind in seiner Persönlichkeit und mit seinem Wunsch nach Zugehörigkeit, Beachtung und Anerkennung zu sehen.

Aber wenn man mich sieht und zu mir „Leo" sagt, dann gibt es mich eben nur einmal.

Heute ist Mittwoch, der 24. Juni 2020. Übermorgen verlassen die Kinder, die an diesem Buch mitgearbeitet haben, die Grundschule. Morgen, am Donnerstag, habe ich noch einmal die Gelegenheit, mit ihnen zu sprechen und mich von ihnen zu verabschieden. Wegen der Corona-Krise hatte ich die Klasse vier Monate lang nicht gesehen, und auch der Kindergesprächskreis musste vorzeitig beendet werden (vgl. dazu auch das „Vorwort"). Während ich den „Schluss" schrieb, kam mir die Idee, den Kindern das Gedicht von Neeltje Maria Min vorzustellen und mit ihnen darüber zu sprechen. Mit dem Gedicht hatte ich das Buch begonnen. Es soll an dieser Stelle „Das übersehene Kind" auch beenden. Dafür möchte ich den Schülerinnen und Schülern aus dem Gesprächskreis das letzte Wort geben und eine kleine Auswahl ihrer Gedanken präsentieren.

Es ist Donnerstag, der 25. Juni 2020, 10.00 Uhr, Weerth-Schule Detmold. Die Kinder sitzen in einem großen Kreis mit vorgeschriebenem Abstand voneinander entfernt. Sie haben das Gedicht zweimal gehört.

Meine Mutter hat meinen Namen vergessen,
mein Kind weiß noch nicht, wie ich heiße.
Wie kann ich mich geborgen wissen?

Nenne mich, bestätige mein Bestehen,
lass meinen Namen eine Kette sein.
Nenne mich, nenne mich, sprich mich an,
oh, nenne mich bei meinem tiefsten Namen.

Für wen ich lieb hab, will ich heißen.

Es entsteht eine kleine Pause, in der einige Kinder leise miteinander flüstern. Nach und nach melden sie sich zu Wort.

Hannah Yara: *Ich glaube, dass sie dann sagen möchte: „Hallo, ich bin auch hier! Ich habe einen Namen, und ich möchte dann auch, dass ich gesehen werde."*

Albert: *Ich glaube, das Kind* (die Autorin) *ist traurig, weil die Mutter den tollen Namen vergessen hat, den sie ihm mal gegeben hat, und deshalb ist es so traurig. (…) Ich würde mich so fühlen, als wenn ich meinen Namen verliere.*

Sophie: *Also jeder Mensch möchte ja auch Liebe bekommen, und dazu gehört ja auch irgendwie der Name. (…) Dann fühlt man sich allein, dass man nicht mehr gesehen wird, weil wenn man seinen Namen verliert, verliert man sozusagen auch den Mut.*

Marlene: *Ich finde, man verliert dann auch das Selbstbewusstsein. (…) Man fühlt sich dann auch so alleingelassen und vernachlässigt. (…) Ich würde mich dann so fühlen: „Ja, da ist jetzt ein Mensch, und ich bin irgendwie mit dem in Verbindung. Aber ich merke die gar nicht, die Verbindung." Die Verbindung besteht irgendwie nicht, wenn man den Namen nicht weiß. (…) Dann spürt man auch nicht so richtig Liebe. Ich weiß, sie mag mich, aber ich kann es nicht bestätigen für mich.*

Leo: *Zu dem Satz mit der Geborgenheit: Wenn die Mutter nicht mehr so richtig weiß, … dann kann man das auch nicht mehr so richtig unterscheiden. Es gibt zwar auch andere Leute, die heißen auch Leo, aber wenn man mich sieht, und zu mir „Leo" sagt, dann gibt es mich eben nur einmal. Es gibt halt das Vertrauen.*

Hannah Yara: *Für mich ist es so, als ob sie* (die Autorin) *ausgetrocknet ist, als ob niemand sie mehr kennt und mit ihrem Namen anspricht. Ihr Gefühl ist dann Einsamkeit und auch, vernachlässigt zu werden.*

Yamen: *Wenn ein Mensch ihren Namen* (den Namen der Autorin) *vergisst, vor allem Vater oder Mutter, dann ist sozusagen das Herz gebrochen. Dann könnte sie glauben, dass ihre Mutter sie nicht mehr liebhat. Weil wenn man sich liebhat, dann muss man auch den Namen kennen.*

Albert: *Die Mutter kann ja dieses Kind* (die Autorin) *nicht richtig mit seinem Namen ansprechen, und deswegen fühlt sich das Kind nicht mehr richtig da in der Welt. Sie fühlt sich, als ob keiner mehr sie kennt, und dann fühlt sie sich auch so, als ob sie sich selber nicht mehr kennt.*

Irma: *Es ist auch einfach so, man fragt sich selber, wofür man jetzt eigentlich da ist, wenn die, die man gerne mag, einen nicht mehr richtig kennen. Man fühlt sich irgendwie, als ob man ganz allein in der Wüste wäre. Man muss auch wissen, woran man sich halten kann.*

Hannah Yara: *Die Tochter fühlt sich, als ob sie allein auf der Welt wäre, als ob die Seele weg wäre und das Glück.*

Leo: *Natürlich, man ist halt immer da, außer wenn man stirbt, man ist als Haut, Körper und alles da. Das geht aber nur, wenn man auf einen achtet. Wenn man jemand ist, den noch niemand gesehen hat, dann ist man zwar da, aber man besteht nicht so richtig. Und wenn sich jemand um einen kümmert, dann besteht man eher.*

Literaturempfehlungen

Adler, Alfred: Schriften zur Erziehung und Erziehungsberatung (1913–1937), hg. von Wilfried Datler, Johannes Gstach und Michael Wininger. Band 4 der Alfred Adler Studienausgabe, hg. von Karl Heinz Witte. Vandenhoeck & Ruprecht, Göttingen 2009

Adler, Alfred: Menschenkenntnis (1927), hg. von Jürg Rüedi. Band 5 der Alfred Adler Studienausgabe, hg. von Karl Heinz Witte. Vandenhoeck & Ruprecht, Göttingen 2007

Andresen, Ute: So dumm sind sie nicht. Von der Würde der Kinder in der Schule. Beltz, Weinheim und Basel 1985

Barth, Gernot und Luc Stevens: Denkpause. Schneider Hohengehren, Baltmannsweiler 2002

Bauer, Joachim: Lob der Schule – Sieben Perspektiven für Schüler, Lehrer und Eltern. Hoffmann und Campe, Hamburg 2007

Bottome, Phyllis: Alfred Adler aus der Nähe porträtiert. VTA, Berlin 2013

Dinkmeyer, Don und Rudolf Dreikurs: Ermutigung als Lernhilfe. Klett-Cotta, Stuttgart, 2. Aufl. 2018

Döpfner, Ulrike: Der Zauber guter Gespräche. Kommunikation mit Kindern, die Nähe schafft. Beltz, Weinheim und Basel 2019

Dreikurs, Rudolf: Psychologie im Klassenzimmer. Klett-Cotta, Stuttgart, 4. Aufl. 2009

Dreikurs, Rudolf: Grundbegriffe der Individualpsychologie. Klett-Cotta, Stuttgart, 14. Aufl. 2014

Felten, Michael: Auf die Lehrer kommt es an! Für eine Rückkehr der Pädagogik in die Schule. Gütersloher Verlagshaus, Gütersloh, 3. Aufl. 2013

Frick, Jürg: Die Droge Verwöhnung. Beispiele, Folgen, Alternativen. Hogrefe, Bern, 5. Aufl. 2018

Frick, Jürg: Die Kraft der Ermutigung. Grundlagen und Beispiele zur Hilfe und Selbsthilfe. Hogrefe, Bern, 3. Aufl. 2018

Herrmann, Ulrich (Hrsg.): Pädagogische Beziehungen. Grundlagen – Praxisformen – Wirkungen. Beltz Juventa, Weinheim und Basel 2019

Kaube, Jürgen: Ist die Schule zu blöd für unsere Kinder? Rowohlt, Berlin 2019

Liebel, Manfred: Unerhört. Kinder und Macht. Beltz Juventa, Weinheim und Basel 2020

Letschert, Beate: Von der Erfolgsanalyse zur Selbstermutigung: Prinzipien individualpsychologisch ausgerichteter Lehrerfortbildung zum Thema „Umgang mit Kindern mit destruktivem Verhalten". In: Zeitschrift für Individualpsychologie, 2/2016, S. 133–146

Letschert-Grabbe, Beate: Dennis: „Ich bin hier der Schulschreck!" Kinder mit destruktivem Verhalten und die Notwendigkeit ihrer Ermutigung. VTA, Berlin 2019

Omer, Haim und Arist von Schlippe: Stärke statt Macht. Neue Autorität in Familie, Schule und Gemeinde. Vandenhoeck und Ruprecht, Göttingen, 3. Aufl. 2017

Ringel, Erwin: Die ersten Jahre entscheiden. Bewegen statt erziehen. Jungbrunnen, Wien und München, 9. Auflage 2010

Rüedi, Jürg: Gibt es eine individualpsychologische Pädagogik? In: Zeitschrift für Individualpsychologie, 4/2016, S. 358–378

Sachs, Josef und Volker Schmidt: Faszination Gewalt. Was Kinder zu Schlägern macht. Orell Füssli, Zürich 2014

Schöneich, Sabine: Schwierige Schüler? Wie Lehrer und Schüler besser zusammenarbeiten. Beltz, Weinheim und Basel 2011

Schubert, Nele und Birte Friedrichs: Das Klassenlehrer-Buch für die Grundschule. Beltz, Weinheim und Basel 2012

Tymister, Hans Josef (Hrsg.): Lehrer und Schüler lösen Disziplinprobleme. Beltz, Weinheim, Basel, Berlin, 9. Aufl. 2003

Winter, Felix: Lerndialog statt Noten. Neue Formen der Leistungsbeurteilung. Beltz, Weinheim, Basel, 2018

Zur Autorin

Dr. phil. Beate Letschert-Grabbe ist individualpsychologische Beraterin und Supervisorin (DGIP).

Sie war Schulleiterin einer Grundschule in Schleswig-Holstein und Lehrbeauftragte am Fachbereich Erziehungswissenschaften der Universität Hamburg. Von 1994 bis 2004 war sie als Hauptseminarleiterin am Institut für Lehrerbildung und Schulentwicklung verantwortlich für die Lehrerausbildung in Hamburg. Seit 2005 ist sie in der (Lehrer-)Fortbildung zu pädagogischen und individualpsychologischen Themen tätig.

Ihre Arbeitsschwerpunkte sind: Umgang mit Kindern mit destruktivem Verhalten und Möglichkeiten der Ermutigung, Zusammenarbeit mit Eltern und Elterngespräche, Schulentwicklung und pädagogische Schulprofilgestaltung, Kollegiale Unterrichtsreflexion und Supervision.

Kerstin Haury | Sigrid Loerke |
Jürgen Stapelmann | Heike Zimmerling
Praxisbuch Adoption
Psychologische und soziale Besonderheiten
bei Adoptivfamilien
2020, 200 Seiten, broschiert
ISBN: 978-3-7799-6225-0
Auch als E-BOOK erhältlich

Was bedeutet es, ein Kind zu adoptieren? Anschaulich und am aktuellen Kenntnisstand orientiert geben die AutorInnen Einblicke in die psychische und soziale Situation von AdoptivbewerberInnen, abgebenden Müttern bzw. Eltern sowie Adoptivkindern und zeigen auf, mit welchen Anforderungen Adoptivfamilien zurechtkommen müssen. Auch Aufgaben und Arbeitsweise der beteiligten Adoptionsvermittlungsstellen werden detailliert dargestellt. Mit Hilfe von umfangreichen Reflexionsfragen können LeserInnen sich im Anschluss intensiv auf die Gespräche mit der Adoptionsvermittlungsstelle vorbereiten und insbesondere für sich selbst prüfen, ob die Adoption eines Kindes für sie der richtige Weg ist. Fachkräften in der Sozialen Arbeit vermittelt das Buch einen umfassenden Überblick über die am Adoptionsgeschehen beteiligten Menschen und trägt so dazu bei, den Adoptionsprozess umsichtig und zielführend zu gestalten.

www.beltz.de
Beltz Juventa · Werderstraße 10 · 69469 Weinheim

Jörn Borke | Anja Schwentesius (Hrsg.)
Zusammenarbeit mit Eltern in Kindertagesstätten
Unter Berücksichtigung vorurteilsbewusster, interkultureller, kultursensitiver und interreligiöser Ansätze sowie von Migrations- und Fluchtprozessen
2020, 204 Seiten, broschiert
ISBN: 978-3-7799-3912-2
Auch als E-BOOK erhältlich

Neben der direkten Arbeit mit den Kindern stellt die Zusammenarbeit mit Eltern eines der zentralen Tätigkeitsfelder von pädagogischen Fachkräften dar. Für diese anspruchsvolle Aufgabe sind vielseitiges Wissen und entsprechende Kompetenzen wichtig. Ein zunehmend wichtiger werdender Aspekt dabei ist die Berücksichtigung von kultureller Vielfalt.
In diesem Band werden Ansätze zur Zusammenarbeit mit Eltern in Kindertagesstätten beschrieben, die jeweils unterschiedliche Aspekte einer Berücksichtigung von kultureller Vielfalt beleuchten. Es werden dabei jeweils theoretische Hintergründe präsentiert sowie daraus abgeleitete praktische Handlungsmöglichkeiten.
Der Band soll auf diese Weise bei der Gestaltung der Zusammenarbeit mit Eltern in Kindertagestätten konkret unterstützen.

www.beltz.de
Beltz Juventa · Werderstraße 10 · 69469 Weinheim